CAMBRIDGE LIBRARY COLLECTION

Books of enduring scholarly value

Classics

From the Renaissance to the nineteenth century, Latin and Greek were compulsory subjects in almost all European universities, and most early modern scholars published their research and conducted international correspondence in Latin. Latin had continued in use in Western Europe long after the fall of the Roman empire as the lingua franca of the educated classes and of law, diplomacy, religion and university teaching. The flight of Greek scholars to the West after the fall of Constantinople in 1453 gave impetus to the study of ancient Greek literature and the Greek New Testament. Eventually, just as nineteenth-century reforms of university curricula were beginning to erode this ascendancy, developments in textual criticism and linguistic analysis, and new ways of studying ancient societies, especially archaeology, led to renewed enthusiasm for the Classics. This collection offers works of criticism, interpretation and synthesis by the outstanding scholars of the nineteenth century.

Graecae Grammaticae Rudimenta

Charles Wordsworth's *Graecae Grammaticae Rudimenta in Usum Scholarum* was, for decades, the foundational Greek grammar in England. Wordsworth, a nephew of the poet, a master at Winchester College and later bishop of St Andrews, Dunkeld, and Dublane, used his expertise in teaching the classical languages to produce a clear, practical introduction to Greek, beginning with the alphabet and progressing through the declension of nouns and adjectives, the conjugations of verbs, and the fundamentals of syntax. In striving not to replace the standard Eton Grammar but rather to refine and revise it, Wordsworth succeeded in composing a book that one fellow master called 'most *distinct*, easy of conception for the boys, and lucidly arranged'. This ninth edition (1853) includes the author's full emendations to the text.

Cambridge University Press has long been a pioneer in the reissuing of out-of-print titles from its own backlist, producing digital reprints of books that are still sought after by scholars and students but could not be reprinted economically using traditional technology. The Cambridge Library Collection extends this activity to a wider range of books which are still of importance to researchers and professionals, either for the source material they contain, or as landmarks in the history of their academic discipline.

Drawing from the world-renowned collections in the Cambridge University Library, and guided by the advice of experts in each subject area, Cambridge University Press is using state-of-the-art scanning machines in its own Printing House to capture the content of each book selected for inclusion. The files are processed to give a consistently clear, crisp image, and the books finished to the high quality standard for which the Press is recognised around the world. The latest print-on-demand technology ensures that the books will remain available indefinitely, and that orders for single or multiple copies can quickly be supplied.

The Cambridge Library Collection will bring back to life books of enduring scholarly value (including out-of-copyright works originally issued by other publishers) across a wide range of disciplines in the humanities and social sciences and in science and technology.

Graecae Grammaticae Rudimenta

CHARLES WORDSWORTH

CAMBRIDGE
UNIVERSITY PRESS

CAMBRIDGE UNIVERSITY PRESS

Cambridge, New York, Melbourne, Madrid, Cape Town, Singapore,
São Paolo, Delhi, Dubai, Tokyo

Published in the United States of America by Cambridge University Press, New York

www.cambridge.org
Information on this title: www.cambridge.org/9781108014403

© in this compilation Cambridge University Press 2010

This edition first published 1853
This digitally printed version 2010

ISBN 978-1-108-01440-3 Paperback

GRÆCÆ GRAMMATICÆ

RUDIMENTA

IN USUM SCHOLARUM.

———

EDITIO NONA.

———

OXONII:

E TYPOGRAPHEO ACADEMICO.

MDCCCLIII.

Form of Parsing a Greek Verb.

τυφθήσεται is a *Verb* from τύπτω :—
Passive *voice;* Indicative *mood;* First Future *tense;* Singular *number;* Third *person.*

τύπτω is a *Verb in ω,* of the *first Conjugation.*

The *First Future* is formed from the *Present,* by changing the last syllable in the first conjugation into ψω; as τύπτω, τύψω.

The *Perfect Active* is formed from the Future, by changing, in the first conjugation, ψω into φα; as, τύψω, τυφα; and by prefixing the Reduplication (or the Augment for Reduplication;) as, τυφα, τέτυφα.

The *Perfect Passive* is formed from the Perfect Active, by changing, in the first conjugation, φα, pure, into μμαι, μ being doubled; as, τέτυφα, τέτυμμαι; τέτυψαι; τέτυπται.

The *First Aorist Passive* is formed from the third person singular of the Perfect Passive, by changing αι into ην; as, τέτυπται, τετύπτην; and by changing the tenues π, τ, into the aspirates φ, θ; as, τετύπτην, τετύφθην; and by taking away the letter of reduplication; as, τετύφθην, ἐτύφθην.

The *First Future Passive* is formed from the First Aorist Passive, by changing ην into ησομαι; as, ἐτύφθην, ἐτυφθήσομαι; and by casting off the augment; as, ἐτυφθήσομαι, τυφθήσομαι, τυφθήσει (or -η), τυφθήσεται; the **word.**

A

Shorter Form for the Higher Classes.

τυφθήσεται is a *Verb* from τύπτω :—
Passive *voice ;* Indicative *mood ;* First Future *tense ;*
Singular *number ;* Third *person.*

τύπτω is a *Verb in* ω, of the *first Conjugation.*

Future, τύψω ; Perfect Active, τέτυφα ; Perfect Passive, τέτυμμαι ; First Aorist Passive, ἐτύφθην ; First Future Passive, τυφθήσομαι, τυφθήσει (or -η), τυφθήσεται ; the word.

If the Verb be Anomalous, parse as follows:

εὑρεῖν is a *Verb* from εὑρίσκω :—
Active *voice ;* Infinitive *mood ;* Second Aorist *tense.*

εὑρίσκω is an Anomalous Verb of the *Second Class* (see p. 106); throw out the inserted letters ισκ: root εὕρω ; Second Aorist, εὗρον, εὗρε, εὕρω, εὕροιμι, εὑρεῖν ; the word.

If the Verb be Defective, as follows:

ἦλθον is a *Verb* from ἔρχομαι :—
Active *voice ;* Indicative *mood ;* Second Aorist *tense ;*
Singular *number ;* First *person.*

ἔρχομαι is a Defective Verb, borrowing part of its tenses from the root * ἐλύθω, (see p. 102); Second Aorist, ἤλυθον ; by Syncope, ἦλθον ; the word.

PRÆFATIO

Cum hodiè inter omnes constet Græcam Grammaticam vulgò Etonensem dictam, et abhinc sæcula plus quam duo compositam, provectiori hujus ætatis scientiæ parum respondere, sperabam equidem me commodis ejus provinciæ, cui vitâ et officio addictus sum, nonnihil inserviturum, si Græcæ linguæ rudimenta vetere nostro Auctore paulò plenius et emendatius tradere conarer. Quod consilium cùm cepissem, duplex rei perficiendæ videbatur esse ratio. Poteram enim vel novam omninò, secundum ea principia, quæ recentioribus Grammaticis, maximè in Germaniâ, placent, Grammaticam adornare, vel veterem illam mendis purgatam, et supplementis idoneis auctam, denuò edere. Priorem rationem multi jam iique non indocti viri nuper secuti erant: quo successu, dixerint alii: posterior adhuc tentanda erat. *Illa* quidem specie simplicior est; regulis paucioribus utitur; si *linguæ philosophiam*, quam vocant, spectas, ad veritatem fortasse propiùs accedit. *Hæc* molestiæ discentium occurrere ante omnia vult; subtilioris scientiæ argutias, ut a puerorum disciplinâ alienas, procul ablegat; rerum effectus magis quàm causas respicit; simpliciores regulas multitudine exceptionum

lucrari nolit. Quod si res de integro agenda esset, illa
fortasse probabilior; hæc certè ad præsentem scholarum
statum magis accommodata: neque enim leve est, in
publico puerorum seminario, certo quovis tempore
institutionis quasi flumen perenne in novum omninò
alveum convertere. Atque hoc erat, fateor, quod
me potissimùm impulit, ut viam, quam secutus sim,
insisterem; et spem inde fore concepi, ut, si non omnia,
quæ cuperem, efficere possem, aliquantulum tamen
his nostris artibus adjumenti afferrem, si neque a
tritis discentium formulis, neque a solitâ docentium
consuetudine longiùs discessissem. Itaque, cùm horum amborum commoditati præcipuè consulendum
esse statuerem, id in animo habui; veterem libellum
Etonensem utpote celeberrimum, et in plerisque jam
scholis diu usurpatum, ita denuò ad incudem revocare,
ut abundantia resecarem, omissa supplerem, errata
corrigerem, rationem tamen pristinam ac methodum
operis, quoad fieri posset, conservarem. Ea scilicet
in emendando, delendo, amplificando, adhibenda erat
moderatio,

" *Mutatam* ignorent subitò ne semina *matrem*."

Quarè meminerint, quæso, Critici non mihi integrum
fuisse ejusmodi opus conscribere, quale per se optimum
judicarem, sed quale et lectorum præjudicatam opinionem minimùm offenderet, et ab erroribus, qui veterem
illum libellum maculant, plerisque certè purgatum esset.

Restitit alter dubitationi locus, utrum in opere scri-
bendo linguâ uti Latinâ an vernaculâ præstaret. Diffi-
cilis sanè et vexata quæstio; de quâ equidem confiteor
fuisse me diu multumque hæsitaturum, nisi doctiores
viros, quos sequi debeo, consuluissem; quos cùm in tali
re νεωτερίζειν non volentes viderem, satius duxi cum iis
consentire, quàm committere (id quod a bono Præceptore

alienissimum esse sentio) ut sæculi vel ignaviæ vel fasti-
dio indulsisse existimarer.

Quod si quis, ex iis quæ supra dixi, existimabit me
Germanorum Grammaticorum merita et auctoritatem
elevare velle, immò non etiam maximi æstimare, id tantum a vero aberit, ut, me ipso judice, ad hanc opellam
suscipiendam ne minimâ quidem ex parte instructus ac-
cessissem, nisi Virorum inter eos clarissimorum, Butt-
manni scilicet, Matthiæi, Thierschii, Rostii, et præcipuè
Kühneri, opera diligenter priùs evolvissem ; unde, nî
fallor, factum est, ut pænè universam Græcæ Grammaticæ materiem, et, quæ dicuntur, *Accidentia,* post
eos retractârim, nonnulla etiam, quæ vix alibi reperi-
antur, de meo adjecerim. Erat enim pars neque in-
utilis, uti spero, neque inepta propositi mei, ut Grammaticam, Scholarum usibus præcipuè destinatam, ejusmodi concinnarem, quæ neque *nimia* videretur, cum
nihil omitteret, quamque *Tirones* in manus libenter cape-
rent, *Veterani* in usu retinere non dedignarentur.

Ceterùm quicquid vel exactæ scientiæ, vel reconditioris
doctrinæ hoc opusculum contineat, id potissimùm fratri
meo Joanni Wordsworth, M. A. Collegii S. S. Trin.
apud Cant. Socio, Viro in his artibus, si quis alius, inter
principes numerando, acceptum et ego gratissimè refero,
et lectores mei, velim, referant.

C. W.

Ventæ Belgarum,
Mens. Jan. 1839.

Præfatio Secundæ Editionis.

Prodit maturiùs, quàm speráram, repetita hujus Grammaticæ editio. Itaque cùm multa recedens annus mihi quidem tulit luctuosissima, hoc felicitèr accidisse fateor, quod opella hæc nostra idoneis judicibus se quodammodo probaverit; et eo nomine Magistris Informatoribus, imprimis Harroviensi, Rugbæo, Vintoniensi, qui libellum discipulis suis ediscendum tradiderint, gratias habeo, agoque maximas; non quasi ex hôc doctissimorum Virorum testimonio mihimet ipsi gloriolæ aliquid aucupari velim; sed quia Scholasticarum artium studia, si liceat, promovere, is mihi profectò laboris est fructus et gratissimus, et amplissimus. Interim nonnulla mutavi, addidi, correxi, prout, vel meo vel amicorum judicio, res postulabat; idem libentissimè facturus, si quandò Viri Docti vel doctrinæ suæ vel experientiæ fructus mecum communicaverint.

C. W.

Ventæ Belgarum,
Mens. Jan. 1840.

TABULA RERUM.

TABULA EXEMPLORUM.

EXEMPLA SUBSTANTIVORUM.

(1.) Simplicium.

Declinationis
- Primæ, ταμίας, κριτὴς
- Secundæ, μοῦσα, τιμὴ, φιλία, ἡμέρα
- Tertiæ, λόγος, ξύλον, νόος, ὀστέον
- Quartæ, λεὼς, ἀνώγεων
- Quintæ, σῶμα, Τιτὰν.

(2.) Contractorum.

Declinationis
- Primæ, Δημοσθένης, τεῖχος
- Secundæ, πόλις, πῆχυς, σίναπι, ἄστυ
- Tertiæ, βασιλεὺς
- Quartæ, αἰδὼς, φειδὼ
- Quintæ, κέρας.

EXEMPLA ADJECTIVORUM.

Classis
- Primæ, (a) καλὸς, δίκαιος, ἐχθρὸς (b) χαρίεις (c) ὀξὺς
- Secundæ, (a) ἀθάνατος (b) ἀληθὴς (c) εὔχαρις
  (d) ἄρσην (e) σώφρων (f) εὔνους
  (g) δίπηχυς (h) ἵλεως
- Tertiæ, πένης.

EXEMPLA VERBORUM IN Ω.

Conjugationis
- Primæ τέρπω, λείβω, γράφω, τύπτω
- Secundæ, πλέκω, λέγω, βρέχω, τάσσω, -ττω
- Tertiæ, ἀνύτω, ἐρείδω, πείθω, φράζω
- Quartæ, ἀγγέλλω, νέμω, κρίνω, σπείρω
- Quintæ, { Non-Contractæ, τίω, παύω
            { Contractæ, τιμάω, φιλέω, χρυσόω.

EXEMPLA VERBORUM IN MI.

Form.
- Primæ, ἵστημι
- Secundæ, τίθημι

Form.
- Tertiæ, δίδωμι
- Quartæ, δείκνυμι.

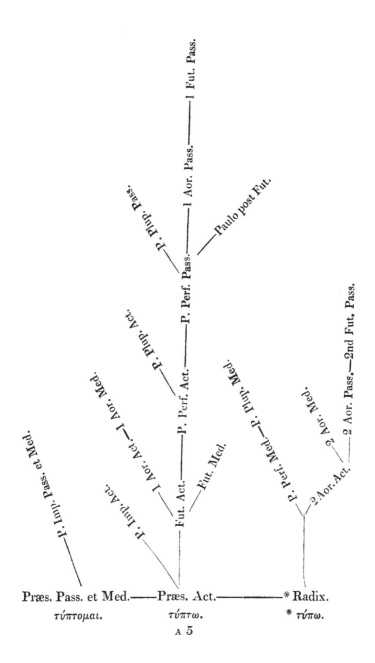

1 Fut. Pass.

1 Aor. Pass.

P. Plup. Pass.

Paulo post Fut.

P. Perf. Pass.

P. Plup. Act.

2nd Fut. Pass.

P. Perf. Act.

1 Aor. Act.

P. Plup. Med.

2 Aor. Pass.

P. Imp. Aor. Med.

Fut. Med.

P. Perf. Med.

2 Aor. Med.

P. Imp. Pass. et Med.

P. Imp. Act.

Fut. Act.

2 Aor. Act.

Præs. Pass. et Med.——Præs. Act.————* Radix.

τύπτομαι.   τύπτω.   * τύπω.

A 5

MONITUM.

Partes libri, quæ majoribus typis impressæ sunt, utpote Principia Grammaticæ continentes, omnes priùs edisci volumus, quàm ad ceteras, minore descriptas formulá, accedatur.

Asteriscum (*) *Verborum formis inusitatis, et, quas vocant, Radicibus, præfigi jussimus.*

Latina Grammatica, ad quam in paginis nostris hic illic refertur, nuncupatur King Edward the VIth's Latin Grammar, *prostatque venalis* Londini apud J. Murray.

RUDIMENTA
GRÆCÆ GRAMMATICÆ.

ELEMENTA VOCUM.
LITERÆ.

§ 1. Literæ apud Græcos sunt viginti quatuor.

Figura.†	Nomen.		Potestas.
A α	Ἄλφα	Alpha	a
B β	Βῆτα	Beta	b
Γ γ	Γάμμα	Gamma	g
Δ δ	Δέλτα	Delta	d
E ε	Ἔ ψῖλόν	Epsilon	e breve
Z ζ	Ζῆτα	Zēta	z
H η	Ἦτα	Ē-ta	e longum
Θ θ	Θῆτα	Thēta	th
I ι	Ἰῶτα	Iōta	i
K κ	Κάππα	Kappa	k, c
Λ λ	Λάμβδα	Lambda	l
M μ	Μῦ	Mu	m
N ν	Νῦ	Nu	n
Ξ ξ	Ξῖ	Xi	x
O o	Ὄ μῖκρόν	Omīcron	o parvum
Π π	Πῖ	Pi	p
P ρ	Ῥῶ	Rho	r, rh
Σ σ s	Σίγμα	Sigma	s
T τ	Ταῦ	Tau	t
Υ υ	Ὕ ψῖλόν	Upsilon	u, y
Φ φ	Φῖ	Phi	ph
X χ	Χῖ	Chi	ch
Ψ ψ	Ψῖ	Psi	ps
Ω ω	Ὦ μέγα	Omĕga	o magnum

(*a*.) Solum Σίγμα duas habet formas minores σ s, quarum illa in initio et medio, hæc in fine vocis usurpari solet, ut in σοφιστὴς *Sophista.*

---

† Literarum nexus et contractiones, quales sunt ȣ pro ου, ς pro στ, vide in Appendice, cap. i.

(*b.*) Litera γ ante γ, κ, χ, ξ, tanquam ν pronuntiatur; ut in ἄγγελος *angelus*, συγκοπὴ *Syncope*, Ἀγχίσης *Anchises*, Σφὶγξ *Sphinx*.

(*c.*) Syllaba τι ante vocalem, ut in Γαλατία *Galatia*, contra morem Latinè legendi semper sine sibilatione pronuntiatur.

Obs. 1. Veteribus Græcis literæ fuerunt tantùm sedecim numero α β γ δ ε ι κ λ μ ν ο π ρ σ τ υ quas *in Græciam intulisse e Phœnice Cadmum* testis est, post *Herodotum*, v. 58, 59. *Plinius* H. N. vii. 56, idque ex earum formâ, ordine, ac nominibus verisimillimum videtur. Posteà ab aliis ac præsertim a Simonide (nam de Palamede et Epicharmo testimonia minùs constant) adjectæ sunt θ φ χ—ζ ξ ψ—η ω; quæ tamen non tam nova literarum elementa sunt habenda, quàm ex antiquioribus simplicioribusque signis composita; literæ enim θ φ χ, quæ dicuntur *aspiratæ*, ex literis tenuibus τ π κ, adjectâ aspiratione, sunt formatæ; tum *duplices* ζ ξ ψ ex aliquâ mutarum cum σ compositæ; denique *vocales* η ω non aliam potestatem habent quàm productæ literæ ε ο (*Lennep. Anal.* p. 30. Conf. *Plat. Cratyl.* § 91, 114); unde verisimile est harum omnium vim anteà in pronuntiatione exstitisse (*Bent. Phal.* p. 241). His accedat *aspirationis* signum, quod antiquiores Græci, planè ut Latini Græcos imitati, formâ H (eâdem scilicet quæ posteà literæ vicem gessit) expresserunt. Ceterùm recentiores octo literæ primum in Ioniâ, ac præcipuè Samo, usurpatæ, peragratâ dehinc Græciâ, postremò tandem apud Atticos auctoritate publicâ receptæ sunt, *Archonte Euclide*, A. C. 403: unde viginti quatuor literæ, (hoc est, totum Alphabetum,) τὰ Ἰωνικὰ γράμματα, antiquiores verò sedecim τὰ Ἀττικὰ, distinctionis causâ appellatæ sunt. Quod verò hodie in Homero, cæterisque antiquissimis Scriptoribus, qui priùs floruerunt quàm plenus hic literarum ordo repertus est, eandem orthographiam, quam in recentiorum Græcorum scriptis, invenimus, id Grammaticis tribuendum est, qui jam olim veterum Poëtarum opera refinxerunt ad eam scribendi legem, quæ ipsorum temporibus vigeret. *Lennep. Anal.* p. 34.

Obs. 2. In antiquissimâ linguâ tria alia elementa exstiterunt, quæ inusitata posteà, a Grammaticis dumtaxat inter signa numeralia (ἐπισήμων nomine) recensentur: hæc sunt 1. ϝ, Βαῦ, *Vau*, sive, ut a Grammaticis propter formam appellatum est, *Digamma*, addito cognomine *Æolicum*, quòd Æolibus diutiùs quàm ceteris in usu perstitit. Etiam Homeri ætate nondum interierat, et in ejus carminibus rectè constitutis suum locum jure vindicat. Idem apud Latinos ferè per V exprimitur; ut in ϝέλεα *Velia*, αἰών *ævum*, ἴς *vis*. 2. ϙ Κόππα. 3. ϡ Σαμπῖ, vide § 36. (*Lat. Gr.* § 1. § 102.)

Literæ sunt vel Vocales, vel Consonantes.

§ 2. Vocales sunt septem; α ε η ι ο υ ω: quarum

breves   sunt ε ο   ut   χαῖρε̆ *salve,* πόνŏς *labor.*

longæ   — η ω   ut   τιμῇ *honor,* τύπτῶ *verbero.*

ancipites   — α ι υ ut { σῶμᾰ *corpus,* ἡμέρᾱ *dies,*
                          μέλῐ *mel,* κρηπῑς *fundus,*
                          γλυκῠ *dulce,* ὄμνῡ *jura.*

Ex his vocalibus ita conjunctis, ut ι vel υ semper pos-
teriores sint, Diphthongi Propriæ fiunt octo; αι, αυ, ει,
ευ, οι, ου, υι, ηυ:

e quibus αι Latinè fit { æ ut Φαῖδρος *Phædrus.*
                        { ai ut Μαῖα *Maia,* vel aj ut Αἴας *Ajax.*

αυ ——— { au ante consonantem, ut Γλαῦκος *Glaucus.*
         { av ante vocalem, ut Τιμαῦος *Timavus.*

ει ——— { i ut Νεῖλος *Nilus.*
         { e ut Μήδεια *Medea.*

ευ ——— { eu ante consonantem, ut Εὖρος *Eurus.*
         { ev ante vocalem, ut Εὔανδρος *Evander.*

οι ——— œ ut Βοιωτία *Bœotia* (rarò oj, ut Τροία, *Troja.*)

ου ——— u ut Μοῦσα *Musa.*

υι ——— yi ut Εἰλείθυια *Ilithyia.* (Lat. Gr. § 98. § 99.)

His accedunt tres vocalium conjunctiones sic scriptæ
ᾳ, ῃ, ῳ; hoc est, cum ι, posteriore vocali, non ampliùs
ad latus, quod olim semper fieri solebat (immò etiamnum fit ubi literis uncialibus scribitur), sed subter
positâ; ut in τῷ καλῷ *honesto;* literis uncialibus ΤΩΙ
ΚΑΛΩΙ: ita ut, potestate Diphthongorum salvâ, figura
tamen amittatur; unde Impropriæ Diphthongi appellatæ
sunt.

Obs. 1. Nimirum litera ι cum a recentiorum linguis in illâ sede, hoc est,
post longam vocalem, vix pronuntiari posset, loco etiam cedere coacta est.
Hinc Latinè a τραγῳδὸς antiquiùs factum est *tragœdus,* recentiùs verò a
προσῳδία, formâ Diphthongi demùm amissâ, *Prosodia.*

Obs. 2. Nona Diphthongus ωυ pro αυ apud *Ionicos* scriptores solos
reperitur; ut ἑωυτοῦ pro ἑαυτοῦ.

Vocalis, sive syllaba, dicitur pura, quam altera vocalis,
vel diphthongus, proximè præcedit; ut in σοφία *sapientia* a est pura, in δίκαιος *justus* os et pura.

§ 3. Consonantes sunt aliæ Simplices, aliæ Duplices sive compositæ.

(*a.*) Simplices sunt quatuordecim;

1. Semivocales quinque, λ μ ν ρ (quæ Liquidæ vocantur) cum literâ *s*.

2. Mutæ novem, scilicèt $\begin{cases} \text{Tenues} & \pi \ \kappa \ \tau \\ \text{Mediæ} & \beta \ \gamma \ \delta \\ \text{Aspiratæ} & \phi \ \chi \ \theta. \end{cases}$

Inter se cognatæ sunt, ita ut invicem mutentur in Verborum et Nominum inflexionibus, (Lat. Gr. § 97.)

$\left.\begin{matrix} \pi \ \beta \ \phi \\ \kappa \ \gamma \ \chi \\ \tau \ \delta \ \theta \end{matrix}\right\}$ quæ vocantur $\left\{\begin{matrix} \text{b soni, sive Labiales;} \\ \text{c soni, sive Gutturales;} \\ \text{d soni, sive Linguales.} \end{matrix}\right.$

(*b.*) Duplices sunt tres, ζ ξ ψ; quæ ex aliquâ Mutarum cum *s* componuntur; nempe ζ ex δs vel σδ;—ξ ex κs (γs vel χs);—ψ ex πs (βs vel φs). ζ præterea nascitur interdum ex γ χ γγ cum *s* compositis. *Conf.* § 47. *c.*

Obs. 1. Scilicèt (quod imprimis notandum est in nominum ac verborum inflexione.—*Conf.* § 21. *b.*)

p sonus cum sequente *s* fit ψ; ut

λαῖλαψ (πs) Gen. -πος; χάλυψ (βs) -βος; κατῆλιψs (φs) -φος: βλέψω (πσ) Fut. a βλέπω; τρίψω (βσ) a τρίβω; γράψω (φσ) a γράφω:

k sonus cum sequente *s* fit ξ; ut

κόραξ (κs) Gen. -κος; πτέρυξ (γs) -γος; ὄνυξ (χs) -χος: πλέξω (κσ) Fut. a πλέκω; λέξω (γσ) a λέγω; βρέξω (χσ) a βρέχω:

t sonus, sequente *s*, plerumque ejicitur; ut

πένης (τs) Gen. -τος; ἔρις (δs) -δος; κόρυς (θs) -θος: ἀνύσω (τσ) ab ἀνύτω; ἐρείσω (δσ) ab ἐρείδω; πείσω (θσ) a πείθω:

sed aliquando δ cum *s* vel sequente, vel præeunte, fit ζ; ut

* φράδσω fit φράζω; κωμάσδω fit κωμάζω; Ἀθήνασδε fit Ἀθήναζε.

Obs. 2. *Æoles* ac *Dores* Duplicum usu abstinebant; scilicet scribebant μελίσδεται, non μελίζεται; κσένος, non ξένος; Πέλοπς, non Πέλοψ.

Literæ variè inter se permutantur, vel ex Euphoniæ legibus (vid. Append. cap. 2.), vel ex usu Dialectorum.

Obs. *Poëtæ* etiam, metri causâ, transponebant literas, quam licentiam Metathesin vocant Grammatici, ut κραδίη *Ep.* pro καρδία, *cor*; ἔπραθον pro ἔπαρθον a πέρθω, *vasto*. *Conf.* § 84.

DIALECTI.

§ 4. Dialecti, sive loquendi varietates præcipuæ, sunt quatuor; tres, pro numero præcipuarum Græciæ gentium, viz. Dorica, Æolica, et Ionica; ex Ionicâ deinde quarta profluxit, cognomine Attica, utpote ab Atheniensibus Ionicæ stirpis usurpata. Nam prisca quidem Hellenica oratio, ante harum gentium originem, qualis fuerit, hodiè non licet conjecturam facere, nisi ex reliquiis antiquissimorum Poëtarum, præsertim Homeri et Hesiodi, qui hanc Dialectorum divisionem ætate præcesserunt : unde vetustior illa lingua Epica, sive Homerica, appellari solet. Denique post Philippi et Alexandri tempora, vulgatior jam lingua atque adeò corruptior facta, in quintam quasi dialectum, vel potiùs novam universi sermonis speciem transiit; quæ ex recentiori Atticismo, cum vocibus tralatitiis, præsertim Macedonicis et Alexandrinis, commixto originem nacta, dialectus Communis (ἡ κοινὴ), *Macedonica*, sive *Alexandrina* vocata est.

Obs. 1. Hinc Grammaticos, qui idiomata Homerica alia ad aliam Dialectum referant, anachronismo uti apparet. Nimirùm, cùm ita loquuntur, id agunt, ut varietates Epicæ dictionis insigniores faciliùs distinguant, indito unicuique nomine ejus Dialecti, quæ illam posteà præcipuè retinuisset.

Obs. 2. Ex his quatuor Dialectis, *Dorica* asperitate et πλατειασμῷ, sive usu literæ α productæ, insignis est. Huic *Æolica*, etsi cultior, affinis : cujus linguæ, ut ait *Quintil.* l. 1. 6. sermo Latinus est simillimus. (Lat. Gr. § 100, 2.) *Ionica*, mollis ac jucunda, aspirationem rejicit; Hiatûs patientissima, vocalium contractionibus abstinet, diphthongos resolvit ; η ferè ponit, ubi Dores α. Contrà *Attica*, omnium purissima, contractionibus imprimis gaudet. Harum cujusque varietas insignior suo quæque in loco reperietur : conspectum universarum adjecimus in Appendice, cap. 3.

Ceterùm Doricâ usi sunt *Pindarus*, et *Bucolici Poëtæ* ; Æolicâ *Poëtæ Lyrici* ; Ionicâ *Herodotus, Hippocrates* ; Atticâ *Thucydides, Xenophon, Plato, Oratores,* et *Poëtæ Scenici* ; præterquam in melicis, ubi Doricas quasdam formulas admiscuerunt.—*Scriptores Novi Testamenti* et *Veteris,* quos vocant, *Septuaginta Interpretes* Communi, sive Alexandrinâ dialecto scripserunt ; Ἑλληνισταὶ, dicti sunt, ut qui alienæ stirpis Græcè tamen loquerentur ; lingua eorum Hellenistica appellatur.

SPIRITUS, ACCENTUS ET PUNCTA.

Ad Græcè legendum et scribendum hæc pertinent.

§ 5. Omnis vocalis et una consonans ρ in initio vocis cum Spiritu pronunciatur, quod notâ suprà eam positâ indicatur.

SPIRITUS duplex est, lenis et asper.

1. Lenis sic (') notatur, ut in ὅρος *mons*.

2. Asper, qui eandem ac Latina litera H potestatem habet (et antiquissimis temporibus eodem modo scribebatur), sic ('), ut in ὅρος *terminus*, ἥρως *heros*.

In diphthongis spiritus supra posteriorem vocalem ponitur; ut in εὐθὺς *statim*, οἷος *qualis*.

Omnes voces incipientes ab υ vel ρ aspirantur, ut ὕδωρ *aqua*, ῥήτωρ *rhetor*.

Obs. Spiritûs differentia nonnunquam pendet ex Dialectis, quarum alia quasdam voces cum aspero, alia cum leni libentiùs pronuntiabat, sic vulgo Ἀΐδης, *Atticè* Ἀΐδης. Præsertim ubi fit mutatio literarum, spiritus parùm sibi constat, et sæpiùs asper transit in lenem, sic ἥλιος, *Ionicè* ἠέλιος; ὑμιν, *Æolicè* ὑμμιν. Vide plura in Appendice, cap. 4.

§ 6. ACCENTUM etiam, sive syllabæ tonum, voces ferè singulæ inscriptum habent, qui supra vocales ponitur; in diphthongis autem supra vocalem posteriorem.

Accentus † duo sunt, Acutus ('), et Circumflexus (^)· Acutus autem in fine dictionis, nisi ante punctum, invertitur, sic (`).

Accentus cadere mavult in terminationem Vocis; nec usquam rejicitur a fine, si Acutus, ultra antepenultimam syllabam, si Circumflexus, ultra penultimam.

§ 7. PUNCTORUM ratio eadem est atque in libris hodiernis, nisi quòd duo nostra colon et semicolon hôc uno signo (·) notentur; deinde quòd nota interrogationis sic (;) scribatur; exclamationis, non appingatur.

---

† Accentûs regulas vide in Appendice, cap. 5.

ELISIO, SYNÆRESIS, CRASIS, &c.

Oratio Græca, imprimis Atticorum, abhorret ab HI-
ATU, hoc est, concursu vocalium, præsertim in carmini-
bus. Hinc vocalium concurrentium sæpiùs vel alteram
ELIDUNT, vel ambas in unam CONTRAHUNT, atque adeò
MISCENT, vel denique consonantem ν INTERPONUNT.

§ 8. ELISIO per Apostrophum (') notatur; ut κατ'
αὐτόν, pro κατὰ αὐτὸν *secundum eum.*

Si vocalis, quæ Elisionem facit, aspiratur, mutatur
tenuis præcedens in aspiratam; ut ἀφ' ἡμῶν pro ἀπὸ
ἡμῶν *a nobis.*

Obs. Præterquam apud *Ionas,* qui tenuem retinent; ut ἀπ' ἡμέων.

§ 9. SYNÆRESIS,* sive Contractio, fit cùm in eâdem
voce duæ syllabæ in unam contrahuntur; vel immutatis
vocalibus, ut τείχεϊ, τείχει *muro,* ἠχόϊ, ἠχοῖ *sono ;* vel mutatâ vocali alterâ aut utrâque, ut τριήρεες, τριήρεις *trire-
mes,* ἄστεα, ἄστη *urbes ;* vel alterâ ejectâ, ut φιλέω, φιλῶ
amo, βότρυες, βότρυς *racemi,* δήϊος, δῆος *hostilis.*

§ 10. CRASIS,† sive Mixtura, (cujus signum, Coronis
appellatum, idem est ac spiritûs lenis,) fit cum in diversis vocibus duæ syllabæ per contractionem vocalium
ita cöeunt, ut syllaba una longa, una vox efficiatur; ut
καὶ ἔλεγον per Crasin κἄλεγον *et dicebant ;* ὁ αὐτὸς, αὑτὸς
idem ; τοὶ ἄρα, τἄρα *tamen certe ;* ἐγὼ οἶδα, ἐγῷδα *ego novi.*

Si Crasis fit cum aspiratâ vocali, præcedente tenui,
tenuis in aspiratam suam mutatur; ut καὶ ἕτερος, χἄτερος
et alter ; ὅτου ἕνεκα, ὀθούνεκα *quòd.*

Obs. 1. *Iones* tamen tenuem retinent; ut τούνεκα.

Obs. 2. Alterum genus est Craseos apud *Poëtas,* nomine SYNIZESIS,
quod fit ubi duæ syllabæ vel singularum vocum vel binarum continentium,
specie quidem neque *contractæ* neque *mixtæ,* ita tamen pronuntiando coa-
lescant, ut pro unâ syllabâ habeantur; ut θεοὶ, μὴ οὐ pro monosyllabis,
πόλεως, ἐπεὶ οὐ pro dissyllabis.

---

* Contractionis conspectum vide in Appendice, cap. 6.
† Craseos conspectum vide in Appendice, cap. 7.

§ 11. Dativis pluralibus, et tertiis personis Verborum in ι vel ε desinentibus, necnon Adverbiis quibusdam, si vocalis vel diphthongus sequatur, frequentissimè ν additur (quod inde παραγωγικὸν, sive ἐφελκυστικὸν vocatur) ; ut, λέουσιν ἐκείνοις *leonibus illis ;* ἔτυπτεν αὐτὸν *verberabat eum.*

Obs. Et apud *Poëtas,* metri gratiâ, etiam ubi consonans sequitur ; ut ἐπέκλωσεν θεὰ ἔριν. *Eurip. Orest.* 12.

PARTES ORATIONIS.

1. NOMEN.

Substantivum cum Pronominibus Substantivis.	Adjectivum cum Articulo, Pronominibus Adjectivis, et Participiis Verborum.

2. VERBUM.

3. PARTICULÆ.

Conjunctio.	Præpositio.	Adverbium.	Interjectio.

DECLINATIO VOCUM.
NOMEN.

§ 12. NOMINA, sive Substantiva, sive Adjectiva, eandem ferè sequuntur normam Declinationis.

NUMERI sunt tres, Singularis, Dualis, et Pluralis.

CASUS sunt quinque, Nominativus, Genitivus, Dativus, Accusativus, Vocativus; e quibus Nominativum rectum, ceteros obliquos appellamus.

GENERA sunt tria, Masculinum, Femininum, Neutrum. (Lat. Gr. § 3, § 4, § 5.)

Regulæ Generales.

Neutra omnia similes habent Nominativum, Accusativum, et Vocativum per omnes Numeros.

Genitivus Pluralis semper desinit in ων.

Dativus Singularis semper desinit in ι, quod tamen plerumque subscribi solet.

Obs. Necnon Dativus Pluralis olim semper exiit in ι; siquidem terminationes αις, οις vi Apocopes factæ sunt pro αισι, οισι; quæ formæ in *Atticâ* prosâ perrarò, in *Ionicâ*, èt apud *Poëtas omnium Dialectorum*, non infrequentèr reperiuntur.

ARTICULUS.

§ 13. ARTICULUS est ὁ, ἡ, τό (*the*), qui sic declinatur;

Sing.			*Dual:*			*Plural.*		
M.	F.	N.	M.	F.	N.	M.	F.	N.
N. ὁ	ἡ	τό		N. A.		N. οἱ	αἱ	τά
G. τοῦ	τῆς	τοῦ	τώ	τά	τώ	G. τῶν	τῶν	τῶν
D. τῷ	τῇ	τῷ		G. D.		D. τοῖς	ταῖς	τοῖς
A. τόν	τήν	τό.	τοῖν	ταῖν	τοῖν.	A. τούς	τάς	τά.

Obs. 1. Articulus in priscâ linguâ Pronominis potiùs quàm Articuli partes gerebat, et hic ejus usus apud Homerum constans est. *Conf.* § 37. *a. Obs.*

Obs. 2. DIALECTI. Masculinum et Neutrum genus sequuntur varietates tertiæ declinationis, Femininum secundæ: quibus adde Gen. τεῦ *Ep.* pro τοῦ; Plur. Nom. τοι, ται *Ep.* et *Dor.* pro οἱ, αἱ. Dualis apud *Atticos* interdum caret Feminino genere. *Conf.* οὗτος. p. 35.

§ 14. NOMINA SUBSTANTIVA.

DECLINATIONES Substantivorum sunt decem : quinque Simplicium, et quinque Contractorum.

Quatuor priores Declinationes Simplicium sunt parisyllabicæ, hoc est, non crescunt Genitivo ; quinta verò Simplicium, et Contractorum omnes, imparisyllabicæ, hoc est, Genitivo crescunt.

I. *DECLINATIONES SIMPLICIUM.*

§ 15. PRIMA DECLINATIO.

PRIMA Declinatio duas habet terminationes as et ηs generis masculini ; ut ὁ ταμίας *dispensator,* ὁ κριτὴς *judex.*

Sing.	Dual.	Plural.
N. ταμίας	N.A.V. ταμίᾱ	N. ταμίαι
G. ταμίου	G.D. ταμίαιν.	G. ταμιῶν
D. ταμίᾳ		D. ταμίαις
A. ταμίᾱν		A. ταμίᾱς
V. ταμίᾱ		V. ταμίαι

Sing.	Dual.	Plural.
N. κριτὴς	ut ταμίᾱ.	ut ταμίαι.
G. κριτοῦ		
D. κριτῇ		
A. κριτὴν		
V. κριτᾰ		

Obs. 1. Quædam nomina in ηs Vocativum formant per η, non per ᾰ ; ut, ὦ ᾿Ατρείδη *O Atride!* Et nonnulla per η et α ; ut ὦ ᾿Ερμῆ vel -ᾱ *O Mercuri!* Hinc apud *Horatium* leguntur ' *Atridē*' et ' *Atridă*.'

Obs. 2. DIALECTI. De *Ionicâ* terminatione ηs pro αs, vide 2 Decl. *Obs.*

	Sing.	Nom.	Gen.	Acc.		Plur.	Gen.	Dat.		Acc.
Ep.	—		ᾱο, ω			—	αων	αισι *Conf.* § 12. *Obs.*		
Ion.	—		εω	εα		—	εων	ῃσι, ῃς		εας
Dor.	—		ᾱ			—	ᾱν			ᾱς
Æol.	—		ᾰ pro ηs							αις.

Ex *Æolico* Nominativo in ᾰ fluxere Latina illa *Poëta Prophéta Nauta,* et similia. *Conf.* § 4. *Obs.* 2. (Lat. Gr. § 8, &c.)

§ 16. Secunda Declinatio.

Secunda Declinatio duas habet terminationes *a* et *η* generis feminini; ut ἡ μοῦσα *musa;* ἡ τιμὴ *honor.* Quod si *a* vocalem vel *ρ* præeuntem habeat, servatur *a* per omnes casus Singulares; sin minus, in Genitivo et Dativo fit inflexio per *η*; ut ἡ φιλία *amicitia;* ἡ ἡμέρα *dies.*

Excipe μνᾶ *mina*, μνᾶς; 'Αθηνᾶ *Minerva*, -νᾶς; quippe quæ contrahantur a μνάα, 'Αθηνάα; et quædam Nomina Propria, ut Λήδα, 'Ανδρομέδα.

Sing.	*Sing.*	*Sing.*
N.V. μοῦσᾰ	N.V. τιμὴ	N.V. φιλίᾱ
G. μούσης	G. τιμῆς	G. φιλίας
D. μούσῃ	D. τιμῇ	D. φιλίᾳ
A. μοῦσᾰν.	A. τιμὴν.	A. φιλίαν.

Dualis et Pluralis sequuntur primam Declinationem.

Obs. *Iones ā* (rarius ᾰ) per omnes casus Singulares primæ et secundæ declinationis in *η* mutare amant; ut νεηνίης pro -*as, juvenis,* -*η,* -*ην*; σοφίη, -*ης,* -*η,* -*ην.* *Dores* e contrario *η* in *a*; ut δεσπότας, pro -*της*; τιμὰ, ᾶς, -ᾳ, -ὰν. Pluralis formas Dialecticas, quæ huc pertinent, vide § 15. *Obs.* 2.

§ 17. Tertia Declinatio.

Tertia Declinatio duas habet terminationes *os* et *ον*; *os* masculini, feminini, et communis generis; ut ὁ λόγος *sermo,* ἡ νόσος *morbus,* ὁ καὶ ἡ θεὸς *Deus* vel *Dea;* et *ον* neutrius; ut τὸ ξύλον *lignum.*

Sing.	*Dual.*	*Plural.*
N. λόγος	N.A.V. λόγω	N. V. λόγοι
G. λόγου	G.D. λόγοιν	G. λόγων
D. λόγῳ		D. λόγοις
A. λόγον		A. λόγους
V. λόγε		

Sing.	*Dual.*	*Plural.*
N.A.V. ξύλον	N.A.V. ξύλω	N.A.V. ξύλα
G. ξύλου	G.D. ξύλοιν	G. ξύλων
D. ξύλῳ		D. ξύλοις.

§ 18. Ad hanc Declinationem pertinent nomina in εος, εον, οος, οον, quæ in omnibus casibus contrahuntur; ut ὁ νόος, νοῦς *mens* ; τὸ ὀστέον, ὀστοῦν *os*.

Sing.		*Sing.*	
N.	νόος, νοῦς	N.A.V.	ὀστέον, -οῦν
G.	νόου, νοῦ	G.	ὀστέου, -οῦ
D.	νόῳ, νῷ	D.	ὀστέῳ, -ῷ
A.	νόον, νοῦν		
V.	νόε, νοῦ		
Dual.		*Dual.*	
N.A.V.	νόω, νώ	N.A.V.	ὀστέω, -ώ
G.D.	νόοιν, νοῖν	G.D.	ὀστέοιν, -οῖν
Plural.		*Plural.*	
N.V.	νόοι, νοῖ	N.A.V.	ὀστέα, -ᾶ
G.	νόων, νῶν	G.	ὀστέων, -ῶν
D.	νόοις, νοῖς	D.	ὀστέοις, -οῖς.
A.	νόους, νοῦς.		

Obs. 1. Nominum in *os* Nominativus sæpe pro Vocativo ponitur, præsertim apud *Atticos* ; ut ὦ θεὸς O *Deus!* ὦ φίλος O *amice!*

Obs. 2. Huc pertinent duæ Voces Hebraicæ; viz. Nomen Sacro-sanctum Ἰησοῦς *Jesus*, quod facit in Gen. Dat. et Voc. Ἰησοῦ, in Acc. -οῦν; Σάββατον, quod habet alteram formam σάββας -ᾶτος, unde Dat. Plur. σάββασι.

Obs. 3. Quædam sunt substantiva in *os* quæ cum in Singulari numero masculina tantùm aut feminina sunt, in Plurali vel communitèr vel universè neutra fiunt, præsertim in *Dialectico* vel *Poëtico* sermone : sic

ὁ δεσμὸς *vinculum*	Pl. -οὶ et -ὰ		ὁ σταθμὸς *statio*	Pl. -οὶ et -ὰ	
ὁ δρυμὸς *quercetum*	-οὶ et -ὰ		ὁ (ἡ) δίφρος *currus*	-οι et -α	
ὁ θεσμὸς *lex*	-οὶ et -ὰ		ἡ κέλευθος *via*	-οι et -α	
ὁ κύκλος *orbis*	-οι et -α		ὁ σῖτος *frumentum*	-α	
ὁ λύχνος *lucerna*	-οι et -α		ὁ (ἡ) Τάρταρος *Tartarus*	-α.	
ὁ ῥύπος *sordes*	-οι et -α				

Contrà, unum neutrum in *ov* fit in Plurali masculinum, τὸ στάδιον *stadium* ; Plur. οἱ στάδιοι et -α.

Obs. 4. DIALECTI.

Ep.   Gen. οιο.   Dual. Gen. Dat. οιιν.
Dor. — ω.   Plur. Ac. ως, ος.
Ion. — εω.   Plur. (Gen. εων) Dat. οισι. vide § 12. *Obs.*

Obs. 5. Recentiores formant νοῦς, Gen. νοὸς, πλοῦς, Gen. πλοὸς; more quintæ Declinationis. *Conf.* § 20. *Obs.* 2.

§ 19. Quarta Declinatio.

Quarta Declinatio, Atticis præcipuè usitata, duas habet terminationes ως et ων; ως masculini ac feminini generis, ut ὁ λεὼς *populus*, ἡ ἅλως *area*; et ων neutrius, ut τὸ ἀνώγεων *cœnaculum*.

Sing.	*Dual.*	*Plural.*
N.V. λεὼς	N.A.V. λεὼ	N.V. λεῷ
G. λεὼ	G.D. λεῷν	G. λεὼν
D. λεῷ		D. λεῷς
A. λεὼν		A. λεὼς.

Sing.	*Dual.*	*Plural.*
N.A.V. ἀνώγεων	N.A.V. ἀνώγεω	N.A.V. ἀνώγεω
G. ἀνώγεω	G.D. ἀνώγεῳν	G. ἀνώγεων
D. ἀνώγεῳ		D. ἀνώγεως.

Obs. 1. Exempla hujus declinationis, *Atticè* formata, sunt

ὁ λεὼς *populus*	*Att.* pro λἀὸς		ὁ κάλως *rudens Att.*	pro κάλος
ὁ νεὼς *templum*	——	νἀὸς	ἡ ἕως *aurora*	—— ἠὼς
ὁ Τυνδἄρεως	——	Τυνδἀρεος	ὁ Ἀμφιἀρεως	—— Ἀμφιἀραος:

Item Adjectiva

ἵλεως *propitius*	—— ἵλᾶος	πλέως *plenus*	—— πλέος
ἀγήρως *senii expers*	—— ἀγήραος	εὔγεως *fertilis*	—— εὔγειος
εὐκέρως *benè cornutus*	—— εὐκέραος	ἀνώγεως *supraterrenus*	— ἀνώγαιος,

unde τὸ ἀνώγεων, quod reverà adjectivum est, subintellectâ voce οἴκημα.

Obs. 2. Quædam etiam nomina in ως, vulgò imparisyllabica, *Atticam* inflexionem in quibusdam casibus Singularibus admittunt; sic

ἡ ἅλως *area*, -ωos et -ω	ὁ μήτρως *avunculus*, -ωos et -ω
ὁ Μίνως *Minos*, -ωος et -ω	ὁ πάτρως *patruus*, -ωος et -ω
ὁ τυφὼς *turbo*, -ῶνος et -ὼ	ὁ γέλως *risus*, -ωτα et -ων

ἱδρὼς *sudor* -ῶτος, Dat. -ῶτι et -ῷ, Acc. -ῶτα et -ῶ apud *Homerum:*

Item Adjectiva

βούκερως *bucerus*, -ωτος et -ω | φιλόγελως *risus amans* -ωτος et -ω.

Obs. 3. Nonnulla interdum ν Accusativi abjiciunt, præsertim Nomina Propria; ut τὴν Κῶ, τὴν Τέω, τὴν ἅλω, τὴν ἕω.—Idem faciunt Adjectiva in neutro genere posita et in *Nominativo* et *Accusativo*; ut τὸ ἀγήρω, τὸ ἐπίπλεω.

Obs. 4. *Epic.* Gen. desinit in ωο; ut Πηνέλεως, -ωο.

§ 20. Quinta Declinatio.

Quinta Declinatio, imparisyllabica, complures habet terminationes, quarum tres, *a*, *ι*, *υ*, generis neutrius sunt; ut τὸ σῶμα, *corpus;* reliquæ pleræque aut masculini aut feminini; ut ὁ Τιτὰν, *Titan,* ἡ χείρ, *manus.*

Obs. Olim una tantùm hujus declinationis terminatio fuisse videtur, nempe litera *s* post consonantes ferè omnes et plerasque vocales; quæ litera Nominativum constituit, et *o* ante eam immissa Genitivum: σῶμα nimirùm primitùs fuerit σωματς; μέλι, μελιτς *mel*; γόνυ, γονυτς vel γονατς *genu*; τιτὰν, τιτανς; μάρτυρ, μαρτυρς *testis*; νὺξ, νυκτς *nox*; φλὲψ, φλεβς *vena.* Hinc in quibusdam nominibùs duplex terminatio orta est; ut ῥὶς et ῥὶν *naris*, ἀκτὶς et -ὶν *jubar*, δελφὶς et -ὶν *delphin.*

Sing.	Dual.	Plural.
N.A.V. σῶμα	N.A.V. σώματε	N.A.V. σώματα
G. σώματος	G.D. σωμάτοιν	G. σωμάτων
D. σώματι		D. σώμασι.

Sing.	Dual.	Plural.
N.V. Τιτὰν	N.A.V. Τιτᾶνε	N.V. Τιτᾶνες
G. Τιτᾶνος	G.D. Τιτάνοιν	G. Τιτάνων
D. Τιτᾶνι		D. Τιτᾶσι
A. Τιτᾶνα		A. Τιτᾶνας.

Obs. 1. Vox anomala ἡ ναῦς *navis* sic declinatur;

	Sing.			Dual.			Plural.	
	Ion.	Att.		Ion.	Att.		Ion.	Att.
N.	νηῦς	ναῦς	N. A.V.	νῆε		N.	νῆες	
G.	νηὸς	νεὼς	G. D.		νεοῦν	G.	νηῶν	νεῶν
D.	νηΐ					D.	νηυσὶ	ναυσὶ
A.	νῆα	ναῦν				A.	νῆας	ναῦς
V.	νηῦ	ναῦ				V.	νῆες.	

Reliquæ varietates sunt,

Ep. S. νηῦς, νεὸς,   νέα.   Pl. νέες, νεῶν, νή- et νέ-εσσι, νέας.
Dor. νὰς, νᾶὸς, ναΐ, ναῦν et νᾶν.   νᾶῶν.

In reliquis mutatur *Ion.* η vel ε in *a.* Apud *Tragicos* etiam ναὸς Dorica Genitivi forma reperitur.

Obs. 2. Eodem modo, quo ναῦς, declinatur γραῦς *anus, Ionicè* γρηῦς; Nom. Plur. γρᾶες vel γρῆες; βοῦς, Gen. βοὸς et *Poët.* βοῦ, Nom. Plur. βόες : χόος, χοῦς *cumulus,* Gen. χοός; sic etiam χόος, χοῦς *congius,* Gen. χοός et χοώς, Dat. χοΐ, Acc. χοῦν et χοᾶ. *Conf.* § 18. *Obs.* 5.

REGULÆ QUINTÆ DECLINATIONIS.

§ 21. GENITIVUS hujus Declinationis ferè formatur addendo τος, si nomen in vocalem desinit ; ut σῶμα -ατος, si in consonantem, ος ; ut Τιτὰν -ᾶνος. Sed etiam post consonantem ν sæpè subjicitur τος, ut Ξενοφῶν *Xenophon*, -ῶντος. In plerisque autem ulteriùs fit mutatio :

(*a*.) Nomina, quæ desinunt in ς, vel omninò ς abjiciunt ; ut ἥρως *heros*, ἥρωος ; vel ejus vice assumunt

nonnulla	τ	ut χάρις	*gratia*	Gen.	χάριτος
alia	δ	ut ἐλπὶς	*spes*	—	ἐλπίδος
alia	θ	ut ὄρνις	*avis*	—	ὄρνιθος
alia	ν	ut Σαλαμὶς	*Salamis*	—	Σαλαμῖνος :

et, post ν addito τος ; ut ἱμὰς *habena*, ἱμάντος.

(*b*.) Quæ desinunt in ξ, ψ, hoc est κς, γς, χς vel πς, βς, φς, semper abjiciunt ς ; ut

κόραξ(κς)	*corvus*, -ακος	λαῖλαψ(πς)	*procella*, -απος
πτέρυξ(γς) *penna*, -υγος		χάλυψ(βς)	*ferrum*, -υβος
ὄνυξ(χς)	*ungula*, -υχος	κατῆλιψ(φς) *scala*, -ιφος.

Ex his duo addunt τος ; scilicet νὺξ(κς) *nox*, νυκτὸς ; ἄναξ(κς) *rex*, -ακτος.

Obs. Θρὶξ *coma* facit genitivum τριχὸς pro θριχὸς ; vide p. 134. § 2. φάρυγξ *guttur*, φάρυγος, et recentiùs φάρυγγος.

(*c*.) Longa vocalis in ultimâ Nominativi posita, in penultimâ Genitivi mutatur in cognatam brevem ; ut ποιμὴν *pastor*, -ένος ; ῥήτωρ *rhetor*, -ορος : et, post ν addito τος ; ut γέρων *senex*, -οντος.

Excipiuntur autem multa, præsertim monosyllaba, quæ vocalem longam retinent ; ut θὴρ *fera*, θηρὸς ; ἀγὼν *certamen*, -ῶνος.

Obs. 1. Quædam in ων interdùm apud *Poëtas* ambabus formis ονος et ωνος, illâ plerùmque post longam Vocalem, hâc post brevem, utuntur ; sic Κρονίων -ονος, et Κρονίων -ωνος ; Ἀκταίων -ωνος et -ονος.

Obs. 2. Pleraque neutra in αρ vice ρ assumunt τ ; ut, φρέαρ *puteus*, -ᾶτος, ἧπαρ *jecur*, -ᾶτος ; στέαρ *sebum*, -ᾶτος, contr. στῆτος ; sic Anomala ὕδωρ *aqua*, ὕδατος ; σκῶρ *stercus*, σκᾰτός. Femininum δάμαρ, post ρ addito τος, facit δάμαρτος.

Obs. 3. Nomen ἀνὴρ *homo*, imparisyllabicum, mutatâ ε in δ ex Euphoniæ lege (p. 135.) parisyllabicè declinatur ; quâ quidem declinatione *Attici*

semper utuntur; sic N. ὁ ἀνὴρ, G. ἀνέρος, ἀνδρὸς, D. ἀνέρι, ἀνδρὶ κ. τ. λ.
Idem in Dativo Plurali (pro ἀνέρσι) tantum facit ἀνδράσι. Huic similia
sunt tria Nomina πατὴρ *pater,* μήτηρ *mater,* θυγάτηρ *filia,* quæ in Gen.
et Dat. Sing. item in Dat. Plur. semper apud *Atticos* Syncopen patiuntur;
sic N. ὁ πατὴρ, G. πατρὸς, D. πατρὶ κ. τ. λ.

Obs. 4. Quædam, præsertim Nomina Propria, in ις, -ιδος, *Epicè, Doricè,*
et *Ionicè* abjiciunt δ ; ut Θέτις *Thetis,* -ιος, D. Θέτῑ ; Θέμις *Justitia,* -ιος,
et *Ep.* -ιστος. *Conf.* § 26. *Obs.* 1. δᾶϊς *pugna Ep.* Dat. δᾶϊ. Quædam in ις
purum, ut κληῒς (*Ion.*) *clavis, Atticè* per omnes casus contrahuntur ; sic
N. κληῒς, κλῇς, G. κληῗδος -ῇδος κ. τ. λ. *Conf.* § 30. *b. Obs.*

Obs. 5. Ex iis quæ desinunt in ν, alia in Genitivo omittunt τ ; ut δάκρυ
lacryma, -νος ; νᾶπυ *sinapi,* -νος ; alia pro ν ante τ assumunt α ; ut γόνυ
genu, -ατος, *Ion.* γούνατος ; δόρυ *hasta,* -ατος, *Ion.* δούρατος ; unde per
Sync. *Poëtæ* usurpant G. δουρὸς, D. δουρὶ κ. τ. λ., *Attici* ex δόρατος,
G. δορὸς, D. δορὶ, et rariùs δόρει.

Obs. 6. ANOMALA sunt
γάλα *lac,* γάλακτος tanquam a γάλαξ.
γυνὴ *mulier,* γυναικὸς, tanquam a γύναιξ.
κύων *canis,* per Syncopen κυνὸς.
κτεὶς *pecten,* et πούς *pes,* correptâ diphthongo, κτενὸς, ποδὸς. Sic Σιμόεις
   Simois, -εντος, more Participiorum in εις.
χεὶρ *manus,* Gen. χειρὸς, sed *Poët.* χερὸς. *Conf.* § 24. *Obs.* 1.
ὀδοὺς *dens* (*Ion.* ὀδὼν), ὀδόντος ; οὖς *auris* (*Dor.* ὦς), ὠτὸς, *Ion.* οὔατος.
Ζεὺς Gen. *Poët.* Ζηνὸς, vulgo Διὸς a Δεὺς vel Δὶς inusitato.
κάρα *caput, Vox Poët.* (*Ep.* κάρη -ητος -ήατος), κρᾶτος, D. κρατὶ et κάρᾳ.
υἱὸς *filius* triplicem Declinationem sibi vindicat ; sic, præter Gen. υἱοῦ,
   Dat. υἱῷ κ. τ. λ. reperiuntur *Epicæ* formæ G. υἷος, D. υἷι, κ. τ. λ. Dat.
   Plur. υἱάσι, tanquam a *υἷς ;—*et, G. υἱέος *Ep.* et *Att.* D. υἱέϊ *Ep.* υἱεῖ
   Ep. et *Att.* υἱέα *Ep.* κ. τ. λ. Dat. Plur. υἱέσι *Att.* tanquam a υἷς.

§ 22. ACCUSATIVUS desinit in *a* imparisyllabicè ; ut Τιτὰν, Τιτᾶνα ; nisi nomen neutrius generis sit, ut τὸ πῦρ *ignis* et *ignem. Conf.* § 12.

Obs. 1. Pauca in ις et υς cum Accus. imparisyllabico in α alterum etiam
habent parisyllabicum, quo *Attici* propè solo utuntur, mutando s in ν ; ut

   ἔρις *lis,*   -ιδα et -ιν   χάρις *gratia,* -ιτα et -ιν
   κόρυς *galea,* -υθα et -υν   κλεὶς *clavis,* κλεῖδα et κλεῖν.

Quædam etiam, præsertim monosyllaba in ις et υς, hunc solum Accusat.
habent νν et ιν ; ut

| λῖς *leo,* | λῖν | μῦς *mus,* | μῦν | ἰσχὺς *vis,* | -ὺν |
| κὶς *curculio,* κὶν | | ὗς *sus,* | ὗν | ἰχθὺς *piscis,* -ὺν |

et *recentiores Poëtæ* ἰχθύα. *Conf.* § 20. *Obs.* 1. 2.

Obs. 2. Nonnulla in ων, -ωνος abjiciunt να in Accusativo ; sic Ἀπόλλω
Apollinem, Ποσειδῶ *Neptunum,* pro Ἀπόλλωνα κ. τ. λ. Alia in ως, -ωος
abjiciunt α, ut ἥρω pro ἥρωα ; sed *Conf.* § 19. *Obs.* 2.

§ 23. Vocativus plerumque similis est Nominativo; nonnunquam tamen variatur:

(*a*.) Nomina in ηρ, ωρ et ων, quæ vocalem in obliquis corripiunt, eandem retinent brevem in Vocativo; ut μήτηρ *mater*, -εpos, ὦ μῆτερ; ῥήτωρ -opos, *rhetor*, ὦ ῥῆτορ; γέρων -οντος, *senex*, ὦ γέρον.

(*b*.) Nomina in ις et υς formant Vocativum abjiciendo ς; ut Θαΐς *Thais*, ὦ Θαΐ; βότρυς *racemus*, ὦ βότρυ.

(*c*.) Nomina in ας, Gen. αντος, formant Vocativum in αν; ut Αἴας *Ajax*, -αντος, ὦ Αἶαν; γίγᾶς *Gigas*, ὦ γίγᾶν: nonnulla etiam abjiciunt ν; ut ὦ Ἄτλᾶ, ὦ Πολυδάμᾶ.

Obs. 1. Etiam horum tamen plerisque Vocativus interdùm similis est Nominativo, præsertim apud *Atticos*; sic reperiuntur

  ὦ Αἴας *Ajax*, ὦ Σαλαμὶς *Salamis*, ὦ Ἐρινvὺς *Furia*.

Obs. 2. Hæc tria vocalem in obliquis longam, in Vocativo tamen corripiunt; Ἀπόλλων -ωνος, ὦ Ἄπολλον; Ποσειδῶν -ῶνος, ὦ Πόσειδον; σωτήρ -ῆρος *servator*, ὦ σῶτερ.

Obs. 3. Anomala sunt ὦ γύναι a γυνὴ *mulier*: ὦ ἄνᾰ ab ἄναξ, *rex Deus* (vel *Dea*, pro ἄνασσα). Nominativus tamen pro Vocativo non modò ad homines, sed etiam ad Deos usitatior est; ut ὦ ἄναξ, per Crasin ὦναξ.

§ 24. Dativus Pluralis formatur a Dativo Singulari inserendo σ ante finalem ι; ut

| ῥήτωρ | -opι | -ορσι | λαῖλαψ | -απι | -α(πσ)ψι |
| βότρυς | -υι | -ῠσι | κόραξ | -ακι | -α(κσ)ξι : |

et abjiciendo, ubicunque præcedunt, δ, θ, ν, τ; ut

| ἐλπὶς | -ίδι | -ίσι | Τιτὰν | -ᾶνι | -ᾶσι |
| ὄρνις | -ῑθι | -ῑσι | σῶμα | -ᾰτι | -ᾰσι. |

Sin præcedant ντ, νθ, ambæ abjiciuntur, et vocalis præcedens, si sit *o*, mutatur in diphthongum ου; si sit *a* vel *ι*, non mutatur quidem, sed producta servatur; ut

| γέρων | -οντι | -ουσι | γίγας | -αντι | -ᾶσι. |
| ἕλμινς *vermis* | -ινθι | -ῑσι. | (*Conf. Append. cap.* 2.) | | |

Obs. 1. Χεὶρ facit in Dativo Duali χεροῖν (cum χειροῖν), et in Dativo Plurali χερσì. *Conf.* § 21. Obs. 6.

Obs. 2. *Epica* lingua suum habet Dativum Pluralem, qui a Genitivo Singulari formatur mutando ος in εσι vel εσσι; ut ἄναξ ακτος, Dat. Pl. ἀνάκτεσι; κύων, κυνὸς, Dat. Pl. κύνεσσι.

II. *DECLINATIONES CONTRACTORUM.*

Declinationes Nominum Contractorum oriuntur e quintâ Simplicium. Scilicet Genitivus, qui in illâ ferè per ος impurum, in his crescit per ος vel ως purum.

§ 25. PRIMA DECLINATIO.

PRIMA Declinatio Contractorum duas habet terminationes ης et ος: ης masculini generis, et Nominum tantùm Propriorum, ut ὁ Δημοσθένης *Demosthenes*; et ος neutrius, ut τὸ τεῖχος *murus.*

Sing.		*Sing.*	
N.	Δημοσθένης	N.A.V.	τεῖχος
G.	Δημοσθένεος, -ους	G.	τείχεος, -ους
D.	Δημοσθένεϊ, ει	D.	τείχεϊ, -ει.
A.	Δημοσθένεα, -η		
V.	Δημόσθενες.		

Dual.

N.A.V. τείχεε, -η
G.D. τειχέοιν, -οῖν.

Plural.

N.A.V. τείχεα, -η
G. τειχέων, -ῶν
D. τείχεσι.

Obs. 1. Composita a κλέος *gloria*, ut Περικλέης *Pericles*, Ἡρακλέης *Hercules*, contrahuntur etiam in Nominativo (et hâc quidem formâ Comici et Prosaici *Attici* constanter utuntur); quapropter in Dativo, et rariùs in Accusativo duplicem contractionem patiuntur.

Sing. N.	Ἡρακλέης	-λῆς			
G.	Ἡρακλέεος	-λέους		*Ion.* -εος et -ῆος	
D.	Ἡρακλέεϊ	-λέει	-λεῖ	*Ion.* -έϊ et -ῆι	
A.	Ἡρακλέεα	-λεᾶ	-λῆ	*Ion.*	-ηα.
V.	Ἡράκλεες	-λεις.			

Obs. 2. Nomina propria in ης, quæ ad hanc declinationem pertinent, non raro in Accusativo utuntur etiam formâ parisyllabicâ, secundum primam Simplicium, in ην; ut ὁ Σωκράτης, *Acc.* Σωκράτεα -η et Σωκράτην.

§ 26. Secunda Declinatio.

Secunda Declinatio Contractorum quatuor habet terminationes ιs, ι, υs et υ : ιs et υs masculini aut feminini generis; ut ἡ πόλις *civitas,* ὁ πῆχυς *cubitus;* et ι et υ neutrius ; ut τὸ σίνᾱπι *sinapi*, τὸ ἄστυ *urbs.*

Sing.	*Sing.*
N. πόλις	N. πῆχυς
G. πόλεως, *rar.* -εος	G. πήχεως, *vel* -εος
D. πόλεϊ, -λει	D. πήχεϊ, -ει
A. πόλιν	A. πῆχυν
V. πόλῐ.	V. πῆχυ.
Dual.	*Dual.*
N.A.V. πόλεε	N.A.V. πήχεε
G.D. πολέοιν.	G.D. πηχέοιν.
Plural.	*Plural.*
N.V. πόλεες, -εις	N.V. πήχεες, -εις
G. πόλεων	G. πήχεων
D. πόλεσι	D. πήχεσι
A. πόλεας, -εις.	A. πήχεας, -εις.
Sing.	*Sing.*
N.A.V. σίνᾱπι	N.A.V. ἄστυ
G. σινάπεος, *rar.* -εως	G. ἄστεος, *rar.* -εως
D. σινάπεϊ, -ει.	D. ἄστεϊ, -ει.
Dual.	*Dual.*
N.A.V. σινάπεε	N.A.V. ἄστεε
G.D. σιναπέοιν.	G.D. ἀστέοιν.
Plural.	*Plural.*
N.A.V. σινάπεα, -η	N.A.V. ἄστεα, -η
G. σιναπέων	G. ἀστέων
D. σινάπεσι.	D. ἄστεσι.

Obs. 1. Nomina hujusmodi in ιs *Ion.* inflectuntur per ι et *Poët.* per η : sic *Ion.* πόλις G. πόλιος D. πόλῑϊ et πόλι Pl. N. πόλιες πόλῑς κ. τ. λ. *Poët.* —— G. πόληος D. πόληϊ A. πόληα.

Obs. 2. De formis υἱέος, υἱέϊ -εῖ, κ. τ. λ., tanquam a υἵς, vide § 21. Obs. 6.

Obs. 3. Nomina in *ις -ιος, υς -υος,* quæ in Singulari pertinent ad quintam Declinationem Simplicium, contrahuntur in Plurali N. A. V. : ut
πόρτις *vitula*   Pl. N. V. πόρτιες, -ῖς   A. πόρτιας, -ῖς
ἰχθὺς *piscis*   Pl. N. V. ἰχθύες, -ῦς   A. ἰχθύας, -ῦς.
sed ἔγχελυς *anguilla* Pl. N. (*Ion.* ἐγχέλυες) vulgò ἐγχέλεις, G. -εων, κ. τ. λ.
Vox ὄϊς *ovis*, in Plur. Nom. et Acc. duplicem contractionem patitur ; ut
N. ὄϊες -ὄϊς, et οἷς, A. ὄϊας, οἶας et οἷς.

Obs. 4. Etiam ὄρνις *avis*, G. ὄρνιθος, præter suam Declinationem in Plurali N. G. A. hoc modo declinatur ; N. ὄρνεις, G. ὄρνεων, A. ὄρνεις et ῖς.

§ 27. TERTIA DECLINATIO.

TERTIA Declinatio Contractorum unam habet terminationem in ευς generis masculini ; ut ὁ βασιλεὺς *rex*.

Sing.	*Plural.*
N. βασιλεὺς	N. βασιλέες, -εῖς et -ῆς
G. βασιλέος, -έως	G. βασιλέων
D. βασιλέϊ, *rar.* -εῖ	D. βασιλεῦσι
A. βασιλέᾱ, -ῆ	A. βασιλέᾱς, -εῖς
V. βασιλεῦ.	V. βασιλέες, -εῖς.

Dual.

N.A.V. βασιλέε.   G.D. βασιλέοιν.

Obs. Apud *Ionas* fit inflectio per η : sic G. βασιλῆος -ῆϊ, -ῆα, κ. τ. λ.

§ 28. QUARTA DECLINATIO.

QUARTA Declinatio Contractorum duas habet terminationes ως et ω generis feminini ; ut ἡ αἰδὼς *pudor*, ἡ φειδὼ *parsimonia*.

Sing.	*Sing.*
N. αἰδὼς	N. φειδὼ
G. αἰδόος, -οῦς	G. φειδόος, -οῦς
D. αἰδόϊ, -οῖ	D. φειδόϊ, οῖ
A. αἰδόα, -ῶ	A. φειδόα, -ῶ
V. αἰδοῖ.	V. φειδοῖ.

Hujusmodi nomina carent Duali et Plurali.

Obs. Quædam in ων, -ονος *Atticè* etiam ad hanc Declinationem pertinent ; ut εἰκὼν *imago*, -όνος, et -οῦς, tanquam ab εἰκώ ; ἀηδὼν *luscinia*, -όνος et -οῦς.

§ 29. Quinta Declinatio.

Quinta Declinatio Contractorum unam habet terminationem in *as*, generis neutrius ; ut τὸ κέρας *cornu*. Hujusmodi nomina partim pertinent ad quintam Declinationem Simplicium.

Sing.

N.A.V.	κέρᾰs		
G.	κέρᾱτος	*Ion.* κέραος	*Att.* κέρως
D.	κέρᾱτι	— κέραϊ	— κέρᾳ.

Dual.

N.A.V.	κέρᾱτε	— κέραε	— κέρᾱ
G.D.	κεράτοιν	— κεράοιν	— κερῷν.

Plural.

N.A.V.	κέρᾱτα	— [κέραα]	— κέρα
G.	κερᾱτων	— κεράων	— κερῶν
D.	[κεράτεσι]	— κεράεσι	— κέρασι.

Obs. 1. Sic etiam declinantur

κρέας *caro* -ᾱτος, -ᾰος, -ως, Pl. κρέᾱτα [-αα] -ᾱ, G. -ᾱτων, -ᾱων, -ῶν. *Ion.* κρειῶν. τέρας *prodigium*, -ᾱτος, -ᾰος, sed contrahitur tantum in Plurali, ut τέρα. οὖας *auris*, -ᾱτος tantùm declinatur cum τ, ex quintâ Simplicium.

Contra γέρας *præmium honoris*, -ᾰος, γῆρας *senectus*, -ᾰος, -ως, δέπας *poculum*, -ᾰος, κνέφας *caligo*, -ᾰος, -ους, (Conf. Obs. 2.), σκέπας *tegmen*, -ᾰος, nunquam sumunt τ ; neque (præter γῆρας) contrahi solent in Genitivo. Contractum a in Nom. et Acc. Plur. *Poëtæ* sæpè corripiunt, ut κέρᾰ, κρέᾰ, σκέπᾰ.

Obs. 2. Apud *Ionas* in his nonnunquam ε pro α legitur; ut G. κέρεος, pro -ᾰος, tanquam a κέρος. Quod etiam vulgò sequuntur hæc *Poëtica;* βρέτας *simulacrum*, G. -εος, οὖδας *solum*, G. -εος, κᾶας *vellus*, Pl. N. κώεα.

Observationes Generales.

Obs. 1. Nominibus cujuscunque Declinationis apud *Epicos Poëtas* additur interdum syllaba φι vel φιν pro inflexione Genitivi et Dativi Singularis et Pluralis, ita ut

Parisyllabica in η vel α forment hos casus in ηφι ut εὐνῆφι ab εὐνὴ *cubile*

os vel ov   οφι   θεόφιν a θεὸς *Deus*

Imparisyllabica in os (Gen. εos)   εσφι   ὔρεσφι ab ὔρος *mons.*

Obs. 2. Eodem modo syllaba θε vel θεν pro Genitivis apponitur ; ut Τροίαθε a Τροία *Troja* ; οὐρανόθεν ab οὐρανὸς *cælum.*

B

NOMINA ADJECTIVA.

ADJECTIVA in tres classes dividuntur, ut apud Latinos, prout pro tribus suis generibus vel tres, vel duas, vel unam tantùm terminationem habent.

Participia ferè declinantur more Adjectivorum trium terminationum. (Lát. Gr. § 21.)

§ 30. PRIMÆ CLASSIS Adjectiva sunt,

(*a.*) Desinentia in *os, η, ον*; ut καλὸς, -ὴ, -ὸν, *honestus*, -*a*, -*um*. Quod si *os* vocalem vel ρ præeuntem habeat, fit femininum per *a*; ut δίκαιος, -ᾱ, ον, *justus*, -*a*, -*um*; ἐχθρὸς, -ᾱ`, -ὸν, *inimicus*, -*a*, -*um*. (*Conf.* § 16.)

Sing.

	M.	F.	N.	M.	F.	N.	M.	F.	N.
N.	καλὸς,	-ὴ,	-ὸν	δίκαιος,	-α,,	-ον	ἐχθρὸς,	-ὰ,	-ὸν
G.	καλοῦ,	-ῆς,	-οῦ	δικαίου,	-ας,	-ον	ἐχθροῦ,	-ᾶς,	-οῦ
D.	καλῷ,	-ῇ,	-ῷ	δικαίῳ,	-ᾳ,	-ῳ	ἐχθρῷ,	-ᾳ,	-ῷ
A.	καλὸν,	-ὴν,	-ὸν	δίκαιον,	-αν,	-ον	ἐχθρὸν,	-ὰν,	-ὸν
V.	καλὲ,	-ὴ,	-ὸν.	δίκαιε,	-α,	-ον.	ἐχθρὲ,	-ὰ,	-ὸν.

Dual.

N.A.V.	——	ω,	-α,	-ω
G.D.	——	οιν,	-αιν,	-οιν.

Plural.

N.V.	——	οι,	-αι,	-α
G.	——	ων,	-ων,	-ων
D.	——	οις,	-αις	-οις
A.	——	ους,	-ας,	-α.

Obs. 1. Quædam in *oos* desinentia, neglectâ regulâ purorum, formant femininum per *η*; ut ὄγδοος, -όη, -οον, *octavus*.

Obs. 2. Quædam in *oos* et *εos* per omnes casus contrahuntur; ut διπλόος *duplex*, χρύσεος *aureus*, ἀργύρεος *argenteus*: sic

Sing. M. διπλόος, -οῦς F. διπλόη, -ῆ N. διπλόον, -οῦν | Pl. N. διπλόα, -ᾶ
χρύσεος, -οῦς χρυσεα, -ῆ χρύσεον, -οῦν χρύσεα, -ᾶ
ἀργύρεος, -οῦς ἀργυρέα, -ᾶ ἀργύρεον, -οῦν ἀργύρεα, -ᾶ

ubi notanda in Singulari contractio *έα* in *ῇ*, χρυσέα, -ῆ; siu ρ præcedat, in *ᾶ*, ἀργυρέα, -ᾶ. *Conf.* § 27. *Obs.* 2.

Obs. 3. Dialectos Sing. Numeri vid. § 18. Obs. 4. Plur. § 15. Obs. 2.

(*b.*) Desinentia in εις, εσσα, εν ; ut χαρίεις, *gratiosus.*

Sing.

N. χαρίεις   χαρίεσσα   χαρίεν
G. χαρίεντος   χαριέσσης   χαρίεντος
D. χαρίεντι   χαριέσσῃ   χαρίεντι
A. χαρίεντα   χαρίεσσαν   χαρίεν
V. χαρίεν   χαρίεσσα   χαρίεν.

Dual.

N.A.V. χαρίεντε   χαριέσσᾱ   χαρίεντε
G.D. χαριέντοιν   χαριέσσαιν   χαριέντοιν

Plural.

N.V. χαρίεντες   χαρίεσσαι   χαρίεντα
G. χαριέντων   χαριεσσῶν   χαριέντων
D. χαρίεσι   χαριέσσαις   χαρίεσι
A. χαρίεντᾰς   χαριέσσᾱς   χαρίεντα.

Obs. Desinentia in ήεις et όεις sæpè per omnes casus contrahuntur: sic
τιμήεις, -ῆς, *honoratus,*-ήεσσα,-ῆσσα, -ῆεν,-ῆν (Dor. -ᾶς,-ᾶσσα,-ᾶν)
μελιτύεις, -οῦς, *mellitus,* -όεσσα,-οῦσσα, -όεν,-οῦν. *Conf.* § 21. *Obs.* 4

(*c.*) Desinentia in ὺς, εῖα, ὺ ; ut ὀξὺς, *acutus.*

Sing.

N. ὀξὺς   ὀξεῖᾰ   ὀξὺ
G. ὀξέος   ὀξείᾱς   ὀξέος
D. ὀξέϊ, -εῖ   ὀξείᾳ   ὀξέϊ, -εῖ
A. ὀξὺν   ὀξεῖᾰν   ὀξὺ
V. ὀξὺ   ὀξεῖᾰ   ὀξὺ.

Dual.

N.A.V. ὀξέε   ὀξείᾱ   ὀξέε
G.D. ὀξέοιν   ὀξείαιν   ὀξέοιν.

Plural.

N.V. ὀξέες, -εῖς   ὀξεῖαι   ὀξέα
G. ὀξέων   ὀξειῶν   ὀξέων
D. ὀξέσι   ὀξείαις   ὀξέσι
A. ὀξέας, -εῖς   ὀξείᾱς   ὀξέα.

Obs. 1. *Iones* pro ᾱ longo ponunt η, ut Fem. Gen. ὀξείης, -είῃ, είην.
Poëtæ insuper ponunt ε in penultimâ pro ει, ut Fem. N. ὀξέα -έης -έῃ -έαν.

Obs. 2. Est etiam Accus. *Poëticus* in εα, ut εὐρέα πόντον *Hom.*

Obs. 3. Nonnulla in υς apud *Poëtas* tanquam communia usurpantur, ut Ἥρη θῆλυς ἐοῦσα *Hom. Il.* T. 97. ταρφὺς θρίξ *Æsch.* ἀδέα χαίταν *Theocr.*

(*d.*) Duo in ας, αινἄ, ᾰν ; μέλας *niger*, et τάλᾱς *miser.*

Sing.

N.	μέλας	μέλαινα	μέλαν
G.	μέλανος	μελαίνης	μέλανος
D.	μέλανι	μελαίνῃ	μέλανι
A.	μέλανα	μέλαιναν	μέλαν
V.	μέλαν	μέλαινα	μέλαν.

Dual.

N.A.V.	μέλανε	μελαίνᾱ	μέλανε
G.D.	μελάνοιν	μελαίναιν	μελάνοιν.

Plural.

N.V.	μέλανες	μέλαιναι	μέλανα
G.	μελάνων	μελαινῶν	μελάνων
D.	μέλασι	μελαίναις	μέλασι
A.	μέλανας	μελαίνας	μέλανα.

(*e.*) Unicum in ας, ασα, αν, πᾶς, *omnis*, cum compositis, ἅπᾶς, σύμπας, κ. τ. λ. (*Conf. Participia in* ας, p. 41);

Sing.

N.V.	πᾶς	πᾶσα	πᾶν
G.	παντὸς	πάσης	παντὸς
D.	παντὶ	πάσῃ	παντὶ
A.	πάντα	πᾶσαν	πᾶν.

Dual.

N.A.V.	πάντε	πάσα	πάντε
G.D.	πάντοιν	πάσαιν	πάντοιν.

Plural.

N.V.	πάντες	πᾶσαι	πάντα
G.	πάντων	πασῶν	πάντων
D.	πᾶσι	πάσαις	πᾶσι
A.	πάντας	πάσας	πάντα.

Duo Anomala in υς, et ας, πολὺς *multus* et μέγας *magnus*, plerumque declinantur, tanquam πολλὸς, et *μέγαλος; sic

N. πολὺς, πολλὴ, πολὺ   μέγας, μεγάλη, μέγα
G. πολλοῦ, πολλῆς, πολλοῦ   μεγάλου, μεγάλης, μεγάλου
D. πολλῷ, πολλῇ, πολλῷ   μεγάλῳ, μεγάλῃ, μεγάλῳ
A. πολὺν, πολλὴν, πολύ.   μέγαν, μεγάλην, μέγα.

Obs. Apud *Poëtas* πολὺς per omnes casus Masc. et Neutr. inflectitur.
Sing. πολὺς (*Ion.* πουλὺς), -έος, -έϊ, πολὺν. Pl. πολέες. *Neut.* πολέα. G.
-έων, κ.τ.λ. Ceterùm πολλὸς exstat in *Ionicâ* dialecto; μέγαλος omninò
inusitatum est.

§ 31. Secundæ Classis Adjectiva sunt

(*a.*) Composita ferè omnia in os, et quædam alia, imprimis in ιμος desinentia, quæ formant Neutrum in ον; ut

ὁ καὶ ἡ ἀθάνατος *immortalis*, τὸ ἀθάνατον,
ὁ καὶ ἡ δόκιμος *probabilis*, τὸ δόκιμον,

et cetera, ut καλὸς, nisi quod formæ Femininæ desunt.

Obs. 1. Excipe composita in κος desinentia, quæ semper tres terminationes habent; ut ἐπιδεικτικὸς, -ἡ, -ὸν, *demonstrativus*, -a, -um.

Obs. 2. Omnia Adjectiva composita in os apud antiquissimos Græcos
per tria genera declinabantur: velut ἀθανάτη. *Hom. Il.* Hujusmodi
formæ complures etiam apud *Atticos Poëtas* reperiuntur.

(*b.*) Desinentia in ης, quæ formant Neutrum in ες; ut

Sing.   N. ὁ καὶ ἡ ἀληθὴς, τὸ ἀληθὲς *verus*,
     G. τοῦ, τῆς, τοῦ ἀληθέος -οῦς
     D. τῷ, τῇ, τῷ ἀληθέϊ -εῖ
     A. τὸν καὶ τὴν ἀληθέα -ῆ, τὸ ἀληθὲς
     V. ἀληθὲς.
Dual. N.A.V. τὼ, τὰ, τὼ ἀληθέε
     G.D. τοῖν, ταῖν, τοῖν ἀληθέοιν -οῖν.
Plural. N.V. οἱ καὶ αἱ ἀληθέες -εῖς, τὰ ἀληθέα -ῆ
     G. τῶν ἀληθέων -ῶν
     D. τοῖς, ταῖς, τοῖς ἀληθέσι
     A. τοὺς καὶ τὰς ἀληθέας -εῖς, τὰ ἀληθέα -ῆ.

Obs. 1. Quæ desinunt in ης purum, in Acc. Sing. contrahunt εα in α;
ut ὑγιὴς *sanus*, Acc. Sing. ὑγιέα -ᾶ; sed in Plur. ὑγιέας -εῖς, non -ᾶς.
Composita a κλέος *gloria* habent alteram formam Accusativi in -εᾰ, ultimâ brevi; ut εὐκλέα *gloriosum*, tanquam ab εὐκλής.

Obs. 2. Composita ab ἔτος *annus* aliam femininam habent formam in
ις; ut ὁ καὶ ἡ ἑπτέτης, et ἡ ἑπτέτις *septennis*.

(*c.*) Desinentia in *ις*, quæ formant Neutrum in *ι*; ut
Sing. N. ὁ καὶ ἡ εὔχαρις, τὸ εὔχαρι *gratiosus*,
    G. τοῦ, τῆς, τοῦ εὐχάριτος, κ. τ. λ.

Hujusmodi Adjectiva ferè omnia composita sunt, et sequuntur inflexionem Primitivorum, nisi quod Accusativus Masc. et Fem. generis semper desinit in *ιν*.

Obs. 1. Excipe composita a πόλις, quæ faciunt ιδος; ut ἄπολις *expers civitatis*, Gen. -ιδος (*Ion.* -ιος), Dat. -ιδι (*Ion.* -ϊ), Acc. -ιδα et -ιν. *Conf.* § 22. *Obs.* 1.

Obs. 2. Primitiva, quæ huc pertinent, partim secundam Contractorum, partim quintam Simplicium Declinationem sequuntur; sic

| ὄρις *sciens* | *Ion.* -ιος | *Att.* -εως | νῆστις *jejunus* | -ιος | -εως | -ιδος |
| τρόφις *pinguis* | — | -ιος | εὖνις *orbus* | -ιος | -εως | -ιδος |

(*d.*) Desinentia in *ην*, quæ formant Neutrum in *εν*; ut
Sing. N. ὁ καὶ ἡ ἄρσην, τὸ ἄρσεν *masculus*,
    G. τοῦ, τῆς, τοῦ ἄρσενος, κ. τ. λ.

Obs. Unum in ην tres habet terminationes, τέρην, τέρεινα, τέρεν, *tener.*

(*e.*) Desinentia in *ων*, quæ formant Neutrum in *ον*; ut
Sing. N. ὁ καὶ ἡ σώφρων, τὸ σῶφρον *modestus*,
    G. τοῦ, τῆς, τοῦ σώφρονος, κ. τ. λ.

(*f.*) Desinentia in *ους*, quæ formant Neutrum in *ουν*; ut
Sing. N. ὁ καὶ ἡ εὔνους, τὸ εὔνουν *benevolus*,
    G. τοῦ, τῆς, τοῦ εὔνου, κ. τ. λ.

Obs. 1. Composita a πούς duplicem habent formam vel tertiæ vel quintæ Declinationis; ut ὁ καὶ ἡ πολύπους *multipes*, τὸ πολύπουν. G. τοῦ, τῆς, τοῦ πολύπου vel πολύποδος, κ. τ. λ.

Obs. 2. Composita ab ὀδοὺς *dens* faciunt Neutrum per ον, ut ὁ καὶ ἡ μονόδους *unum habens dentem*, τὸ μονόδον. G. τοῦ, τῆς, τοῦ μονόδοντος.

(*g.*) Composita in *υς*, quæ formant Neutrum in *υ*; ut
Sing. N. ὁ καὶ ἡ δίπηχυς, τὸ δίπηχυ *bicubitus*,
    G. τοῦ, τῆς, τοῦ διπήχεος, κ. τ. λ.

(*h.*) Nomina *Attica* in *ως*, quæ formant Neutr. in *ων*; ut
Sing. N. ὁ καὶ ἡ ἵλεως, τὸ ἵλεων *propitius*,
    G. τοῦ, τῆς, τοῦ ἵλεω, κ. τ. λ. (*Conf.* § 19.)

Obs. Composita in ως partim sequuntur quintam Declinationem; ut
ὁ καὶ ἡ ὠμοβρὼς, *crudivorus*, -α; G. τοῦ, τῆς, τοῦ ὠμοβρῶτος;
partim duas formas, et quartæ, et quintæ Declinationis, habent; ut
ὁ καὶ ἡ φιλόγελως, *ridibundus*; G. -ω et -ωτος. *Conf.* § 19. *Obs.* 2.

§ 32. Tertiæ Classis Adjectiva variè desinunt. Exemplum sit ὁ, καὶ ἡ, καὶ τὸ πένης *pauper*, G. πένητος.

Obs. 1. Hujusmodi Adjectiva rariùs, et vix extra Genitivum et Dativum, in neutro genere ponuntur ; ut πένητι σώματι *pauperi corpori*, μανιάσιν λυσσήμασιν *furiosâ rabie*. Ceterùm alia potiùs cum Nominibus Masculinis, alia cum Femininis concordare solent. (*Conf.* p. 128.) Quæ ferè concordant

cum Masculinis, desinunt in	cum Femininis, desinunt in
as, ου, ut γεννάδας *magnanimus*	as, αδος, ut μανιὰς *furiosus*
ης, ου, ut ἐθελοντὴς *lubens*	ις, ιδος, ut εὐῶπις *pulchra*.

Alia porrò ferè communiter usurpantur cum Nominibus vel Masculin vel Feminini generis. Hujusmodi sunt quæ desinunt

in as, αντος, ut ἀκάμας *indefessus*	in ὡς, ῶτος, ut ἀγνὼς *ignotus*
ἠν, ῆνος, ut ἀπτὴν *implumis*	ξ, ut ἧλιξ *æqualis*
υς, υδος, ut ἐπήλυς *advena*	ψ, ut αἰγίλιψ *proclivis ;*

cum quibusdam compositis, quæ ita desinunt, ut formam Substantivorum sive mutatione servent; ut

ab αἰών	*ævum*	μακραίων, -ωνος	*longævus*
χείρ	*manus*	μακρόχειρ, -ειρος	*longimanus*
ῥὶς	*nasus*	εὔρις, -ίνος	*nasutus.*

Obs. 2. Reperiuntur ὁ καὶ ἡ μάκαρ *beatus* et ἡ μάκαιρα ; sic

ὁ καὶ ἡ παιδολέτωρ	*sobolis perditor*	et ἡ παιδολέτειρα
ὁ καὶ ἡ παμμήτωρ	*omnium mater*	et ἡ παμμήτειρα.

COMPARATIO ADJECTIVORUM.

§ 33. Ad formandos gradus Comparationis, Positivis plerumque additur in Comparativo τερος, in Superlativo τατος; ut μάκαρ *beatus*, μακάρ -τερος, μακάρ -τατος. (Lat. Gr. § 26.)

(*a.*) Finita in ος etiam abjiciunt ς; ut

ἔνδοξος *gloriosus*, ἐνδοξό -τερος, ἐνδοξό -τατος.

Porrò quæ penultimam habent brevem, mutant o in ω; ut

φρόνιμος *prudens*, φρονιμ -ώτερος, φρονιμ -ώτατος.

Obs. 1. Excipe

στενὸς	*angustus*	(*Ion.* στεινὸς)	-ότερος	-ότατος
κενὸς	*vacuus*	(*Ion.* κεινὸς)	-ότερος	-ότατος
et contrà λᾶρὸς	*hilaris*		-ώτερος	-ώτατος
ὀϊζυρὸς	*calamitosus*		-ώτερος	-ώτατος.

Obs. 2. Ex iis quæ penultimam habent communem, sequente mutâ cum liquidâ, Dissyllaba per *o*, Hyperdissyllaba sæpiùs per *ω*, comparantur ; sic πικρὸς *acerbus*, -ότερος : δύσποτμος *infelix*, -ώτερος.

Obs. 3. Nonnulla in αιος, solent ο elidere; ut ἡσυχαῖος *quietus,* -αίτερος, -αίτατος. Sic

γεραιὸς *senilis* -αίτερος -αίτατος │ σχολαῖος *otiosus* -αίτερος -αίτατος
παλαιὸς *vetus* -αίτερος -αίτατος │

sic φίλος *amicus,* elidit ω; φίλτερος, φίλτατος.

Obs. 4. *Attice* etiam comparantur quædam in ος per αίτερος, αίτατος; ut ἴσος *æqualis,* -αίτερος, -αίτατος. Sic

εὔδιος *serenus* │ νέος *novus* │ φίλος *carus*
μέσος *medius* │ πλήσιος *propinquus* │ ἄσμενος *placitus*

quorum hæc duo μέσος, νέος, alterum quoque interdùm Superlativum habent μέσατος, νέατος.

Alia in ος comparantur per ἐστερος, ἐστατος, tanquam a Nominibus in ης; ut ἄφθονος *invidiæ expers,* -ἐστερος, -ἐστατος. Sic

αἰδοῖος *venerabilis* │ ἄμορφος *informis* │ ἄπονος *laboris expers*
ἄκρατος *immixtus* │ ἐῤῥωμένος *robustus*

postrema duo, cum ἄσμενος, quod triplici modo comparatur, (vid. suprà) et σπουδαῖος *diligens,* communem formam frequentiùs adsciscunt.

Alia porrò per ιστερος, ιστατος, tanquam a Nominibus in ις; ut λάλος *loquax,* -ίστερος, -ίστατος. Sic

ὀψοφάγος *gulosus* │ πτωχὸς *mendicus.*

(*b.*) Finita in εις amittunt ι diphthongi; ut

 χαρίεις *gratiosus,* χαρι -ἐστερος, χαρι -ἐστατος.

(*c.*) Finitá in ας et ης, et partim in υς (*Conf. infra,* § 34.), adhibent Neutrius terminationem αν, ες, et υ; ut

μέλας *niger,* Neutr. -αν, μελ -άντερος -άντατος
εὐσεβὴς *pius,* Neutr. -ὲς, εὐσεβ -ἐστερος -ἐστατος
εὐρὺς *latus,* Neutr. -ὺ, εὐρ -ύτερος -ύτατος.

Obs. Excipe nonnulla in ης, præsertim declinata e more primæ Declinationis, quæ comparantur tanquam a Nominibus in ις; ut ψευδὴς *mendax,* -ίστερος, -ίστατος; sic κλέπτης *furax,* πλεονέκτης *avarus.*

(*d.*) Finita in ων, adhibitâ ον terminatione Neutrius, porrò inserunt syllabam ες; ut

εὐδαίμων *felix,* Neutr. -ον, εὐδαιμον -ἐστερος, -ἐστατος.

Obs. Excipe πέπων *maturus,* πεπαίτερος πεπαίτατος
  πίων *pinguis,* πιότερος πιότατος.

(*e.*) Finita in ξ, resolutâ ξ in elementa sua, vocalem ε vel ι inter eadem inserunt; ut

ἀφῆλιξ (κς) *adultus,* -κέστερος -κέστατος
ἅρπαξ (γς) *rapax,* -γίστερος -γίστατος.

Obs. βλὰξ *mollis* facit βλακίστερος et βλακώτερος.

§ 34. Quibusdam Adjectivis usitatior forma comparationis fit per ίων, ιστος, præsertim exeuntibus in υς ; ut ἡδὺς *dulcis,* -ίων, -ιστος ; κακὸς *malus,* -ίων, -ιστος.

Nonnulla in ρος amittunt ρ ante -ίων et -ιστος ; ut αἰσχρὸς *turpis,* αἰσχίων, αἴσχιστος.

Obs. 1. Penultima in ίων, a ceteris correpta, apud *Atticos* producitur.

Obs. 2. ANOMALA sunt

ἀλγεινὸς [ἄλγος]	ἀλγίων *molestior*	ἄλγιστος
[?*ἀμενὴς,i.q.ζαμενὴς] ἀμείνων *melior*		
['Αρης]	ἀρείων *Poët. præstantior*	ἄριστος
[βέλος]	βέλτερος et βελτίων *melior*	βέλτατος et βέλτιστο
βραδὺς *tardus*	[*βραδίων] βράσσων	βάρδιστος
ἐλαχὺς *parvus*	[*ἐλαχίων] ἐλάσσων	ἐλάχιστος
[* ἠκὺς]	[*ἠκίων] ἥσσων *minor*	ἥκιστος
καλὸς [κάλλος]	καλλίων *honestior*	κάλλιστος
κερδαλέος [κέρδος]	κερδίων *quæstuosior*	κέρδιστος
κρατὺς, [κράτος]	{ [*κρατίων, *κράσσων] / Ion.κρέσσων,κρείσσων *melior*	κράτιστος et κάρτιστος
[* λώϊος *gratus*]	λωΐτερος et λώων *potior*	λῷστος
μακρὸς *longus* [*μηκὺς, *μακὺς]	} [*μακίων] μάσσων	μήκιστος
μέγας *magnus* [*μέος, Conf. πλέος]	μείζων, et *Ion.* μέζων / μείων *minor*	μέγιστος μείστος
ὀλίγος *paucus*		ὀλίγιστος
[* ὅπλον]	ὁπλότερος *junior*	ὁπλότατος
παχὺς *pinguis*	[*παχίων] πάσσων	
πλέος *plenus*	πλέων et πλείων	πλεῖστος
ῥάδιος [*ῥᾷος, ῥέος]	ῥάων *facilior*	ῥᾷστος
ταχὺς *celer*	[ταχίων] θάσσων	τάχιστος
[* φερὴς a φέρω]	φέρτερος *validior*	φέρτατος et φέριστος
* χέρης *tenuis*	χείρων *deterior*	χείριστος.

§ 35. Comparativa in ων, ut ἥσσων *minor,* in quibusdam casibus contrahuntur ; ut

Sing. Acc. ἥσσονα [-οα] -ω   Neutr. ἧσσον

Plur. N.V. ἥσσονες [-οες] -ους ——— ἥσσονα [-οα] -ω

Acc. ἥσσονας [-οας] -ους ——— ἥσσονα [-οα] -ω.

De Comparatione Adverbiorum vide infra, p. 121. (Lat. Gr. § 84.)

§ 36. Numeralia Adjectiva sunt vel Cardinalia vel Ordinalia. (Laț. Gr. § 29.)

	Cardinalia.		*Ordinalia.*
1 α´	εἷς, μία, ἓν	*unus*	πρῶτος
2 β´	δύο	*duo*	δεύτερος
3 γ´	τρεῖς, τρία	*tres*	τρίτος
4 δ´	τέσσαρες	*quatuor*	τέταρτος
5 ε´	πέντε	*quinque*	πέμπτος
6 ς´ †	ἐξ	*sex*	ἕκτος
7 ζ´	ἑπτὰ	*septem*	ἕβδομος
8 η´	ὀκτὼ	*octo*	ὄγδοος
9 θ´	ἐννέα	*novem*	ἔννατος
10 ι´	δέκα	*decem*	δέκατος
11 ια´	ἕνδεκα	*undecim*	ἐνδέκατος
12 ιβ´	δώδεκα	*duodecim*	δωδέκατος
13 ιγ´	τρὶς καὶ δέκα	*tredecim*	τρὶς καὶ δέκατος
20 κ´	εἴκοσι	*viginti*	εἰκοστὸς
21 κα´	εἴκοσιν εἷς	*unus et vig.*	εἰκοστὸς πρῶτος
30 λ´	τριάκοντα	*triginta*	τριᾱκοστὸς
40 μ´	τεσσαράκοντα	*quadraginta*	τεσσαρακοστὸς
50 ν´	πεντήκοντα	*quinquaginta*	πεντηκοστὸς
60 ξ´	ἐξήκοντα	*sexaginta*	ἐξηκοστὸς
70 ο´	ἑβδομήκοντα	*septuaginta*	ἑβδομηκοστὸς
80 π´	ὀγδοήκοντα	*octoginta*	ὀγδοηκοστὸς
90 ϙ´ †	ἐνενήκοντα	*nonaginta*	ἐνενηκοστὸς
100 ρ´	ἑκατὸν	*centum*	ἑκατοστὸς
200 σ´	διᾱκόσιοι	*ducenti*	διᾱκοσιοστὸς
300 τ´	τριᾱκόσιοι	*trecenti*	τριᾱκοσιοστὸς
400 υ´	τετρακόσιοι	*quadringenti*	τετρακοσιοστὸς
500 φ´	πεντακόσιοι	*quingenti*	πεντακοσιοστὸς
600 χ´	ἐξακόσιοι	*sexcenti*	ἐξακοσιοστὸς
700 ψ´	ἑπτακόσιοι	*septingenti*	ἑπτακοσιοστὸς
800 ω´	ὀκτακόσιοι	*octingenti*	ὀκτακοσιοστὸς
900 ϡ †	ἐννακόσιοι	*noningenti*	ἐννακοσιοστὸς

† De his figuris vide suprà, § 1. Obs. 2.

1,000 ͵α χίλιοι	*mille*	χιλιοστὸς
2,000 ͵β δισχίλιοι	*duo millia*	δισχιλιοστὸς
3,000 ͵γ τρισχίλιοι	*tria millia*	τρισχιλιοστὸς
10,000 ͵ι μύριοι	*decem millia*	μυριοστὸς
20,000 ͵κ δισμύριοι	*viginti millia*	δισμυριοστὸς
100,000 ͵ρ δεκακισμύριοι	*centum millia*	δεκακισμυριοστός

(*a*.) CARDINALIA quatuor priora declinantur sic ;

N.	εἷς	μία	ἓν	δύο	et	δύω
G.	ἑνὸς	μιᾶς	ἑνὸς	δυοῖν	*recentiùs* δυεῖν
D.	ἑνὶ	μιᾷ	ἑνὶ	δυοῖν	*rarò* δυσὶ
A.	ἕνα	μίαν	ἓν	δύο	et	δύω.

Eodem modo quo εἷς, declinantur composita οὐδεὶς et μηδεὶς *nullus,* sic οὐδεὶς, οὐδεμία, οὐδέν ; et eodem modo quo δύο declinatur ἄμφω *ambo.*

Obs. Δύω, *Atticè* semper δύο scriptum, et ἄμφω, tanquam indeclinabilia, non rarò pro δυοῖν et ἀμφοῖν reperiuntur.

N.	τρεῖς	τρία	τέσσαρες	τέσσαρα
G.	τριῶν		τεσσάρων	
D.	τρισὶ		τέσσαρσι, *Poët.* τέτρασι
A.	τρεῖς	τρία	τέσσαρας	τέσσαρα.

Cetera Cardinalia a quatuor usque ad centum indeclinabilia ; post centum, declinabilia sunt.

(*b*.) ORDINALIA omnia declinantur more Adjectivorum primæ Classis in os, ut πρῶτος, -η, -ον, *primus.*

Obs. Ex his Numeralibus dependent alia, quæ exprimunt

(*a*.) Multiplicationem.
ἁπλόος -οῦς, *simplex*
διπλόος -οῦς, *duplex*
sic τριπλοῦς, τετραπλοῦς, κ. τ. λ.
(*b*.) Proportionem.
διπλάσιος *duplo major*
sic τριπλάσιος, τετραπλάσιος, κ. τ. λ.

(*c*.) Quoties (ποσάκις ;) quid agatur.
ἅπαξ *semel*
δὶς *bis*
sic τρὶς, τετράκις, ἑξάκις, κ.|τ. λ.
(*d*.)Diem quo(ποσταῖος;)quid agatur
δευτεραῖος, *secundo die*
sic τριταῖος, τεταρταῖος, κ. τ. λ.

PRONOMEN.

Pronomina sunt vel Substantiva vel Adjectiva.

§ 37. Substantiva Pronomina sunt

(*a.*) Personalia ἐγὼ *ego,* σὺ *tu,* οὗ *sui.* (Lat. Gr. § 32.
§ 34.)

Obs. Tertia persona caret suo pronomine; οὗ enim, etsi sæpe in *Epicâ*
et *Ionicâ* linguâ simpliciter tertiam personam designat, apud *Atticos* ferè
semper, præterquam in Dat. Sing. et Plur., Reflexivum est. Hunc
efectum quodammodo supplet partim Demonstrativum αὐτὸς *ipse,*
quod in Nominativo solo propriam vim vindicat, in ceteris autem
casibus tertiæ personæ usui inservit; partim Articulus ὁ, ἡ, τὸ. (*Conf.*
§ 13. *Obs.* 1.); partim, quod ad accusativum attinet, formulæ *Poëticæ,*
νιν, σφὲ, et *Ionica* μιν, quæ plerumque Reflexivæ non sunt.

Sing.

N. ἐγὼ	σὺ	
G. ἐμοῦ, μοῦ	σοῦ	οὗ
D. ἐμοὶ, μοὶ	σοὶ	οἷ
A. ἐμὲ, μὲ	σὲ	ἓ

Dual.

N.A. νὼ	σφὼ	
G.D. νῷν	σφῷν	σφωῒν

Plural.

N. ἡμεῖς	ὑμεῖς	σφεῖς	N. σφέα
G. ἡμῶν	ὑμῶν	σφῶν	
D. ἡμῖν	ὑμῖν	σφίσι	
A. ἡμᾶς	ὑμᾶς	σφᾶς	N. σφέα.

Obs. Dialecti.

Sing.

N. ἐγὼν *Æol. Ep.*	τὺ *Dor.,* τύνη *Ep.*	
G. ἐμέο,ἐμεῦ,μεῦ,*Ep.Ion.*	τεῦ*Dor.*σέο,σεῦ,*Ep.Ion.*	ἕο, εὗ, *Ep. Ion.*
ἐμεῖο, ἐμέθεν, *Ep.*	σεῖο,τεοῖο *Ep.*σέθεν *Poët.*	εἷο, ἑεῖο, ἕθεν, *Ep.*
ἐμεῦς,ἐμοῦς,*Æol.Dor.*	τεῦς, τεοῦς, *Æol. Dor.*	ἑοῦς, *Æol. Dor.*
D. ἐμὶν *Dor.*	τὶν *Dor.,* τεῒν *Æol. Ep.*	ἳν *Dor.,* σφὶν *Poët.*
	τοὶ *Ep. Ion.*	ἑοῖ *Ep.*
A.	τὲ *Dor. Ep.* τὶν *Dor.*	ἑὲ *Ep.* νὶν *Dor.* et *Att.*
	τὺ *Dor.*	*Poët.* trium generum.
		μὶν *Ion.* trium generum.
		σφὲ *Dor.* et *Att. Poët.*
		trium gen. *Conf.* Plur.

Dual.

N. νῶϊ *Ep.*	σφῶϊ *Ep.*	
G.Ď. νῶϊν *Ep.*	σφῶϊν *Ep.*	σφῶϊν *Ep.*
A. νῶϊ *Ep.*	σφῶϊ *Ep.*	σφώϊ̈, σφὼ, *Ep.*

Plur.

N. ἡμέες *Ion.*	ὑμέες *Ion.*	
ἀμὲς *Dor.*, ἄμμες *Æol.*	ὑμές *Dor.*, ὕμμες *Æol.*	
G. ἡμέων *Ion. Ep.*	ὑμέων *Ion. Ep.*	σφέων *Ion. Ep.*
ἡμείων *Ep.*	ὑμείων *Ep.*	σφείων *Ep.*
ἀμμέων *Æol.*	ὑμμέων *Æol.*	
D.ἄμμι *Æol. Ep.*	ὕμμι *Æol. Ep.*	σφί, σφὶν *Poët.*
ἀμμέσι *Æol.*		φίν, ψίν *Dor.*
A.ἡμέας *Ion.*	ὑμέας *Ion.*	σφέας *Ion. Ep.*
ἄμμε *Æol. Ep.*	ὕμμε *Æol. Ep.*	σφὲ *Ep.* et *Att.* *Poët.*
ἀμὲ *Dor.*	ὑμὲ *Dor.*	trium gen. *Conf.* Sing.
		ψὲ *Dor.*, ἄσφε *Æol.*
		νίν *Att. Poët.* trium
		generum.

(*b.*) REFLEXIVA (quæ derivantur a Personalibus cum Demonstrativo αὐτὸς *ipse* compositis) ἐμαυτοῦ *mei ipsius,* σεαυτοῦ, contractum σαυτοῦ, *tui ipsius,* ἑαυτοῦ, contractum αὑτοῦ, *sui ipsius.*

Obs. Ἑαυτοῦ, αὑτοῦ interdùm pro ἐμαυτοῦ et σεαυτοῦ positum reperitur.

S. G. ἐμαυτοῦ,	-ῆς	σεαυτοῦ,	-ῆς	ἑαυτοῦ, -ῆς,	-οῦ
D. ἐμαυτῷ,	-ῇ	σεαυτῷ,	-ῇ	ἑαυτῷ, -ῇ,	-ῷ
A. ἐμαυτὸν,	-ὴν	σεαυτὸν,	-ὴν	ἑαυτὸν, -ὴν,	-ό
*Pl.*G. ἡμῶν αὐτῶν		ὑμῶν αὐτῶν		ἑαυτῶν -ῶν,	-ῶν
D. ἡμῖν αὐτοῖς,	-αῖς	ὑμῖν αὐτοῖς,	-αῖς	ἑαυτοῖς, -αῖς,	-οῖς
A. ἡμᾶς αὐτοὺς,	-ὰς	ὑμᾶς αὐτοὺς,	-ὰς	ἑαυτοὺς, -ὰς,	-ά.

Obs. Pro ἑαυτῶν, -οῖς, -οὺς, κ. τ. λ., leguntur etiam σφῶν αὐτῶν, σφίσιν αὐτοῖς, σφᾶς αὐτοὺς.

(*c.*) RECIPROCUM;

*Dual.*G. } ἀλλήλοιν, -αιν, -οιν   *Plural.* ἀλλήλων
D. }   ἀλλήλοις, -αις, -οις
A.   ἀλλήλω, -α, -ω   ἀλλήλους, -ας, -α.

§ 38. ADJECTIVA PRONOMINA sunt

(*a.*) POSSESSIVA, quæ a Personalibus derivantur

ἐμὸs (*Poet.* ἀμὸs) *meus* | σὸs (*Poët.* τεὸs) *tuus*
ἡμέτεροs (*Dor.* ἀμὸs) *noster* | ὑμέτεροs (*Ep. et Dor.* ὑμὸs) *vester.*

(Lat. Gr. § 35.)

Obs. 1. Tertiæ personæ et singularis numeri Possessivum, ἐὸs (ἑὴ vel ἑὰ) et ὃs *suus Ionicè, Doricè,* et *Poëticè* legitur. A Duali Personalium derivata σφωῖτεροs et νωῖτεροs tantùm *Homerica* sunt. Obs. 2. Pronomen σφὸs *Homericum* est pro ὑμέτεροs. Sed σφέτεροs apud *Homerum* semper tertiæ Personæ et Pluralis numeri Possessivum est; ut ἄστυ σφέτερον, *sua ipsorum urbs:* apud *Hesiodum* interdum etiam secundæ Personæ Pluralis; ut σφέτερον πατέρα, pro ὑμέτερον, *vestrum patrem.* Posteà ad Nomina vel Singularis numeri referri cœpit; ut σφετέραιs φρεσὶν, *suâ ipsius mente. Æsch. Pers.* 898. Tum apud *Xenophontem* positum reperitur pro ἡμέτεροs; denique apud *Theocritum* etiam pro ἐμὸs et σὸs. Itaque hoc Pronomen interdum omnium Personarum utriusque numeri commune est.

(*b.*) RELATIVUM ὃs, ἣ, ὃ, *qui, quæ, quod,* quod eodem modo quo Articulus inflectitur, omisso τ; sic

Sing. N. ὃs, ἣ, ὃ.   G. οὗ, ἧs, οὗ, κ. τ. λ.

Obs. E Relativo et Indefinito τιs componitur ὅστιs (Ep. ὅτιs) *quicunque,* ἥτιs, ὅτι; Gen. ὅτου, Dat. ὅτῳ. Plur. Gen. ὅτων, Dat. ὅτοιs. Idem *Atticè* in Plurali facit ἅττα et ἅσσα pro ἅτινα. Sed ἄττα sine aspiratione *Atticè* ponitur pro τινὰ *quædam.*

(*c.*) INDEFINITA τιs *aliquis,* δεῖνα *quidam.*

Sing.		*Dual.*		*Plural.*	
N. τιs	τι	N.A. τινε		N. τινεs	τινα
G. τινοs vel του		G.D. τινοιν		G. τινων	
D. τινι vel τῳ				D. τισι	Ion. τέοισι.
A. τινα	τι			A. τιναs	τινα.

Sing.		*Dual.*	*Plural.*	
N. ὁ, ἡ, τὸ δεῖνα		deest	N. οἱ	δεῖνεs
G.	δεῖνοs		G.	δείνων
D.	δεῖνι		D.	deest
A.	δεῖνα.		A.	δεῖναs.

(*d.*) INTERROGATIVA τίs, cum accentu, *quis?* ποῖοs *qualis?* πόσοs *quantus?* πότεροs *uter?* (Lat. Gr. § 40.)

Obs. His, cùm obliquè interrogant, præfigitur vel ὁs, ut in ὅστιs, vel ὁ, ut in ὅτιs (*Ep.*), ὁποῖοs, ὁπόσοs, ὁπότεροs. *Conf. supr.* (*b.*) *Obs.*

(*e.*) DEMONSTRATIVA ἐκεῖνοs *is, ille,* οὗτοs *hic,* ὅδε *hicce,* αὐτὸs *ipse* (tantùm in Nominativo, in obliquis *is, Conf.* § 37.

Obs.), ὁ αὐτὸς *idem* ; quæ omnia, et ἄλλος *alius*, faciunt
Neutrum genus per ο ; more Articuli ὁ, ἡ, τό. (Lat. Gr.
Sic declinatur οὗτος :— *Sing.*　　　　　　　[§ 37.)

N.	οὗτος	αὕτη	τοῦτο
G.	τούτου	ταύτης	τούτου
D.	τούτῳ	ταύτῃ	τούτῳ
A.	τοῦτον	ταύτην	τοῦτο

Dual.

N.A.	τούτω	ταύτα	τούτω
G.D.	τούτοιν	ταύταιν	τούτοιν

Plural.

N.	οὗτοι	αὗται	ταῦτα
G.	τούτων	τούτων	τούτων
D.	τούτοις	ταύταις	τούτοις
A.	τούτους	ταύτας	ταῦτα.

Obs. 1. Dualis apud *Atticos* caret interdum feminino genere. *Conf.*
§ 13. *Obs.* 2.

Obs. 2. Composita cum οὗτος eodem modo declinantur ; viz.

a τοῖος, τοιοῦτος　*talis* | a τηλίκος, τηλικοῦτος　*tantæ ætatis*
a τόσος, τοσοῦτος　*tantus* | a τυννὸς, τυννοῦτος　*tantillus :*

nisi quòd horum Neutrum *Atticè* vulgò desinit in ον. *Attici* etiam ταὐτὸν,
per Crasin pro τὸ αὐτὸ *idem*, scribunt potiùs quàm ταὐτὸ.

Obs. 3. Quædam sunt Adjectiva-Pronomina, quæ inter se respondent ; sic

Interrogativa.	Indefinita.	Demonstrativa.	Relativa.
[πός]	[πος]	[τός]	ὃς, ὅστε *qui.*
πόσος *quantus ?*	ποσὸς *aliquantus.*	τόσος *tantus.*	ὅσος *quantus.*
ποῖος *qualis ?*	ποιὸς *qualis.*	τοῖος *talis.*	οἷος *qualis.*
πηλίκος *cujus*	πηλίκος *alicujus*	τηλίκος *ejus*	ἡλίκος *cujus*
ætatis ?	*ætatis.*	*ætatis.*	*ætatis.*

Unde Adverbialia-Pronomina oriuntur ; viz.

ποῦ *ubi ?*	ποὺ *alicubi.*	αὐτοῦ *ibidem.*	οὗ *ubi.*
πόθεν *unde ?*	ποθὲν *alicunde.*	τόθεν *inde.*	ὅθεν *unde.*
ποῖ *quo ?*	ποὶ *aliquo.*	αὐτόσε *eodem.*	οἷ *Poët. quo.*
πότε *quando ?*	ποτὲ *aliquando.*	τότε *tunc.*	ὅτε *quùm.*
πηνίκα *quo tem-*	deest.	τηνίκα *eo tem-*	ἡνίκα *quo ipso*
poris puncto ?		*poris puncto.*	*tempore.*
πῶς *quomodo ?*	πὼς *aliquo modo.*	τὼς *Poët. eo modo.*	ὡς *quomodo.*
πῇ *quo ? quá ?*	πὴ *aliquo.*	τῇ *Poët. eò, hìc.*	ᾗ *quo.*

Horum Interrogativis, cum obliquè interrogant, præfigitur ὁ ; sic ὁπόσος,
ὅπου κ. τ. λ. : quæ formæ non raro etiam pro Relativis ponuntur ; sic ὁπόσος pro ὅσος, ὅπου pro οὗ.

VERBUM. (Lat. Gr. § 45.)

VERBI, quod ad formam attinet, genera sunt duo:

(*a.*) Unum desinit in ω, ut τύπτω *verbero* ;

(*b.*) Alterum in μι, ut ἵστημι *statuo.*

§ 39. VOCES sunt tres, Activa, Media, et Passiva. Activa et Passiva Vox eandem vim habent, quam apud Latinos, ut τύπτω *verbero,* τύπτομαι *verberor.*

Vox Media ita dicitur, quòd *actionem cum passione mixtam* denotat, et sic inter Vocem Activam et Passivam reverà *mediam* se habeat ; ut τύπτομαι *verbero me ipsum.*

Nonnulla tamen verba sunt, quæ formationem quidem habent partim Mediam, partim Passivam, at significationem plane Activam, ut δέχομαι *accipio* ; itaque, *depositâ* vi propriâ, *Deponentia* vocantur, ut apud Latinos.

Obs. 1. Verborum verè Mediorum vis Reflexiva est ; hoc est *ipsius in semet,* vel *sibimet, aliquid agentis,* aut *agendum curantis* ; idque tribus ferè modis ; sic

(*a.*) λούομαι *lavo me ipsum,* λούομαι τὸ σῶμα *meum ipsius corpus lavo.*

(*b.*) κατεστρέψατο τὸν Μῆδον *sibi subdidit Medorum Regem.* ἀμύνομαι πολέμιον *hostem a me ipso arceo.*

(*c.*) διδάσκομαι τὸν υἱὸν *meum mihimet filium docendum curo.*

Obs. 2. Præter.-Perfectum et Pluperfectum Medium, quæ vulgò dicuntur, nec formam nec ferè sensum habent cum Mediâ Voce communem, et potiùs Perfectum et Pluperfectum secundum Activæ Vocis haberi debent.

§ 40. MODI sunt quinque, Indicativus, Imperativus, Subjunctivus, Optativus, Infinitivus.

Obs. Modus Subjunctivus *subjicitur* Conjunctioni aut Relativo, plerumque ubi sermo est de re Præsenti, aut Futurâ. Modus, qui dicitur Optativus, tribus æquè nominibus potuit appellari ; nam et Subjunctivi vicem gerit, et Optativi et Potentialis : *Subjunctivi,* quoties subjicitur Conjunctioni aut Relativo, ubi sermo est de re Præteritâ ; *Optativi,* quoties, per se positus, *optatum* exprimit ; *Potentialis,* quoties conjungitur cum particulâ ἄν, vel apud *Epicos Poëtas* cum κε, κεν : sic

Subj. *I raise,* or *will raise, my arm,* ἵνα τύπτω *that I may strike.*

Opt. (*a.*) *I raised my arm,* ἵνα τύπτοιμι *that I might strike.*

　　(*b.*) τύπτοιμι *might I strike !* optantis.

　　(*c.*) τύπτοιμι ἄν, vel κε, *I might strike, possibly,* or *if I chose.*

VERBA IN Ω.

§ 41. VERBORUM IN ω Modi plerumque sex TEMPORA complectuntur; quorum tria vocamus Primaria, quia ab illis cetera deducuntur. Reliqua tria nuncupari solent Historica, quia in Historiâ conscribendâ præcipuè usurpantur.

PRIMARIA Tempora sunt. Præsens, Futurum, et Præteritum-Perfectum.

HISTORICA nuncupantur Præteritum-Imperfectum, Præteritum-Pluperfectum, et Præteritum-Aoristum.

Præteritum-Aoristum per omnes Voces, et Futurum in Passivâ, duas habent formas, quibus nomina sunt Primum, Secundum; Passivæ etiam tertium Futurum accedit, quod vocatur Exactum, vel Paulo-post-Futurum.

Ceterùm Futuro carent Imperativus et Subjunctivus.

Obs. 1. Paucissimis tamen verbis exstitit, in eâdem utique Voce, et apud Scriptores ejusdem ævi ac Dialecti, utraque Aoristi forma; sed verbum aliud hanc, aliud illam sibi maluit: *Conf.* § 66. *Obs.* 1. Sic Verbi τύπτω Vocis Activæ Aoristum vulgò legitur ἔτυψα, non autem ἔτυπον. Contra verbi λείπω Aoristum vulgò legitur ἔλιπον, non autem ἔλειψα.

Obs. 2. De significatione Temporum, præter sensus usitatos, singulis Temporibus infrà affixos, hæc etiam notanda sunt:

(*a.*) Præter.-Imperfectum non modò significat *quid quis agebat,* (*to be about a thing,*) sed interdùm etiam *quod agere solet* (*to be often about it*) : *quod agere cœperat* (*to be just about it*) ; *quod agere volebat, vel conabatur* (*to be desirous* or *eager about it*); denique *quod quis agens dicitur* (*to be described* or *represented as about it*).

(*b.*) Præter.-Aoristum etiam sæpe significat non modò *quod quis egit,* sed etiam *quod agere solitus est ;* præsertim, si additur particula ἄν.

Verbis, ut Nominibus, Numeri sunt tres ; Numeris tres Personæ ; nisi quòd Dualis, in Voce saltem Activâ, primâ Personâ caret.

Apud Tempora Primaria Modi Indicativi, et apud omnia Subjunctivi, ambæ Dualis personæ exeunt in *ον*, apud Historica Indicativi, et apud omnia Optativi exeunt in *ην*.

PARADIGMA VOCIS ACTIVÆ.

Modus Indicativus.

Tempus Præsens τύπτω, *I strike.*

Sing. τύπτω   τύπτεις   τύπτει
Dual.   τύπτετον   τύπτετον
Plur. τύπτομεν   τύπτετε   τύπτουσι.

Futurum, *I shall strike.*

Sing. τύψω   τύψεις   τύψει
Et cetera ut Præsens.

Futurum Circumflexum -ῶ, -εῖς, -εῖ, -εῖτον, -εῖτον,-οῦμεν, -εῖτε, -οῦσι.

Præteritum-Perfectum, *I have struck.*

Sing. τέτυφᾰ   τέτυφᾰς   τέτυφε
Dual.   τετύφᾰτον   τετύφᾰτον
Plur. τετύφαμεν   τετύφᾰτε   τετύφᾱσι.

Præteritum-Imperfectum, *I was striking.*

Sing. ἔτυπτον   ἔτυπτες   ἔτυπτε
Dual.   ἐτυπτέτην   ἐτυπτέτην
Plur. ἐτύπτομεν   ἐτύπτετε   ἔτυπτον.

Præteritum-Pluperfectum, *I had struck.*

Sing. ἐτετύφειν   ἐτετύφεις   ἐτετύφει
Dual.   ἐτετυφείτην   ἐτετυφείτην
Plur. ἐτετύφειμεν   ἐτετύφειτε   ἐτετύφεισαν,
[vel, quod usitatius est, -εσαν.

Præteritum-Aoristum I. *I struck.*

Sing. ἔτυψᾰ   ἔτυψᾰς   ἔτυψε
Dual.   ἐτυψάτην   ἐτυψάτην
Plur. ἐτύψαμεν   ἐτύψατε   ἔτυψᾰν.

Præteritum-Aoristum II. *I struck.*

Sing. ἔτυπον   ἔτυπες   ἔτυπε
Et cetera ut Imperfectum.

Modus Imperativus.

Præsens, *strike thou.*

Sing. τύπτε   τυπτέτω
Dual. τύπτετον   τυπτέτων
Plur. τύπτετε   τυπτέτωσαν, vel τυπτόντων.

Præteritum-Perfectum.

Sing. τέτυφε   τετυφέτω
      Et cetera ut Præsens; sed rarissimè legitur.

Præteritum-Aoristum I.

Sing. τύψον   τυψάτω
Dual. τύψατον   τυψάτων
Plur. τύψατε   τυψάτωσαν, vel τυψάντων.

Præteritum-Aoristum II.

Sing. τύπε   τυπέτω
      Et cetera ut Præsens.

Modus Subjunctivus.

Præsens, *I may strike.*

Sing. τύπτω   τύπτῃς   τύπτῃ
Dual.   τύπτητον   τύπτητον
Plur. τύπτωμεν   τύπτητε   τύπτωσι.

Præteritum-Perfectum.

Sing. τετύφω   τετύφῃς   τετύφῃ
Et cetera ut Præsens; sed rarò legitur. *Vid.* § 42. *Obs.* 8.

Præteritum-Aoristum I.

Sing. τύψω   τύψῃς   τύψῃ
      Et cetera ut Præsens.

Præteritum-Aoristum II.

Sing. τύπω   τύπῃς   τύπῃ
      Et cetera ut Præsens.

Modus Optativus.

Præsens, *I might strike.*

Sing. τύπτοιμι	τύπτοις	τύπτοι
Dual.	τυπτοίτην	τυπτοίτην
Plur. τύπτοιμεν	τύπτοιτε	τύπτοιεν.

Futurum.

Sing. τύψοιμι	τύψοις	τύψοι

Et cetera ut Præsens.

Præteritum-Perfectum.

Sing. τετύφοιμι	τετύφοις	τετύφοι

Et cetera ut Præsens; sed rarò legitur. *Vid.* § 42. *Obs.* 8.

Præteritum-Aoristum I. (*Conf.* § 42. *Obs.* 10.)

Sing. τύψαιμι	τύψαις (*vel* -ειας)	τύψαι (*vel* -ειε)
Dual.	τυψαίτην	τυψαίτην
Plur. τύψαιμεν	τύψαιτε	τύψαιεν (*vel*-ειαν).

Præteritum-Aoristum II.

Sing. τύποιμι	τύποις	τύποι

Et cetera ut Præsens.

Modus Infinitivus.

Præsens τύπτειν, *to strike.*   Futurum τύψειν.

Præt.-Perf. τετυφέναι.   Aor. I. τύψαι.   Aor. II. τυπεῖν.

Participia.

Præsens, *striking.*

Sing. N.V. τύπτων	τύπτουσᾰ	τύπτον
G. τύπτοντος	τυπτούσης	τύπτοντος
D. τύπτοντι	τυπτούσῃ	τύπτοντι
A. τύπτοντα	τύπτουσᾰν	τύπτον.
Dual. N.A. τύπτοντε	τυπτούσᾱ	τύπτοντε
G.D. τυπτόντοιν	τυπτούσαιν	τυπτόντοιν.
Plur. N.V. τύπτοντες	τύπτουσαι	τύπιοντα
G. τυπτόντων	τυπτουσῶν	τυπτόντων
D. τύπτουσι	τυπτούσαις	τύπτουσι
A. τύπτοντας	τυπτούσᾱς	τύπτοντα.

Futurum, *about to strike.*

Sing. N.V. τύψων   τύψουσα   τύψον
G. τύψοντος, *et cetera* ut Præsens.

Futurum Circumflexum.

N. -ῶν, -οῦσα, -οῦν, G. -οῦντος, -ούσης, -οῦντος, κ. τ. λ.

Præteritum-Perfectum, *having struck.*

Sing. N.V. τετυφὼς   τετυφυῖᾰ   τετυφὸς
G. τετυφότος   τετυφυίᾱς   τετυφότος
D. τετυφότι   τετυφυίᾳ   τετυφότι
A. τετυφότα   τετυφυῖᾰν   τετυφὸς.

Dual. N.A. τετυφότε   τετυφυίᾱ   τετυφότε
G.D. τετυφότοιν   τετυφυίαιν   τετυφότοιν.

Plur. N.V. τετυφότες   τετυφυῖαι   τετυφότα
G. τετυφότων   τετυφυιῶν   τετυφότων
D. τετυφόσι   τετυφυίαις   τετυφόσι
A. τετυφότᾰς   τετυφυίᾱς   τετυφότα.

Præteritum-Aoristum I.   (*Conf.* § 42. *Obs.* 12.)

Sing. N.V. τύψας   τύψᾱσᾰ   τύψᾰν
G. τύψαντος   τυψάσης   τύψαντος
D. τύψαντι   τυψάσῃ   τύψαντι
A. τύψαντα   τύψασᾰν   τύψᾰν.

Dual. N.A. τύψαντε   τυψάσᾱ   τύψαντε
G.D. τυψάντοιν   τυψάσαιν   τυψάντοιν.

Plur. N.V. τύψαντες   τύψασαι   τύψαντα
G. τυψάντων   τυψασῶν   τυψάντων
D. τύψασι   τυψάσαις   τύψασι
A. τύψαντᾰς   τυψάσᾱς   τύψαντα.

Præteritum-Aoristum II.

Sing. N.V. τυπὼν   τυποῦσα   τυπὸν
G. τυπόντος, *et cetera* ut Præsens.

§ 42. DIALECTI ET ALIA OBSERVANDA IN VOCE ACTIVA.

Obs. 1. Omnium Temporum prima persona Pluralis *Doricè* erat in μες, et Primariorum tertia in ντι; unde Latinæ terminationes ortæ sunt *mus, nt*; ut τύπτομες *verber*amus, ἤνθομες *venimus*, τύπτοντι *verberant*, ᾠδή-καντι *tumuerunt*. Interdùm etiam Præsentis et Futuri tertia Pluralis *Dorica* erat in οισι pro ουσι, ut περιπνέοισι, ναίοισι.

Obs. 2. Præsentis in secundâ personâ Singulari *Dores* pro εις, sæpiùs ponunt ες, ut συρίσδες pro συρίζεις; et in tertiâ nonnunquam η pro ει, ut διδάκκη, pro διδάσκει. Et Perfectum inflectunt per ης, η, pro ας, ε; ut πεπόνθης, ὀπώπη, pro πέπονθας, ὄπωπε.

Obs. 3. In *Communi* Dialecto reperitur tertia Pluralis Temporum Historicorum in σαν pro ν, ut ἐσχάζοσαν pro ἔσχαζον, ἐδολιοῦσαν pro ἐδολίουν.

Obs. 4. Pluperfecti forma *Ionica* erat in εα, εας, εε; unde *Dorica* εια, et contracta *Attica* antiquior in η; sic in Media Voce ab * εἴδω Pluperf. ᾔδειν et *Att.* ᾔδη. *Conf. infrà*, § 43. *Obs.* 5.

Obs. 5. Subjunctivi prima persona in *Epicâ* linguâ interdùm fit tanquam Verbum in μι; ut κτείνωμι, pro κτείνω. *Conf. infrà, Obs.* 7.

Obs. 6. Secundæ personæ, præsertim Modi Subjunctivi, *Dores* addunt θα; ut τύπτησθα pro τύπτης; ἔχεισθα pro ἔχεις. *Conf.* § 72. *Obs.* 1.

Obs. 7. Subjunctivi tertiæ personæ Singulari *Dores* addunt τι, *Iones* σι; ut τύπτητι, Dor., τύπτησι, Ion., pro τύπτῃ. *Conf. Obs.* 5.

Obs. 8. Subjunctivi primæ et secundæ personæ Pluralis penultima longa apud *Veteres Poëtas* sæpè corripitur mutato ω in ο, η in ε; ut εἴδομεν, εἴδετε pro εἰδῶμεν, εἰδῆτε.

Obs. 9. Pro Subjunctivi et Optativi Perfecto, quod rarò legitur, circum-locutio sæpiùs fit, sicut in Passivâ Voce, per Participium et eosdem Modos Verbi Substantivi; ut τετυφὼς ὦ pro τετύφω; τετυφὼς εἴην pro τετύφοιμι.

Obs. 10. Optativi Pluperfectum, necnon Futurum Quartæ Conjugationis (sicuti Verborum Contractorum in έω, όω) desinit in οίην, ης, η, κ. τ. λ., 3 plur. εν; ut ἐκπεφευγοίην pro -οιμι, φανοίην pro -οῖμι.

Obs. 11. Optativo tertium Aoristum est, nomine *Æolicum*, quod formatur ab Aoristo primo Indicativi, interserendo ει ante α, et abjiciendo Augmentum; ut ἔτυψα, τύψεια.

τύψεια, -ειας, -ειε | -ειάτην, -ειάτην | -είαμεν, -είατε, -ειαν.

Hujus Aoristi persona secunda et tertia Singularis et tertia Pluralis vulgò, apud *Atticos* etiam, alteris formis usitatiores sunt: reliquæ personæ vix uspiam leguntur.

Obs. 12. Infinitivus apud *Veteres Poëtas* desinit in ἔμεναι et ἔμεν pro ειν vel εῖν; ut ἐλθέμεναι et ἐλθέμεν pro ἐλθεῖν. Idem apud *Doras* exit in εν, rariùs ην; ut τύπτεν pro τύπτειν, ἁρμόσεν, λάβεν, χαίρην, λαβῆν.

Obs. 13. Participia *Doricè* Femininum formant in οισα pro ουσα, ut τύπτοισα pro τύπτουσα; et Aoristi primi Masculinum et Femininum in αις, αισα, pro ας, ασα; ut τύψαις, -αισα, pro τύψᾱς, -ᾱσα.

PARADIGMA VOCIS MEDIÆ.

Modus Indicativus.

Præsens, *I strike myself.*

Sing. τύπτομαι   τύπτει (vel -ῃ)   τύπτεται
Dual. τυπτόμεθον   τύπτεσθον   τύπτεσθον
Plur. τυπτόμεθα   τύπτεσθε   τύπτονται.

Futurum, *I shall strike myself.*

Sing. τύψομαι   τύψει (vel -ῃ)   τύψεται
     Et cetera ut Præsens.

Futurum Circumflexum.

-οῦμαι, -εῖ, -εῖται, -ούμεθον, -εῖσθον, -εῖσθον, -ούμεθα, -εῖσθε, -οῦνται.

Præteritum-Perfectum, *I have struck,* vid. § 39. *Obs.* 2.

Sing. τέτυπα   τέτυπᾶς   τέτυπε
     Et cetera ut Perfectum Activum.

Præteritum-Imperfectum, *I was striking myself.*

Sing. ἐτυπτόμην   ἐτύπτου   ἐτύπτετο
Dual. ἐτυπτόμεθον   ἐτυπτέσθην   ἐτυπτέσθην
Plur. ἐτυπτόμεθα   ἐτύπτεσθε   ἐτύπτοντο.

Præteritum-Pluperfectum, *I had struck,* vid. § 39. *Obs.* 2.

Sing. ἐτετύπειν   ἐτετύπεις   ἐτετύπει
     Et cetera ut Pluperfectum Activum.

Præteritum-Aoristum I. *I struck myself.*

Sing. ἐτυψάμην   ἐτύψω   ἐτύψατο
Dual. ἐτυψάμεθον   ἐτυψάσθην   ἐτυψάσθην
Plur. ἐτυψάμεθα   ἐτύψασθε   ἐτύψαντο.

Præteritum-Aoristum II. *I struck myself.*

Sing. ἐτυπόμην   ἐτύπου   ἐτύπετο.
     Et cetera ut Imperfectum.

Modus Imperativus.

Præsens, *strike thyself.*

Sing. τύπτου   τυπτέσθω
Dual. τύπτεσθον   τυπτέσθων
Plur. τύπτεσθε   τυπτέσθωσαν et τυπτέσθων.

Præteritum-Perfectum.

Sing. τέτυπε   τετυπέτω.
Et cetera ut Præs. Imperat. Activ.; sed rariss. legitur.

Præteritum-Aoristum I.

Sing. τύψαι   τυψάσθω
Dual. τύψασθον   τυψάσθων
Plur. τύψασθε   τυψάσθωσαν et τυψάσθων.

Præteritum-Aoristum II.

Sing. τυποῦ   τυπέσθω
        Et cetera ut Præsens.

Modus Subjunctivus.

Præsens, *I may strike myself.*

Sing. τύπτωμαι   τύπτῃ   τύπτηται
Dual. τυπτώμεθον   τύπτησθον   τύπτησθον
Plur. τυπτώμεθα   τύπτησθε   τύπτωνται.

Præteritum-Perfectum.

Sing. τετύπω   τετύπῃς   τετύπῃ
     Et cetera ut Præs. Act.; sed rarò legitur.

Præteritum-Aoristum I.

Sing. τύψωμαι   τύψῃ   τύψηται
      Et cetera ut Præsens.

Præteritum-Aoristum II.

Sing. τύπωμαι   τύπῃ   τύπηται
      Et cetera ut Præsens.

MODUS OPTATIVUS.

Præsens, *I might strike myself.*

Sing. τυπτοίμην   τύπτοιο   τύπτοιτο
Dual. τυπτοίμεθον   τυπτοίσθην   τυπτοίσθην
Plur. τυπτοίμεθα   τύπτοισθε   τύπτοιντο.

Futurum.

Sing. τυψοίμην   τύψοιο   τύψοιτο
       Et cetera ut Præsens.

Præteritum-Perfectum.

Sing. τετύποιμι   τετύποις   τετύποι
Et cetera ut Præsens Optativi Activi; sed rarò legitur.

Præteritum-Aoristum I.

Sing. τυψαίμην   τύψαιο   τύψαιτο
Dual. τυψαίμεθον   τυψαίσθην   τυψαίσθην
Plur. τυψαίμεθα   τύψαισθε   τύψαιντο.

Præteritum-Aoristum II.

Sing. τυποίμην   τύποιο   τύποιτο
       Et cetera ut Præsens.

MODUS INFINITIVUS.

Præsens   τύπτεσθαι.   Futurum τύψεσθαι.
Præt.-Perf. τετυπέναι.   Præt.-Aor. I. τύψασθαι.
                       Aor. II. τυπέσθαι.

PARTICIPIA.

Præsens   τυπτόμενος -η   -ον,   G. -ου   -ης   -ου.
Futurum   τυψόμενος -η   -ον,   ut Præsens.
Præt.-Perf. τετυπὼς   -νῖα -ὸς,   ut Perf. Act.

Obs. De formulis contractis in ὡς ῶσα, ὡς vel ὸς vide p. 101. § 83 (*b.*).
τετριγῶτας Acc. Plur., a τρίζω *strideo* reperitur apud *Homerum.* Il. ii. 314.

Aor. I.   τυψάμενος   -η   -ον,   ut Præsens.
Aor. II. τυπόμενος   -η   -ον,   ut Præsens.

PARADIGMA VOCIS PASSIVÆ.

Modus Indicativus.

Præsens ut Præsens Medium.

Præteritum-Perfectum, *I have been struck.*

Sing. τέτυμμαι   τέτυψαι   τέτυπται
Dual. τετύμμεθον   τέτυφθον   τέτυφθον
Plur. τετύμμεθα   τέτυφθε   τετυμμένοι εἰσὶ.

Præteritum-Imperfectum ut Imperf. Medium.

Præteritum-Pluperfectum, *I had been struck.*

Sing. ἐτετύμμην   ἐτέτυψο   ἐτέτυπτο
Dual. ἐτετύμμεθον   ἐτετύφθην   ἐτετύφθην
Plur. ἐτετύμμεθα   ἐτέτυφθε   τετυμμένοι ἦσαν.

Præteritum-Aoristum I. *I was struck.*

Sing. ἐτύφθην   ἐτύφθης   ἐτύφθη
Dual.   ἐτυφθήτην   ἐτυφθήτην
Plur. ἐτύφθημεν   ἐτύφθητε   ἐτύφθησαν.

Præteritum-Aoristum II. *I was struck.*

Sing. ἐτύπην   ἐτύπης   ἐτύπη
Et cetera ut Aoristum I.

Futurum I. *I shall be struck.*

Sing. τυφθήσομαι   τυφθήσει (vel ῃ) τυφθήσεται
Et cetera ut Præsens.

Futurum II. *I shall be struck.*

Sing. τυπήσομαι   τυπήσει (vel ῃ) τυπήσεται
Et cetera ut Præsens.

Paulo-post-Futurum, *I shall have been struck.*

Sing. τετύψομαι   τετύψει (vel ῃ) τετύψεται
Et cetera ut Præsens.

Modus Imperativus.

Præsens ut Præsens Medium.

Præteritum-Perfectum.

Sing. τέτυψο   τετύφθω
Dual. τέτυφθον   τετύφθων
Plur. τέτυφθε   τετύφθωσαν et τετύφθων.

Præteritum-Aoristum I.

Sing. τύφθητι   τυφθήτω
Dual. τύφθητον   τυφθήτων
Plur. τύφθητε   τυφθήτωσαν et τυφθέντων.

Præteritum-Aoristum II.

Sing. τύπηθι   τυπήτω
     Et cetera ut Aoristum I.

Modus Subjunctivus.

Præsens ut Præsens Medium.

Præteritum-Perfectum (*Conf.* § 43. *Obs.* 10.).

Sing. τετυμμένος   †ὦ   —ῇς   —ῇ
Dual. τετυμμένω   —ῆτον   —ῆτον
Plur. τετυμμένοι   ὦμεν   —ῆτε   —ῶσι.

Præteritum-Aoristum I.

Sing. τυφθῶ   τυφθῇς   τυφθῇ
     Et cetera ut Præsens Subjunctivi Activi.

Præteritum-Aoristum II.

Sing. τυπῶ   τυπῇς   τυπῇ
     Et cetera ut Præsens Subjunctivi Activi.

---

† A verbo εἰμὶ sum, quod vide infrà, § 80. (*a.*)

MODUS OPTATIVUS.

Præsens ut Præsens Medium.

Præteritum-Perfectum (*Conf.* § 43. *Obs.* 10.).

Sing. τετυμμένος	†εἴην	—εἴης	—εἴη
Dual. τετυμμένω		—εἰήτην	—εἰήτην
Plur. τετυμμένοι	εἴημεν	—εἴητε	—εἴησαν
———	εἶμεν	—εἶτε	—εἶεν.

Præteritum-Aoristum I.

Sing. τυφθείην		τυφθείης	τυφθείη
Dual.		τυφθειήτην	τυφθειήτην
Plur. τυφθείημεν		τυφθείητε	(τυφθείησαν)
———εἶμεν		———εἶτε	———εἶεν.

Præteritum-Aoristum II.

Sing. τυπείην τυπείης τυπείη

Et cetera ut Aoristum I.

Futurum I.

Sing. τυφθησοίμην τυφθήσοιο τυφθήσοιτο

Et cetera ut Præsens.

Futurum II.

Sing. τυπησοίμην τυπήσοιο τυπήσοιτο

Et cetera ut Præsens.

Paulo-post-Futurum.

Sing. τετυψοίμην τετύψοιο τετύψοιτο

Et cetera ut Præsens.

MODUS INFINITIVUS.

Præsens τύπτεσθαι, ut Præsens Medium.
Præt.-Perf. τετύφθαι. Aor. I. τυφθῆναι. Aor. II. τυπῆναι.
Fut. I. τυφθήσεσθαι.   Fut. II. τυπήσεσθαι.
Paulo-post-Fut. τετύψεσθαι.

---

† Ab εἰμὶ sum, quod vide infrà, § 80. (*a.*)

PARTICIPIA.

Præsens	τυπτόμενος	-η	-ον.
Præt. Perf.	τετυμμένος	-η	-ον, G. -ου -ης -ου.
Aor. I.	τυφθεὶς	-εῖσα	-ὲν vide infrà.
Aor. II.	τυπεὶς	-εῖσα	-ὲν ut Aor. I.
Futurum I.	τυφθησόμενος	-η	-ον, G. -ου -ης -ου.
II.	τυπησόμενος	-η	-ον, G. -ου -ης -ου.
Paulo-post-Fut.	τετυψόμενος	-η	-ον, G. -ου -ης -ου.

Sing.

N.V.	τυφθεὶς	τυφθεῖσᾰ	τυφθὲν
G.	τυφθέντος	τυφθείσης	τυφθέντος
D.	τυφθέντι	τυφθείσῃ	τυφθέντι
A.	τυφθέντα	τυφθεῖσᾰν	τυφθέν.

Dual.

N.A.V.	τυφθέντε	τυφθείσᾱ	τυφθέντε
G.D.	τυφθέντοιν	τυφθείσαιν	τυφθέντοιν.

Plur.

N.V.	'τυφθέντες	τυφθεῖσαι	τυφθέντα
G.	τυφθέντων	τυφθεισῶν	τυφθέντων
D.	τυφθεῖσι	τυφθείσαις	τυφθεῖσι
A.	τυφθέντᾰς	τυφθείσᾱς	τυφθέντα.

§ 43. DIALECTI ET ALIA OBSERVANDA IN VOCE MEDIA ET PASSIVA.

Obs. 1. Temporum omnium quorum prima persona exit in μαι, secundæ antiquior forma erat in σαι. Sic olim in Præsenti ac Futuris ab ομαι secunda persona fiebat εσαι, et ab ωμαι in Subjunctivo ησαι; *Iones* tollebant σ, ac deinde *Attici* contrahebant εαι et ηαι in η; quod, quo Modos faciliùs distinguerent, in Subjunctivo quidem retinuerunt, in Indicativo autem ει pro η libentiùs scripserunt; præsertim in his Præsentibus βούλει *vis*, οἴει *putas* ; in Futuro ὄψει ab ὄπτομαι *video ;* et in omnibus Futuris circumflexis, ut σπεροῦμαι, σπερεῖ; τελοῦμαι, τελεῖ.

Obs. 2. Simili modo Temporum, quorum prima persona exit in όμην vel άμην, olim secunda erat illi εσο, huic ασο; *Iones* tollebant σ, et deinde *Attici* contrahebant εο in ου, ao in ω; sic Imperf. ἐτυπτόμην, -εσο, *Ion.* -εο, *Att.* -ου; Aor. 1. Med. ἐτυψάμην, -ασο, *Ion.* -ao, *Att.* -ω. Idem quoque factum est in Imperativo; sic τύπτεσο, -εο, -ου. Quod si ε præcedat εαι vel εο, *Ionicè* sæpiùs ejicitur; sic φιλέαι, *Ion.* pro φιλέεαι; φιλέο pro φιλέεο. Deinde εο apud *Homerum* nonnunquam producitur in ειο, ut ἔρειο, σπεῖο.

Obs. 3. In primâ personâ Plurali *Poëtæ* pro μεθα sæpè ponunt antiquiorem formam μεσθα; ut τυπτόμεσθα pro -μεθα.

Obs. 4. In tertiâ personâ Plur. pro ν, ante το, *Iones* ponunt α, mutatâ etiam ο vel α vel ει, si præcedat, in ε, ut τυπτοίατο pro τύπτοιντο; ἐτυπτέατο pro ἐτύπτοντο; ἐδυνέατο pro ἐδύναντο; ἐκέατο pro ἔκειντο. Pro terminatione αντα vel ειντ αι ponunt etiam εαται; ut πεπτέαται pro πέπτανται, κέαται pro κεῖνται.

Obs. 5. Anomalum Perfectum Medium οἶδα *novi*, sic inflectitur : *Sing.* οἶδα, οἶσθα, rar. οἶδας, οἶδε. *Du.* ἴστον, ἴστον. *Pl.* ἴσμεν, *Ion.* ἴδμεν, ἴστε, ἴσασι. In Plur. reperiuntur οἴδαμεν, οἴδατε, οἴδασι sed ferè tantum apud *Recent.* Modi reliqui sunt ἴσθι, εἰδῶ, εἰδείην, εἰδέναι, et Participium εἰδὼς. *Conf.* εἰκὼς ab ἔοικα. *Vid.* § 68. *Obs.* 2.   Hinc Pluperfectum ᾔδειν (*Ep.* ἠείδειν) *noram*, quod sic inflectitur;

S. ᾔδειν *Att.* ᾔδη	D. ᾐδείτην et ᾔστην	P. ᾔδειμεν et ᾖσμεν
ᾔδεις ᾔδης § 72. Obs. 1.	ᾐδείτην et ᾔστην	ᾔδειτε et ᾖστε
ᾔδει ᾔδη, et -ειν		ᾔδεσαν et ᾖσαν.

Perf. Med. ἔοικα *Epice* facit in Duali ἔϊκτον pro ἐοίκατον (vid. infr. p. 103, § 83) et Pluperfectum in Sing. ᾔϊκτο (*Attice*), vel ἔϊκτο, et in Duali ἐΐκτην.

Obs. 6. Aoristum Primum Medium *Epicè* interdum mutat α in ε in penultimâ; ut ἐβήσετο pro -ατο, Imperat. βήσεο pro -αο.

Obs. 7. Perfectum Passivum in reliquis Conjugationibus sic inflectitur :
2. Conj. λέλεγμαι   -εξαι   -εκται,   -έγμεθον   -εχθον   -εχθον, κ.τ.λ.
3. Conj. πέπεισμαι   -εισαι   -εισται,   -εισμεθον   -εισθον   -εισθον, κ.τ.λ.
4. Conj. ἔσπαρμαι   -αρσαι   -αρται,   -άρμεθον   -αρθον   -αρθον, κ.τ.λ.
5. Conj. πέπαυμαι   -αυσαι   -αυται,   -αύμεθον   -αυσθον   -αυσθον, κ.τ.λ.
    Imperat. λέλεξο   -έχθω   ἔσπαρσο   -άρθω;
          πέπεισο   -είσθω;   πέπαυσο   -αύσθω.

Anomalum Perfectum ἧμαι *sedeo* in tertiâ Singulari facit ἧσται (sed in composito κάθηται); Pluperfectum ἤμην facit ἧστο (in composito ἐκάθητο et ἐκάθηστο).

Obs. 8. Perfecti et Pluperfecti Passivi tertia Pluralis ritè formatur a tertiâ Singulari, inserendo ν ante ται vel το, ut κέκριται, κέκρινται; ἐπεποίητο, ἐπεποίηντο.   Quòd si ται vel το sit impurum, ne plures consonantes concurrant (p. 135. § 6.), circumlocutio fit per Participium et εἰσὶ seu ἦσαν. *Iones* verò, eidem incommodo alitèr medentes, more suo pro consonante ν ante ται vel το ponunt vocalem α, tenui simul præeunte in aspiratam mutatâ, et σ in θ, aliquandoi   ; sic

a τέτυπται fit τετυμμένοι   εἰσὶ pro τέτυπνται,   *Ion.* τετύφαται
   λέλεκται   λελεγμένοι   εἰσὶ   λέλεκνται,   λελέχαται
   πέπεισται   πεπεισμένοι   εἰσὶ   πέπεισνται,   πεπείθαται
   ἐσκεύασται   ἐσκευασμένοι   εἰσὶ   ἐσκεύασνται,   ἐσκευάδαται.
Præterea si vocalis longa vel diphthongus præcedat, *Ionicè* corripitur; nt κεκοσμέαται pro κεκόσμηνται, τεθέαται pro τέθεινται.— *Conf. Obs.* 4.

Obs. 9. Aoristi Passivi tertia persona Pluralis apud *Poëtas* interdum exit in εν pro ησαν, ut ἔκρυφθεν pro ἐκρύφθησαν.

Obs. 10. Imperativi Aoristum Primum Passivum formatur in τι pro θι, ut τύφθητι pro τύφθηθι, ex euphoniæ lege. *Vid. infrà,* p. 134, § 2. *Obs.* 2.

Obs. 11. Subjunctivi in Aoristis Passivis *Iones*, quod solent, circumflexam syllabam resolvunt inserendo ε; sic τυφθᾶ,-ῇς,-ῇ fit τυφθέω,-έῃς,-έῃ, κ.τ.λ.

Obs. 12. Quædam verba, secundum quintam Conjugationem inflexa, formant Perfectum Subjunctivi et Optativi sine circumlocutione; ut κτάομαι *acquiro*, P.P. κέκτημαι, Subj. κεκτῶμαι, Opt. κεκτήμην; sic
* βλάω, βάλλω *jacio*, P.P. βέβλημαι,   Subj. βεβλῶμαι;

καλέω *voco*,   P.P. κέκλημαι,   Opt. κεκλήμην, -ῃο, -ῃτο;

* μνάω *memoro*,   P.P. μέμνημαι,   Subj. μεμνῶμαι, Opt. μεμνήμην,

* τμάω, τέμνω *seco*,   P.P. τέτμημαι,   Subj. τετμῶμαι.   [vel μεμνῴμην;

Obs. 13. Infinitivi Aorista Passiva *Epicè* exeunt in ήμεναι, *Doricè* in ῆμεν, aliquando ην, pro ῆναι; ut, φανήμεναι, φανῆμεν pro φανῆναι; μεθύσθην pro μεθυσθῆναι.

Obs. 14. VERBA DEPONENTIA.

αἰδέομαι *verecundor*	ἐπίσταμαι *scio*	μέμφομαι *culpo*
αἰνίζομαι *admiror*	ἕπομαι *sequor*	μηκάομαι *mugio*
αἰνίσσομαι *ænigma do*	ἐργάζομαι *operor*	μνάομαι *recordor*
αἰσθάνομαι *sentio*	ἐρέπτομαι *edo*	μυκάομαι *mugio*
αἰτιάομαι *accuso*	ἔρομαι *interrogo*	νίσσομαι *eo*
ἀκέομαι *medeor*	ἔρχομαι *eo*	ὀδύρομαι *lamentor*
ἀκροάομαι *audio*	εὔχομαι *precor*	*ὀδύσσομαι *odi*
ἀλάομαι *erro*	ἡγέομαι *duco*	οἴομαι, οἶμαι *puto*
ἀλέομαι } *vito*	ἧμαι *sedeo*	ὀσφραίνομαι *odoror*
ἀλεύομαι	ἡσσάομαι *vincor*	πατέομαι *gusto*
ἄλθομαι *sanus fio*	θεάομαι *specto*	πένομαι *laboro*
ἅλλομαι *salio*	θέρομαι *calefacio*	πέτομαι *volo*
ἀναίνομαι *recuso*	ἰάομαι *sano*	πεύθομαι } *sciscitor*
ἀπεχθάνομαι *invisus sum*	ἰκνέομαι *venio*	πυνθάνομαι
ἀποκρίνομαι *respondeo*	ἱλάσκομαι *placo*	ῥύομαι *libero*
ἀρδάομαι *precor*	καθέζομαι *sedeo*	ῥώομαι *ruo*
ἀρνέομαι *nego*	*καταπροΐκομαι vel -ίζο-	σέβομαι *revereor*
ἀσάομαι *nauseo*	μαι *impune irrideo*	σίνομαι } *lædo*
ἀσπάζομαι *saluto*	καυχάομαι *glorior*	σινέομαι
ἄχθομαι *oneror*	κεῖμαι Perf. *jaceo*	σκέπτομαι *considero*
βιάζομαι *violo*	κέλομαι *jubeo*	στέρομαι *privo*
βούλομαι *volo*	κήδομαι *curo*	στεῦμαι Ep. *promitto*
βρύχάομαι *rugio*	κτάομαι *obtineo*	τιτύσκομαι *struo*
γείνομαι } *nascor*	λιλαίομαι *cupio*	ὑπισχνέομαι *promitto*
γίγνομαι	λίσσομαι *oro*	φείδομαι *parco*
δεδίσσομαι *terreo*	μαίνομαι *insanio*	φθέγγομαι *sono*
δέρκομαι *video*	μαίομαι } *peto*	χάζομαι *recedo*
δέχομαι *accipio*	μάομαι	χράομαι *utor*
διανοέομαι *meditor*	μάχομαι *pugno*	χώομαι *irascor*
ἐπαυρίσκομαι *fruor*	μείρομαι *sortior*	ὠνέομαι *emo*

PARADIGMA VERBORUM CONTRACTORUM.

Verba quae desinunt in άω, έω, όω in Praesenti et Imperfecto contrahuntur: ut, τιμάω -ῶ, *honoro*; φιλέω -ῶ, *amo*; χρυσόω, -ῶ *inauro*.

VOX ACTIVA.

MODUS INDICATIVUS.

Praes.	Sing.			Dual.			Plur.		
1.	τιμάω, ῶ	άεις, ᾷς	άει, ᾷ	άε, ᾶ	άε, ᾶ	-τον	άο, ῶ	άε, ᾶ	άου, ῶ
2.	φιλέω, ῶ	έεις, εῖς	έει, εῖ	έε, εῖ	έε, εῖ, τε		έο, οῦ, μεν	έε, εῖ, τε	έου, οῦ, σι.
3.	χρυσόω, ῶ	όεις, οῖς	όει, οῖ	όε, οῖ	όε, οῖ		όο, οῦ	όε, οῦ	όου, οῦ

Imperf.	Sing.			Dual.			Plur.		
1.	ἐτίμαον, ων	αες, ας	αε, α	αε, ά	αέ, ά	-την	αο, ω	αε, ά	αον, ων
2.	ἐφίλεον, ουν	εες, εις	εε, ει	εε, εῖ	εέ, εῖ, την		εο, οῦ, μεν	εέ, εῖ, τε	εον, ουν
3.	ἐχρύσοον, ουν	οες, ους	οε, ου	οε, οῦ	οέ, οῦ		οο, οῦ	οέ, οῦ	οον, ουν.

IMPERATIVUS.

	Sing.		Dual.			Plur.		
1. τίμαε, α	αέ, ά		αέ, ά	αε, ά		αέ, ά	αόν, ών	
2. φίλεε, ει	εέ, εῖ, τω		εέ, εῖ, τον	εέ, εῖ, των		εέ, εῖ, τωσαν, et	εόν, οῦν, των	
3. χρύσοε, ου	οέ, οῦ		οέ, οῦ	οέ, οῦ		οέ, οῦ	οόν, οῦν.	

SUBJUNCTIVUS.

	Sing.			Dual.		Plur.		
1. τιμάω, ῶ	άῃς, ᾷς	άῃ, ᾷ		άῃ, ᾷ, τον	-τον	άω, ῶ	άη, ᾷ	άω, ῶ
2. φιλέω, ῶ	έῃς, ῇς	έῃ, ῇ		έῃ, ῇ, τον		έω, ῶ, μεν	έη, ῇ, τε	έω, ῶ, σι
3. χρυσόω, ῶ	όῃς, οῖς	όῃ, οῖ		όῃ, ῶ		όω, ῶ	όη, ῶ	όω, ῶ

OPTATIVUS.

	Sing.			Dual.		Plur.		
1. τιμάοιμι, ῷ	άοις, ῷς	άοι, ῷ		άοι, ῷ	αοί, οί, την	-την	άοι, ῷ	άοι, ῷ	άοι, ῷ
2. φιλέοιμι, οῖ, μι	έοις, οῖς	έοι, οῖ		έοι, οῖ	έοι, οῖ, την		έοι, οῖ, μεν	έοι, οῖ, τε	έοι, οῖ, εν
3. χρυσόοιμι, οῖ	όοις, οῖς	όοι, οῖ		όοι, οῖ	οοί, οί		όοι, οῖ	όοι, οῖ	όοι, οῖ

Obs. Altera est forma Optativi in ῴην, οίην, eaque frequentior apud *Atticos*; unde Attica nuncupatur. Sed apud *Ionicos* et *Doricos* scriptores etiam reperitur; ut 1. τιμαῴην, -ης, -η; 2. φιλοίην, -ης, -η; 3. χρυσοίην, -ης, -η, κ. τ. λ.

PARTICIPIUM.

1. τιμάων, ῶν	τιμάουσα, ῶσα	τιμάον, ῶν
2. φιλέων, ῶν	φιλέουσα, οῦσα	φιλέον, οῦν
3. χρυσόων, ῶν	χρυσόουσα, οῦσα	χρυσόον, οῦν

INFINITIVUS.

1. τιμάειν, ᾶν
2. φιλέειν, εῖν
3. χρυσόειν, οῦν

c

VOX MEDIA ET PASSIVA.

INDICATIVUS.

Praesens.

	Sing.			Dual.			Plur.		
1. τιμάο, ῶ	άῃ, ᾷ			άε, ᾶ	aό, ώμεθον	άε, ᾶ	aό, ώ	άε, ᾶ	άον, ῶν
2. φιλέο, οῦ, μαι	έῃ, ῇ, εῖ	έε, εῖ, ται		έε, εῖ, σθον	εό, ούμεθον	έε, εῖ, σθον	−σθον	εό, ού, μεθα	έε, εῖ, σθε	έον, οῦν, ται
3. Χρυσόο, οῦ	όῃ, οῖ	όε, οῦ		όε, οῦ	oό, ούμεθον	όε, οῦ		oό, οῦ	όε, οῦ	όον, οῦν

Imperfectum.

	Sing.			Dual.			Plur.		
1. ἐτιμάο, ώ	άε, ᾶ			aε, ά	aό, ώ	άε, ᾶ	aό, ώ	άε, ᾶ	άον, ῶν
2. ἐφιλεό, ού, μην	έου, οῦ	έε, εῖ, το		έε, εῖ, σθην	εό, ού, μεθον	έε, εῖ, σθην	−σθην	εό, ού, μεθα	έε, εῖ, σθε	έον, οῦν, το
3. ἐχρυσοό, ού	όου, οῦ	όε, οῦ		όε, οῦ	oό, οῦ	όε, οῦ		oό, οῦ	όε, οῦ	όον, οῦν

IMPERATIVUS.

	Sing.			Dual.		Plur.	
1. τιμάου, ῶ	aέ, ά			aέ, ά	άε, ᾶ	aέ, ά	
2. φιλέου, οῦ	έέ, εῖ, σθω			έέ, εῖ, σθον	έε, εῖ, σθον	έέ, εῖ, σθωσαν, et σθων	
3. Χρυσόου, οῦ	όέ, οῦ			όέ, οῦ	όε, οῦ	όέ, οῦ	

SUBJUNCTIVUS.

	Sing.			Dual.			Plur.	
1. τιμάω, ῶ	άῃ, ᾷ	άη, ᾶ	αώ, ῶ	άη, ᾶ	άῃ, ᾷ	-σθον	άων, ῶν	
2. φιλέω, ῶ, μαι	έῃ, ῇ, ται	έη, ῆ	εώ, ῶ, μεθα	έη, ῆ, σθον	έῃ, ῆ, σθε		έων, ῶν, ται	
3. χρυσόω, ῶ	όῃ, οῖ	όη, ῶ	οώ, ῶ	όη, ῶ	όῃ, ῶ		όων, ῶν	

OPTATIVUS.

	Sing.			Dual.			Plur.	
1. τιμαοί, ῷ	άοι, ῷ	άοι, ῷ	αοί, ῷ	άοι, ῷ	άοι, ῷ	-σθην	άοιν, ῷν	
2. φιλεοί, οῖ, μην	έοι, οῖ, το	έοι, οῖ	εοί, οῖ, μεθα	έοι, οῖ, σθην	εοι, οῖ, σθε		εοιν, οῦν, το	
3. χρυσοοί, οῖ	όοι, οῖ	όοι, οῖ,	οοί, οῖ	οοι, οῖ,	οοι, οῖ		οοιν, οῦν	

INFINITIVUS.

1. τιμάε, ᾶ
2. φιλέε, εῖ, σθαι
3. χρυσόε, οῦ

PARTICIPIUM.

1. τιμαόμενος, ῶ	αο, ω	αό, ῶ	
2. φιλεόμενος, ού, μενος	εο, ου, μένη	εό, ού, μενον	
3. χρυσοόμενος, ού	οο, ου	οό, ού	

c 2

§ 44. Dialecti Verborum Contractorum.

Obs. 1. Verborum in άω, έω, όω formâ contractâ *Attici* semper utuntur, nisi in dissyllabis in έω, quæ nullam ferè contractionem admittunt, præter ει, quæ semper fit pro έει vel εε; sic a πλέω *navigo*, dicunt *Attici* semper πλεῖ et ἔπλει, non autem πλῶ, πλοῦμεν, πλοῦσι sed πλέω, πλέομεν, πλέουσι.—Ceteræ Dialecti partim communem contrahendi normam sequuntur, partim novis varietatibus indulgent.

Obs. 2. Verba in άω.

Iones resolvunt η contractam in εε, ut χρῆται in χρέεται; et ω contractam in εω, ut χρῶνται in χρέωνται (*Conf.* p. 51. *Obs.* 9.); unde interdum etiam in aliis formis declinantur hæc verba tanquam verba in έω; sic in Optativo ἐρωτοίη pro -ῴη.

contrahunt εο et εου (pro αο et αου) in ευ; ut εἰρώτεον, pro -αον, εἰρώτευν; γελέουσα, pro -άουσα, γελεῦσα.—*Conf. Obs.* 3.

Dores contrahunt αε et αει in η (pro α); ut τιμάετε, -ῆτε; ὁράειν, -ῆν: quod etiam *Attici* sequuntur in quibusdam verbis; viz.

διψάω *sitio*	πεινάω *esurio*	χράομαι *utor*
ζάω *vivo*	σμάω *abstergo*	ψάω *tergo*
κνάω *scalpo*	χράω *oraculum edo*	ἱμάω *haurio*, Inf. -ῆν.

sic ζῶ, ζῆς, ζῇ, ζῆτον, ζῆτε: quibus accedant nonnullæ formæ Duales, viz. προσαυδήτην, συλήτην, συναντήτην, φοιτήτην, pro -άτην· *Conf.* τῇ *accipe*, quasi a *τάω, apud *Homerum.*

Æoles contrahunt αο et αου in ᾶ (pro ω), ut πεινάομεν in -ᾶμες, πεινάουσι in -ᾶντι.

Epica lingua sæpiùs ᾶ contractam extendit in ᾶᾶ, vel ἀᾶ, et ω in οω vel ωω; sic ὁρᾷς, fit ὁράᾳς, μενοινᾷ fit μενοινάᾳ; ναιετᾶσκον (contr. ex ναιετάεσκον, *Conf.* p. 72. *Obs.* 10.) fit ναιετάασκον; ὁρῶ fit ὁράω, ὁρῶσι fit ὁρώωσι (*Conf.* φάος *lux* φῶς, et *Poëlicè* φόως): interdum post ω contractam inserit ο, et φ vertit in ωοι: sic ἡβῶντα fit ἡβώοντα; ἡβῷμι fit ἡβώοιμι.

pro Infinitivo ᾶν ponit ήμεναι; ut γοήμεναι pro γοᾶν.

Apud *recentiores*, et in *Novo Testamento* legitur secunda persona Præsentis Medii, et Passivi in ᾶσαι pro ᾷ, sic καυχᾶσαι, ὀδυνᾶσαι pro καυχᾷ, ὀδυνᾷ.

Obs. 3. Verba in έω.

Iones ε, sequente alterâ Vocali, producunt in ει; ut φιλέω in φιλείω, τελέει in τελείει.

ε ante έαι vel εο, in secundâ personâ Singulari Mediæ et Passivæ Vocis sæpiùs elidunt; ut μυθέαι pro μυθέεαι, φοβέο pro φοβέεο. (*Conf.* § 43. *Obs.* 1, et 2.) αἴτεο Imper. pro αἰτέεο = ἔου=οῦ.

contrahunt εο et εου in ευ (pro ου); sic φιλέομεν, -εῦμεν, φιλέου, -εῦ.

Dores in Infinitivo ponunt έεν vel ῆν pro εῖν; ut ποιέεν pro ποιεῖν· φιλῆν pro φιλεῖν.—*Conf.* § 43. *Obs.* 11.

Epica lingua nonnunquam in Duali ponit ήτην pro είτην; ut ἀπειλήτην pro ἠπειλείτην.

pro Infinitivo εῖν ponit ήμεναι, et aliquando ῆναι; ut φορήμεναι et φορῆναι pro φορεῖν. *Conf. ibid.*

Obs. 4. VERBA IN *oω.*

Iones sæpe contrahunt *oo* et *oou* in *ευ* (pro *ου*); ut *στεφανόονται* -*εῦνται, δικαιδουσι, -εῦσι.*

Epica lingua vel *o* producit in *ω*; ut *ἱδρώω* pro *ἱδρόω*; vel pro contractione *ου* sumit *oω*, et pro *oι, oφ*, quo fit ut hujusmodi verba eandem quam verba in *άω* speciem induant (*Conf. suprà, Obs.* 2.) ut *ἀρόωσι* pro *ἀροῦσι, δηϊόφεν* pro *δηϊοῖεν.*

Communis tertia Pluralis Imperfecti in *οῦσαν* pro *ϱυν* vid. § 42. Obs. 1.

Obs. 5. Duo verba, *ῥιγόω rigeo*, et (*Ionica* vox) *ἱδρόω sudo*, contrahunt *oo* et *oει* in *ω* (pro *ου*), et *όη* in *ῷ* (pro *οῖ*) : sic Imperf. *ἐῤῥίγοον, -ων*, Infin. *ῥιγόειν, -ῶν* pro -*οῦν*, Optat. *ἱδρῴην* pro -*οίην.*

CONJUGATIONES VERBORUM IN Ω.

§ 45. CONJUGATIONES Verborum in *ω* sunt quinque, quæ dignoscuntur per literam Characteristicam.

Litera Characteristica est ea litera Præsentis quæ præcedit *ω* : sed in *ττ* *prior litera est Characteristica.

Obs. 1. Nempe litera *τ* posteriùs in radicem inserta est. Idem factum est in duobus verbis, quæ exeunt in *κτ*; viz. *πέκτω* vel -*έω Att.*, *πείκω Ep.* *πέκω, como*, F. *πέξω* ; *τίκτω, *τέκω, pario*, F. *τέξω*, et -*ομαι*. A. 2. *ἔτεκον.* Sic etiam in verbis exeuntibus in *κν, μν*, litera *ν* posteriùs inserta est: *Vide δάκνω, κάμνω, τέμνω, apud Verba Anomala* ; *et Conf. infrà, Obs.* 2.

Tres priores Conjugationes habent MUTAS Characteristicas ;

Prima *π β φ* cum *ττ* hoc est, b sonos, (Labiales.)

Secunda *κ γ χ* cum *σσ ττ* — — c sonos, (Gutturales.)

Tertia *τ δ θ* cum *ζ* — — d sonos, (Linguales.)

Quarta, LIQUIDAS *λ μ ν ρ* ;

Quinta, VOCALES et DIPHTHONGOS.

Quinta Conjugatio duplex est ;

1. Contracta, quæ Vocales *a, ε, o*, habet Characteristicas ;
2. Non-contracta, quæ quamvis aliam Vocalem vel Diphthongum habet Characteristicam.

Obs. 2. Binæ *σσ*, pro quibus *recentioris Atticismi* sunt *ττ*, primitivæ non sunt, et singularum *κ, γ*, vel *χ* locum occupaverunt; sic *φρίσσω horreo* primitus erat *φρίκω* : *τάσσω ordino*, *τάγω, ταράσσω turbo*, *ταράχω*. Similiter duplex *ζ* locum occupavit simplicis *δ*, et aliquando *γ* (quo fit, ut interdum ad secundam Conjugationem pertineat) ; sic *φράζω dico*, primitus *φράδω, κράζω clamo*, *κράγω. Conf.* § 1. *Obs.* 1 ; §. 70 (*b*) ; *et* § 47. (*c*) 1. 2.

§ 46. Specimen Temporum Primariorum in Conjugatione—

	PRIMA.	F. ψω	P.A. φα	P.P. μαι, μμαι
π.	τέρπω *delecto*	τέρψω	τέτερφα	τέτερμαι
β.	λείβω *libo*	λείψω	λέλειφα	λέλειμμαι
φ.	γράφω *scribo*	γράψω	γέγρᾰφα	γέγραμμαι
πτ.	τύπτω *verbero*	τύψω	τέτῦφα	τέτυμμαι.

	SECUNDA.	F. ξω.	P.A. χα.	P.P. γμαι.
κ.	πλέκω *plico*	πλέξω	πέπλεχα	πέπλεγμαι
γ.	λέγω *dico*	λέξω	*λέλεχα	λέλεγμαι
χ.	βρέχω *rigo*	βρέξω	βέβρεχα	βέβρεγμαι
σσ	τάσσω ⎱ ordino	τάξω	τέταχα	τέταγμαι.
ττ.	τάττω ⎰			

	TERTIA.	F. σω.	P.A. κα.	P.P. σμαι.
τ.	ἀνύτω *perficio*	ἀνύσω	ἤνῠκα	ἤνυσμαι
δ.	ἐρείδω *firmo*	ἐρείσω	ἤρεικα	ἤρεισμαι
θ.	πείθω *persuadeo*	πείσω	πέπεικα	πέπεισμαι
ζ.	φράζω *dico*	φράσω	πέφρᾰκα	πέφρασμαι.

	QUARTA.	F. ῶ.	P.A. κα.	P.P. μαι.
λ.	ἀγγέλλω *nuntio*	ἀγγελῶ	ἤγγελκα	ἤγγελμαι
μ.	νέμω *distribuo*	νεμῶ	νενέμηκα*	νενέμημαι*
ν.	κρίνω *judico*	κρῐνῶ	κέκρῐκα†	κέκρῐμαι*
ρ.	σπείρω *sero*	σπερῶ	*ἔσπαρκα†	ἔσπαρμαι†.

	QUINTA.	F. σω.	P.A. κα.	P.P. μαι.
⎰ ἰω.	τῐ͞ω‡ *honoro*	τίσω	τέτικα	τέτῑμαι
⎱ αύω.	παύω *sisto*	παύσω	*πέπαυκα	πέπαυμαι
⎧ άω.	τιμάω -ῶ *honoro*	τιμήσω	τετίμηκα	τετίμημαι
⎨ έω.	φιλέω -ῶ *amo*	φιλήσω	πεφίληκα	πεφίλημαι
⎩ όω.	χρυσόω -ῶ *inauro*	χρυσώσω	κεχρύσωκα	κεχρύσωμαι.

Verba quæ habent Mutam Characteristicam, vocantur Muta; quæ habent Liquidam, Liquida; quæ Vocalem vel Diphthongum, Pura; quod contra, cetera Impura nuncupantur.

---

* *Vide* § 58. *Obs.* 3.   † *Vide* § 58. *Obs.* 2.   ‡ *Vox Poëtica.*

§ 47. EXCEPTIONES.

(a) In PRIMA Conjugatione.

Verbum πίπτω, per Syncopen pro πιπέτω, a *πέτω, cum syllabâ † præfixâ
πι, sequitur Conjugationem radicis suæ ; unde Fut. πεσοῦμαι. § 56. *Obs.* 1.

(b) In SECUNDA Conjugatione.

Quædam verba in σσω, ττω, etsi Characteristicas habent secundæ Conjugationis, tertiam tamen sequuntur ; ut ἐρέσσω *remigo,* -έσω, ἤρεκα. Sic

ἀφάσσω *contrecto*	-άσω, ἤφασα	πάσσω *inspergo,*	-άσω, πέπᾰκα
βλίττω *mel exprimo*	-ῒσω, βέβλῐκα	πλάσσω *fingo*	-άσω, πέπλᾰκα
ἱμάσσω *verbero*	-άσω	πτίσσω *pinso*	-ῒσω, ἔπτῐκα

ἀφύσσω *haurio,* -ξω, sed A. 1. ἤφυσα. νάσσω *æquo,* -ξω, sed P.-P. νένασμαι.
κορύσσω *galeá armo,* -ξω, sed A. 1. M. ἐκορυσάμην. *Conf.* § 61. *Obs.* 2.

(c) In TERTIA Conjugatione.

1. Nonnulla in ζω (præsertim verba, quæ *soni emittendi* notionem habent et plerumque *Poëtica*), etsi ζ, tertiæ Conjugationis Characteristicam,
præ se ferunt, pertinent ad secundam, prout ζ nata est ex γ, χ : et *Doricè*
omnia Verba in ζω cum ξ conjugantur ; ut αἰάζω *lugeo,* -ξω. Sic

ἀλαλάζω *clamo*	-ξομαι	ἰύζω *exclamo*	(-ξω)	πολεμίζω *bello*	-ξω
ἀλαπάζω *spolio*	-ξω	κοΐζω *grunnio*	-ξω	ῥέζω *facio*	-ξω
ἀτύζω *terreo*	-ξω	κράζω *clamo*	(-ξω)	ῥυστάζω *traho*	(-ξω)
αὐδάζω *loquor*	-ξω	κρώζω *crocito*	(-ξω)	σίζω *sibilo*	(-ξω)
βάζω *loquor*	-ξω	μερμηρίζω *cogito*	-ξω	στάζω *stillo*	-ξω
βρίζω *dormio*	-ξω	μύζω *musso*	(-ξω)	σταλάζω *stillo*	-ξω
γρύζω *grunnio*	-ξομαι	ὀδάζω *mordeo*	-ξω	στενάζω *gemo*	-ξω
δαΐζω *divido*	-ξω	οἰμώζω *gemo*	-ξομαι	στίζω *pungo*	-ξω
ἐγγυαλίζω *præbeo*	-ξω	ὀλολύζω *ululo*	-ξομαι	στυφελίζω *quatio*	-ξω
ἐλελίζω *clamo*	-ξω	ὀτοτύζω *ploro*	-ξομαι	σφύζω *palpito*	-ξω
ἐλελίζω *convolvo*	-ξω	πελεμίζω *moveo*	-ξω	φεύζω *lamentor*	-ξω.
ἐναρίζω *interficio*	-ξω				

2. Pauca etiam in ζω ad ambas Conjugationes pertinent, prout ζ modò
ex δ, modò ex γ, χ, nata est : ut νυστάζω *dormito,* F. -σω et -ξω. Sic

ἁρπάζω *rapio*	F. -σω et -ξω (*Dor.*) A. 1. ἥρπασα et ἥρπαξα.
βαστάζω *porto*	F. -σω, A. 1. ἐβάστασα, sed A. 1. Pass. ἐβαστάχθην.
παίζω *ludo*	F. -ξομαι, A. 1. ἔπαισα et -ξα, P.-P. πέπαισμαι et -γμαι.
πιέζω *premo*	F. -σω, A. 1. ἐπίεσα, P.-P. πεπίεσμαι et -γμαι.
στηρίζω *firmo*	F. -σω, sed A. 1. ἐστήριξα, P.-P. ἐστήριγμαι.
τρίζω *strideo*	F. -σω, et -ξω | συρίζω *sibilo,* F. -ξω et -σω.

† Quædam Verba Primitiva in ω, sicut Verba in μι, reduplicationem
primæ literæ cum ι præfixam habent ; quæ tamen plerumque abjicitur in
formatione Temporum ; sic

βιβρώσκω	a *βρόω	διδράσκω	a *δράω	πιπράσκω	a *πράω
γίγνομαι	a *γένω	μιμνήσκω	a *μνάω	τιτράω	a *τράω
γιγνώσκω	a *γνόω	πιπίσκω	a *πίω	τιτρώσκω	a *τρόω,

quæ omnia sine reduplicatione conjugantur. Contrà pauca sunt; quæ eam
retinent ; ut διδάσκω, a *δάω, F. διδάξω ; βιβάζω a *βάω, F. βιβάσω.

3. Tria in ζω conjugantur tanquam Verba in γγω, prout ζ nata est ex γγ; κλάζω *clamo,* -γξω, πλάζω *errare facio,* -γξω, σαλπίζω *tubâ cano,* -γξω.

4. Anomalum σπένδω *libo* ex Euphoniæ lege (p. 135. § 3.) facit F. σπείσω; sic *χάδω (χανδάνω) *hio,* F. χείσομαι, *πένθω (πάσχω) *patior,* F. πείσομαι.

(*d*) In QUARTA Conjugatione.

Futurum antiquius erat iu έσω; unde quatuor Verba *Poëtica,* elisâ ε, formant Futurum iu σω pro ῶ; ut

κέλλω *navem appello,* Fut. κέλσω | ὀρνύω, *ὄρω *excito,* ὄρσω
κύρω *consequor,* — κύρσω | φύρω *misceo,* φύρσω;
quibus addi potest *ἄρω *apto,* Fut. ἀρῶ, Ion. ἄρσω.

(*e*) In QUINTA Conjugatione.

1. Quædam Verba in άω, præsertim ferè omnia quæ Vocalem vel ρ ante άω præeuntem habent, conjugantur non per η, sed per α productam; ut ἀνιάω *molestiâ afficio,* -άσω; δράω *facio,* δράσω, πορπάω *fibulo* -άσω. Sic

ἀγαλλιάω *gestio* -άσομαι	γηράω *senesco* -άσομαι	αἰτιάομαι *culpo* -άσομαι
ἐάω *sino* -άσω	*δράω *aufugio* -άσομαι	ἀκροάομαι *audio* -άσομαι
θυμιάω *suffio* -άσω	περάω *transeo* -άσω	ἀράομαι *precor* -άσομαι
κοπιάω *laboro* -άσω	φυράω *misceo* -άσω	θεάομαι *video* -άσομαι
μειδιάω *rideo* -άσω	φωράω *deprehendo* -άσω	ἰάομαι *sano* -άσομαι.

Adde δράω *video,* Perf. ἑώρᾱκα; πάομαι, P.P. πεπᾱμαι A. 1. M. ἐπασάμην; θοινάω *epulor,* -άσω et -ήσω; ποινάω *punio,* -άσω et -ήσω; πεινάω *esurio,* vulgò -ήσω, sed apud recentiores interdum -άσω.

Nonnulla etiam sunt, quæ α brevem servant; ut χαλάω *laxo,* -άσω. (Eadem interdum *Doricè* conjugantur cum ξ, tanquam Verba in ζω; ut γελάω *rideo,* Fut. γελάξω, A. 1. ἐγέλαξα, *Conf. suprà, c.* 1.) Sic

*ἐλάω *agito* -άσω	περάω *transfero* -άσω	ἀγάομαι *admiror* -άσομαι
θλάω *contundo* -άσω	*πετάω *expando* -άσω	*δάω *divido* -άσομαι
*κεράω *misceo* -άσω	*σκεδάω *dissipo* -άσω	ἰλάομαι *placo* -άσομαι
κλάω *frango* -άσω	σπάω *traho* -άσω	*μάω *prehendo* -άσομαι
*κρεμάω *suspendo* -άσω	*φθάω *prævenio* -άσω	ἐράω *amo* ἠράσθην

Contra βοάω *clamo* facit βοήσομαι, χράω *commodo* χρήσω, χράομαι *utor* χρήσομαι; ἀλοάω *trituro* facit ἀλοήσω et -άσω. Denique *δυνάω, δυνάμαι possum* facit A. 1. P. ἐδυνήθην, ἠδυνήθην (§ 53. *Obs.* 2.) et ἐδυνάσθην.

2. Duo in αίω (άω) tanquam a Verbis in αύω conjugantur: καίω (*Att.* κάω) *uro,* καύσω; κλαίω (*Att.* κλάω) *fleo,* κλαύσομαι; interdum etiam κλαιήσω, κλαήσω.

3. Quædam Verba in έω vocalem brevem in omnibus Temporibus retinent; ut τελέω *perficio,* τελέσω, τετέλεκα, τετέλεσμαι, ἐτελέσθην. Sic

ἀλέω *molo* -έσω	*ἕω *induo* ἕσω	*στορέω *sterno* -έσω
*ἀρέω *placeo* -έσω	ζέω *ferveo* -έσω	τρέω *tremo* -έσω
ἀρκέω *sufficio* -έσω	νεικέω *rixor* -έσω	αἰδέομαι *verecundor* -έσομα.
*ἐδέω *edo* -έσω	ξέω *rado* -έσω	ἀκέομαι *medeor* -έσομαι
ἐμέω *vomo* -οῦμαι	*ὀλέω *perdo* -ῶ	*ἀχθέομαι *oneror* -έσομαι

Quædam etiam ambabus formis, per η et ε, hâc plerumque in *Atticâ*, illâ in *Ionicâ* dialecto, utuntur; ut δέω *ligo*, δήσω, ἔδησα, sed δέδεκα, δέδεμαι, ἐδέθην (*Conf.* § 61. *Obs.* 3. § 64. *Obs.* 2.). Sic

αἱρέω *cupio*	-ήσω,	ᾕρηκα,	ᾕρημαι,	sed ᾑρέθην
αἰνέω *laudo*	{ -ήσω, *Ion.* { -έσω, *Att.*	 ᾔνεκα,	ᾔνημαι	 ᾐνέθην
γαμέω *uxorem duco*	{ -ήσω, *Ion.* { -έσω -ῶ, *Att.*	γεγάμηκα,	γεγάμημαι,	ἐγαμήθην ἐγαμέθην
*κορέω *satio*	{ { -έσω -ῶ, *Att.*	κεκόρηκα,	κεκόρημαι κεκόρεσμαι,	 ἐκορέσθην
ποθέω *desidero*	{ -ήσω, { -έσω et -έσομαι,	πεπόθηκα	 πεπόθεσμαι,	 ἐποθέσθην
*σβέω *extinguo*	{ -ήσομαι, { -έσω,	ἔσβηκα	 ἔσβεσμαι	 ἐσβέσθην
στερέω *privo*	{ -ήσω, { -έσω,	ἐστέρηκα,	ἐστέρημαι,	ἐστερήθην.

De verbo καλέω *voco*, -έσω, *Att* -ῶ, κέκληκα, κέκλημαι, ἐκλήθην, vide § 84.

4. Dissyllaba quinque in έω conjugantur tanquam a Verbis in εύω; ut θέω *curro*, θεύσομαι; νέω *no*, νεύσομαι; πλέω *navigo*, πλεύσομαι; πνέω *spiro*, πνεύσω; ῥέω *fluo*, ῥεύσομαι.

Verbum χέω *fundo*, facit Fut. χέω, Perf. κέχυκα. *Conf.* § 61. *Obs.* 4.

5. Verbum φθίω, φθίνω *pereo, perdo* (§ 91.), in formandis Temporibus, vocalem ι apud *Homerum* producit, apud *Atticos* corripit:

φθίω, φθίνω *Hom.* F. φθίσω, Α.ι.ἔφθῖσα } P.-P. semper ἔφθῖμαι. *Conf.* §81.*a*.
φθίνω *Att.*   φθίσω   ἔφθῑσα }

*τίω (τίνω *Hom.*, τῐνω *Att.*) *solvo*, ι in omnibus Temporibus ubique producit; sic τίσω, ἔτῑσα; facit tamen in Perfecto Passivo τέτισμαι.

6. Tria, ad Verba in όω pertinentia, retinent o; viz. ἀρόω *aro*, -όσω; ὀμόω, ὄμνυμι *juro*, (-όσομαι) -οῦμαι; *ὀνόω, ὄνομαι *vitupero*, -όσομαι.

7. Penultima Verborum in ύω, utcunque inconstans in Præsente, in formatione Temporum plerumque longa fit, ut κωλύ ω *prohibeo*, -ύσω, κεκώ-λῡκα. Excipiuntur tamen non pauca, quæ in quibusdam Temporibus vocalem Præsentis vel brevem non producunt, ut κῦω *osculor* penultima brevi facit Aor. ι. ἔκῠσα, vel etiam longam corripiunt, ut πτῦω *exspuo*, penultimâ longâ facit Fut. πτῦσω. Sic

ἀφύω *haurio*,	Aor. ι. ᾔφῠσα.	τανύω *tendo*,	Fut. -ύσω.
ἑλκύω *traho*,	εἵλκυσα.	μεθύω (§ 94 (*b*))	Α.ι. ἐμέθῠσα.
δῦω *subeo*,	δύσω, ἔδῠσα, δέδῠκα,	sed	δέδῠμαι, ἐδύθην.
θῦω *sacrifico*,	θύσω, ἔθῠσα,	sed τέθῠκα,	τέθῠμαι, ἐτύθην.
λῦω *solvo*,	λύσω, ἔλῠσα,	sed λέλῠκα,	λέλῠμαι, ἐλύθην.
εἰλῦω *verso*,	-ύσω, Ρ.-Ρ. εἴλῠμαι,	sed Α. ι. εἴλῠσα Α. ι. Ρ. εἰλύ-	
		[σθην et ἐλύσθην ab εἰλύω.	
μύω *claudo*,	μέμῠκα,	sed Α. ι. ἔμῠσα.	

ἐρύω *traho*, -ύσω et -ύω. *Vid.* § 55. *Obs.* 2. P.-P. εἴρῠμαι.
ῥύομαι *libero*, Α. ι. *Hom.* ῥῡσάμην, *Att.* ἐρρῠσάμην, Α. ι. Ρ. recent. ἐρρύσθην.

C 3

Obs. 1. Quinque verba Spiritum Asperum ex Euphoniæ lege (p. 134. § 2.) modò sumunt, modò deponunt; ut

ἔχω *habeo*   ἕξω
θάπτω (*τάφω) *fodio*,   θάψω, P. τέταφα, A. 2. P. ἐτάφην.
τρέφω (*θρέφω) *nutrio*,   θρέψω, τέτροφα, τέθραμμαι. A. 2. P. ἐτράφην.
τρέχω (*θρέχω) *curro*,   θρέξομαι, (sæpius δραμοῦμαι).
τύφω (*θύφω) *fumigo*, θύψω,   —— τέθυμμαι. A. 2. P. ἐτύφην.

Obs. 2. Multa sunt verba, quæ diversas, sive vulgo, sive pro diversis Dialectis, formas habent, quarum plerumque altera ad hanc, altera ad aliam Conjugationem pertinet; ut ἀνύω et *Attice* ἀνύτω *perficio*. Sic

αἰδέομαι et *Ep.* αἴδομαι *verecundor*
ἀντάω et ἄντομαι *occurro*
ἀντιάζω, ἀντιάω et *Ep.* -όω *occurro*
ἁρμόζω et *Att.* ἁρμόττω *apto*
ἀρτύω et ἀρτύνω *apto*
ἄρύω et *Att.* ἀρύτω *traho*
ἀφάω et ἀφάσσω *contrecto*
βλύω, βλύζω, et βλύττω *scaturio*
βράσσω, *Att.* -ττω, et βράζω *ferveo*
γίγνομαι et γείνομαι (*Ep.*) *nascor*
γλύφω et γλύπτω *sculpo*
δαμάζω et *Ep.* δαμάω *domo*
δείδω et *δίω (δείω) *timeo*
δέμω et δομέω *ædifico*
δρέπω et *Poët.* δρέπτω *decerpo*
ἕλκω et ἑλκύω *traho*
ἐσθίω, *Poët.* ἔσθω, et *ἔδω, -εω *edo*
ἔχω, *σχῶ, et ἴσχω *habeo, cohibeo*
ζεύγνυμι et ζευγνύω *jungo*
θρυλλίζω, θρυλλίσσω et *Att.* -ττω *frango*
ἰκμάζω et ἰκμαίνω *humecto*
κονίω et *Att.* κονίζω *pulvero*
κτείνω, *κτονέω, et κτίνυμι *occido*
κυλίω, κυλίνδω et ἐω *volvo*
λαμβάνω (*λάβω) *Poët.* λάζομαι et -υμαι *capio*
λίσσομαι et λίτομαι *oro*
μεθύω et μεθύσκω *ebrius sum*
μίγνυμι (*μίγω), μιγνύω et μίσγω *misceo*
μένω et *Ep.* μίμνω *maneo*
νίζω et νίπτω *lavo*

ὄμνυμι et ὀμνύω *juro*
ὀνομάζω, et *Dor.* ὀνομαίνω *nomino*
ὀπτάζω *ὄπτω, ὀπταίνω, et -άνω, *video*
πελάω et πελάζω *propinquo*
πέσσω, -ττω, et πέπτω *coquo*
πίπτω (*πέτω) et πίτνω vel -έω *cado*
ῥήγνυμι (*ῥήγω) et *Ep.* ῥήσσω *frango*
ῥίπτω *jacio* et ῥιπτέω *jacto*
σβέννυμι et σβεννύω *extinguo*
σταλάω, σταλάζω, et σταλάσσω *stillo*
στενάζω et στενάχω *gemo*
στερέω (στέρομαι), et στερίσκω *privo*
στρέφω, et *Poët.* et *Ion.* στρωφάω *verto*
συρίζω, *Att.* συρίττω, *Dor.* συρίσδω *sibilo*
σφάζω et *Att.* σφάττω *jugulo*
σώζω et *Ep.* σώω *servo*
ταράσσω et *Att.* θράττω *turbo*
τίνω, τίω, et τίνυμι *solvo*
τρέμω et *Ep.* et *Ion.* τρομέω *tremo*
τρέφω et *Dor.* τράφω *nutrio*
τρέχω et *Ep.* τρωχάω *curro*
φέρω et *Ep.* et *Ion.* φορέω *fero*
φθάνω et *φθάω *prævenio*
φθίνω, et φθίω *pereo*
φοβέομαι et *Poët.* φέβομαι *timeo*
φρύγω et *Dor.* φρύσσω *torreo*
χόω et χώννυμι *aggero.*
χρώζω, χρωννύω et -υμι *tingo*

§ 48. *Modi et Tempora Primæ Conjugationis.*

	Tense	Indicat.	Imperat.	Subjunct.	Optat.	Infin.	Particip.
Activa	Præs.	τύπτω	τύπτε	τύπτω	τύπτοιμι	τύπτειν	τύπτων
	Imp.	ἔτυπτον	deest	deest			
	Fut.	τύψω			τύψοιμι	τύψειν	τύψων
	Aor.1.	ἔτυψα	τύψον	τύψω	τύψαιμι	τύψαι	τύψας
	Perf.	τέτυφα	τέτυφε	τετύφω	τετύφοιμι	τετυφέναι	τετυφώς
	Plup.	ἐτετύφειν					
	Aor.2.	ἔτυπον	τύπε	τύπω	τύποιμι	τυπεῖν	τυπών
Media	Præs.	τύπτομαι	τύπτου	τύπτωμαι	τυπτοίμην	τύπτεσθαι	τυπτόμενος
	Imp.	ἐτυπτόμην	deest	deest			
	Fut.	τύψομαι			τυψοίμην	τύψεσθαι	τυψόμενος
	Aor.1.	ἐτυψάμην	τύψαι	τύψωμαι	τυψαίμην	τύψασθαι	τυψάμενος
	Perf.	*τέτυπα	τέτυπε	τετύπω	τετύποιμι	τετυπέναι	τετυπώς
	Plup.	*ἐτετύπειν					
	Aor.2.	ἐτυπόμην	τυποῦ	τύπωμαι	τυποίμην	τυπέσθαι	τυπόμενος
Passiva	Perf.	τέτυμμαι	τέτυψο	τετυμμένος ὦ	τετυμμένος εἴην	τετύφθαι	τετυμμένος
	Plup.	ἐτετύμμην	deest	deest			
	P.p.F.	τετύψομαι			τετυψοίμην	τετύψεσθαι	τετυψόμενος
	Aor.1.	ἐτύφθην	τύφθητι	τυφθῶ	τυφθείην	τυφθῆναι	τυφθείς
	Fut.1.	τυφθήσομαι	deest	deest	τυφθησοίμην	τυφθήσεσθαι	τυφθησόμενος
	Aor.2.	ἐτύπην	τύπηθι	τυπῶ	τυπείην	τυπῆναι	τυπείς
	Fut.2.	τυπήσομαι	deest	deest	τυπησοίμην	τυπήσεσθαι	τυπησόμενος

§ 49. *Modi et Tempora Secundæ Conjugationis.*

Voice		Indicat.	Imperat.	Subjunct.	Optat.	Infin.	Particip.
Activa.	Præs.	πλέκω	πλέκε	πλέκω	πλέκοιμι	πλέκειν	πλέκων
	Imp.	ἔπλεκον	deest	deest	πλέξοιμι	πλέξειν	πλέξων
	Fut.	πλέξω	πλέξον	πλέξω	πλέξαιμι	πλέξαι	πλέξας
	Aor.1.	ἔπλεξα	πέπλεχε	πέπλεχω	πεπλέχοιμι	πεπλεχέναι	πεπλεχώς
	Perf.	πέπλεχα	πλάκε	πλάκω	πλάκοιμι	πλακεῖν	πλακών
	Plup.	ἐπεπλέχειν					
	Aor.2.	*ἔπλακον					
Media.	Præs.	πλέκομαι	πλέκου	πλέκωμαι	πλεκοίμην	πλέκεσθαι	πλεκόμενος
	Imp.	ἐπλεκόμην	deest	deest	πλεξοίμην	πλέξεσθαι	πλεξόμενος
	Fut.	πλέξομαι	πλέξαι	πλέξωμαι	πλεξαίμην	πλέξασθαι	πλεξάμενος
	Aor.1.	ἐπλεξάμην	πέπλακε	πέπλακω	πεπλάκοιμι	πεπλακέναι	πεπλακώς
	Perf.	*πέπλακα	πλακοῦ	πλάκωμαι	πλακοίμην	πλακέσθαι	πλακόμενος
	Plup.	*ἐπεπλάκειν					
	Aor.2.	*ἐπλακόμην					
Passiva.	Perf.	πέπλεγμαι	πέπλεξο	πεπλεγμένος ὦ	πεπλεγμένος εἴην	πεπλέχθαι	πεπλεγμένος
	Plup.	ἐπεπλέγμην	deest	deest	πεπλεξοίμην	πεπλέξεσθαι	πεπλεξόμενος
	P.p.F.	πεπλέξομαι	πλέχθητι	πλεχθῶ	πλεχθείην	πλεχθῆναι	πλεχθείς
	Aor.1.	ἐπλέχθην	deest	deest	πλεχθησοίμην	πλεχθήσεσθαι	πλεχθησόμενος
	Fut.1.	πλεχθήσομαι	πλάκηθι	πλακῶ	πλακείην	πλακῆναι	πλακείς
	Aor.2.	ἐπλάκην	deest	deest	πλακησοίμην	πλακήσεσθαι	πλακησόμενος
	Fut.2.	πλακήσομαι					

§ 50. Modi et Tempora Tertiæ Conjugationis.

Voice		Indicat.	Imperat.	Subjunct.	Optat.	Infin:	Particip.
Activa	Præs.	πείθω	πεῖθε	πείθω	πείθοιμι	πείθειν	πείθων
	mp.	ἔπειθον	deest	deest			
	Fut.	πείσω	πεῖσον	πείσω	πείσοιμι	πείσειν	πείσων
	Aor.1.	ἔπεισα	πέπεικε	πεπείκω	πείσαιμι	πεῖσαι	πείσας
	Perf.	πέπεικα	πῖθε	πίθω	πεπείκοιμι	πεπεικέναι	πεπεικὼς
	Plup.	ἐπεπείκειν			πίθοιμι	πιθεῖν	πιθὼν
	Aor.2.	ἔπιθον					
Media	Præs.	πείθομαι	πείθου	πείθωμαι	πειθοίμην	πείθεσθαι	πειθόμενος
	Imp.	ἐπειθόμην	deest	deest	πεισοίμην	πείσεσθαι	πεισόμενος
	Fut.	πείσομαι	πείσαι	πείσωμαι	πεισαίμην	πείσασθαι	πεισάμενος
	Aor.1.	ἐπεισάμην	πέποιθε	πεποίθω	πεποίθοιμι	πεποιθέναι	πεποιθὼς
	Perf.	πέποιθα	πιθοῦ	πίθωμαι	πιθοίμην	πιθέσθαι	πιθόμενος
	Plup.	ἐπεποίθειν					
	Aor.2.	ἐπιθόμην					
Passiva	Perf.	πέπεισμαι	πέπεισο	πεπεισμένος ὦ	πεπεισμένος εἴην	πεπεῖσθαι	πεπεισμένος
	Plup.	ἐπεπείσμην	deest	deest	πεπεισοίμην	πεπείσεσθαι	πεπεισόμενος
	P.p.F.	πεπείσομαι	πείσθητι	πεισθῶ	πεισθείην	πεισθῆναι	πεισθείς
	Aor.1.	ἐπείσθην	deest	deest	πεισθησοίμην	πεισθήσεσθαι	πεισθησόμενος
	Fut.1.	πεισθήσομαι	πίθητι	πιθῶ	πιθείην	πιθῆναι	πιθείς
	Aor.2.	ἐπίθην	deest	deest	πιθησοίμην	πιθήσεσθαι	πιθησόμενος
	Fut.2.	πιθήσομαι					

§ 51. *Modi et Tempora Quartæ Conjugationis.*

		Indicat.	Imperat.	Subjunct.	Optat.	Infin.	Particip.
Activa	Præs.	σπείρω	σπεῖρε	σπείρω	σπείροιμι	σπείρειν	σπείρων
	Imp.	ἔσπειρον	deest	deest			
	Fut.	σπερῶ			σπεροῦμι	σπερεῖν	σπερῶν
	Aor. 1.	ἔσπειρα	σπεῖρον	σπείρω	σπείραιμι	σπεῖραι	σπείρας
	Perf.	*ἔσπαρκα	ἔσπαρκε	ἐσπάρκω	ἐσπάρκοιμι	ἐσπαρκέναι	ἐσπαρκὼς
	Plup.	ἐσπάρκειν					
	Aor. 2.	*ἔσπαρον	σπάρε	σπάρω	σπάροιμι	σπαρεῖν	σπαρών
Media	Præs.	σπείρομαι	σπείρου	σπείρωμαι	σπειροίμην	σπείρεσθαι	σπειρόμενος
	Imp.	ἐσπειρόμην	deest	deest			
	Fut.	σπεροῦμαι			σπεροίμην	σπερεῖσθαι	σπερούμενος
	Aor. 1.	ἐσπειράμην	σπεῖραι	σπείρωμαι	σπειραίμην	σπείρασθαι	σπειράμενος
	Perf.	*ἔσπορα	ἔσπορε	ἐσπόρω	ἐσπόροιμι	ἐσπορέναι	ἐσπορὼς
	Plup.	*ἐσπόρειν					
	Aor. 2.	*ἐσπαρόμην	σπαροῦ	σπάρωμαι	σπαροίμην	σπαρέσθαι	σπαρόμενος
Passiva	Perf.	ἔσπαρμαι	ἔσπαρσο	ἐσπαρμένος ὦ	ἐσπαρμένος εἴην	ἐσπάρθαι	ἐσπαρμένος
	Plup.	ἐσπάρμην					
	Aor. 1.	ἐσπάρθην	σπάρθητι	σπαρθῶ	σπαρθείην	σπαρθῆναι	σπαρθεὶς
	Fut. 1.	σπαρθήσομαι	deest	deest	σπαρθησοίμην	σπαρθήσεσθαι	σπαρθησόμενος
	Aor. 2.	ἐσπάρην	σπάρηθι	σπαρῶ	σπαρείην	σπαρῆναι	σπαρεὶς
	Fut. 2.	σπαρήσομαι	deest	deest	σπαρησοίμην	σπαρήσεσθαι	σπαρησόμενος

Verba Quartæ Conjugationis carent Paulo-post-Futuro.

§ 52. Modi et Tempora Quintæ Conjugationis.

		Indicat.	Imperat.	Subjunct.	Optat.	Infin.	Particip.
Activa	Præs.	παύω	παῦε	παύω	παύοιμι	παύειν	παύων
	Imp.	ἔπαυον	deest	deest			
	Fut.	παύσω	deest		παύσοιμι	παύσειν	παύσων
	Aor.1	ἔπαυσα	παῦσον	παύσω	παύσαιμι	παῦσαι	παύσας
	Perf.	*πέπαυκα	πέπαυκε	πεπαύκω	πεπαύκοιμι	πεπαυκέναι	πεπαυκὼς
	Plup.	*ἐπεπαύκειν					
Media	Præs.	παύομαι	παύου	παύωμαι	παυοίμην	παύεσθαι	παυόμενος
	Imp.	ἐπαυόμην	deest	deest			
	Fut.	παύσομαι	παῦσαι	παύσωμαι	παυσοίμην	παύσεσθαι	παυσόμενος
	Aor.1	ἐπαυσάμην	παῦσαι	παύσωμαι	παυσαίμην	παύσασθαι	παυσάμενος
Passiva	Perf.	πέπαυμαι	πέπαυσο	πεπαυμένος ὦ	πεπαυμένος εἴην	πεπαῦσθαι	πεπαυμένος
	Plup.	ἐπεπαύμην	deest	deest			
	P.p.F.	πεπαύσομαι			πεπαυσοίμην	πεπαύσεσθαι	πεπαυσόμενος
	Aor.1	†ἐπαύθην	παύθητι	παυθῶ	παυθείην	παυθῆναι	παυθείς
	Fut.1	παυθήσομαι	deest	deest	παυθησοίμην	παυθήσεσθαι	παυθησόμενος

Verba Quintæ Conjugationis carent omnibus Temporibus secundis, necnon Perfecto et Pluperfecto Medio; præter ἀκούω *audio*, quod facit Perfectum Medium ἀκήκοα. *Vid.* § 68. *Obs.* 3.

† et ἐπαύσθην. *Vid.* § 64. *Obs.* 1.

Conspectus Terminationis Omnium Conjugationum.

		Indicat.	Imperat.	Subjunct.	Optat.	Infin.	Particip.
Activa.	Praes.	-ω	-ε	-ω	-οιμι	-ειν	-ων
	Imp.	-ον	deest	deest			
	Fut.	-σω, -ῶ	deest	deest	-σοιμι, -οῖμι	-σειν, -εῖν	-σων, -ῶν
	Aor.1.	-α	-ον	-ω	-σαιμι	-αι	-σα
	Perf.	-α	-ε	-ω	-οιμι	-έναι	-ώς
	Plup.	-ειν					
	Aor.2.	-ον	-ε	-ω	-οιμι	-εῖν	-ών
Media.	Praes.	-ομαι	-ου	-ωμαι	-οίμην	-εσθαι	-όμενος
	Imp.	-όμην	deest	deest			
	Fut.	-σομαι, -οῦμαι	deest	deest	-σοίμην	-σεσθαι, -εῖσθαι	-σόμενος, -σόμενος, -ούμενος
	Aor.1.	-άμην	-αι	-ωμαι	-αίμην	-ασθαι	-άμενος
	Perf.	-α	-ε	-ω	-οιμι	-έναι	-ώς
	Plup.	-ειν					
	Aor.2.	-όμην	-οῦ	-ωμαι	-οίμην	-έσθαι	-όμενος
Passiva.	Perf.	-μαι	-σο	-μένος ὦ	-μένος εἴην	-σθαι	-μένος
	Plup.	-μην	deest	deest			
	P.p.F.	-σομαι	deest	-θῶ	-σοίμην	-σεσθαι	-σόμενος
	Aor.1.	-θην	θητι	deest	-θείην	-θῆναι	-θείς
	Fut.1.	-θήσομαι	deest	-ῶ	-θησοίμην	-θήσεσθαι	-θησόμενος
	Aor.2.	-ην	-ητι	deest	-είην	-ῆναι	-είς
	Fut.2.	-ήσομαι	deest		-ησοίμην	-ήσεσθαι	-ησόμενος

TEMPORUM FORMATIO.

Conspectus Temporum Formationis.

I. FORMATA A PRÆSENTE.

(*a.*) *Præsens Medium et Passivum.*
(*b.*) *Præter.-Imperfectum Act. Med. et Pass.*
(*c.*) *Futurum Activum.*

II. FORMATA A FUTURO ACTIVO.

(*a.*) *Futurum Medium.*
(*b.*) *Præter.-Aoristum* 1. *Activum ; unde*
(*c.*) *Præter.-Aoristum* 1. *Medium.*
(*d.*) *Præter.-Perfectum Activum.*

III. FORMATA A P. PERFECTO ACTIVO.

(*a.*) *Præter.-Pluperfectum Activum.*
(*b.*) *Præter.-Perfectum Passivum.*

IV. FORMATA A P. PERFECTO PASSIVO.

(*a.*) *Præter.-Pluperfectum Passivum.*
(*b.*) *Paulo-post-Futurum.*
(*c.*) *Præter.-Aoristum* 1. *Passivum.*

V. FORMATUM AB AORISTO 1. PASSIVO.

Futurum 1. *Passivum.*

VI. FORMATA AB † ANTIQUIORE FORMA PRÆSENTIS.

(*a.*) *Præter.-Aoristum* 2. *Act. Med. et Pass. ; unde*
(*b.*) *Futurum* 2. *Passivum.*
(*c.*) *Præter.-Perfectum Medium ; unde*
(*d.*) *Præter.-Pluperfectum Medium.*

---

† Tirones illud intelligant, minimè esse credendum formas antiquiores, quas Radices appellamus, omnes in ipsâ linguâ unquam
exstitisse; sed potiùs a Grammaticis recentioribus plerasque fictas
esse, ut tota hæc doctrina, secundum Analogiæ leges, faciliùs animo
et distinctiùs comprehendatur.

PRÆSENS MEDIUM ET PASSIVUM.

Præsens Medium et Passivum formatur a Præsente Activo mutando ω in ομαι, ut τύπτω, τύπτομαι.

PRÆT. IMPERFECTUM ACT. MED. ET PASS.

Imperfectum Activum formatur a Præsente, mutando ω in ον, et præponendo Augmentum, ut τύπτω, ἔτυπτον.

Imperfectum Medium et Passivum formatur a Præsente suo, mutando ομαι in όμην et præponendo Augmentum, ut τύπτομαι, ἐτυπτόμην.

§ 53. DE AUGMENTO.

Augmentum præfigitur omnibus Temporibus Historicis Modi Indicativi; in reliquis Modis abjicitur.

Obs. Unum *ἔπω *dico*, ut Grammatici volunt, etiam per omnes Modos in Aoristis servat Augmentum (*conf. infr. b. Obs.* 2.); ut Aor. 2. εἶπον, εἰπὲ, εἴπω, εἴποιμι, εἰπεῖν, εἰπὼν: quæ tamen, ne contra Analogiam peccent, a radice *ἔπω fortasse melius derivantur. Item ex *ἄγω *frango* reperiuntur A. 1. Part. ἐάξας, A. 2. P. Subj. ἐαγῶ, et Part. ἐαγεὶς. *Conf. infr. b. Obs.* 7.

Augmentum est duplex, Syllabicum et Temporale.

(*a.*) SYLLABICUM AUGMENTUM *syllabâ auget* verbum, quod a consonante incipiat, præfixâ ἐ; ut τύπτω, ἔτυπτον.

Si verbum incipiat a ρ, ferè geminatur ρ post Augmentum, ut ῥίπτω *jacio*, ἔρριπτον.

Obs. 1. Geminantur etiam ceteræ semivocales apud *Epicos Poetas*, post Augmentum (*Conf.* p. 139.); ut λαμβάνω *capio* A. 2. ἔλλαβον, μείρω *divido*, A. 2. ἔμμορον, νέω *no*, Imperf. ἔννεον, et, quod *Attici* quoque usurpant, σεύω *agito*, ἔσσευον. *Conf.* § 61. *Obs.* 4. 6.

Obs. 2. Hæc tria, βούλομαι *volo*, δύναμαι *possum*, μέλλω *futurus sum*, nonnunquam pro Syllabico Augmento præfigunt ἠ, præsertim apud Atticos; sic Imperf. ἐβουλόμην et ἠβουλόμην; ἐδυνάμην et ἠδυνάμην; ἔμελλον et rariùs ἤμελλον, sed semper ἐμέλλησα.

(*b.*) TEMPORALE AUGMENTUM *tempore*, hoc est, quantitate, verbum *auget*, quod a vocali brevi incipiat; scilicet mutando

    ᾰ brevem in η, ut ἀκούω *audio*   ἤκουον

    ε   in η, ut ἐγείρω *excito*   ἤγειρον

    ο   in ω, ut ὀρύσσω *fodio*   ὤρυσσον

ῐ brevem in ῑ longam, ut ἱκετεύω *supplico* ῑκέτευον
ῠ brevem in ῡ longam, ut ὑφαίνω *texo*   ῡφαινον.

In diphthongis augendis prior Vocalis Augmentum capit ;
posterior, si sit ι, subscribi solet.

Auctæ diphthongi sunt tres, αι, αυ, οι.

sic αι mutatur in ῃ,   ut αἴρω *tollo*   ἦρον
αυ ————— in ηυ, ut αὐξάνω *augeo*   ηὔξανον
οι ————— in ῳ,   ut οἰκίζω *ædifico*   ᾤκιζον.

Tres diphthongi, ει, ευ, ου, ferè non capiunt Augmentum ;
ut εἴκω *cedo*, εἶκον ; εὐθύνω *dirigo*, εὔθυνον ; οὐτάζω *vulnero*, οὔταζον.

Verbum, quod incipit a *vocali longâ*, nullius Augmenti
capax est, ut ἠχέω *sono*, ἤχεον ; ὠθίζω *impello*, ὤθιζον ;
ῑθύνω *dirigo*, ἴθυνον ; ὑλίζω *defæco*, ὕλιζον.

Obs. 1. Pauca verba, incipientia ab ă brevi, sequente alterâ vocali, augentur non mutando ă in η, sed eandem producendo, ut ἄω *spiro*, Imperf. ἄον.
Sic ἄΐω (*Poët.*) *audio*   ἄϊον | ἀηθέσσω *insuetus sum*   ἀήθεσσον.

Obs. 2. Quædam ab ε incipientia pro Augmento η assumunt ει diphthongum, ut ἕλκω *traho*, εἷλκον.

Sic ἐάω *sino*   εἴαον, -ων | *ἔπω *dico*   A. 2. εἶπον
    ἐθίζω *assuefacio*   εἴθιζον | ἕπομαι *sequor*   εἱπόμην
    ἔω *colloco*   A. 1. εἶσα | ἐργάζομαι *operor*   εἰργαζόμην
    ἑλίσσω *volvo*   εἵλισσον | ἕρπω *serpo*   εἷρπον
    ἑλκύω *traho*   εἵλκυον | ἑρπύζω *serpo*   εἵρπυζον
    *ἕλω *capio*   A. 2. εἷλον | ἑστιάω *convivor*   εἱστίαον, -ων
    *ἔω *induo*   P. P. εἷμαι | ἔχω *habeo*   εἶχον ;

quibus accedant εἱστήκειν, non minùs repertum quàm ἑστήκειν, Plusq.-
Perf. ab ἵστημι, et Anomalum εἴωθα *assuetus sum*, Perf. Med. ab *ἔθω
inusitato, interpositâ ω.

Obs. 3. Unum ἑορτάζω *festum celebro* in secundâ syllabâ capit Augmentum, ut ἑώρταζον ; nisi hujus aucta Tempora melius ad ὀρτάζω referuntur.
Conf. infr. Obs. 7.   Eundem modum in augendo Plusquam-Perfecto
sequuntur etiam hæc tria (*Conf. infrà, Obs.* 8.)

    *εἴκω *similis sum*   Perf. ἔοικα   Plusq.-Perf. ἐῴκειν
    *ἔλπω *sperare facio*   ἔολπα   ἐώλπειν
    *ἔργω *operor*   ἔοργα   ἐώργειν.

Obs. 4. Unum, quod incipit ab αυ diphthongo, sequente vocali, non
augetur αὐαίνω *sicco*, αὔαινον. Et quædam incipientia ab οι, scilicet

οἰνίζω *vinum resipio,* οἰκουρέω *domum custodio,* οἰστρέω *œstro agito,* necnon composita cum οἴαξ *gubernaculum,* et οἴωνος *avis,* rejicere solent Augmentum ; οἰνόομαι *in vinum vertor,* nonnunquam capit Augmentum, sæpiùs rejicit ; unde Perf. Pass. οἴνωμαι et ᾤνωμαι.

Obs. 5. Unum ab ει diphthongo incipiens, εἰκάζω *assimilo,* interdùm augetur, mutatâ ει in ῃ, ut ᾔκαζον. Et incipientia ab ευ interdum *Atticè* capiunt augmentum ην, ut εὔχομαι *precor,* ηὐχόμην.

Obs. 6. Verbum ἀνᾱλόω *consumo,* apud scriptores *non-Atticos* ᾱ, longam vocalem, interdum mutat in η, ut Aor. 1. ἀνήλωσα. *Conf.* § 54. *Obs.* 2.

Obs. 7. Nonnulla verba etiam a Vocali vel Diphthongo incipientia Augmentum sumunt Syllabicum cum Spiritu Præsentis, præsertim si vocalis inceptiva Augmenti Temporalis non capax sit ; ut *ἄγω,* ἄγνυμι *frango,* A. 1. ἔαξα contr. ἦξα, A. 2. P. ἐάγην, P. M. ἔαγα.
Sic *ἁλόω,* ἁλίσκομαι *capior,* A. 2. ἑάλων contr. ἥλων (sed 'ἁλῶ, 'ἁλοίην, 'ἁλῶναι, 'ἁλοὺς), P. ἑάλωκα contr. ἥλωκα.
ἄδω, ἀνδάνω *placeo,* A. 2. ἔαδον, P. ἔᾱδα, Imp. ἑάνδανον.
οὐρέω *mingo,* Imp. ἐούρουν, P. ἐούρηκα.
ὤθω, ὠθέω *pello,* Imp. ἐώθουν, A. 1. ἔωσα, P. ἔωκα, P.P. ἔωσμαι.
ὠνέομαι *emo,* Imp. ἐωνούμην, A. 1. ἐωνησάμην, P. ἐώνημαι.
quibus adde hæc Anomala (*Conf. suprà, Obs.* 3.)
ἔθω assuesco, P.M. εἴωθα (*Obs.* 2. 3.). ἔλπομαι *spero,* P.M. ἔολπα.
εἴκω similis sum, ἔοικα, *Ion.* οἴκα. *ἔργω facio,* ἔοργα.
Conf. οἶδα, quasi pro ἔοιδα *novi,* ab * εἴδω.

Obs. 8. Duo verba duplex Augmentum, et Syllabicum et Temporale capiunt ; viz.

ὁράω *video,* Imp. ἑώρων, P. ἑώρᾱκα *Atticè* ἑόρᾱκα, P.P. ἑώρᾱμαι.
ἀνοίγω *aperio,* Imp. ἀνέῳγον, A. 1. ἀνέῳξα, (*Ion.* ἀνῷξα, et recentiores ἤνοιξα), P. ἀνέῳχα, P. M. ἀνέῳγα, P.P. ἀνέῳγμαι : quibus addi potest ἐφνοχόουν Imp. ab οἰνοχοέω *vinum fundo,* et ἐήνδανον, non minùs quàm ἤνδανον, repertum apud Homerum, ab ἀνδάνω. *Conf. Obs.* 7.

Obs. 9. *Poëtæ* sæpissimè, exceptis *Atticis,* utrumque Augmentum abjiciebant ; et apud *Ionas* etiam Prosæ orationis scriptores abjiciebant Temporale passim, rariùs Syllabicum. Contrà in *Attico* sermone, sive poëtico sive pedestri, Augmentum aut omninò nunquam, aut perrarò certè abjectum est, præterquam in Temporibus Plusquam-Perfectis et in Imperfecto verbi χρὴ *oportet,* quæ Syllabico Augmento sæpe carent ; ut τετύφειν pro ἐτετύφειν ; χρῆν pro ἐχρῆν. Adde Aoristum ἑζόμην *consedi,* quod nullum capit Augmentum.

Obs. 10. *Iones* et *Dores* interdum pro *initiali* Augmento utuntur *finali* σκον in Imperfecto et Aoristis, scilicet secundæ personæ Singulari addendo κον ; ut ἔτυπτες, τύπτεσκον, ἔτυψας, τύψασκον. Ceterum σκον fit σκόμην in Mediâ et Passivâ voce ; ut τύπτεσκον, -όμην, τύψασκον, -όμην.

§ 54. De Augmentis Compositorum.

Verba a Compositis derivata plerumque sumunt Augmentum in initio, ut μυθολογέω *fabulam narro*, ἐμυθολόγουν; οἰκοδομέω *domum ædifico*, ᾠκοδόμουν.
At cum Præpositione composita Augmentum ferè habent in medio, ut προσβάλλω *adjicio*, προσέβαλλον.

Obs. 1. Omnes præpositiones, quæ in vocalem exeunt, sic positæ, elisionem patiuntur, ut καταβάλλω, κατέβαλλον; præter περὶ, quod apud *Pindarum* quidem interdum, et in *Æolicâ* dialecto, sed nunquam apud *Atticos* vocalem amittit; ut περιβάλλω, περιέβαλλον; ἀμφὶ, quod in quibusdam vocibus non eliditur, ut ἀμφιέννυμι, ἠμφίεσα; et πρὸ, quod aliàs immutatum manet, aliàs Crasin facit cum ε (προὐ); ut προάγω, προῆγον; προβάλλω, προὔβαλλον. Ceterum εν et συν finalem literam, quam in compositione, Euphoniæ causâ, vel mutaverant vel amiserant, ante ε recipiunt, ut ἐμβάλλω, ἐνέβαλλον; συλλέγω, συνέλεγον; συσπάω, συνέσπαον, -ων.

Obs. 2. Nonnulla sunt verba etiam cum præpositione composita, quæ Augmentum ferè sumunt in initio; præsertim quorum Simplicia vel nusquam vel rarissimè obvia sunt; ut καθεύδω *dormio*, ἐκάθευδον; et interdum καθηῦδον.

Sic ἀμφιγνοέω *ambigo*,   ἠμφιγνόουν | ἀφίημι *dimitto*,   ἠφίουν
ἀμφιέννυμι *vestio*,   ἠμφίεσα | καθίζω *sedere facio*,   ἐκάθιζον
ἀμφισβητέω *disputo*,   ἠμφισβήτουν | καθέζομαι *sedeo*,   ἐκαθεζόμην
ἀνοίγω, *aperio*,   ἤνοιξα (§ 53. 8.) | κάθημαι *sedeo*,   ἐκαθήμην;
leguntur etiam καθίζον, καθεζόμην, καθήμην, sine Augmento. *Conf.* § 53. *Obs.* 9.   Sic ἀνᾱλόω apud scriptores *non-Atticos* facit Aor. 1. ἠνάλωσα et ἀνήλωσα, Perf. ἠνάλωκα et ἀνήλωκα. *Conf. ibid. Obs.* 6.

Obs. 3. Quædam interdum et in principio et in medio augentur; ut ἀμπέχω *circumdo*, Imp. Med. ἠμπειχόμην, A. 2. ἠμπεσχόμην.
Sic ἀμφιγνοέω *ambigo*, Imp. ἠμφεγνόουν (et ἠμφιγνόουν, *ut supra*.)
ἀμφισβητέω *disputo*, Imp. ἠμφεσβήτουν (et ἠμφισβήτουν *ut supra*.)
ἀνέχω *sustineo*, Imp. Med. ἠνειχόμην A. 2. ἠνεσχόμην.
ἀνορθόω *surrigo*, Imp. ἠνώρθουν, Perf. ἠνώρθωκα, A. 1. ἠνώρθωσα.
ἀντιβολέω *occurro*, A. 1. ἠντεβόλησα.
ἐνοχλέω *turbo*, Imp. ἠνώχλουν, Perf. ἠνώχληκα, A. 1. ἠνώχλησα.
παροινέω *vinolentiâ pecco*, Imp. ἐπαρῴνουν, Perf. πεπαρῴνηκα.
His similia videntur duo Anomala a nominibus formata; viz.
διαιτάω (a δίαιτα) *arbitror*, A. 1. ἐδιῄτησα, et ἐδιαίτησα, vel διῄτησα; διακονέω (a διάκονος) *ministro*, Imp. ἐδιηκόνουν et ἐδιηκόνουν.

Obs. 4. Composita cum δυς et εὖ, quæ a Consonante incipiant, sequuntur regulam, ut δυστυχέω *infelix sum*, ἐδυστύχουν; εὐδοκιμέω *celebris sum*, ηὐδοκίμουν: quæ autem incipiant a vocali, excipiuntur, ut δυσαρεστέω *morosus sum*, ἐδυσηρέστουν; εὐεργετέω *benefacio*, εὐηργέτουν.

§ 55. Futurum Activum.

Futurum Activum formatur a Præsente, mutando ultimam syllabam in Conjugatione

Primâ,   in ψω, ut τύπτω, τύψω

Secundâ, in ξω, ut πλέκω, πλέξω

Tertiâ,   in σω, ut πείθω, πείσω

Quartâ,   in ῶ,   ut σπείρω, σπερῶ, penult. correptâ.

Quintâ,   in σω, ut τῑ́ω,   τῑ́σω, penult. productâ.

Verba tertiæ Conjugationis in αζω, ιζω, οζω, υζω, penultimam Futuri corripiunt, ut φράζω *dico*, φράσω.

In quartâ Conjugatione penultima Futuri corripitur, (*a*.) vel elidendo secundam Consonantem, ut τέμνω, *scindo*, τεμῶ; (*b*.) vel secundam Vocalem diphthongi, ut φαίνω *ostendo*, φανῶ; (*c*.) vel corripiendo vocalem ancipitem, ut κρῑνω *judico*, κρῐνῶ.

In quintâ Conjugatione penultima Futuri ferè producitur; ita ut vocales Characteristicæ *a*, ε, *o*, mutentur in cognatas longas η, ω; ut τιμάω, -ήσω; φιλέω, -ήσω; χρυσόω, -ώσω.

Obs. 1. Omnium Futurorum Characteristica olim erat litera *s*, quod in plerisque etiamnum constat; sic τύπτω (*τύπω), τύπ-σω; πλέκω πλέκ-σω; πείθω, πεί-σω (vid. p. 135. § 3.); σπείρω (*σπέρω), σπερέσω, -έω, -ῶ. *Conf. Obs.* 2.

Obs. 2. Ex quibusdam Futuris hyperdissyllabis tertiæ et quintæ Conjugationis in άσω, έσω, όσω, quæ penultimam et antepenultimam brevem habeant, *Iones* tollunt σ, et deinde *Attici* contrahunt in ῶ circumflexum; ut σκεδάζω *dissipo*,-άσω, Ion. -άω, Att. -ῶ, τελέω *perficio*, -εσω, *Ion.*-έω, Att.-ῶ.

Obs. 3. Ex Futuris hyperdissyllabis tertiæ Conjugationis in ίσω, Attici tollunt σ, et circumflectunt ῶ; ut κομίζω *fero*, -ίσω, Att. -ιῶ. Eodem modo ex Futuris verborum in ύω *Poëtæ* interdùm omittunt σ, ut ἐρύω, Fut. pro -ύσω, ab ἐρύω *traho*; τανύω, pro -ύσω a τανύω *extendo*.

Obs. 4. Quædam sunt Futura Anomala et Activæ et Mediæ Vocis, quæ speciem Præsentis habent; ut χέω *fundam* a χέω, φάγομαι *edam*. Sic δήω *invenium* vox *Epica* | βέομαι *vivam* vox *Epica* | νέομαι, νεῦμαι *ibo* vox *Poët.* κείω *jaceo* vox *Epica* | ἔδομαι *edam* (ἐσθίω) | πίομαι *bibam* (πίνω).

Obs. 5. *Dores* circumflectunt omnia Futura Vocis Activæ, ut τυψῶ, -εῖς, -εῖ, κ. τ. λ.

Obs. 6. Verbum κατάγνυμι, vel -ύω *perfringo*, pro κατάξω, interdum facit Futurum κατεάξω, ne cum Futuro verbi κατάγω *deduco* confundatur.

§ 56. FUTURUM MEDIUM.

Futurum Medium formatur a Futuro Activo, mutando ω in ομαι, ut τύψω, τύψομαι; sed ῶ circumflexum in οῦμαι, ut σπερῶ, σπεροῦμαι.

Obs. 1. *Doribus* Futurum Medium semper erat in οῦμαι : quo sæpe utebantur etiam reliqui in quibusdam verbis, etsi in Activâ voce non circumflexis ; ut φεύγω *fugio*, φευξοῦμαι et -ομαι.   Sic

κλαίω *fleo*,	κλαυσοῦμαι et -ομαι	πνέω *flo*,	πνευσοῦμαι et -ομαι
νέω *no*,	νευσοῦμαι et -ομαι	παίζω *ludo*,	παιξοῦμαι et -ομαι
πλέω *navigo*	πλευσοῦμαι et -ομαι		

quibus adde *πέτω, πίπτω *cado*, Fut. πεσοῦμαι ; *πεύθομαι, πυνθάνομαι *audio*, Fut. πεύσομαι et nonnunquam πευσοῦμαι.

Obs. 2. Duo Verba etiam Mutam Characteristicam habentia, formant Futurum in οῦμαι ; viz. μάχομαι *pugno*, Fut. μαχοῦμαι (*Ion.* μαχέσομαι). *ἕδω, ἕζομαι *sedeo*, Fut. *ἑδοῦμαι, ut in composito καθεδοῦμαι.

Obs. 3. De Futuris Anomalis βέομαι, ἔδομαι, κ.τ.λ. Vide § 55. *Obs.* 4.

Obs. 4. Multa sunt verba quæ Futuro Activo, apud *Atticos* certè, carent, et Futurum Medium ejus loco adsciscunt ; præsertim ferè omnia in ζω, quæ *soni emittendi* notionem habent ; *Conf.* § 47. (*c*). 1. ut ἀκούω *audio*, Fut. ἀκούσομαι, nusquam (nisi apud recentissimos scriptores) ἀκούσω.

Sic ᾄδω *cano*	ᾄσομαι	*λήχω *sortior*	λήξομαι
*ἁλόω *capio*	ἁλώσομαι	*μάθω *disco*	μαθήσομαι
ἁμαρτάνω *erro*	ἁμαρτήσομαι	*μόλω *venio*	μολοῦμαι
ἀπαντάω *occurro*	ἀπαντήσομαι	νέω *no*	νεύσομαι. *Obs.* 1.
ἀπαλαύω *fruor*	ἀπολαύσομαι	οἰμώζω *ploro*	οἰμώξομαι
*βάω *eo*	βήσομαι	ὄμνυμι *juro*	ὀμοῦμαι
βοάω *clamo*	βοήσομαι	παίζω *ludo*	παίξομαι. *Obs.* 1.
γελάω *rideo*	γελάσομαι	*πένθω *patior*	πείσομαι
γηράω *senesco*	γηράσομαι	*πέτω *cado*	πεσοῦμαι
*γνόω *novi*	γνώσομαι	*πίω *bibo*	πίομαι
*δάρθω *dormio*	δαρθήσομαι	πλέω *navigo*	πλεύσομαι. *Obs.* 1.
*δάω *divido*	δάσομαι	πνίγω *suffoco*	πνίξομαι
*δήκω *mordeo*	δήξομαι	ῥέω *fluo*	ῥεύσομαι
*δράω *aufugio*	δράσομαι	ῥοφάω *sorbeo*	ῥοφήσομαι
*δρέμω *curro*	δραμοῦμαι	σιγάω *sileo*	σιγήσομαι
θαυμάζω *admiror*	θαυμάσομαι	σιωπάω *sileo*	σιωπήσομαι
θέω *curro*	θεύσομαι	σκώπτω *cavillor*	σκώψομαι
θνήσκω *morior*	θανοῦμαι	τρέχω *curro*	θρέξομαι
*θόρω *salio*	θοροῦμαι	τρώγω *rodo*	τρώξομαι
*κάμω *laboro*	καμοῦμαι	φεύγω *fugio*	φεύξομαι. *Obs.* 1.
κλαίω *fleo*	κλαύσομαι	*φθάω *prævenio*	φθήσομαι
*λήβω *capio*	λήψομαι	χωρέω *eo*	χωρήσομαι
		in compositis	χωρήσω, et -ομαι.

Alia sunt, quæ utramque Futuri formam vi Activâ promiscuè usurpant; ut ἁρπάζω *rapio*, -άσω et -άσομαι.

Sic βαδίζω *ingredior* -ίσω et -ιοῦμαι | διώκω *persequor* -ξω et -ξομαι

ἐπαινέω *laudo*	-έσω et -έσομαι		πνέω *flo*	-εύσω et -εύσομαι
ἐστήκω *sto*	-ξω et -ξομαι		ποθέω *desidero*	-έσω et -έσομαι
ζάω *vivo*	ζήσω et ζήσομαι		παραινέω *hortor*	-έσω et -έσομαι
*θίγω *tango*	-ξω et -ξομαι		συρίζω *sibilo*	-ξω et -ξομαι
κολάζω *punio*	-άσω et -άσομαι		τεθνήκω *morior*	-ξω et -ξομαι
κωκύω *ejulo*	-ύσω et '-ύσομαι		*τέκω *pario*	-ξω et -ξομαι
ναυστολέω *navigo*	-ήσω et -ήσομαι		φροντίζω *cogito*	-ιῶ et -ιοῦμαι.

§ 57. PRÆT.-AORISTUM I. ACT. ET MED.

Aoristum Primum Activum formatur a Futuro, mutando ω in α, et præponendo Augmentum; ut τύψω, ἔτυψα.

Aoristum Primum Medium formatur ab Aoristo Primo Activo, addendo μην; ut ἔτυψα, ἐτυψάμην.

In quartâ Conjugatione penultima Futuri brevis in Aoristo Primo producitur, mutando Futuri

ᾰ impuram in η, ut	φαίνω *ostendo*,	φᾰνῶ,	ἔφηνα
ᾰ puram ⎱ in ᾱ, ⎰	πιαίνω *pinguefacio*,	πιᾰνῶ,	ἐπίανα
post ρ ⎰	περαίνω *finio*,	περᾰνῶ,	ἐπέρᾱνα
ε in ει, ut	στέλλω *mitto*,	στελῶ,	ἔστειλα
ῐ in ῑ, ut	κρίνω *judico*,	κρῑνῶ,	ἔκρῑνα
ῠ in ῡ, ut	ἀμῦνω *arceo*,	ἀμῠνῶ,	ἤμῡνα.

Eadem mutatio per omnes modos servatur; ut φῆνον, φήνω, φήναιμι, κ.τ.λ. Sed αἴρω *tollo*, ἦρα, ἆρον, 'ᾱρω, κ.τ.λ.

Obs. 1. Verba in αίνω in penultimâ Aoristi Primi parum sibi constant, et non rarò quæ η, ex regulâ, habitura essent, assumunt ᾱ longam, imprimis apud *recentiores*, ut κερδαίνω *lucror*, κερδανῶ, ἐκέρδανα.

Sic ἰσχναίνω *attenuo* ἴσχνᾱνα		ὀργαίνω *irrito*	ὤργᾱνα
λευκαίνω *dealbo* ἐλεύκᾱνα		πεπαίνω *maturo*	ἐπέπᾱνα
καθαίρω *purgo* ἐκάθηρα et -ᾱρα		σημαίνω *significo* ἐσήμηνα	et -ᾱνα
κοιλαίνω *cavo* ἐκοίληνα et -ᾱνα		ὑφαίνω *texo* ὕφηνα	et -ᾱνα
σαίνω *quatio* ἔσηνα et -ᾱνα		φλεγμαίνω *ardeo* ἐφλέγμηνα et -ᾱνα

Contra quæ ᾱ longam debebant, interdum sumunt η, ut κραίνω *efficio*, ἔκρηνα; κραιαίνω *Epice*, geminatâ η, ἐρκήηνα.

Sic εὐφραίνω *exhilaro* εὔφρηνα et -ᾱνα	μιαίνω *maculo*	ἐμίηνα et -ᾱνα
μαραίνω *exstinguo* ἐμάρηνα et -ᾱνα	τιτραίνω *perforo*	ἐτίτρηνα et -ᾱνα

Legitur etiam apud recentiores ἔφᾱνα pro ἔφηνα a φαίνω.

Obs. 2. Duo Verba inusitata, quæ Futuro carent, formant Aoristum Primum a Præsente, vel Radice; ut *ἔπω vel εἴπω (§ 53. *Obs.*) *dico*, A. 1. εἶπα; *ἐνέγκω *fero*, A. 1. ἤνεγκα; quibus addas quatuor *Epica* Aorista; viz. ἔκηα et ἔκεια, a καίω *uro*; ἔσσευα a σεύω *agito*; ἠλεάμην ab ἀλέομαι *vito*; ἐδατεάμην a δατέομαι *divido*.

Verbum χέω *fundo*, ab anomalo Futuro χέω (§ 55. *Obs.* 4.), rite facit A. 1. ἔχεα, *Ep.* ἔχευα.

§ 58. Pret.-Perfectum Act.

Perfectum Activum formatur a Futuro, præponendo Reduplicationem, sive Augmentum-pro-Reduplicatione, et mutando in Conjugatione

Primâ   ψω   in φα, ut   τύψω,   τέτυφα
Secundâ   ξω   in χα, ut   πλέξω,   πέπλεχα
Tertiâ   σω   ⎫   ⎧ πείσω,   πέπεικα
Quartâ   ῶ   ⎬ in κα, ut ⎨ ἀγγελῶ,   ἤγγελκα.
Quintâ   σω ⎭   ⎩ παύσω,   *πέπαυκα.

Obs. 1. Verba Muta, imprimis dissyllaba, quæ habent ε in penultimâ Futuri, eandem plerumque mutant in ο in Perfecto Activo; in Passivo tamen eadem partim ε continuò recipiunt, partim insuper ο in α convertunt; sed et hæc quoque ε in reliquis Temporibus resumunt; ut κλέπτω *furor*, κλέψω, κέκλοφα, κέκλεμμαι. Sed στρέφω *verto*, στρέψω, ἔστροφα, ἔστραμμαι, ἐστρέφθην, (*Conf.* § 68. *Obs.* 2.);

Sic βρέχω *rigo*   βρέξω,   (βέβροχα)   βέβρεγμαι
    δείδω *timeo*   δείσομαι   δέδοικα
    *ἔδω *ἐδέω *edo*,   ἐδέσω,   ἐδήδοκα,   ἐδήδεσμαι,   ἠδέσθην,
    *ἐνέκω *fero*,   ἐνήνοχα,   ἐνήνεγμαι,   ἠνέχθην,
    λέγω *dico*,   λέξω,   εἴλοχα,   εἴλεγμαι (§ 59. *Obs.* 2.)
    πέμπω *mitto*,   πέμψω,   πέπομφα,   πέπεμμαι;
Sed τρέπω *verto*,   τρέψω,   τέτροφα,   τέτραμμαι,   ἐτρέφθην,
    τρέφω *nutrio*,   θρέψω,   τέτροφα,   τέθραμμαι,   ἐθρέφθην.
Iones et *Dores* dicebant etiam ἐστράφθην et ἐτράφθην.

Obs. 2. Verba Liquida, dissyllaba, quæ habent ε in penultimâ Futuri, eandem in Perfecto plerumque mutant in α, quæ servatur etiam in reliquis Temporibus inde deductis; ut στέλλω *mitto*, στελῶ, ἔσταλκα, ἔσταλμαι, ἐστάλθην.

Sic φθείρω *corrumpo*, φθερῶ, ἔφθαρκα | πείρω *transfigo*, περῶ, πέπαρμαι
    τείνω *tendo*,   τενῶ,   τέτακα | σπείρω *sero*,   σπερῶ, ἔσπαρμαι
    κτείνω *occido*,   κτενῶ,?ἔκτακα | *μείρω *divido*,   εἵμαρμαι.

Obs. 3. Verba quæ Liquidam ν Characteristicam habent, hanc in Perfecto
(*a.*) vel mutant in γ; ut φαίνω *ostendo*, φανῶ, πέφαγκα;
Sic μολύνω *contamino*, -υνῶ, μεμόλυγκα:
(*b.*) vel omnino ejiciunt, idque non modò in Perfecto, sed etiam in reliquis Temporibus inde deductis; ut κρίνω *judico*, κρῐνῶ, κέκρῐκα, κέκρῐμαι, ἐκρῐθην (et *Poët.* -νθην);
Sic πλῦνω *lavo*, πλῠνῶ, πέπλῠκα, πέπλῠμαι, ἐπλῠθην (et *Poët.* -νθην). Adde κλίνω *reclino*, τείνω *tendo*, et fortasse κτείνω *occido*; *Conf. Obs.* 2:
(*c.*) vel denique Perfectum formant quasi a novo themate in έω; ut μένω *maneo*, quasi a μενέω, format Perf. μεμένηκα.
Et hoc modo conjugantur, quæ habent μ Characteristicam; ut νέμω *distribuo*, format Perf. νενέμηκα, *δρέμω *curro*, δεδράμηκα; *Obs.* 2.

§ 59. DE REDUPLICATIONE.

Reduplicatio est prima consonans verbi *reduplicata* cum ε.

Reduplicatione utuntur verba quæ incipiunt

(*a*.) vel a simplici consonante, exceptâ ρ; ut τύψω, τέτυφα, sed ρίψω, ἔρριφα;

(*b*.) vel a mutâ cum liquidâ, exceptis γν, et plerumque βλ, γλ; ut γράψω, γέγραφα; sed γνωρίζω, *notifico*, γνωρίσω, ἐγνώρικα.

Cetera verba Augmento-pro-Reduplicatione utuntur; scilicet incipientia

a duplici consonante,   ut ψάλλω *psallo*, ψᾰλῶ,   ἔψαλκα,

a binis sine liquidâ,   ut σκάπτω *fodio*, σκάψω,   ἔσκᾰφα

a vocali vel diphthongo, ut ἀμείβω *muto*, ἀμείψω, ἤμειφα.

Si Verbum incipiat ab *aspiratâ*, assumit suam tenuem in Reduplicatione; ut θύω *sacrifico*, θύσω, τέθῠκα.

Obs. 1. Excipiuntur quatuor verba, quorum duo a binis mutis, duo a binis liquidis incipiunt, quæ tamen sumunt Reduplicationem; ut

κτάομαι *acquiro*, κέκτημαι (*Ion.* ἔκτημαι)   μνάομαι *recordor*, μέμνημαι

*πτόω, πίπτω, cado, πέπτωκα   μνηστεύω *spondeo*, μεμνήστευκα.

Obs. 2. Quatuor verba a liquidâ λ vel μ incipientia pro Reduplicatione sumunt εἰ diphthongum; ut

λέγω *dico* (εἴλοχα tantum in Compositis), P.P. λέλεγμαι et εἴλεγμαι.

*λήβω, λαμβάνω *capio*, εἴληφα (*Ion.* λελάβηκα), εἴλημμαι et λέλημμαι.

*λήχω, λαγχάνω *sortior*, εἴληχα.   μείρω *divido* (εἴμαρμαι), 3. pers. εἴμαρται, cum spiritu aspirato. *Conf.* *ῥέω *dico*, εἴρηκα (pro ἔρρηκα).

Obs. 3. Quædam verba, hyperdissyllaba, incipientia ab ᾰ brevi, ε, ο, præter temporale Augmentum, novam Reduplicationem, sive duas priores literas thematis, adsciscunt, præsertim apud *Atticos*, unde Attica Reduplicatio vocata est; ut ἀλέω *molo*, *ἤλεκα, ἀλήλεκα; *Conf.* § 68. Obs. 3.

Sic ἀρόω *aro*   *ἤροκα, ἀρήροκα | ἐμέω *vomo*   *ἤμεκα, ἐμήμεκα

   ἀγείρω *colligo* *ἤγερκα, ἀγήγερκα | *ἐνέκω, *fero* § 58. Obs. 1. ἐνήνοχα

   ἐγείρω *excito* *ἤγερκα, ἐγήγερκα | ἐρείδω *firmo* *ἤρεικα, ἐρήρεικα

   ἐδέω, *edo*, § 58. Obs. 1. ἐδήδοκα | ἐρίζω *contendo* *ἤρισμαι, ἐρήρισμαι

   *ἐλάω *agito* *ἤλακα, ἐλήλακα | *ὀλέω *perdo* *ὤλεκα, ὀλώλεκα

   ἐλέγχω *arguo* *ἤλεγχα, ἐλήλεγχα | *ὀμόω, *juro* *ὤμοκα, ὀμώμοκα

   ἐλίσσω *volvo* εἴλιχα, ἐλήλιχα | ὀρύττω *fodio* *ὤρυχα, ὀρώρυχα;

Et penultimâ longâ correptâ, ἀλείφω *unguo*, ἤλοιφα, ἀλήλιφα. Quibus addi potest συνόχωκα, pro συνόκωκα, a συνέχω *contineo*, ἀλάλημαι *Ep.* ab ἀλάομαι *erro*, et Anomalum Perf. ἀγήοχα (pro ἄγηχα) ab ἄγω *duco*. Adde etiam unum, quod incipit a Diphthongo αι; αἱρέω *capio*, *Ion.* ἀραίρηκα.

Reduplicatio, sive Augmentum-pro-Reduplicatione, locum habet in Perfecto, Pluperfecto, ac Paulo-post-Futuro; et servatur per omnes modos.

§ 60. PRÆT.-PLUPERFECTUM ACT.

Pluperfectum Activum formatur a Perfecto, mutando α in ειν, et præponendo Augmentum; ut τέτυφα ἐτετύφειν, ἔρριφα ἠρρίφειν.

Obs. 1. De Augmento interdum abjecto Conf. § 53. Obs. 9.

Obs. 2. Attica Reduplicatio Perfecti in Pluperfecto retinetur, sed interdum sine Augmento; ut ὀρώρυχα, ὠρωρύχειν, et interdum ὀρωρύχειν.

§ 61. PRÆT.-PERFECTUM PASS.

Perfectum Passivum formatur a Perfecto Activo, mutando in Conjugatione

Primâ	φα purum	in μμαι ut τέτυφα,	τέτυμμαι
	impurum	in μαι ut τέτερφα,	τέτερμαι
Secundâ	χα	in γμαι ut πέπλεχα,	πέπλεγμαι
Tertiâ	κα	in σμαι ut πέπεικα,	πέπεισμαι
Quartâ	κα	in μαι ut ἤγγελκα,	ἤγγελμαι
Quintâ	κα penult. longâ in μαι	ut πεφίληκα, πεφίλημαι
	penult. brevi in σμαι ut τετέλεκα,	τετέλεσμαι.

Obs. 1. Tria Verba ο penultimæ Perfecti Activi, in Perfecto Passivo mutant in α; ut ἔστροφα, a στρέφω, ἔστραμμαι; τέτροφα, a τρέπω, τέτραμμαι; τέτροφα, a τρέφω, τέθραμμαι. *Conf.* § 58. *Obs.* 1. Quibus addi potest τέταλμαι, a τέλλω *excieo.*

Obs. 2. Duo Verba Poëtica, ad Tertiam Conjugationem pertinentia, pro σ ante μαι retinent δ, vel θ Præsentis sui; κορύσσω, *κορύθω galeâ armo,* κεκόρυθμαι; φράζω, *φράδω dico,* πέφραδμαι. Quibus addi potest κέκαδμαι *Dor.* pro κέκασμαι, tanquam a *κάζω, κάδω excello.* Conf. καίνυμαι. p. 97. Obs.

Obs. 3. Verborum in αἴνω, ύνω Characteristica ν, quæ facta est γ in Perfecto Activo, in Perfecto Passivo reducitur quidem ante ceteras consonantes, sed ante μ

(*a.*) vel iterum mutatur in σ; ut

φαίνω, πέφαγκα, πέφασμαι, -σμεθα; -σμένος; sed -νσαι, -νται. Sic

λυμαίνομαι *purgo*	λελύμασμαι	παχύνω *pinguefacio*	πεπάχυσμαι
μιαίνω *inquino*	μεμίασμαι	περαίνω *finio*	πεπέρασμαι
μολύνω *polluo*	μεμόλυσμαι	ῥαίνω *madefacio*	ἔρρασμαι.

(*b.*) vel mutatur in μ; ut

αἰσχύνω *pudefacio,* ἤσχυμμαι; ξηραίνω *arefacio,* ἐξήραμμαι.

(*c.*) vel omninò ejicitur; ut

τραχύνω *aspero,* τετράχυμμαι.

Obs. 4. Quædam verba quintæ Conjugationis, etsi penultimam habent longam in Perfecto Activo, sumunt tamen σ in Perfecto Passivo, et Temporibus inde deductis; ut ἀκούω *audio*, ἤκουκα, ἤκουσμαι, ἠκούσθην, ἀκουσθήσομαι.

Sic *βύω, βυνέω *obturo* βέβυσμαι πλέω *navigo* πέπλευσμαι
 *γνόω *nosco* ἔγνωσμαι   πρίω *serro*   πέπρισμαι
 *ζόω *cingo*   ἔζωσμαι   πταίω *impingo* ἔπταισμαι
 θραύω *frango* τέθραυσμαι ῥαίω *frango* ἔῤῥαισμαι
 κναίω, κνάω *rado* κέκναισμαι σείω *quatio* σέσεισμαι
 κελεύω *jubeo* κεκέλευσμαι ὕω *pluo*   [ὕσμαι]
 κυλίω *voluto* κεκύλισμαι χόω *cumulo* κέχωσμαι
 λεύω *lapido* λέλευσμαι   χράω *commodo* κέχρησμαι
 ξύω *rado*   ἔξυσμαι   χρίω *unguo* κέχρισμαι
 παίω *percutio* πέπαισμαι ψαύω *tango* ἔψαυσμαι
 παλαίω *luctor* πεπάλαισμαι

quædam modò sumunt, modò omittunt σ; ut δράω *facio*, δέδραμαι et -σμαι;
Sic κλαίω *fleo* κέκλαυμαι et -σμαι | ψάω *tergo* ἔψημαι et -σμαι
 κολούω *amputo* κεκόλουμαι et -σμαι
 κλείω *claudo* κέκλειμαι et -σμαι sed solum ἐκλείσθην
 κρούω *pulso* κέκρουμαι et -σμαι sed solum ἐκρούσθην.

Contrà quædam, etsi penultimam Perfecti Activi brevem habent, faciunt tamen μαι, omissâ σ; ut λύω *solvo*, λέλυκα, λέλυμαι, ἐλύθην. *Conf.* § 47. (e.) 7.

Sic αἰνέω *laudo* ᾔνεκα   ᾐνέθην. *Conf.* § 47. (e.) 3.
 ἀρόω *aro* ἀρήροκα ἀρήρομαι ἠρόθην. *Conf.* § 47. (e.) 6.
 δέω *ligo* δέδεκα δέδεμαι ἐδέθην. *Conf.* § 47. (e.) 3.
 *ἐλάω *agito* ἐλήλακα ἐλήλαμαι ἠλάθην, et *Ion.* ἠλάσθην
 θύω *sacrifico* τέθυκα τέθυμαι ἐτύθην. *Conf.* § 47. (e.) 7.
 σεύω *agito*   ἔσσυμαι ἐσσύθην et ἐσύθην.
 φθίω *pereo* vel *perdo* § 94. (b.) ἔφθῑμαι. *Conf.* § 47. (e.) 5.
 χέω *fundo* κέχυκα κέχυμαι ἐχύθην. *Conf.* § 47. (e.) 4.
quibus adde *πετάω *extendo*, cum duplici formâ, πεπέτασμαι, et πέπταμαι, per Syncopen, pro πεπέτᾰμαι. *Conf.* § 83.

Obs. 5. Duo in Perfecto Passivo corripiunt penultimam, quæ in activo longa est; ut δύω *subeo*, δέδῠκα, δέδῠμαι; *πόω *bibo*, πέπωκα, πέπομαι· *Conf.* § 79. 3.

Obs. 6. Quædam verba *Poëtica*, quæ in penultimâ habent diphthongum ευ, in Perfectis Passivis usurpant tantum υ vocalem, abjectâ ε; ut πεύθομαι *audio*, πέπυσμαι.

Sic σεύω *agito* ἔσσυμαι ἐσσύθην | φεύγω *fugio* πέφυγμαι.
 τεύχω *fabricor* τέτευχα τέτυγμαι

Obs. 7. Duo sunt Anomala, ἧμαι *sedeo*, κεῖμαι *jaceo*, (tanquam ab *ἕω, *κέω,) quæ sub formâ Perfecti vim Præsentis habent, et sic conjugantur;
 (a.) ἧμαι, ἧσο (in Compos. κάθου, κάθωμαι, καθοίμην), ἧσθαι, ἥμενος.
 (b.) κεῖμαι, κεῖσο, κέωμαι, κεοίμην, κεῖσθαι, κείμενος; Fut. κείσομαι.

IV. FORMATA A P. PERFECTO PASSIVO.

§ 62. PRÆT.-PLUPERFECTUM PASS.

Pluperfectum Passivum formatur a Perfecto, mutando μαι in μην, et præponendo Augmentum; ut τέτυμμαι, ἐτετύμμην.

Obs. Quædam verba apud *Epicos Poëtas* sub formâ Pluperfecti Passivi, abjectâ Reduplicatione, vim Aoristi habent; ut δέχομαι, ἐδέγμην pro ἐδε-δέγμην, *accepi*. 3 Sing. δέκτο, Imperat. δέξο, Infin. δέχθαι. Sic λέγομαι *cubo*, ἐλέγμην; πάλλω *vibro*, ἐπάλμην; *μίγω misceo*, ἐμίγμην.

§ 63. PAULO-POST-FUTURUM.

Paulo-post-Futurum formatur a secundâ personâ singulari Perfecti Passivi, mutando αι in ομαι; ut τέτυψαι, τετύψομαι.

§ 64. PRÆT.-AORISTUM PRIMUM PASS.

Aoristum Primum Passivum formatur a tertiâ personâ singulari Perfecti, mutando αι in ην, tenues in aspiratas, et detrahendo literam Reduplicationis; ut τέτυπται, ἐτύφθην.

Obs. 1. Quædam verba quintæ Conjugationis σ, contra regulam, etsi in Perfecto non assumpserant, sumunt tamen in penultimâ Aoristi Primi; ut *μνάω in memoriam voco*, μέμνημαι, ἐμνήσθην. Sic

πνέω *flo*, Poët. πέπνυμαι ἐπνεύσθην | χράομαι *utor*, κέχρημαι ἐχρήσθην
ῥωννύω *roboro*, ἔῤῥωμαι ἐῤῥώσθην | παύω *sisto*, πέπαυμαι ἐπαύσθην

et ἐπαύθην. Contrà σώζω *servo*, σέσωσμαι, ἐσώθην : quod tamen ab antiquo σώω, unde et *Atticum* Perfectum σέσωμαι, deduci potest.

Obs. 2. Pauca sunt Aorista Prima Passiva, quæ penultimam Perfecti longam corripiunt; ut εὑρίσκω *invenio*, εὕρημαι, εὑρέθην.

Sic *θέω pono*   τέθειμαι, ἐτέθην | *ἕω mitto* εἷμαι, εἴθην et ἔθην
σχέω habeo ἔσχημαι, ἐσχέθην | *ῥέω dico* εἴρημαι, ἐῤῥήθην et -έθην.

Conf. αἰνέω, ᾔνημαι, ᾐνέθην; αἱρέω, ᾕρημαι, ᾑρέθην. *Vid.* § 47. (*e.*) 3. *ὁμόω juro*, P.P. ὀμώμοσμαι (*Conf.* § 59. *Obs.* 3.) sed in tertiâ personâ ὀμώμοται, unde Aor. 1. ὠμόθην.

Obs. 3. Hæc duo θύω et *θέω*, τίθημι, abjectâ Præsentis aspiratione, faciunt Aoristum 1. Pass. ἐτύθην, ἐτέθην; unde Fut. 1. τυθήσομαι, τεθήσομαι.

V. FORMATUM AB AORISTO I. PASSIVO.

§ 65. FUTURUM PRIMUM PASS.

Futurum Primum Passivum formatur ab Aoristo Primo, mutando ην in ησομαι, et abjiciendo Augmentum; ut ἐτύφθην, τυφθήσομαι.

§ 66. Præt.-Aoristum 2. Act. Med. et Pass.

Aoristum Secundum Activum formatur a Præsente, mutando ω in ον, et præponendo Augmentum; sed a Præsentis ferè antiquiore ac simpliciore formâ, quæ *Radix* appellatur; ut *τύπω, *Radix* verbi τύπτω, ἔτυπον.

Aoristum Secundum Medium formatur ab Aoristo Secundo Activo, mutando ον in ομην, ut ἔτυπον, ἐτυπόμην.

Aoristum Secundum Passivum formatur ab Aoristo Secundo Activo, mutando ον in ην, ut ἔτυπον, ἐτύπην.

Obs. 1. Paucissima sunt verba, quorum Aorista Secunda Activum et Passivum ambo reperiuntur; sic a στρέφω reperitur ἐστράφην, non autem *ἔστραφον; a λείπω reperitur ἔλιπον, non autem *ἐλίπην.

Obs. 2. Verba impura, imprimis dissyllaba, quæ habent ε in penultimâ Præsentis, vel *Radicis*, eandem in Aoristo Secundo plerumque mutant in α; ut δέρω *excorio*, ἐδάρην, σπείρω *σπέρω sero*, ἐσπάρην. Conf. § 68. Obs. 2.

Obs. 3. Quædam Aorista secunda in *Epicâ* linguâ sumunt Reduplicationem, quæ per omnes modos servatur; ut πείθω *persuadeo*, Aor. 2. Act. πέπιθον, pro ἔπιθον, πέπιθε, πεπίθω, κ. τ. λ; Med. πεπιθόμην. κ. τ. λ.

Sic κάμνω *laboro*　κέκαμον　｜μάρπτω *prehendo*　μέμαρπον
κεύθω *celo*　κέκυθον　｜πλήσσω *percutio*　πέπληγον
κλύω *audio* Imperat. κέκλῦθι　｜τέρπω *delecto*　τεταρπόμην
λαγχάνω *sortior*　λέλαχον　｜τυγχάνω *consequor*　τέτυχον
λαμβάνω *recipio*　λελαβόμην　｜φείδομαι *parco*　πεφιδόμην
λανθάνω *lateo*　λέλαθον　｜*χάζω *recedo*　κέκαδον.

Adde πάλλω *vibro* πέπαλον, (ἀμπεπαλών); φράζω *dico*, πέφραδον, quod etiam, Augmento cumulatum, fit ἐπέφραδον; Conf. ἐμέμηκον a μηκάομαι *balo*, ἐκεκλόμην a κέλομαι *jubeo*; ἠρύκακον, unde Infin. ἐρυκακέειν, ab ἐρύκω *arceo* reduplicatione in medio adhibitâ; ἠνίπαπον, ab ἐνίπτω, *objurgo*.

Obs. 4. Interdum etiam Aoristo Secundo Attica Reduplicatio præfigitur, Augmento simul e secundâ in primam syllabam promoto; ut ἄγω *duco*, ἦγον, ἤγαγον; *ἄρω *orpto*, ἦρον, ἤραρον.

Eadem Reduplicatio servatur per omnes modos, Augmento tantum deposito; ut ἤγαγον, ἄγαγε, ἀγάγω, ἀγάγοιμι, ἀγαγεῖν, ἀγαγών.

Obs. 5. Verbum πίπτω, pro *πιπέτω (*Vid.* § 47. *a.*) facit Aor. 2. ἔπεσον, pro ἔπετον, quod tantum *Doricum* est.

§ 67. Futurum Secundum Pass.

Futurum Secundum Passivum formatur ab Aoristo Secundo (sicut Futurum Primum ab Aoristo Primo), mutando ην in ησομαι, et abjiciendo Augmentum; ut ἐτύπην, τυπήσομαι.

§ 68. Præt.-Perfectum Medium.

Perfectum Medium formatur a Præsente, vel *Radice*, mutando ω in α, et præponendo Reduplicationem, sive Augmentum-pro-Reduplicatione ; ut φεύγω *fugio*, πέφευγα ; * βάω, *Radix* verbi βαίνω *eo*, βέβαα.

Obs. 1. Verba impura in Perfecto Medio penultimam Præsentis vel Radicis brevem sæpe producunt; mutando scilicet

ᾰ in η, ut φαίνω *ostendo*,   Radix *φᾰνω,   P.M. πέφηνα
ε in η, ut μέλω *curæ sum*,   μέμηλα
ι in οι, ut λείπω *linquo*,   Radix *λῐπω,   λέλοιπα. *Conf. Obs.* 2.

Obs. 2. Verba impura, imprimis dissyllaba, quæ habent ε in penultimâ Præsentis vel Radicis, eandem in Perfecto Medio semper mutant in ο ; ut δέρω *excorio*, δέδορα, σπείρω *sero*, *σπέρω, ἔσπορα. (*Conf.* § 58. *Obs.* 1.); præterquam in μέμηλα a μέλω *curæ sum*. Sic

βρέχω *rigo*,	ἐβράχην		*πένθω *patior*,	ἔπαθον	πέπονθα
*γένομαι *nascor*,*	ἐγανόμην	γέγονα	πέρθω *vasto*,	ἔπραθον	πέπορθα
δέμω *ædifico*,		δέδομα	στέλλω *mitto*,	ἐστάλην	*ἔστολα
δέρκομαι *video*,	ἔδρακον	δέδορκα	στέργω *diligo*,		ἔστοργα
*δρέμω *curro*,	ἔδραμον	*δέδρομα	στρέφω *verto*,	ἐστράφην § 58.*Obs.*1.
κλέπτω *furor*,	ἐκλάπην	*κέκλοπα	τέρπω *delecto*,	ἐτάρπην
κτείνω *occido*,	ἔκτανον	ἔκτονα	τρέπω *verto*,	ἔτραπον	*τέτροπα
*λέγχω *sortior*,	ἔλαχον	λέλογχα	τρέφω *nutrio*,	ἐτράφην § 58. *Obs.*1.
μείρομαι *sortior*,		ἔμμορα	φθείρω *corrumpo*	ἐφθάρην	ἔφθορα.
πέμπω *mitto*		*πέπομπα		

Quædam autem in Aoristo Secundo retinent ε; ut βλέπω *video*, ἐβλέπην. Sic

λέγω *dico*,	ἐλέγην		ψέγω *vitupero*,	ἐψέγην	ἔψογα
λέπω *decortico*,	ἐλέπην	*λέλοπα	πλέκω *plico*,	ἐπλέκην et ἐπλάκην
*τέκω *pario*,	ἔτεκον	τέτοκα	τέμνω *seco*,	ἔτεμον	et ἔταμον.
φλέγω *uro*,	ἐφλέγην	*πέφλογα		

His addi possunt Anomala Perfecta Media ἔοικα, Ion. οἶκα, et Att. rar. εἶκα (Part. εἰκὼς; *Conf.* εἰδὼς ab οἶδα, § 43. *Obs.* 5.), ἔολπα, ἔοργα, et οἶδα (*Conf.* § 53. *b. Obs.* 7.), ἐγρήγορα ab ἐγείρω *excito*, et ἀνήνοθα ab *ἀνέθω *prosilio*. *Conf.* εἴωθα ab *ἔθω *assuesco*, ἔρρωγα a *ῥήγω *frango*, ὄχωκα ab ἔχω *habeo*.

Obs. 3. Interdum etiam in Perfecto Medio *Attica Reduplicatio* fit; ut ἄραρα, ab *ἄρω *apto*. Sic

ἔχω *habeo*,	ὄχωκα		οἴχομαι *abeo*,	οἴχωκα	*ὄπτω *video*,	ὄπωπα
ὄζω *oleo*,	ὄδωδα	*ὄλω *perdo*,	ὄλωλα	*ὄρω *excito*,	ὄρωρα,

et, penultimâ correptâ, ἀκούω *audio*, ἀκήκοα, *ἐλεύθω *venio*, ἐλήλυθα.

Obs. 4. De Perfectis Mediis, quæ plerumque Syncopen admittunt, vide § 81. *b*.

§ 69. Præt.-Pluperfectum Medium.

Pluperfectum Medium formatur a Perfecto (sicut Pluperfectum Activum a Perfecto Activo), mutando α in ειν, et præponendo Augmentum ; ut τέτυπα, ἐτετύπειν.

§ 70. DE ANTIQUIORE FORMA VERBORUM.

Antiquior forma, sive *Radix*, Verborum, penultimam plerumque brevem habet, et rarò ultra duas syllabas extenditur ; itaque tribus ferè modis deprehendi potest :

(*a.*) Vel reducendo vocalem longam aut diphthongum penultimæ in vocalem brevem ; sic reducitur

				Aor. 2.	*Perf. Med.*
η in α,	ut	λήθω *lateo*	in *λάθω,	ἔλαθον,	λέληθα
ῑ in ῐ,	ut	πνῑγω *suffoco*	in *πνῑγω,	ἐπνῐγην	
αι in α,	ut	φαίνω *ostendo*	in *φάνω,	ἐφάνην,	πέφηνα
ει in ι,	ante mutam,				
	ut	λείπω *linquo*	in *λίπω,	ἔλιπον,	λέλοιπα
in ε ante liquidam,					
	ut	σπείρω *sero*	*σπέρω,	ἐσπάρην,	ἔσπορα
ευ in υ,	ut	φεύγω *fugio*	in *φύγω,	ἔφυγον,	πέφευγα,

(*b.*) Vel duarum consonantium abjiciendo posteriorem ; mutando geminas ππ, item σσ, ττ, in cognatam Characteristicam ejusdem Conjugationis ; et pro duplici ζ reponendo simplicem δ, aliquando γ, vel γγ ; sic

abjicitur	λ	ut βάλλω *jacio,*	*βάλω,	ἔβαλον,	*βέβολα
	ν	ut κάμνω *laboro,*	*κάμω,	ἔκαμον	
	τ	ut τίκτω *pario,*	*τέκω,	ἔτεκον,	τέτοκα
		τύπτω *verbero,*	*τύπω,	ἔτυπον	
		κλέπτω *furor,*	*κλέπω,	ἐκλάπην,	*κέκλοπα.

ππ fit	β	ut βλάπτω *noceo,*	βλάβω,	ἐβλάβην
		κρύπτω *celo,*	*κρύβω,	ἐκρύβην (-ον)
		καλύπτω *celo,*	*καλύβω,	ἐκαλύβην
	φ	ut βάπτω *tingo,*	*βάφω,	ἐβάφην
		θάπτω *sepelio,*	*τάφω,	ἐτάφην
		θρύπτω *frango,*	*τρύφω,	ἐτρύφην
		ῥάπτω *suo,*	*ῥάφω,	ἐῤῥάφην
		ῥίπτω *jacio,*	*ῥίφω,	ἐῤῥίφην
		σκάπτω *fodio,*	*σκάφω,	ἐσκάφην.

σσ, ττ fit

κ ut φρίσσω *horreo,*	*φρίκω,	πέφρῑκα
γ ut νύσσω *pungo,*	*νύγω,	ἐνύγην
πλήσσω *percutio,*	*πλήγω,	ἐπλήγην, πέπληγα
σφάττω *macto,*	*σφάγω,	ἐσφάγην
τάσσω *ordino,*	*τάγω,	ἐτάγην
φράσσω, *munio,*	*φράγω,	ἐφράγην
χ ut ὀρύσσω *fodio,*	*ὀρύχω,	ὠρύχην
ταράσσω *turbo,*	*ταράχω,	(ταραχὴ).

ζ fit

δ ut φράζω *dico,*	*φράδω,	πέφραδον
χάζομαι *recedo,*	*χάδω,	κέχαδον
γ ut κλάζω *sono,*	*κλάγω,	ἔκλαγον, κέκληγα
κράζω *clamo,*	*κράγω,	ἔκραγον, κέκρᾱγα
τρίζω *strideo,*	*τρίγω,	τέτρῑγα
γγ ut κλάζω *sono,*	*κλάγγω,	κέκλαγγα
πλάζω *decipio,*	*πλάγγω	
σαλπίζω *buccino,*	*σαλπίγγω.	

Conf. § 45. *Obs.* 2. § 47. (c.) 1. 2.

(*c.*) Vel ejiciendo penultimam syllabam insititiam; sic

ejicitur

α, ut μυκάομαι *mugio,*	*μύκω,	ἔμυκον, μέμῡκα
ε, ut γηθέω *gaudeo,*	*γήθω,	γέγηθα
αν, ut ἀμαρτάνω *erro,*	*ἀμάρτω, ἥμαρτον	
αιν, ut ὀσφραίνομαι *odoror,*	*ὄσφρω, ὠσφρόμην	
νε, ut ἱκνέομαι *venio,*	*ἵκω,	ἱκόμην
ισκ, ut εὑρίσκω *invenio,*	*εὕρω,	εὗρον.

(*a.*) Obs. 1. Excipe πλήσσω *percutio,* quod facit ἐπλήγην (*vide b.*), et *Ep.* A. 2. Act. πέπληγον (§ 66. *Obs.* 3.), sed ἐπλᾱγην in Compositis. Radix *πρᾱγω, unde πράσσω, naturâ longa est.

Verbum τρώγω *rodo,* facit ἔτραγον, quasi a τρήγω. *Conf.* *ῥήγω *frango,* A. 2: ἐρράγην, P.M. ἔρρωγα.

Obs. 2. Adde *radicem* *θάφω, ἔταφον, τέθηπα, *obstupui.*

Obs. 3. In nonnullis prior consonans, non posterior, ejicienda est. Sic

*λέγχω *sortior*	*λέχω	ἔλαχον	λέλογχα
*πένθω *patior*	*πέθω	ἔπαθον	πέπονθα.

(*b.*) Obs. 4. An præterea aspirata χ reduci debeat in Cognatam Mediam γ, vix satis liquet; ψύχω *refrigero,* facit fortasse ἐψύγην, et -χην.

D

VERBA IN MI.

§ 71. Verba in μι fiunt a verbis, vel radicibus, quintæ Conjugationis, in ω, mutando ω in μι, et producendo brevem penultimam, ut *φάω, φημὶ *dico:* et plerumque Reduplicationem præfigendo, modò Radix sit dissyllaba, ut *δόω *do,* δίδωμι.

Reduplicatio duplex est, Propria et Impropria.

(*a.*) Propria, cùm repetitur prima consonans thematis (vel, si sit aspirata, ejus tenuis), cum ι; ut

*δόω *do,* δίδωμι; *θέω *pono,* τίθημι.

(*b.*) Impropria, cùm ι aspirata tantùm præfigitur; quod fit cùm Verbum incipiat vel a στ, πτ, ut *στάω, ἵστημι; *πτάω, ἵπταμαι *volo;* vel ab aspiratâ vocali, ut *ἕω, ἵημι *mitto.*

Quatuor sunt Formationes Verborum in μι:

Prima, in ημι, ab αω, ut ἵστημι, a *στάω *statuo.*

Secunda, in ημι, ab εω, ut τίθημι a *θέω *pono.*

Tertia, in ωμι, ab οω, ut δίδωμι a *δόω *do.*

Quarta, in υμι, ab υω, ut δείκνυμι a δεικνύω *ostendo.*

Obs. Omnia ferè Verba quartæ Formationis, utpote hyperdissyllaba, carent Reduplicatione. Nimirum verba in ύω, a quibus illa profluunt, ferè ipsa ab alio themate profecta sunt, interpositis νυ vel ννυ ante ω; ut δεικ--νύ -ω, a δείκω; unde reliqua Tempora formantur; ut Fut. δείξω, Aor. I. ἔδειξα, κ.τ.λ. Sic

ἄγ	-νυ -μι *frango*	ab *ἄγω		ἔ	-ννυ -μι *induo*	ab *ἕω		
δαί	-νυ -μι *victum do*	a *δαίω		ζώ	-ννυ -μι *cingo*	a *ζόω		
εἴργ	-νυ -μι *iveo*	ab *εἴργω		κερά	-ννυ -μι *misceo*	a *κεράω		
ζεύγ	-νυ -μι *jungo*	a *ζεύγω		κορέ	-ννυ -μι *satio*	a *κορέω		
μίγ	-νυ -μι *misceo*	a *μίγω		κρεμά	-ννυ -μι *suspendo*	a *κρεμάω		
οἴγ	-νυ -μι *aperio*	ab *οἴγω		πετά	-ννυ -μι *extendo*	a *πετάω		
ὄμ (ὀμό)-νυ -μι *juro*		ab *ὀμόω		ῥώ	-ννυ -μι *roboro*	a *ῥόω		
ὀμόργ	-νυ -μι *abstergo*	ab *ὀμόργω		σκεδά	-ννυ -μι *dissipo*	a *σκεδάω		
ὄρ	-νυ -μι *excito*	ab *ὔρω		στορέ	-ννυ -μι } *sterno* a { *στορέω		
πήγ	-νυ -μι *figo*	a *πήγω		στρώ	-ννυ -μι }		*στρόω	
ῥήγ	-νυ -μι *frango*	a *ῥήγω		σβέ	-ννυ -μι *extinguo*	a *σβέω		
τί	-νυ -μι *pœnas do*	a *τίνω		χρώ	-ννυ -μι *coloro*	a *χρόω		

quibus adde ὄλλῡμι *perdo,* tanquam pro ὄλ -νυ -μι, ab *ὄλω.

Verbis in μι tria ut plurimùm sunt Tempora; Præsens, Imperfectum et Aoristum Secundum. Cetera nempe formantur a Radicibus in ω, ut a radice *δόω, Futurum δώσω, Perfectum δέδωκα, κ. τ. λ.

Etiam Aoristo Secundo carent Verba in νμι.

Obs. 1. Excipitur σβέννυμι *extinguo*, quod facit Aor. 2. ἔσβην; 1 Plur. ἔσβημεν; Subj. σβῶ; Opt. σβείην; Infin. σβῆναι; Part. σβεὶς.

Obs. 2. Hæc duo post Reduplicationem inserunt μ ante π;
πλέω, πίμπλημι *impleo* ; πράω, πίμπρημι *uro*.

Obs. 3. Multa sunt verba in ω, quæ *Æolica* dialectus formare gaudet per μι ; ut πεφίλημι *amo*, νίκημι *vinco*, pro φιλέω, νικάω.

Obs. 4. A verbis in μι *Ionicè* deduci solent alia verba in ω; ut ἱστάω ab ἵστημι, τιθέω a τίθημι, ἵω ab ἵημι; unde ἤφιεν, ab ἀφίω, in *Nov. Test. Conf.* § 72. *Obs.* 2.

PARADIGMA VOCIS ACTIVÆ.

Modus Indicativus.

Præsens.

Sing.			Dual.		Plur.		
ἵστημι,	ης,	ησι	ἀτον, ἀτον		ἀμεν, ἀτε, (ἀᾱσι) ᾱσι		
τίθημι,	ης,	ησι	ετον, ετον		εμεν, ετε, ἐᾱσι et εἶσι		
δίδωμι,	ως,	ωσι	οτον, οτον		ομεν, οτε, ὀᾱσι et οὖσι		
δείκνῡμι,	ῡs,	ῡσι	ῡτον, ῡτον		ῡμεν, ῡτε, ὑᾱσι et ὗσι.		

Præteritum-Imperfectum.

Sing.			Dual.		Plur		
ἵστην,	ης,	η	ἀτην, ἀτην		ἀμεν,	ἀτε,	ἀσαν
ἐτίθην,	ης,	η	ἐτην, ἐτην		εμεν,	ετε,	εσαν.
ἐδίδων,	ως,	ω	ὀτην, ὀτην		ομεν,	οτε,	οσαν
ἐδείκνῡν,	ῡs,	ῡ	ῡτην, ῡτην		ῡμεν,	ῡτε,	ῡσαν.

Verba τίθημι, δίδωμι, et his similia, Imperfectum, in Singulari numero, sæpiùs formant ex more Contractorum in έω, όω; ut

ἐτίθουν, εις, ει; ἐδίδουν, ους, ου.

Præteritum-Aoristum II.

Sing.			*Dual.*		*Plur.*		
ἔστην,	ης,	η	ἤτην,	ἤτην	ημεν,	ητε,	ησαν
†(ἔθην,	ης,	η)	†έτην,	έτην	†εμεν,	ετε,	εσαν
†(ἔδων,	ως,	ω)	†ότην,	ότην	†ομεν,	οτε,	οσαν.

Modus Imperativus.

Præsens.

Sing.			*Dual.*		*Plur.*	
‡(ἱστᾰθι)	ἵστη,	ἄτω	ατον, άτων	ατε, άτωσαν et άντων
(τίθετι)	τίθει,	έτω	ετον, έτων	ετε, έτωσαν et έντων
(δίδοθι)	δίδου,	ότω	οτον, ότων	οτε, ότωσαν et όντων
(δείκνῠθι)	δείκνῡ, ῠτω		υτον, ύτων	υτε, ύτωσαν et ύντων.

Præteritum-Aoristum II.

Sing.			*Dual.*		*Plur.*	
στῆθι,	(στᾱ‡),	στήτω	ῆτον, ήτων	ῆτε, ήτωσαν et άντων
(θέτι)	θὲς	θέτω	έτον, έτων	έτε, έτωσαν et έντων
(δόθι)	δὸς,	δότω	ότον, ότων	ότε, ότωσαν et όντων.

Modus Subjunctivus.

Præsens.

Sing.			*Dual.*		*Plur.*		
ἱστῶ,	ῇς,	ῇ	ῆτον,	ῆτον	ὦμεν,	ῆτε,	ὦσι
τιθῶ,	ῇς,	ῇ	ῆτον,	ῆτον	ὦμεν,	ῆτε,	ὦσι
διδῶ,	ῷς,	ῷ	ὦτον,	ὦτον	ὦμεν,	ὦτε,	ὦσι.

δεικνύω, ης, η, κ.τ.λ., ex Declinatione Verborum in ω.

Præteritum-Aoristum II.

Sing. 1. στῶ, ῇς, ῇ.　　　2. θῶ, ῇς, ῇ.　　　3. δῶ, ῷς, ῷ.

Et cetera ut Præsens.

---

† Vide infrà, § 72. Obs. 6.　　‡ Vide infrà, § 72. Obs. 8.

MODUS OPTATIVUS.

Præsens.

Sing.			Dual.		Plur.		
ἱσταίην,	ης,	η	αιήτην, αιήτην		αίημεν, αίητε		
			αίτην, αίτην		αἷμεν, αἷτε, αἷεν		
τιθείην,	ης,	η	ειήτην, ειήτην		είημεν, είητε		
			είτην, είτην		εἷμεν, εἷτε, εἷεν		
διδοίην,	ης,	η	οιήτην, οιήτην		οίημεν, οίητε		
et ᾠην, § 72. *Obs.* 10.			οίτην οίτην		οἷμεν, οἷτε, οἷεν.		

δεικνύοιμι, οις, οι, κ. τ. λ., ex Declinatione Verborum in ω.

Præteritum-Aoristum II.

1. σταίην, ης, η.　2. θείην, ης, η.　3. δοίην et δῴην, ης, η.
Et cetera ut Præsens; nisi quod contractæ formæ in Duali et Plurali rariùs occurrunt.

MODUS INFINITIVUS.

Præsens.

1. ἱστάναι.　　2. τιθέναι.　　3. διδόναι.　　4. δεικνύναι.

Præteritum-Aoristum II.

1. στῆναι.　　2. θεῖναι.　　3. δοῦναι.

PARTICIPIA. (Lat. Gram. § 64. Obs. 8.)

Præsens.

	N.				G.		
N.	ἱστᾱς	ᾶσα,	ᾶν	G.	άντος,	άσης,	άντος
N.	τιθεὶς	εῖσα,	ὲν	G.	έντος,	είσης,	έντος
N.	διδοὺς	οῦσα,	ὸν	G.	όντος,	ούσης,	όντος
N.	δεικνὺς	ῦσα,	ῦν	G.	ύντος,	ύσης,	ύντος.

Præteritum-Aoristum II.

1. στᾱς, ᾶσα, ἄν.　　2. θεὶς, εῖσα, ὲν.　　3. δοὺς, οὖσα, ὸν.

Et cetera ut Præsens.

Verbum ἵημι *mitto* eodem fere modo declinatur quo τίθημι; et φημὶ *dico* eodem modo quo ἵστημι.

Obs. Ab ἵημι Præsentis tertia persona Pluralis exit in -ᾶσι, ut in Compos. μεθιᾶσι.

§ 72. DIALECTI ET ALIA OBSERVANDA IN VOCE ACTIVA.

Obs. 1. Secundæ personæ Singulari in ης *Dores* addunt θα (*Conf.* § 42.

Obs. 5.), ut τίθησθα pro τίθης; quod etiam *Attici* sequuntur in his quatuor;

ἦσθα·   ab εἰμὶ *sum* | ἤεισθα   ab εἶμι *ibo*

ἔφησθα   a φημὶ *dico* | ἤδησθα   ab οἶδα *novi ;*

quibus accedat οἶσθα pro οἶδασθα *nosti*, ab eodem. *Conf.* § 42. *Obs.* 5.

Obs. 2. In secundâ et tertiâ Conjugatione *Iones*, non solùm Imperfecti, sed etiam Præsentis secundam et tertiam personam formant ex more contractorum in έω, όω; ut τιθεῖς, -εῖ; διδοῖς, -οῖ; Part. συνιῶν, a συνιέω, -ίημι. *Conf.* § 71. *Obs.* 4.

Obs. 3. Præsentis tertia Singularis *Doricè* exit in τι, et tertia Pluralis in ντι, ut ἵστατι, τίθητι; ἵσταντι, τίθεντι.

Obs. 4. Pro Imperfecto ἐτίθην, vel -ουν, *Iones* dicunt ἐτίθεα, -εας, -εε; et pro ἵην vel ἵουν, ab ἵημι, *Ionica* atque *Attica* forma est ἵειν. (*Conf.* § 42. *Obs.* 3; ἔα Imperf. *Ion.* verbi εἰμὶ, *sum ;* et ἵειν, Imperf. ab εἶμι *ibo*.)

Obs. 5. Tempora quæ finale sive *Ionicum* Augmentum adsciscunt, corripiunt vocalem ante σκον; ut ἐτίθην, τίθεσκον; ἐδίδων, δίδοσκον; ἔστην, στάσκον; ἔδων, δόσκον.

Obs. 6. Aoristum Secundum eodem modo declinatur, quo Aorista Passiva Verborum in ω; præterquam quòd hæc tria ἔθην, ἔδων, et ἦν ab ἵημι, sicut omnia Imperfecta, in Duali ac Plurali brevem faciunt vocalem penultimam. In Singulari Numero eadem planè non occurrunt; sed Aoristi Primi formas mutuantur. Ceterùm in compositis ab ἦν penultima Dualis ac Pluralis plerumque producitur vi Augmenti ει; ut ἀφεῖμεν, ἀφεῖτε, ἀφεῖσαν. *Conf.* § 79. 2.

Obs. 7. Tertia persona Pluralis Imperfecti et Aoristi Secundi apud *Epicos* Syncopen patitur. Sic ἐτίθεσαν corripitur in ἔτιθεν, ἐδίδοσαν in ἔδιδον, ἔθεσαν in ἔθεν, ἔδοσαν in ἔδον. *Conf.* § 42. *Obs.* 1. Idem fit, etiamsi penultima vocalis longa fuerit. Sic ἔστησαν corripitur in ἔστᾰν, ἔφῦσαν in ἔφῠν.

Reperitur etiam ἔστᾰσαν, pro ἔστησαν, in Aor. 1; et ἔστασαν, pro εἰστήκεισαν, in Plupf. apud Homerum et in Pf. Med. apud *Att. Conf.* § 81. *b.*

Obs. 8. Imperativi Præsentis prisca terminatio θι vix reperitur, præterquam in his quatuor;

φάθι a φημὶ *dico*, ἴσθι ab εἰμὶ *sum*, ἴσθι ab οἶδα *novi*, ἴθι ab εἶμι *ibo*.

In Aoristo Secundo formæ concisæ στα et βα pro στῆθι, βῆθι, leguntur tantùm in Compositis; ut ἀπόστᾰ, πρόβᾰ -ᾰτω. κ.τ.λ.

Obs. 9. In Subjunctivo *Iones* circumflexam syllabam resolvunt (*Conf.* § 44. *Obs.* 2.) inserendo ε, et *Poëticè* ει, in primâ et secundâ Conjugatione, et ω in tertiâ; sic ἱστέω pro ἱστῶ, τιθέω pro τιθῶ, διδόω pro διδῶ, στέω et στείω pro στῶ, θέω et θείω pro θῶ, δόω pro δῶ. Apud *Homerum* legimus etiam formas non contractas στήης, η; θήης, η.

Obs. 10. Verbum δίδωμι et quædam alia in Optativo duas habent formas; Præs. διδοίην et διδῴην, Aor. 2. δοίην et δῴην. Reperitur etiam

Optativus quartæ Conjugationis in υίην vel ῦην, ut φυίην a φῦμι *nascor;* ἐκδῦμεν pro ἐκδυίημεν, ab ἔκδυμι *exuo.*

Obs. 11. Tertiæ personæ non modò Subjunctivi (*Conf.* § 42. *Obs.* 6.), sed interdùm etiam Optativi *Iones* addunt σι; ut παραφθαίησι (Opt.).

Obs. 12. Hæc duo, ἄημι *spiro,* *κίχημι *consequor,* retinent η in Infinitivo ; ut ἀῆναι, κιχῆναι.

Obs. 13. Vetus Infinitivi forma in μεναι, et per Apocopen in μεν, apud *Epicos Poëtas* legitur (*Conf.* § 42. *Obs.* 11.); ut

ἱστάμεναι et ἱστάμεν pro ἱστάναι │ διδόμεναι   et διδόμεν   pro διδόναι
τιθέμεναι et τιθέμεν pro τιθέναι │ δεικνύμεναι,   δεικνύμεν pro δεικνύναι.

Eadem in Aoristo Secundo thematis vocalem brevem servat; ut θέμεναι et θέμεν pro θεῖναι, δόμεναι et δόμεν pro δοῦναι, præterquam in his formis, στήμεναι et στῆμεν pro στῆναι, δύμεναι et δύμεν pro δῦναι.

Obs. 14. Variæ occurrunt formæ, in quibus brevem thematis vocalem *Poëtæ* metri causâ producunt; (*Conf. supr. Obs.* 12.) ut διδοῦναι pro διδόναι, ζευγνῦμεν pro ζευγνύμεν, ἴληθι pro ἴλᾰθι.

PARADIGMA VOCIS MEDIÆ ET PASSIVÆ.

Modus Indicativus.

Præsens.

Sing.			*Dual.*			*Plur.*		
ἵστᾰμαι,	σαι,	ται	μεθον,	σθον,	σθον	μεθα,	σθε,	νται
τίθεμαι,	σαι,	ται	μεθον,	σθον,	σθον	μεθα,	σθε,	νται
δίδομαι,	σαι,	ται	μεθον,	σθον,	σθον	μεθα,	σθε,	νται
δείκνῦμαι,	σαι,	ται	μεθον,	σθον,	σθον	μεθα,	σθε,	νται.

Præteritum-Imperfectum.

Sing.			*Dual.*			*Plur.*		
ἱστάμην,	ασο, et ω,	ατο	μεθον,	σθην,	σθην	μεθα, σθε,		ντο
ἐτιθέμην,	εσο, et ου,	ετο	μεθον,	σθην,	σθην	μεθα, σθε,		ντο
ἐδιδόμην,	οσο, et ου,	οτο	μεθον,	σθην,	σθην	μεθα, σθε,		ντο
ἐδεικνύμην,	υσο,	υτο	μεθον,	σθην,	σθην	μεθα, σθε,		ντο.

Præteritum-Aoristum II.

1. *ἐστάμην.   2. ἐθέμην (εσο), ου, ετο.   3. ἐδόμην
(οσο), ου, οτο.

Et cetera ut Imperfectum.

MODUS IMPERATIVUS.
Præsens.

Sing.	*Dual.*	*Plur.*
ἵστασο et ἵστω, ἄσθω	σθον, σθων	σθε, σθωσαν et σθων
τίθεσο et τίθου, ἔσθω	σθον, σθων	σθε, σθωσαν et σθων
δίδοσο et δίδου, όσθω	σθον, σθων	σθε, σθωσαν et σθων
δείκνυσο ύσθω	σθον, σθων	σθε, σθωσαν et σθων.

Præteritum-Aoristum II.

1. †στάσο et στῶ, ἄσθω.   2. (θέσο) θοῦ, ἔσθω.

3. (δόσο) δοῦ, όσθω.

Et cetera ut Præsens.

MODUS SUBJUNCTIVUS.
Præsens.

Sing.	*Dual.*	*Plur.*
ἱστῶμαι, ῇ, ῆται	ώμεθον, ῆσθον, ῆσθον	ώμεθα, ῆσθε, ῶνται
τιθῶμαι, ῇ, ῆται	ώμεθον, ῆσθον, ῆσθον	ώμεθα, ῆσθε, ῶνται
διδῶμαι, ῷ, ῶται	ώμεθον, ῶσθον, ῶσθον	ώμεθα, ῶσθε, ῶνται.

δεικνύωμαι, ῃ, ηται, ex Declinatione Verborum in ω.

Præteritum-Aoristum II.

1. *στῶμαι, ῇ, ῆται.   2. θῶμαι, ῇ, ῆται.

3. δῶμαι, ῷ, ῶται.

Et cetera ut Præsens.

MODUS OPTATIVUS.
Præsens.

Sing.			*Dual.*			*Plur.*		
ἱσταίμην,	ο,	το	μεθον,	σθην,	σθην	μεθα,	σθε,	ντο
τιθείμην,	ο,	το	μεθον,	σθην,	σθην	μεθα,	σθε,	ντο
διδοίμην,	ο,	το	μεθον,	σθην,	σθην	μεθα,	σθε,	ντο.

δεικνυοίμην, ο, το, κ.τ.λ. ex Declinatione Verborum in ω.

---

† Leguntur tantùm in Compositis.

Præteritum-Aoristum II.'

1. †ϲταίμην, ο, το.   2. θείμην, ο, το.   3. δοίμην, ο, το.
Et cetera ut Præsens.

MODUS INFINITIVUS.

Præsens.

1. ἵϲταϲθαι.   2. τίθεϲθαι.   3. δίδοϲθαι.   4. δείκνυϲθαι.

Præteritum-Aoristum II.

1. †ϲτάϲθαι.   2. θέϲθαι.   3. δόϲθαι.

PARTICIPIA.

Præsens.			Aoristum II.		
1. ἱϲτάμενος,	η,	ον	†1. ϲτάμενος,	η,	ον
2. τιθέμενος,	η,	ον	2. θέμενος,	η,	ον
3. διδόμενος,	η,	ον	3. δόμενος,	η,	ον.
4. δεικνύμενος,	η,	ον			

§ 73. DIALECTI IN VOCE MEDIA ET PASSIVA.

Obs. 1. Præsentis secundam personam in εϲαι *Attici* frequentiùs contrahunt in η, ut τίθεϲαι in τίθη; et nonnunquam in *Poëtico* sermone αϲαι in ᾳ, ut ἐπίϲταϲαι in ἐπίϲτᾳ. *Iones*, ex αϲαι abjectà ϲ, pro ααε dicunt εαι, ut ἐπίϲτεαι, δύνεαι; unde contracta forma δύνη non minùs quàm δύνᾳ etiam apud *Atticos Poëtas* reperitur. *Conf.* § 43. *Obs.* 1.

Obs. 2. In tertià personâ Plurali *Iones* ν ante 'ται vel το mutant in α, ut τιθέαται pro τίθενται, ἐδεικνύατο pro ἐδείκνυντο; et α, si præcessit, mutatur in ε, ut ἱϲτέαται pro ἵϲτανται, ἱϲτέατο pro ἵϲταντο.

Obs. 3. In Imperfecti et Imperativi secundâ personâ *Epici* interdum utuntur formis *Ionicis*, abjectâ ϲ; ut μάρναο, φάο, ἔνθεο, δαίνυο.

Obs. 4. Verba τίθεμαι et ἵεμαι in Optativo interdum sequuntur formas verborum in ομαι; sic Præs. τιθοίμην pro τιθείμην, Aor. 2. προοίμην pro προείμην a προίεμαι. Contrà reperitur etiam quartæ Conjugationis Optativus in ύμην (pro νιμην) ex formâ verborum in μι; ut ἐπιδεικνύμην, πηγνύμην.

Obs. 5. In Aoristo Secundo Optativi a τίθημι *Iones* resolutâ formâ utuntur, tanquam a θέω; ut προϲθέοιτο.

Obs. 6. Participium τιθήμενος pro τιθέμενος occurrit apud *Epicos Poëtas. Conf.* § 72. *Obs.* 14. Verba δίζημαι, et ἄημαι per omnes formas longam penultimæ vocalem retinent. *Conf.* § 72. *Obs.* 12.

† Leguntur tantùm in Compositis.

§ 74. *Modi et Tempora in Voce Activâ.*

	Iudicat.	Imper.	Subjunct.	Optat.	Infin.	Particip.
Praes.	ἵστημι	ἵστη	ἱστῶ	ἱσταίην	ἱστάναι	ἱστάς
Imperf.	ἵστην					
Aor. 2.	ἔστην	στῆθι	στῶ	σταίην	στῆναι	στάς
Praes.	τίθημι	τίθει	τιθῶ	τιθείην	τιθέναι	τιθείς
Imperf.	ἐτίθην					
Aor. 2.	ἔθην	θές	θῶ	θείην	θεῖναι	θείς
Praes.	δίδωμι	δίδου	διδῶ	διδοίην	διδόναι	διδούς
Imperf.	ἐδίδουν					
Aor. 2.	ἔδων	δός	δῶ	δοίην	δοῦναι	δούς
Praes.	δείκνυμι	δείκνυ			δεικνύναι	δεικνύς
Imperf.	ἐδείκνυν					

Reliqua Tempora a Radicibus in ω.

Fut.	Aor. 1.	Perf.	P. Perf.
στήσω	ἔστησα	ἕστηκα	εἱστήκειν
θήσω	ἔθηκα†	τέθεικα*	ἐτεθείκειν
δώσω	ἔδωκα†	δέδωκα	ἐδεδώκειν
δείξω	ἔδειξα	δέδειχα	ἐδεδείχειν.

Obs. 1. Aorista Prima ἔθωκα, et ἧκα (et plerumque ἔθηκα) extra Modum Indicativum non leguntur.

Obs. 2. Perfectum ἕστηκα Spiritum asperum, κ.τ.λ., quasi Reduplicationis loco, assumit.

† De concisis formis ἕστατον κ.τ.λ., vide § 81. (b.)   ‡ Vide § 79. 1.   * Vide § 79. 2.

§ 75. Modi et Tempora in Voce Mediâ et Passivâ.

	Indicat.	Imper.	Subjunct.	Optat.	Infin.	Particip.
Præs. Imperf. Aor. 2.	ἵσταμαι ἱστάμην *ἐστάμην	ἵστασο [et ἵστω *στῶ]	ἱστῶμαι *στῶμαι	ἱσταίμην *σταίμην	ἵστασθαι *στάσθαι	ἱστάμενος *στάμενος
Præs. Imperf. Aor. 2.	τίθεμαι ἐτιθέμην ἐθέμην	τίθεσο [et τίθου θοῦ	τιθῶμαι θῶμαι	τιθείμην θείμην	τίθεσθαι θέσθαι	τιθέμενος θέμενος
Præs. Imperf. Aor. 2.	δίδομαι ἐδιδόμην ἐδόμην	δίδοσο [et δίδου δοῦ	διδῶμαι δῶμαι	διδοίμην δοίμην	δίδοσθαι δόσθαι	διδόμενος δόμενος
Præs. Imperf.	δείκνυμαι ἐδεικνύμην	δείκνυσο			δείκνυσθαι	δεικνύμενος

Reliqua Tempora a Radicibus in ω.

In Voce Mediâ.		Perf. P.P.	In Voce Passivâ.	
Fut. στήσομαι Aor. ἐστησάμην		Perf. ἕσταμαι†	Aor.1. ἐστάθην	Fut. στᾰθήσομαι
θήσομαι	*ἐθηκάμην	τέθειμαι	ἐτέθην‡	τεθήσομαι
δώσομαι	*ἐδωκάμην	δέδομαι†	ἐδόθην	δοθήσομαι
δείξομαι	ἐδειξάμην	δέδειγμαι	ἐδείχθην	δειχθήσομαι

* Leguntur tantùm in Compositis,   † Vide § 79. 2.   ‡ Vide § 79. 3.

TEMPORUM FORMATIO.

§ 76. Præsens Med. et Pass.

Præsens Medium et Passivum formatur a Præsente Activo, mutando μι in μαι, et resumendo vocalem *Radicis* brevem in penultimâ, ut ἵστημι, ἵσταμαι.

Obs. Excipiuntur hæc tria, quæ vocalem longam retinent in penultimâ; ἄημαι *spiro*, δίζημαι *quæro*, κίχημαι *consequor*.

§ 77. Præt.-Imperfectum Act. Med. et Pass.

Imperfectum Activum formatur a Præsente, mutando μι in ν, et præponendo Augmentum; ut τίθημι, ἐτίθην.

Imperfectum Medium et Passivum formatur a Præsente suo, mutando μαι in μην, et præponendo Augmentum; ut τίθεμαι, ἐτιθέμην.

§ 78. Præt.-Aoristum 2. Act. Med. et Pass.

Aoristum Secundum Activum formatur a Præsente, mutando μι in ν, præponendo Augmentum, et abjiciendo Reduplicationem; ut τίθημι, ἔθην.

Aoristum Secundum Medium et Passivum formatur a Præsente suo, mutando μαι in μην, præponendo Augmentum et abjiciendo Reduplicationem; ut τίθεμαι, ἐθέμην.

§ 79. *Verborum in* μι *Tempora Anomala.*

1. Tria verba, τίθημι, ἵημι, δίδωμι, σ, Futuri Characteristicam, in Aoristo Primo mutant in κ; ut θήσω, ἔθηκα; ἥσω, ἧκα, *Ion.* ἕηκα; δώσω, ἔδωκα.

2. Duo verba, τίθημι et ἵημι, ne cum Aoristo Primo Perfectum confundatur, vocalem η Futuri penultimam in Perfecto mutant in ει; ut θήσω, τέθεικα, τέθειμαι; ἥσω, εἷκα, εἷμαι.

Obs. 1. Perf. εἷκα *Doricè* fit ἕωκα; unde in *Nov. Test.* ἀφέωνται pro ἀφεῖνται.

Obs. 2. Etiam in Aoristo Secundo verbum ἵημι, vel potiùs ejus composita, diphthongum ει quasi Augmentum adhibent (*vide* § 72. *Obs.* 6.), præsertim in Voce Mediâ; ut ἀφείμην, -εῖσο, -εῖτο, κ.τ.λ.

3. A Perfectis Activis ἕστηκα, δέδωκα anomalè formata sunt Perfecta Passiva ἕσταμαι, δέδομαι; et inde Aorista Prima ἐστάθην, ἐδόθην, sicut ἐτέθην et ἔθην ab ἵημι, penultimâ correptâ. *Conf.* § 61. *Obs.* 4. § 64. *Obs.* 2.

Obs. Quædam sunt Verba Deponentia quæ pertinent ad Conjugationes verborum in μι;

ἄγαμαι *admiror*	ἔραμαι Poët. *amo*	μάρναμαι Poët. *pugno*
δύναμαι *possum*	ἵπταμαι *volo*	πίλναμαι *propinquo*
ἐπίσταμαι *scio*	κρέμαμαι *suspendor*	* πρίαμαι *emo*;

quæ omnia ad primam Conjugationem, ὄνομαι *vitupero*, ad tertiam, αἴνυμαι, *capio*, ἄρνυμαι *acquiro*, ἄχνυμαι *doleo*, καίνυμαι *excello*, κίνυμαι *incedo*, λάζυμαι *capio*, ad quartam pertinent.

§ 80. *Verba in μι anomalè Declinata.*

(a.) Verbum Substantivum εἰμὶ *sum*. (Lat. Gr. § 55,56.)

Indicativus.

Præsens.

Sing.			*Dual.*		*Plur.*		
εἰμὶ,	εἶ,	ἐστὶ	ἐστὸν,	ἐστὸν	ἐσμὲν, ἐστὲ, εἰσὶ		
	εἶς I.				εἰμὲν	ἔασι I.D.	
ἐμμὶ D. ἐσσὶ D. I. ἐντὶ D.					εἰμὲς D.	ἔντι	D.
					ἐμὲν P.	ἔοντι	

Futurum.

Sing.		*Dual.*	*Plur.*	
ἔσομαι, ἔσῃ vel -ει, ἔσται		-όμεθον, εσθον,	-όμεθα, εσθε,	
ἐσοῦμαι D. ἔσεαι,	ἔσεται I.	εσθον	ονται.	

Præteritum-Imperfectum.

Sing.			*Dual.*		*Plur.*		
ἦν,	ἦσθα,	ἦν	ἤτην, ἤτην		ἦμεν,	ἦτε,	ἦσαν
et ἦ,		et ἦ	ἤστην, ἤστην			ἦστε	
ἔα,	ἔας,	ἔην I.				ἦατε,	ἔσαν I.
	ἦς rec. A. ἦς D.						ἔσσαν P.
ἦα,	ἔησθα,	ἦεν E.					
ἔον E.		ἤην E.			ἦμες		
ἔσκον,		ἔσκε E. I.			εἶμεν	D.	
ἤμην A.					εἶμες		εἴατο E.

Pro Perfecto et Aoristo usurpantur Perf. γέγονα,
Aor. 2. ἐγενόμην Verbi γίνομαι.

IMPERATIVUS.

Sing.	*Dual.*	*Plur.*
ἴσθι, ἔστω	ἔστον, ἔστων	ἔστε, ἔστωσαν vel ἔστων
ἔσο E. ἤτω Δ.		ἐόντων I.

SUBJUNCTIVUS.

	Sing.		*Dual.*		*Plur.*	
ὦ,	ᾖς,	ᾖ,	ᾖτον,	ᾖτον	ὦμεν, ἦτε,	ὦσι
ἔω,	ἔῃς,	ἔῃ	ἔητον, κ.τ.λ., I.			
		εἴῃ E.				

OPTATIVUS.

Præsens.

Sing.	*Dual.*	*Plur.*
εἴην, εἴης, εἴη	εἰήτην, εἰήτην	εἴημεν, εἴητε, εἶεν
ἔοιμι, ἔοις, ἔοι I.	εἴτην A.	rar. εἶμεν, εἶτε, εἴησαν

Futurum.

Sing.	*Dual.*	*Plur.*
ἐσοίμην, οιο, οιτο	-μεθον, σθην, σθην	-μεθα, σθε, ντο.

INFINITIVUS.

Præsens.	**Futurum.**
εἶναι	ἔσεσθαι.
ἔμεναι, ἔμεν I.	
ἔμμεναι, ἔμμεν P.	
εἶμεν, ἦμεν, ἤμεναι D. P.	

PARTICIPIUM.

Præsens.			**Futurum.**		
ὤν,	οὖσα,	ὄν	ἐσόμενος,	η,	ον.
ἐών,	ἐοῦσα,	ἐὸν I.			
	ἐοῖσα				
	εῦσα } D.				
	ἔασσα				

(*b.*) VERBUM εἶμι *ibo.* (Lat. Gr. § 73.)

INDICATIVUS.

Significationi Præsentis inservit Verbum ἔρχομαι.

Præsens *cum significatione Futuri. Conf.* § 82.

Sing.			*Dual.*		*Plur.*		
εἶμι,	εἶ,	εἶσι	ἴτον,	ἴτον	ἴμεν,	ἴτε,	ἴᾱσι.
	εἶς I.						

Præteritum-Imperfectum.

Sing.			*Dual.*		*Plur.*		
ᾔειν,	ᾔεις,	ᾔει	ᾐείτην, ᾐείτην		ᾔειμεν, ᾔειτε, ᾔεσαν		
ᾔια, et ᾖα,			ᾔτην,	ᾔτην	ᾖμεν,	ᾖτε	
ἴον,	ἴες,	ἴε	ἴτην,	ἴτην E.		ἴσαν P.	
ᾔιον,	ᾔιες,	ᾔιε I.			ᾔομεν,	ᾔισαν ⎱ E.	
	ᾖε E.					ᾖσαν ⎰	

IMPERATIVUS.

Sing.		*Dual.*		*Plur.*	
ἴθι	ἴτω	ἴτον,	ἴτων	ἴτε,	ἴτωσαν
εἶ in comp.					vel ἰόντων
					ἴτων A.

SUBJUNCTIVUS. ἴω,   ἴῃς,   ἴῃ, κ.τ.λ.

OPTATIVUS.   ἴοιμι,   ἴοις,   ἴοι, κ.τ.λ.
             ἰοίην A.

INFINITIVUS.   ἰέναι
               ἴμεναι, ἴμεν E.

PARTICIPIUM.   ἰών,   ἰοῦσα,   ἰόν.

Obs. Mediæ Vocis Fut. εἴσομαι et Aor. εἰσάμην leguntur apud *Homerum.*

Conspectus Modorum ac Temporum.

Ind.	Imp.	Subj.	Opt.	Inf.	Part.
εἰμὶ *sum* ᾖν ἔσομαι	ἴσθι	ὦ	εἴην ἐσοίμην	εἶναι ἔσεσθαι	ὤν ἐσόμενος
εἶμι *ibo* ᾔειν	ἴθι	ἴω	ἴοιμι	ἰέναι	ἰών

§ 81. Verba in ω quæ in quibusdam Temporibus Verborum in μ Formationem sequuntur.

(a.) Quaedam sunt Verba, plerumque Poëtica, ancipitis formulae, quae etsi Praesens, vel Radicem habent in ω, in Aoristo secundo sequuntur formationem Verborum in μ; sic ex more

Verbum	Aor. 2.	Imper.	Subj.	Opt.	Infin.	Partic.
Formationis Primae.						
*βάω, βαίνω eo	Act. ἔβην	βῆθι	βῶ	βαίην	βῆναι	βάς
*βλάω, βάλλω jacio	Act. ἔβλην				βλῆναι	
	Med. ἐβλήμην		βλῶμαι	βλείμην	βλῆσθαι	βλήμενος
γηράω, γηράσκω senesco	Act. ἐγήρᾱν			γηραίην	γηρᾶναι	γηράς
*δράω, διδράσκω aufugio	Act. ἔδρᾱν	δρᾶθι	δρῶ	δραίην	δρᾶναι	δράς
κτάω, κτείνω occido	Act. ἔκτᾱν		κτῶ	κταίην	κτάναι	κτάς
	Med. ἐκτάμην				κτάσθαι	κτάμενος
οὐτάω vulnero	Act. οὖτα				οὐτάσθαι	
	Med.				οὐτάμεναι	οὐτάμενος
πλάω, πελάζω propinquo	Med. ἐπλήμην					
*πτάω, πέταμαι volo	Act. ἔπτην				πτῆναι	πτάς
	Med. ἐπτάμην				πτάσθαι	πτάμενος
*σκλάω, σκέλλω sicco	Act. ἔσκλην			σκλαίην	σκλῆναι	
*τλάω perfero	Act. ἔτλην	τλῆθι		τλαίην	τλῆναι	τλάς
φθάω, φθάνω praevenio	Act. ἔφθην		φθῶ	φθαίην	φθῆναι	φθάς
	Med.					φθάμενος
Secundae.						
*πλέω, πίμπλημι impleo	Med. ἐπλήμην	πλῆσο		πλείμην et πλήμην		πλήμενος
*σβέω, σβέννυμι extinguo	Act. ἔσβην	σβῆθι	σβῶ	σβείην	σβῆναι	σβείς
*σχω, ἔχω habeo	Act. [ἔσχον]	σχές	σχῶ	σχοίην	[σχεῖν].	σχῶν]
Tertiae.						
*ἑλόω, ἁλίσκομαι capior	Act. ἦλων § 53. (b. Obs. 6.)		ἁλῶ	ἁλοίην	ἁλῶναι	ἁλούς
βιόω vivo	Act. ἐβίων		βιῶ	βιῴην	βιῶναι	βιούς
*γνόω, γιγνώσκω novi	Act. ἔγνων	γνῶθι	γνῶ	γνοίην	γνῶναι	γνούς
	Med.			γνοίμην		
πλόω, Ion., πλέω navigo	Act. ἔπλων	πλῶθι				πλώς.

Quartæ.

	Aor. 2. Act.	Imper.	[pres.]		Inf.	Part.
δύω *subeo*	ἔδυν	δίθι	[δύω]	δίνην	δῦναι	δὺς
κλίνω *audio*	[ἔκλυον]	κλῦθι				
λύω *solvo*	Med. ἐλύμην					
σεύω *agito*	Med. ἐσσύμην					
φύω *gigno*	ἔφυν		[φύω]	φίνην	φῦναι	φὺς
χέω *fundo*	Med. ἐχύμην					χύμενος

Anomula sunt

		Imper.			Inf.	Part.
πίνω *bibo*		πίθι				
φθίω φθίνω *corrumpo*	Med. ἐφθίμην		φθίομαι	φθίμην	φθίσθαι	φθίμενος.

(*b.*) Quædam Perfecta et Pluperfecta Media, sive Secunda, formata a radicibus in ω, et linguæ Poëticæ ferè propria, penultimæ vocali per Syncopen omissâ, præsertim in Duali ac Plurali et in modo Infinitivo, juxta rationem Præsentis et Imperfecti Verborum in μι aptissimè formantur; sic

	Perf. M.	Pl./Du.	Imper.		Opt.	Inf.	Part.
*βάω, βαίνω *eo*	*βέβαα	Pl. βέβαμεν		βέβω		βεβάναι	βεβαὼς et βεβὼς
*γάω, γίγνομαι *nascor*	*γέγαα	Pl. γέγαμεν				γεγάμεν	γεγαὼς et γεγὼς
*δίω, δείδω *timeo*	δέδια	Du. δέδιτον	δέδιθι			δεδιέναι	δεδιὼς
*θνάω, θνήσκω	*τέθναα	Pl. τέθναμεν	τέθναθι		τεθναίην	τεθνάναι	τεθνεὼς -ηὼς et -εὼς
*μάω *moveo*	*μέμαα	Pl. μέμαμεν	μέμαθι				μεμαὼς
*στάω, ἵστημι *statuo*	*ἕσταα	Du. ἕστατον	ἕσταθι	ἕστω	ἑσταίην	ἑστάναι	ἑσταὼς -εὼς et -ὼς
*τλάω *fero*	*τέτλαα	Du. τέτλατον	τέτλαθι		τετλαίην	τετλάναι	τετληὼς.

Conf. Anomala Imperativa ἄνωχθι ab ἄνωγα (§ 94 *d.*) κέκραχθι a κέκραγα, πέφευγα, Pf. Med. verbi κράζω *clamo*, πέπεισθι a πείθω *persuadeo.*

Perfectorum hujusmodi 3 pers. Plur. Syncopen non patitur, ut δεδίασι; sed, a radicibus in ἀω, ἀσι contrahitur in ᾶσι, ut ἑστᾶσι, -άσι; quod *Iones* resolvunt, insertâ e ante ā circumflexum, ut ἑστέασι.

Participia quædam, quæ ad hanc formationem pertinent, modo ἀῶς *Poëticè* productum in ηὼς exhibent, ut τεθνηὼς, τετληὼς, κεκμηὸς a *κμάω, κάμνω *laboro*, quæ faciunt Genitivum in ὅτος et ῶτος; modò in ως contractum, ut βεβὼς, γεγὼς, ἑστὼς, βεβρὼς a *βρόω, βιβρώσκω *edo*, πεπτὼς a *πτάω, πίπτω *cado*; modò hoc in εὼς *Ionicè* resolutum, ut τεθνεὼς (et, metri gratiâ, τεθνειὼς), ἑστεὼς, πεπτεὼς: quæ formæ, in ως et εως, formant Femininum in ῶσα et Neutrum in ὼς, aliquando ὸς, Gen. -ῶτος -ώσης -ῶτος, πεπτηὸς κ.τ.λ. Ceterum cum his Participiis confer Participia Perfecti *Epica* κεκορηὸς, a *κορέω *satio*: κεκοτηὸς a κοτέω *irascor*; πεπτηὼς a *πτάω, πτήσσω *expavesco*; τετιμηὸς a *τιμάω vel *τιμέω, τέμνω *seco.*

§ 82. VERBA DEFECTIVA ALIUNDE SUPPLETA.

Paucissima Verba inveniuntur, quæ Conjugationem suam omnibus Temporibus absolutam habent. Ex quo fit ut nonnulla, ab alio Themate cognatæ significationis Tempora, quibus ipsa carent, mutuentur.

αἱρέω *capio,* F. αἱρήσω, P. ᾕρηκα, P.P. ᾕρημαι, A. 1. P. ᾑρέθην. *Vide* § 64. *Obs.* 2. *ἕλω, A. 2. εἷλον, Fut. ἑλοῦμαι. Vocem Passivam suppeditat in Præs.

ἁλίσκομαι, in Futuro et Præteritis *ἁλόω, F. ἁλώσομαι, κ.τ.λ. *Vide* § 53. (*b*) *Obs.* 7.

Perf. *Ion.* ἀραίρηκα, ἀραίρημαι, A. 2. M. *Ep.* 3. pers. γέντο pro ἕλετο.

ἔρχομαι *venio, eo,* Imperf. *Poët.* ἠρχόμην, *ἐλεύθω, F. ἐλεύσομαι, P. ἐλήλυθα, *ἐλύθω, A. 2. ἤλυθον, et per Syncopen ἦλθον. Necnon pro Futuro usurpatur verbum εἶμι *ibo,* et pro Imperf. ᾔειν vel ᾖα, cum signif. Aoristi.

Perf. *Ep.* εἰλήλουθα, 1 pers. Plur. εἰλήλουθμεν, per Sync. pro εἰλη-λούθαμεν, Part. εἰληλουθὼς et ἐληλουθὼς A. 2. *Dor.* ἤνθον. Ad-verbium *Poëticum* δεῦρο vicem gerit Imperativi 2 pers. Singularis, δεῦτε Pluralis.

ἐσθίω, *Ep.* ἔδω, *edo,* F. ἔδομαι, *vide* § 55. *Obs.* 3. P. ἐδήδοκα, P. P. ἐδήδεσμαι, *vide* § 59. *Obs.* 3 ; A. 1. P. ἠδέσθην. *φάγω, A. 2. ἔφαγον. F. φάγομαι. *Vide* § 55. *Obs.* 3.

Inf. *Ep.* ἔδμεναι Perf. *Ep.* Part. ἐδηδὼς, P.P. ἐδήδομαι.

ἔχω *habeo,* Conf. § 85. F. ἕξω, *σχω, A. 2. ἔσχον unde F. σχήσω, *vide not.* p. 106. P. ἔσχηκα, P.P. ἔσχημαι. A. 1. P. ἐσχέθην. Verb. Adj. ἐκτὸς et σχετὸς.

ὁράω *video,* Imp. ἑώρων, P. ἑώρᾱκα, *vide* § 53. (*b.*) *Obs.* 8. P. P. ἑώρᾱμαι, et ab *ὄπω, P.P. ὦμμαι, F. ὄψομαι, A. 1. P. ὤφθην, F. ὀφθήσομαι. *εἴδω, ἴδω, *video,* A. 2. εἶδον.

Præs. *Ion.* ὁρέω, Perf. M. *Ion.* et *Poët.* ὄπωπα. A. 2. *Ep.* ἴδον.

Huc etiam referendum Perf. οἶδα *scio,* Imperat. ἴσθι, Subj. εἰδῶ, Opt. εἰδείην, Inf. εἰδέναι, Part. εἰδὼς. *Vide* § 43. *Obs.* 5.

Infin. *Ep.* ἴδμεναι, ἴδμεν ; et ἴδμεν *Ion.* 1. pers. plur.

τρέχω *curro,* F. θρέξομαι, A. 1. ἔθρεξα, ambo rarissima. *δρέμω, A. 2. ἔδραμον, F. δραμοῦμαι, P. δεδράμηκα. Perf. M. *Ep.* δέδρομα.

φέρω *fero,* *οἴω, F. οἴσω, Imperat. *Ep.* οἶσε. *ἔγκω, *ἐνέκω, *ἐνέγκω, A. 1. ἤνεγκα, *Conf.* § 57. *Obs.* 2. A. 2. ἤνεγκον. P. ἐνήνοχα, *vide* § 59. *Obs.* 3. P. P. ἐνήνεγμαι, A. 1. P. ἠνέχθην, F. ἐνεχθήσομαι et οἰσθήσομαι. Verb. Adj. οἰστὸς -έος, *Poët.* φερτὸς.

φημὶ *dico,* A. 2. ἔφην. φάσκω, Imp. ἔφασκον. ‡ἔπω, A. 2. εἶπον, A. 1. εἶπα. εἴρω *Ep. dico,* F. *Ion.* ἐρέω, *Att.* ἐρῶ. *ἔρω, per Metathesin *ῥέω, P. εἴρηκα, *vide* § 59. *Obs.* 2. P. P. εἴρημαι, A. 1. P. ἐρρήθην, *vide* § 64. *Obs.* 2. F. ῥηθήσομαι, P. p. F. εἰρήσομαι. Verb. Adj. ῥητὸς et -έος.

ὠνέομαι *emo,* F. ὠνήσομαι. *πρίαμαι, A. 2. ἐπριάμην.

·§ 83. SYNCOPE VERBORUM.

Verba, quæ vulgò Syncopen admittunt, hæc sunt:

ἐγείρω *excito,* A. 2. M. ἠγρόμην pro ἠγερόμην.
ἔρχομαι *venio,* A. 2. ἦλθον pro ἤλυθον, *vide* § 82.
πετάννυμι *extendo,* P. P. πέπταται pro πεπέταται.
πέταμαι πέτομαι, *volo,* F. πτήσομαι pro πετήσομαι, A. 2. ἐπτάμην pro ἐπετάμην et ἐπτόμην pro ἐπετόμην.
πίπτω, pro *πιπέτω *cado,* *vide* § 47. (*a.*)

ἀγρόμενος pro ἀγερόμενος A. 2. M. *Part. Ep.*, ab ἀγείρω *colligo.*
ἀνέπαλτο pro ἀνεπάλετο A. 2. M. ab   ἀναπάλλω *sursum vibro.*
ἐκεκλόμην pro ἐκεκελόμην A. 2. cum Redupl., *Hom.* a κέλομαι *jubeo.*
ἐλέγμην   pro ἐλεγόμην A. 2. M. (decliu. quasi Plusq. Perf., 3. per. Sing.
   ἔλεκτο, Imperat. λέξο, vel λέξεο) a   λέγομαι *cubo.*
ἔϊκτον   pro ἐοίκατον 2 pers. Dual. Perf. M. ab *εἴκω, ἔοικα *videor.*
ἔοιγμεν   pro ἐοίκαμεν 1 pers. Plur. Perf. M. ab εἴκω *videor.*
ἐπέπιθμεν   pro ἐπεπίθειμεν 1 pers. Plur. Pluperf. ab ἐπιπείθομαι *obedio.*
ἔπεφνον   pro ἐπέφενον A. 2. cum Redupl. *Ep.,* a *φένω *occido.*
ἐρύμην   pro ἐρυόμην Imperf. ab   ἔρυομαι *custodio,* Inf. ἐρῦσθαι.
κέκραγμεν pro κεκράγαμεν 1 pers. Plur. Perf. M. a κράζω *clamo.*

§ 84. METATHESIS VERBORUM.

Verba, quæ vulgò Metathesin admittunt, hæc sunt:

βάλλω (*βάλω, per Metath. βλάω) *jacio*, P. βέβληκα, P. P. βέβλημαι, A. 1. P. ἐβλήθην.

δαμάζω, *Ep.* δαμάω (*δάμω, per Metath. δμάω) *domo*, P. δέδμηκα, P. P. δέδμημαι, A. 1. P. ἐδμήθην.

δέμω *Ion.* et *Poët.* (per Metath. δμέω) *ædifico*, P. δέδμηκα, P. P. δέδμημαι. *Conf. Verb. præced.*

θνήσκω (*θάνω, per Metath. θνάω) *morior*, P. τέθνηκα.

καλέω (*κάλω, per Metath. κλάω) *voco*, P. κέκληκα, P. P. κέκλημαι, A. 1. P. ἐκλήθην.

κάμνω (*κάμω, per Metath. κμάω) *laboro*, P. κέκμηκα.

κεράννυμι, *Poët.* *κεράω, (*κέρω, per Metath. κράω) *misceo*. P. P. κέκρᾱμαι, A. 1. P. ἐκράθην.

πιπράσκω (περάω, *πέρω, per Metath. πράω) *vendo*, P. πέπρᾱκα, P. P. πέπρᾱμαι, A. 1. P. ἐπράθην.

πίπτω (πιπέτω *conf.* § 47. (*a.*) *πέτω, per Metath. πτέω, πτόω) *cado*, P. πέπτωκα. Part. *Ep.* πεπτεὼς, *Att.* πεπτὼς. *Vid.* § 81. (*b.*)

σκέλλω vel σκελέω (*σκάλω, per Metath. σκλάω vel σκλέω) *sicco*, F. σκλήσομαι, P. ἔσκληκα, A. 2. ἔσκλην. *Vid. p.* 100. § 81. (*a.*)

στορέννυμι, στρώννυμι (*στόρω, per Metath. στρόω) *sterno*, F. στρώσω, A. 1. ἔστρωσα. P. P. ἔστρωμαι, A. 1. ἐστρώθην.

τέμνω (*τέμω et *τάμω, per Metath. τμάω) *scindo*, P. τέτμηκα, P. P. τέτμημαι, A. 1. P. ἐτμήθην.

δαρθάνω *dormio*, A. 2. *Poët.* ἔδραθον pro ἔδαρθον.

δέρκομαι *video*, A. 2. *Poët.* ἔδρακον pro ἔδαρκον.

πέρθω *vasto*, A. 2. *Poët.* ἔπραθον pro ἔπαρθον.

πελάζω, *Ep.* πελάω *propinquo* per Syncopen πλάω, A. 1. *Poët.* ἐπλάθην, P. P. *Ep.* πέπλημαι, A. 2. M. ἐπλήμην, vide § 81. (*a.*) : Nisi hoc melius per Syncopen expediri possit, πελάω, πλάω.

*πορέω *impertior* (*πόρω, per Metath. πρόω), P. P. πέπρωμαι.

ῥέζω *facio*, F. -ξω, per Metath. ab ἔργω, ἔρδω, F. -ξω, P. P. ἔοργα.

*ταλάω *fero* (*τάλω, per Metath. τλάω), F. τλήσομαι, P. τέτληκα, A. 2. ἔτλην.

VERBA ANOMALA.

Verba sunt anomala vel formatione, vel significatione.

ANOMALA FORMATIONE.

Verborum Formatione Anomalorum septem sunt classes.

§ 85. PRIMA CLASSIS.

Verba Impura formata quasi Pura in ἐω vel ἀω, ut ἐθέλω (-έω) *volo*, F. ἐθελήσω. Sic

ἀλέξω (-έω) *arceo.*

αὔξω (-έω) αὐξάνω *augeo.*

ἄχθομαι (-έομαι) *oneror.*

βάλλω (-έω) *jacio.*

βόσκω (-έω) *pasco.*

βούλομαι (-έομαι) *volo.*

γίγνομαι *sum* vel *fio.*

διδάσκω *doceo.*

εἴλω, εἴλλω vel εἴλλω, ἴλλω, εἰλέω vel εἰλέω *volvo.*

ἕλκω *traho.*

ἔρομαι (-έομαι) *interrogo.*

ἔρρω (-έω) *abeo.*

εὕδω (-έω) *dormio.*

ἔχω (*σχω, -έω) *habeo.*

ἔψω (-έω) *coquo.*

ἵζω, καθίζω (-έω) *sedeo*, vel *sedere facio.*

κέλομαι *Poët.* (-έομαι) *jubeo.*

κερδαίνω *lucror.*

κήδω *turbo.*

λαμβάνω *capio.*

μάχομαι (-έομαι) *pugno.*

μέλλω (-έω) *futurus sum.*

μέλω, unde Impers. μέλει, (-έω) *curae sum.*

μένω *maneo.*

μύζω (-έω) *sugo.*

νέμω *distribuo.*

ὄζω (-έω) *oleo.*

οἴχομαι (-έομαι) *abeo.*

ὄλλυμι, *ὄλω (-έω) *perdo.*

ὀφείλω (-έω) *debeo.*

πέτομαι (-έομαι) *volo.*

τύπτω *verbero.*

χαίρω (-έω) *gaudeo.*

§ 86.
Etiam Pura quaedam dissyllaba simili modo formantur : ut δέω (-έω) *egeo*, F. δεήσω. Sic

δάω *Ep.* (-έω) *doceo.*

κλαίω, κλάω, (κλαέω) *fleo.*

λόω, λοέω *Poët.* (unde contr. λούω) *lavo.*

οἴομαι (-έομαι) *puto.*

παίω *percutio.*

ῥέω (*ῥεέω, ῥυέω) *fluo.*

§ 87. Secunda Classis.

Verba quæ literas ισκ post consonantem ante finalem ω in themate inserunt, σκ post vocalem, quæ, si sit α, aliquando in η, si ο, nonnunquam in ι, sæpius in ω mutatur; ut εὑρίσκω (*εὕρω) *invenio,* F. εὑρήσω; ἀρέσκω (*ἀρέω) *placeo,* F. ἀρέσω. Sic

ἀλύσκω Poët. (*ἀλεύομαι) *vito.*

ἀλίσκομαι (*ἀλόω) *capior.*

ἀμβλίσκω, ἀμβλόω *abortior.*

ἀμπλακίσκω Poët. (*ἀμπλάκω) *erro.*

ἀπαφίσκω (*ἄφω) Ep. *decipio.*

ἀραρίσκω Poët. (*ἄρω) *apto.*

βιβρώσκω (*βρόω) *edo.*

βλώσκω Poët. (*βλόω) *venio.*

γεγωνίσκω Poët. *clamo.*

γηράσκω, γηράω *senesco.*

γιγνώσκω (*γνόω) *novi.*

διδάσκω (*δάω) *doceo.*

διδράσκω (*δράω) *aufugio.*

ἐπαυρίσκομαι (*ἐπαύρω) *fructum percipio.*

ἡβάσκω *pubesco* (ἡβάω *pubeo*).

θνήσκω (*θάνω, θνάω) *morior.*

θρώσκω (*θόρω, θρόω) *salio.*

ἱλάσκομαι, ἵλαμαι, -έομαι, -άομαι, *propitium reddo.*

ἴσκω vel ἐΐσκω *assimilo* (εἴκω *similis sum*).

λάσκω (*λάκω) *sono.*

μεθύσκω, *ebrium reddo* (μεθύω *ebrius sum*).

μιμνήσκω (*μνάω) *in memoriam revoco.*

πάσχω (*πάθω, πήθω) *patior.*

πιπίσκω (*πίω) *potum do.*

πιπράσκω (*περάω, πράω) *vendo.*

τιτρώσκω (*τορέω, τρόω) *vulnero.*

τιτύσκω *paro* (τεύχω *fabricor*).

§ 88. Tertia Classis.

Verba quæ literam ν ante finalem ω in themate inserunt; ut τέμνω (*τέμω) *scindo,* F. τεμῶ. Sic

βαίνω (*βάω) *eo.*

δάκνω (*δάκω, δήκω) *mordeo.*

δύνω (δύω) *subeo.*

ἐλαύνω (ἐλάω) *agito.*

κάμνω (*κάμω, κμάω) *laboro.*

πίνω (*πίω) *bibo.*

τίνω (*τίω) *solvo.*

φθάνω (*φθάω) *prævenio.*

φθίνω, φθίω, Ep. *pereo, perdo.*

§ 89. Quarta Classis.

Verba quæ literas αν vel αιν ante finalem ω in themate inserunt; ut ἁμαρτάνω (*ἁμάρτω) *erro*, A. 2. ἥμαρτον, ὀσφραίνομαι (*ὄσφρομαι) *odoror*, A. 2. ὠσφρόμην. Sic

αἰσθάνομαι (*αἴσθομαι) *sentio*.
ἁλιταίνω *Poët.*(*ἁλίτω)*pecco*.
ἀλφάνω et -αίνω *Poët.* (*ἄλφω) *consequor*.
ἀπεχθάνομαι, *Poët.* ἔχθομαι, *invisus sum*.
αὐξάνω, αὔξω, *augeo*.
βλαστάνω (*βλάστω) *germino*.

δαρθάνω (*δάρθω) *dormio*.
ἐριδαίνω (*ἐρίδω) *rixor*.
κιχάνω (*κίχω, -ημι) *consequor*.
οἰδαίνω, -άνω, οἰδέω *tumeo*.
ὀλισθαίνω, -άνω (*ὀλίσθω) *elabor*.
ὀφλισκάνω (*ὄφλω) *debeo*.

§ 90. Quinta Classis.

Verba quæ præter literas αν ante finalem ω, literam ν vel γ, vel μ post primam thematis syllabam inserunt; ut λανθάνω (λάθω) *lateo*, A. 2. ἔλαθον. Sic

ἀνδάνω (ἄδω) *placeo*.
ἐρυγγάνω, ἐρεύγομαι, *eructo*.
θιγγάνω (*θίγω) *tango*.
λαγχάνω (*λάχω, λήχω) *sortior*.
λαμβάνω (*λάβω, λήβω) *capio*.

μανθάνω (*μάθω, μήθω) *disco*.
πυνθάνομαι, *Poët.* πεύθομαι, *sciscitor*.
τυγχάνω (τεύχω) *sum* vel *consequor*.
χανδάνω (*χάδω, χήδω, χάνδω) *contineo*.

§ 91. Sexta Classis.

Verba quæ syllabam νε ante finalem ω in themate inserunt; ut κυνέω (κύω) *osculor*, F. κύσω. Sic

ἀμπισχνέομαι (*ἴσχομαι, ἔχο- | ἱκνέομαι, *Ep.* ἴκω, *venio.*
μαι) *circuminduor.* | ὑπισχνέομαι, *vide* ἀμπισχνέ-
βυνέω (βύω) *obturo.* | ομαι.

§ 92. Septima Classis.

Verba pura partim formata quasi impura, ejiciendo literam a vel ε ante finalem ω; ut δοκέω (*δόκω) *videor*, F. δόξω. Sic

ἀπαυράω (*ἀπαύρομαι) *au-* | κυρέω *Ion.* et *Poët.* (*κύρω)
fero. | *sum* vel *consequor.*
ἀχέω (*ἄχω) *doleo.* | μηκάομαι (*μήκομαι) *balo.*
βρυχάομαι (βρύχομαι) *fren-* | μυκάομαι (μύκομαι) *mugio.*
deo. | ξυρέω (ξύρομαι) *rado.*
γαμέω (*γάμω) *duco uxorem.* | πατέομαι (*πάτομαι) *vescor.*
γηθέω (*γήθω) *gaudeo.* | ῥιγέω *Poët.* (*ῥίγω) *horreo.*
δαμάω *Ep.* (δάμω) *domo.* | στυγέω (*στύγω) *odi.*
δουπέω *Poët.* (*δούπω) *sono.* | χραισμέω *defendo.*
καλέω (*κάλω) *voco.* | ὠθέω (*ὤθω) *pello.*
κτυπέω (*κτύπω) *strepo.*

Obs. 1. Huc accedant nonnulla verba pura apud *Poëtas* reperta, quæ literam ι ante finalem ω in themate inserunt; ut δαίω (*δάω) *divido* F. δάσομαι. Sic

ἀγαίομαι *Ep.* et *Ion.*, ἀγάομαι *Ep.* | μαίομαι *Poët.* (*μάω) *cupio.*
invideo. | ναίω *Poët.* (*νάω) *habito.*
δαίω *Poët.* (*δάω) *incendo.*

Obs. 2. Adde etiam quæ primam literam thematis reduplicant cum ι; ut τιτράω (*τράω) *perforo.* Vid. not. p. 59.

§ 93. *Verborum Formatione Anomalorum Synopsis Alphabetica.*

ἀγαίομαι *Ep.* et *Ion.*, ἀγάομαι *Ep.*, *invideo*, F. ἀγάσομαι,
A. 1. ἠγασάμην. *Vid.* ἄγαμαι p. 97.

αἰσθάνομαι (*αἴσθομαι) *sentio*, A. 2. ἠσθόμην†, unde F. αἰσθήσομαι.

ἀλέξω (-έω) *arceo*, A. 1. ἠλεξάμην, F. ἀλεξήσω.

A. 2. *Poët.* (ab *ἀλέκω, ἄλκω) cum Reduplic. ἤλαλκον, unde F. ἀλαλκήσω.

ἀλίσκομαι (*ἀλόω) *capior*, F. ἀλώσομαι, A. 2. ἔαλων et

---

† Quædam sunt Aorista Secunda, præsertim Verborum in ἀνω vel αίνω, a quibus, tanquam a novo themate in έω, conjugatio oritur in -ήσω, -ηκα; sic ἀμπλακίσκω *erro*, Aor. 2. ἤμπλακον, Fut. ἀμπλακήσω

αἰσθάνομαι *sentio*,	ἠσθόμην,	αἰσθήσομαι
ἀλιταίνω, *pecco*,	ἤλιτον,	ἀλιτήσω
ἁμαρτάνω *erro*,	ἤμαρτον,	ἁμαρτήσομαι
ἀνδάνω *placeo*,	ἔαδον,	ἀδήσω
ἀπαφίσκω *decipio*,	ἤπαφον,	ἀπαφήσω
ἀπεχθάνομαι *invisus sum*,	ἠχθόμην,	ἀπεχθήσομαι
ἀκαχίζω *vexo*,	ἤκαχον,	ἀκαχήσω
βλαστάνω *pullulo*,	ἔβλαστον,	βλαστήσω
γίγνομαι *nascor*,	ἐγενόμην,	γενήσομαι
δαρθάνω *dormio*,	ἔδαρθον,	δαρθήσομαι
*δρέμω *curro*,	ἔδραμον,	δεδράμηκα
ἐπαυρίσκομαι *fruor*,	ἐπηυρόμην,	ἐπαυρήσομαι
ἔρομαι *interrogo*,	ἠρόμην,	ἐρήσομαι
εὑρίσκω *invenio*,	εὗρον,	εὑρήσω
κέλομαι *jubeo*,	ἐκλόμην,	κεκλήσομαι
κιχάνω *consequor*,	ἔκιχον,	κιχήσομαι
λάσκω *sono*,	ἔλακον,	λακήσω
μανθάνω *disco*,	ἔμαθον,	μαθήσομαι
ὀλισθαίνω *elabor*,	ὤλισθον,	ὀλισθήσω
ὀσφραίνομαι *odoror*,	ὠσφρόμην,	ὀσφρήσομαι
ὀφείλω *debeo*,	ὤφελον,	ὀφειλήσω
ὀφλισκάνω *debeo*,	ὦφλον,	ὀφλήσω
πείθω *persuadeo*,	ἔπιθον,	πιθήσω
ῥέω *fluo*,	ἐρρύην,	ῥυήσομαι
*σχω *habeo*,	ἔσχον,	σχήσω
τυγχάνω *consequor*,	ἔτυχον,	τετύχηκα
χαίρω *gaudeo*,	ἐχάρην,	κεχάρηκα.

ἤλων, P. ἐάλωκα et ἤλωκα. *Vid.* § 53. (*b.*) *Obs.* 7.
Tempora Activæ vocis suppeditat verbum αἱρέω.

A. 2. Opt. ἀλοίην, vide § 81. (*a.*) *Hom.* ἁλῴην.

ἀλύσκω *Poët.* (ἀλεύομαι) *vito,* F. ἀλύξω, A. 1. ἤλυξα.

ἀλιταίνω *Poët.* (*ἀλίτω) *pecco,* A. 2. ἤλιτον, unde F.
ἀλιτήσω, *vide not.* p. 109.

Part. Perf. (vel Aor. per *Sync.*) *Ep.* ἀλιτημένος.

ἀλφάνω et -αίνω *Poët.* (*ἄλφω) *consequor,* A. 2. ἦλφον,

ἁμαρτάνω (*ἁμάρτω) *erro,* A. 2. ἥμαρτον, unde F. ἁμαρτήσομαι, P. ἡμάρτηκα, *vide not.* p. 109.

A. 2. *Ep.* per Metath. ἤμβροτον (cum Spiritu leni) β insertâ, et α mutatâ in ο.

ἀμβλίσκω, ἀμβλόω *abortior,* F. ἀμβλώσω, P. ἤμβλωκα.

ἀμπισχνέομαι (*ἴσχομαι, ἔχομαι) *circuminduor,* A. 2.
ἠμπεσχόμην, *vide* § 54. *Obs.* 3.; F. ἀμφέξομαι. Sic
ὑπισχνέομαι, *Ion.* ὑπίσχομαι, *promitto,* A. 2. ὑπεσχόμην,
F. ὑποσχήσομαι, P. ὑπέσχημαι.

ἀμπλακίσκω *Poët.* (*ἀμπλάκω) *erro,* formatum ab A. 2.
ἤμπλακον (vel ἤπλακον), unde F. ἀμπλακήσω. *Vide not.*
p. 109.

ἀνδάνω *Ion.* et *Poët.* (*ἅδω, *conf.* ἥδομαι) *placeo,* A. 2.
ἔαδον, *Hom.* cum Digamm. εὔαδον, P. ἔᾱδα, *vide* § 53.
(*b.*) *Obs.* 7 ; F. ἀδήσω, *vide not.* p. 109.

Imperf. *Herod.* ἐάνδανον, *Hom.* ἐήνδανον et ἥνδανον.

ἀπαυράω (*ἀπαύρω) *aufero,* A. 1. m. ἀπηυράμην.

A. 1. Part. ἀπούρας et A. 1. m. ἀπουράμενος. *Ep.* tanquam ab ἀπούρω.

ἀπαφίσκω *Ep.* (*ἄφω, cum Redupl. *ἀπάφω, unde recentius ἀπατάω) *decipio,* A. 2. ἤπαφον, unde F. ἀπαφήσω,
vide not. p. 109. *Conf.* ἀμπλακίσκω.

ἀπεχθάνομαι, *Poët.* ἔχθομαι, *invisus sum,* A. 2. ἀπηχθό-
μην, unde F. ἀπεχθήσομαι, *vide not.* p. 109, P. P.
ἀπήχθημαι.

ἀραρίσκω *Poët.* (*ἄρω, cum Reduplic. *vide* ἀπαφίσκω)
apto, F. ἄρσω, A. 1. ἦρσα, *vid.* § 47. (*d.*) A. 2. cum
Reduplic. ἤρᾰρον, P. ἄρηρα, *Att.* ἄρᾱρα. *Conf.* § 68.
Obs. 3.

P. P. *Ep.* ἀρήρεμαι. A. 2. M. Part. per *Sync.* ἄρμενος.

ἀρέσκω (*ἀρέω) *placeo*, F. ἀρέσω, A. 1. ἤρεσα, P. P,
ἤρεσμαι. *Conf. Verb. præced.*

αὐξάνω, αὔξω *augeo*, F. αὐξήσω, A. 1. ηὔξησα, P. ηὔξηκα,
κ.τ.λ., tanquam a themate in ἐω, *vide not.* p. 109.

ἀχέω, (*ἄχω) *doleo*. Præs. M. ἄχομαι vel ἄχνυμαι, A. 2.
cum reduplic. ἤκαχον, unde F. ἀκαχήσω, *vid. not.*
p. 109 ; A. 1. ἠκάχησα, et novum thema ἀκαχίζω
vexo, P. P. ἀκήχεμαι et per Metathesin quantitatis
ἀκάχημαι. Infin. ἀκαχῆσθαι.

ἄχθομαι (-ἐομαι) *oneror*, F. ἀχθέσομαι. *Conf.* § 47. (*e.*) 3.
A. 1. ἠχθέσθην.

βαίνω (*βάω, cujus a producitur in αι, *conf.* ἐλαύνω) *eo*,
F. βήσομαι, P. βέβηκα, A. 1. ἔβησα *ire feci*, *vide*
§ 94. (*b.*) A. 2. ἔβην, *vide* § 81. (*a.*) P.M. *βέβαα, Pl.
βέβαμεν, *vide* § 81. (*b.*) P.P. βέβαμαι in compositis,
ut παραβέβᾰμαι ; A. 1. P. παρεβάθην, Verb. Adj.
βατός.

F. *Dor.* βᾱσεῦμαι, Aor. M. *Ep.* ἐβήσετο et -ατο, Imperat. βήσεο. Vid.
p. 50. § 43. Obs. 6.

βάλλω (-ἐω) *jacio*, F. interdum βαλλήσω, et A. 1. ἐβάλ-
λησα, vulgò F. βαλῶ, A. 2. ἔβαλον, P. per Metath.
βέβληκα, P.P. βέβλημαι, *vide* § 84.

A. 2. *Ep.* ἔβλην, Med. ἐβλήμην, *vide* § 81. (*a.*) ; Fut. βλήσομαι ; P. P.
βεβόλημαι.

βιβρώσκω (*βρόω, cum præfix. βι, *vid. not.* p. 59.) *edo*,
P. βέβρωκα, P.P. βέβρωμαι, A. 1. ἐβρώθην. Reliqua
Tempora suppeditat verbum ἐσθίω, *vid.* p. 102.

A. 2. *Ep.* ἔβρων. Perf. Part. βεβρὼς, *vid.* § 81. (*b.*)

βλαστάνω (*βλάστω) *germino*, A. 2. ἔβλαστον, unde
F. βλαστήσω, *vide not.* p. 109, Aor. 1. ἐβλάστησα,
P. ἐβλάστηκα.

βλώσκω Poët. (*βλόω, *μλόω, per *Metath.* a *μόλω) *ven*
A. 2. ἔμολον, F. μολοῦμαι, P. μέμβλωκα.

βόσκω (-ἐω) *pasco*, F. βοσκήσω, A. 1. ἐβόσκησα.

βούλομαι (-ἐομαι) *volo*, F. βουλήσομαι, P.P. βεβούλημαι.

βρυχάομαι (βρύχομαι) *frendeo*, P. M. *Poët.* βέβρῦχα, cum
vi Præsentis, F. βρυχήσομαι.

βυνέω (βύω) *obturo*, F. βῦσω, A. 1. ἔβῦσα, P. P. βέβυσμαι, A. 1. P. ἐβύσθην.

γαμέω (*γάμω) *duco uxorem*, A. 1. ἔγημα, P. γεγάμηκα.

γεγωνίσκω *Poët. clamo*, P. M. γέγωνα cum vi Præsentis
unde novum thema γεγωνέω, F. γεγωνήσω.

γηθέω (*γήθω) *gaudeo*, P. M. γέγηθα, F. γηθήσω.

γηράσκω, γηράω *senesco*, F. γηράσομαι, A. 1. ἐγήρᾱσα,
A. 2. ἐγήρᾱν, Inf. γηρᾶναι, *vid.* § 81. (*a.*)

γίγνομαι, per Sync. pro γιγένομαι (*γένομαι cum præfix.
γι, *vide not.* p. 59.) *sum* vel *fio*, A. 2. ἐγενόμην, P. M.
γέγονα, F. γενήσομαι, P. P. γεγένημαι, A. 1. apud recent. ἐγενήθην.

Præs. *Ep.* γείνομαι, A. 1. M. ἐγεινάμην *genui*, Perf. *Poët.* Plur. γέγαμεν, κ.τ.λ. *vide* § 81. (*b.*) A. 2. *Poët.* ἔγεντο per Sync. pro ἐγένετὸ.

γιγνώσκω (*γνόω, cum præfix. γι, *vid. not.* p. 59.) *novi*,
F. γνώσομαι, A. 2. ἔγνων, *vid.* § 81. (*a.*) P. ἔγνωκα,
P. P. ἔγνωσμαι. Verb. Adj. γνωτὸς et -στὸς.

δαίω *Poët.* (*δάω) *divido*, F. δάσομαι, P. P. δέδασμαι,
A. 1. M. ἐδᾱσάμην.

δαίω *Poët.* (*δάω) *incendo*, A. 2. P. ἐδάην, P. M. δέδηα.

δάκνω (*δάκω, δήκω) *mordeo*, A. 2. ἔδακον, F. δήξομαι,
P. δέδηχα, P. P. δέδηγμαι, A. 1. P. ἐδήχθην.

δαμάω *Ep.* (δάμω) *domo*, A. 2. ἔδαμον, A. 2. Pass. ἐδάμην.

δαρθάνω (*δάρθω) *dormio*, A. 2. ἔδαρθον, F. δαρθήσομαι,
vide not. p. 109, P. δεδάρθηκα.

A. 2. *Poët.* per Metath. ἔδραθον.

*δάω *Ep.* (-έω) *doceo*, A. 2. P. ἐδάην. Subj. δαῶ, *Ep.* δαείω.
Inf. δαῆναι *Ep.* δαήμεναι, F. δαήσομαι, P. P. δεδάημαι.

δέω, unde Impers. δεῖ, (-έω) *egeo*, F. δεήσω, A. 1. ἐδέησα.

διδάσκω (*δάω cum præfix. δι, *vid. not.* p. 59.) *doceo*
F. διδάξω, P. δεδίδαχα.

Fut. *Poët.* διδασκήσω.

διδράσκω (*δράω, cum præfix. δι, *vid. not.* p. 59.) *aufugio*,
F. δράσομαι, A. 1. ἔδρᾱσα, A. 2. ἔδρᾱν, *vid.* § 81. (*a.*)
P. δέδρακα.

δοκέω (*δόκω) *videor*, F. δόξω, A. 1. ἔδοξα, P. P. δέδογμαι,
F. *Poët.* δοκήσω, (*Conf.* ὥσω et ὠθήσω ab ὠθέω,) A. 1.
ἐδόκησα, P. P. δεδόκημαι.

δουπέω, *Poët.* (*δούπω) *sono*, P. M. δέδουπα, F. δουπήσω,
A. 1. ἐδούπησα.

δύνω (δύω) *subeo*, F. δῡσω, A. 1. ἔδῡσα, A. 2. ἔδῡν, *vide*
§ 81. (*a.*) ; P. δέδῡκα, P. P. δέδῡμαι, A. 1. P. ἐδύθην,
vide § 61. *Obs.* 3.

Aor. M. *Ep.* ἐδύσετο, Imperat. δύσεο, Part. δυσόμενος.   Conf. ἐβήσετο
a βαίνω.

ἐθέλω (-έω) *volo*, F. ἐθελήσω, A. 1. ἠθέλησα, P. ἠθέληκα.
Conf. θέλω.

εἴλω, εἴλλω vel εἴλλω, ἴλλω, εἰλέω vel εἰλέω, *volvo*,
F. εἰλήσω, P. P. εἴλημαι.

Præter Præs. et Imperf. *Homerus* reliqua Tempora deducit ab ἔλω, sic
A. 1. ἔλσα, P. P. ἔελμαι, A. 2. Pass. ἐάλην, Inf. ἀλῆναι, Part. ἀλείς.

ἐλαύνω (ἐλάω, cujus a producitur in av, *conf.* βαίνω) *agito*,
F. ἐλάσω, *vide* § 47. (*e.*); A. 1. ἤλᾰσα, P. ἐλήλᾰκα,
P. P. ἐλήλᾰμαι, *vide* § 61. *Obs.* 3.; A. 1. P. ἠλάθην.
Verb. Adj. ἐλατὸς.

Perf. P. *non-Att.* ἐλήλασμαι, A. 1. P. ἠλάσθην.

ἕλκω *traho*.   *Attice* tempora formantur ab ἑλκύω.

(έω) F. *Hom.* ἑλκήσω, A. 1. ἥλκησα.

ἐπαυρίσκομαι (*ἐπαύρω) *fructum percipio*, A. 2. ἐπηῦρον,
unde F. ἐπαυρήσομαι, A. 2. M. ἐπηυρόμην, *vid. not.*
p. 109.

ἐριδαίνω (*ἐρίδω, -έω) *rixor*, F. ἐριδήσω, A. 1. M. Inf.
ἐρῑδήσασθαι.

ἔρομαι (-έομαι) *interrogo*, A. 2. ἠρόμην, unde F. ἐρήσομαι.
Reliqua Tempora suppeditat verbum ἐρωτάω.

Præs. *Ion.* εἴρομαι, F. εἰρήσομαι.

ἔρρω (-έω) *abeo*, F. ἐρρήσω, A. 1. ἤρρησα.

ἐρυγγάνω, ἐρεύγομαι *eructo*, A. 2. ἤρυγον, F. ἐρεύξομαι.

εὔδω (-έω) *dormio*, F. εὐδήσω.

εὑρίσκω (*εὕρω) *invenio*, A. 2. εὗρον, unde F. εὑρήσω, *vid. not.* p. 109. P. εὕρηκα, P. P. εὕρημαι, A. 1. P. εὑρέθην, *vid.* § 64. *Obs.* 2. Verb. Adj. εὑρετὸς, et -έος.

ἔχω (*σχω, -έω) *habeo*, A. 2. ἔσχον ; F. σχήσω, *vulgo* ἕξω, P. ἔσχηκα, P. P. ἔσχημαι, A. 1. P. ἐσχέθην. *Conf.* § 64. *Obs.* 2. Verb. Adj. σχετὸς et ἐκτὸς, -έος.

A. 2. *Poët.* ἔσχεθον, tanquam a *σχέθω ; Perf. *Ep.* (*ὄχα, ὦχα cum Reduplic. ὄκωχα) per Metath. ὄχωκα. *Conf.* οἴχωκα ab οἴχομαι.

ἕψω (-έω) *coquo*, F. ἑψήσω, Verb. Adj. ἑφθὸς, ἑψητὸς et ἑψητέος.

ἡβάσκω *pubesco* (ἡβάω *pubeo*), F. ἡβήσω, A. 1. ἥβησα.

θέλω (-έω) *volo*, F. θελήσω, A. 1. ἐθέλησα. Conf. ἐθέλω.

θιγγάνω (*θίγω) *tango*, A. 2. ἔθιγον, F. θίξομαι.

θνήσκω (*θάνω, per *Metath.* θνάω) *morior*, A. 2. ἔθανον, F. θανοῦμαι, P. τέθνηκα, Plur. τέθναμεν, κ.τ.λ. *vid.* § 81. (*b.*)

θρώσκω (*θόρω, per *Metath.* θρόω) *salio*, A. 2. ἔθορον, F. θοροῦμαι, P. M. τέθορα.

ἵζω, καθίζω (-έω) *sedere facio* vel *sedeo*, F. καθιῶ, F. M. καθιζήσομαι.

ἱκνέομαι, *Ep.* ἵκω, *venio*, F. ἵξομαι, P. P. ῖγμαι, A. 2. ῑκόμην, unde *Poët.* per *Sync.* ῑκτο, et Part. ῑκμενος.

ἱλάσκομαι, ἵλαμαι -έομαι -άομαι, *propitium reddo*, F. ἱλάσομαι, A. 1. ἱλασάμην.

Imperat. *Ep.* ἵληθι *Dor.* ῑλᾶθι *propitius sis*, tanquam ab ῑλημι.

κάμνω (*κάμω, per Metath. κμάω) *laboro*, F. καμοῦμαι, A. 2. ἔκαμον, P. κέκμηκα, Part. κεκμηὼς, Gen. -ότος et -ῶτος, *vide* § 81. (*b.*)

κέλομαι *Poët.* (-έομαι) *jubeo*, A. 2. (ἐκελόμην per Sync. ἐκλόμην) cum Reduplic. ἐκεκλόμην, F. κελήσομαι, *vide not.* p. 109, A. 1. ἐκελησάμην.

κερδαίνω *lucror*.

(*κέρδω -έω) F. *Ion.* κερδήσομαι.

κήδω *turbo*, F. κηδήσω.

κιχάνω (*κίχω -ημι) *consequor*, A. 2. ἔκιχον, unde F. κιχήσομαι, *vide not.* p. 109.

Præs. Subj. *Ep.* (κιχῶ) κιχείω, Opt. κιχείην, Inf. κιχῆναι, Part. κιχείς, Imperf. ἐκίχην.

κλαίω, *Att.* κλάω (-έω) *fleo*, F. -ήσω, vulgò κλαύσομαι, A. 1. ἔκλαυσα, P. P. κέκλαυμαι et -σμαι. Verb. Adj. κλαυτὸς -στὸς -στέος.

κτυπέω (*κτύπω) *strepo*, A. 2. ἔκτυπον, F. κτυπήσω, A. 1. ἐκτύπησα.

κυνέω (κύω) *osculor*, F. κύσω, A. 1. ἔκυσα. Sed προσκυνέω, -ήσω, A. 1. προσεκύνησα, et *Poët.* quoque προσέκυσα.

κῦρέω *Ion.* et *Poët.* (*κῦρω) *sum* vel *consequor*, Imperf. ἔκῦρον, F. κύρσω et κυρήσω, A. 1. ἔκυρσα et ἐκύρησα, *vide* § 47. (*d.*)

λαγχάνω (*λάχω, λήχω) *sortior*, A. 2. ἔλαχον, F. λήξομαι, P. εἴληχα et λέλογχα (tanquam a *λέγχω, *conf.* πέπονθα a πένθω sub voc. πάσχω), P.P. εἴληγμαι, *vide* § 59. *Obs.*2.

Fut. *Ion.* λάξομαι, A. 2. *Ep.* λέλαχον, *vide* § 66. *Obs.* 3.

λαμβάνω (*λάβω, λήβω) *capio*, A. 2. ἔλαβον, F. λήψομαι, P. εἴληφα, P. P. εἴλημμαι et λέλημμαι, *vide* § 59. *Obs.* 2 ; A. 1. P. ἐλήφθην.

Perf. *Ion.* λελάβηκα, F. *Dor.* λαψοῦμαι, *Ion.* λάμψομαι (tanquam a λάμβω). P. P. λέλαμμαι, A. 1. P. ἐλάμφθην. Verb. Adj. λαμπτέος.

λανθάνω (*λάθω) λήθω *lateo*, A. 2. ἔλαθον, F. λήσω, P. M. λέληθα, P. P. λέλησμαι *oblitus sum*.

λάσκω (*λάκω) *sono*, A. 2. ἔλᾰκον ; unde F. λακήσω, A. 1. ἐλάκησα *vid. not.* p. 109 ; P. M. λέλᾱκα, unde novum thema λᾱκέω *Dor.*, ληκέω *Ion.* *vide* *sub* γεγωνίσκω, p. 111.

λόω, λοέω *Poët.* (unde contr. λούω, F. λούσω,) *lavo*.

A. 1. *Hom.* (ἐλόεσα) Inf. λοέσσαι. F. M. λοέσσομαι.

μαίομαι *Poët.* (*μάω) *cupio*, F. μάσομαι, A. 1. ἐμᾱσάμην.

μανθάνω (*μάθω, μήθω) *disco*, A. 2. ἔμαθον, F. μαθήσομαι, *vide not.* p. 109, P. μεμάθηκα.

Fut. M. *Dor.* μαθεῦμαι pro -οῦμαι, tanquam a μαθέσομαι.

μάχομαι (-έομαι) *pugno,* F. μαχοῦμαι, A. 1. ἐμαχεσάμην,
P. P. μεμάχημαι. Verb. Adj. μαχετέος et -ητέος.

μεθύσκω *ebrium reddo,* μεθύω *ebrius sum,* F. μεθύσω,
A. 1. ἐμέθυσα.

μέλλω (-έω) *futurus sum,* F. μελλήσω, A. 1. ἐμέλλησα.

μέλω, unde Impers. μέλει, (-έω) *curæ sum,* F. μελήσω,
A. 1. ἐμέλησα, P. μεμέληκα.

Perf. M. *Ep.* μέμηλα, P. P. (μεμέληται) μέμβλεται.

μένω *maneo,* P. μεμένηκα, *vide* § 58. *Obs.* 3. (*c.*)

μηκάομαι (*μήκομαι) *balo,* A. 2. ἔμακον, P. μέμηκα.

μιμνήσκω (*μνάω, cum prefix. μι, *vid. not.* p. 59.) *in
memoriam revoco,* F. μνήσω, A. 1. ἔμνησα, P.P. μέμνημαι, A. 1. P. ἐμνήσθην, *vid.* § 64. *Obs.* 1.

μύζω (-έω) *sugo,* F. μυζήσω.

μυκάομαι (*μύκομαι) *mugio,* A. 2. ἔμυκον, P. μέμῦκα.

ναίω *Poët.* (*νάω) *habito,* A. 1. ἔνᾰσα, ἔνασσα *habitare
feci. Conf.* § 94. (*b.*) F. M. νάσσομαι, A. 1. M. ἐνασσάμην, A. 1. P. ἐνάσθην.

νέμω *distribuo,* P. νενέμηκα, *vide* § 58. *Obs.* 3. (*c.*)

ξυρέω (ξύρομαι) *rado,* A. 1. M. ἐξυράμην, P.P. ἐξύρημαι.

ὄζω (έω) *oleo,* F. ὀζήσω, A. 1. ὤζησα, P. M., cum vi
Præsentis, ὄδωδα.

αἰδαίνω, -άνω, οἰδέω *tumeo,* F. οἰδήσω.

οἴομαι (-έομαι) *puto,* F. οἰήσομαι, A. 1. ᾠήθην.

Præs. *Ep.* ὀΐω, ὀΐομαι, A. 1. ὠϊσάμην et ὠΐσθην.

οἴχομαι (-έομαι) *abeo,* F. οἰχήσομαι, P.P. ᾤχημαι tantum
in compositis, ut παρῴχημαι.

Perf. *Ep.* et *Att. Poët.* (οἶχα cum Reduplic. οἴκωχα) per Metath. οἴχωκα.
Conf. ὄχωκα ab ἔχω.

ὀλισθαίνω, -άνω, (*ὀλίσθω) *elabor,* A. 2. ὤλισθον, F.
ὀλισθήσω, P. ὠλίσθηκα, *vide not.* p. 109.

ὄλλυμι, *ὄλω (-έω) *perdo,* A. 1. ὤλεσα, P. cum reduplic.
ὀλώλεκα, F. ὀλῶ, F. M. ὀλοῦμαι, A. 2. M. ὠλόμην,
P. M. ὄλωλα. *Vide* § 68. *Obs.* 3.

ὀσφραίνομαι (*ὄσφρομαι) *odoror*, A. 2. ὠσφρόμην, F. ὀσφρήσομαι, *vide not.* p. 109.

A. 1. *Ion.* ὠσφράμην.

ὀφείλω (-έω) *debeo*, A. 2. ὤφελον, F. ὀφειλήσω, *vide not.* p. 109. A. 1. ὠφείλησα. *Conf.* ὀφλισκάνω.

ὀφλισκάνω (*ὄφλω) *debeo*, A. 2. ὦφλον, F. ὀφλήσω, *vide not.* p. 109. P. ὤφληκα. *Conf.* ὀφείλω.

παίω *percutio*,

(-έω) F. *Att.* παιήσω.

πάσχω, pro πάθσκω, (*πάθω, πήθω) *patior*, A. 2. ἔπαθον; F. πείσομαι, et P.M. πέπονθα† ·ꭒ *πένθω. Verb. Adj. παθητὸς.

Perf. 2. Pl. *Hom.* πέποσθε pro πεπόνθατε, Part. πεπᾰθὼς; A. 1. Part. *Æschyl.* πήσας.

πατέομαι (*πάτομαι) *vescor*, A. 1. ἐπασάμην, P. P. πέπασμαι.

πέτομαι (-έομαι) *volo*, F. πετήσομαι, vulgo πτήσομαι, A. 2. per Sync. ἐπτόμην, P. πεπότημαι a ποτάομαι.

De alterâ formâ Aoristi Secundi Act. ἔπτην, Med. ἐπτάμην, *vid.* § 81. (*a.*)

πίνω (*πίω) *bibo*, F. πίομαι, A. 2. ἔπιον, Imperat. πῖθι, *vide* § 81. (*a.*) ;——(*πόω), P. πέπωκα, P. P. πέπομαι, A. 1. P. ἐπόθην. Verb. Adj. ποτὸς, et -έος.

A. 2. Imperat. *Poët.* πίε.

πιπίσκω (*πίω, cum præfix. πι, *vid. not.* p. 59.) *potum do*, F. πίσω, A. 1. ἔπῑσα.

πιπράσκω (*περάω, per *Sync.* πράω, cum præfix. πι, *vid. not.* p. 59.) *vendo*, P. πέπρᾱκα, P. P. πέπρᾱμαι.

πυνθάνομαι, *Poët.* πεύθομαι, *sciscitor*, F. πεύσομαι, A. 2. ἐπυθόμην, P.P. πέπυσμαι, ῦσαι, κ.τ.λ. Verb. Adj. πευστὸς et -έος.

ῥέω (*ῥεέω, ῥυέω) *fluo*, vulgò F. ῥεύσομαι, A. 1. ἔρρευσα.

Att. A. 2. ἐρρύην, F. ῥυήσομαι, P. ἐρρύηκα.

ῥιγέω *Poët.*, (*ῥίγω) *horreo*, P. M. ἔρρῑγα, F. ῥιγήσω.

---

† *Conf.* σπείσω a σπένδω; χείσομαι, κέχανδα a *χάνδω, χανδάνω.

E

118   *Verba Formatione Anomala.*   § 93.

στυγέω (*στύγω) *odi*, A. 1. *Ep.* ἔστυξα, A. 2. ἔστυγον, F. στυγήσω, A. 1. ἐστύγησα.

τέμνω (*τέμω, per Metath. τμέω, *conf.* § 84.), F. τεμῶ, A. 2. ἔτεμον et ἔταμον, P. τέτμηκα, P. P. τέτμημαι, A. 1. P. ἐτιμήθην.

Præs. *Ion.* τάμνω, *Ep.* τμήγω, A. 1. ἔτμηξα, A. 2. ἔτμαγον.

τίνω (*τίω) *solvo*, F. τίσω, A. 1. ἔτισα, P. τέτικα, P. P. τέτισμαι, A. 1. P. ἐτίσθην.

Præs. *Ion.* τίνυμι.

τιτράω (*τράω) *perforo*, F. τρήσω, P. τέτρηκα. *Vid. not.* p. 59.

τιτρώσκω (*τορέω, per *Sync.* τρόω, cum præfix. τι, *vid. not.* p. 59.) *vulnero*, F. τρώσω, P. P. τέτρωμαι.

τυγχάνω (τεύχω) *sum* vel *consequor*, F. τεύξομαι, A. 2. ἔτυχον, P. τετύχηκα, *vide not.* p. 109. A. 1. *Ep.* ἐτύχησα.

τύπτω *verbero*.

(-έω) F. *Att.* τυπτήσω, P. P. τετύπτημαι, Verb. Adj. τυπτητέος.

ὑπισχνέομαι, *vide* ἀμπισχνέομαι.

φθάνω (*φθάω) *prævenio*, F. φθήσομαι, A. 1. ἔφθᾰσα, A. 2. ἔφθην, *vide* § 81. (*a.*); P. ἔφθᾰκα.

Fut. *Dor.* φθαξῶ, A. 1. ἔφθαξα, A. 2. M. *Ep.* ἐφθάμην.

φθίνω, φθίω *Ep.*, *pereo*, *perdo*, F. φθίσω, A. 1. ἔφθισα, P. P. ἔφθιμαι, A. 2. M. ἐφθίμην. Verb. Adj. φθιτὸς.

χαίρω (-έω) *gaudeo*, A. 2. ἐχάρην, F. χαιρήσω, P. κεχάρηκα. Verb. χαρτὸς.

A. 1. M. *Ep.* χήρατο, A. 2. cum Redupl. κεχαρόμην, P. P. Part. *Eurip.* κεχαρμένος, Fut. *Ep.* cum. Redupl. κεχαρήσω.

χανδάνω (*χάδω, χήδω, χάνδω) *contineo*, A. 2. ἔχαδον, P. κέχανδα, F. χείσομαι, (*Conf.* ἔπαθον, πέπονθα, πείσομαι a πάσχω, σπείσω a σπένδω).

χραισμέω *defendo*, A. 2. ἔχραισμον, sed F. χραισμήσω.

ὠθέω (*ὤθω) *pello*, F. ὤσω et ὠθήσω, (*Conf.* δόξω et δοκήσω a δοκέω,) P. ἔωκα, § 53. (*b.*) *Obs.* 7. P. P. ἔωσμαι, A. 1. ἐώσθην.

§ 94. ANOMALA SIGNIFICATIONE.

(*a.*) Quædam sunt Verba Tranistiva, quæ in Perfecto, Pluperfecto et Aoristo Secundo Vocis Activæ vim Intransitivam sive Passivam habent; ut Transitiva *στάω, ἵστημι statuo, στήσω, ἔστησα ; Intransitiva ἔστηκα, ἔστην.

Sic	*Transitiva.*		*Intransitiva.*	
δύω *subdo,*	δύσω,	ἔδῡσα	δέδῠκα,	ἔδῡν
*σβέω *exstinguo,*	σβέσω	ἔσβεσα	ἔσβηκα,	ἔσβην
*σκλάω *exsicco*	σκλήσομαι,		ἔσκληκα,	ἔσκλην
φύω *gigno,*	φύσω,	ἔφῡσα	πέφῡκα,	ἔφυν.
ἐρείπω *everto,*	ἐρείψω,		ἐρήριπα *Poët.*	ἤριπον *Poët.*

His addi potest Radix *ἁλόω, cujus Perfectum et Aoristum Secundum formæ Activæ vim Passivam habent. *Vid.* § 53. (*b.*) *Obs.* 7. et § 82. sub voc. αἱρέω.

(*b.*) Pauca Verba in ceteris Intransitiva, in Futuro et Aoristo Primo vim Transitivam habent; ut Intransitiva *βάω, βαίνω eo, βέβηκα, ἔβην ; Transitiva βήσω, ἔβησα.

Sic	*Intransitiva.*	*Transitiva.*
μεθύω *ebrius sum,*		μεθύσω ἐμέθυσα.
ναίω *habito,* } Intransitiva.		(ἔνασα) ἔνασσα *Ep.* } Transitiva.
φθίω *Ep. pereo* }		φθίσω ἔφθισα }

(*c.*) Nonnulla verba sunt, quorum Præsens Perfecti vim habet; ut ἥκω *veni,* οἴχομαι *perii.*

(*d.*) Nonnulla etiam sunt quorum Perfectum vim Præsentis habet; ut οἶδα *novi.*

Sic ἄνωγα *jubeo,* ἔοικα *videor,* κέκτημαι *possideo.*

(*e.*) Futura Media, quæ vim Activorum habent. *Vide supra* § 56. *Obs.* 4.

E 2

INDECLINABILIA.

PRÆPOSITIONES. (Lat. Gr. § 88—93.)

§ 95. Præpositiones sunt octodecim, quæ in tres classes dividuntur, prout singulæ vel unum, vel duos, vel tres casus regunt.

(*a.*) Octo unum casum regunt, videlicet

Genitivum	Dativum	Accusativum.
ἀντὶ *against*	ἐν *in*	ἀνὰ *up*
ἀπὸ *ab*	σὺν, ξὺν *cum*	εἰς, ἐς *into*
ἐκ, ἐξ *ex*		[ὡς *to*]
πρὸ *pro*		

(*b.*) Quatuor binos casus regunt, Genitivum et Accusativum, viz.

διὰ *per*   κατὰ *down*   μετὰ *with*   ὑπὲρ *super*

(*c.*) Reliquæ sex ternos casus regunt, Genitivum, Dativum, et Accusativum, viz.

ἀμφὶ *about*	παρὰ *beside*	πρὸς *from*
ἐπὶ *upon*	περὶ *around*	ὑπὸ *sub*

Plura de Præpositionum vi et usu vide in *Syntaxi.*

ADVERBIA. (Lat. Gr. § 81—84.)

§ 96. Adverbia fere omnia derivativa sunt (*Vid. infrà*, p. 130.), nonnulla verò primaria; ut

νῦν *nunc*   οὐ *non*   ἐκεῖ *illic*   ἅλις *satis.*

Adverbia sæpe abjiciunt s ; ut

ἀτρέμας et -μα *quietè*	πολλάκις et -κι *sæpe*
ἀντικρὺς et -ρὺ *contrà*	οὕτως et -τω *sic.*

Comparatio Adverbiorum.

§ 97. Adverbia, ab Adjectivis derivata, cùm comparantur, mutuari solent neutra Adjectivorum, in Comparativo, Neutrum Singulare, in Superlativo, Plurale ; ut

ἡδέως *jucundè*	ἥδιον,	ἥδιστα
ἀληθῶς *verè*	ἀληθέστερον,	ἀληθέστατα
σοφῶς *sapienter*	σοφώτερον,	σοφώτατα.

Reliqua si qua comparantur utrinque ferè exeunt in ω ; ut

ἑκὰς *longè*	ἑκαστέρω,	ἑκαστάτω.

Obs. 1. Quædam primaria formantur quasi ab Adjectivis derivata; ut μάλα *valde*, μᾶλλον, μάλιστα.

Obs. 2. Quædam ambabus formis utuntur ; ut ἐγγὺς *prope*, ἐγγυτέρω, et ἐγγύτερον, ἐγγυτάτω et ἐγγύτατα. Reperiuntur etiam ἔγγιον et ἔγγιστα ; ἄγχι *prope*, ἄγχιον et ἆσσον, ἄγχιστα et recentius ἀγχοτάτω.

§ 98. Syllabæ Præfixæ sunt

    ἀρι ut ἀρίδακρυς *lacrymosus*
    ἐρι ut ἐρίβρομος *fremibundus*
    βου ut βουλιμία *ingens fames*
    δα ut δάσκιος *valdè umbrosus*
    ζα ut ζάκοτος *valdè iratus*

quæ omnia significationem augent.

εὐ ut εὐειδὴς *formosus*	ἀνα ut ἀνάελπτος *inopinatus*
δυς ut δυσώδης *maleolens*	ἀνόμοιος *dissimilis*
α ut ἀβαρὴς *non onerosus*	νη ut νήκερος *cornibus ca-*
ἄβρομος *valdè fre-*	*rens*
mens	νήνεμος *ventis carens.*

§ 99. Syllabæ Suffixæ sunt

ι ut νυνὶ *nunc*,	φι, φιν apud *Epicos Poëtas*,
οὑτοσὶ *hicce*	*vid.* § 29. *Obs. Gen.* 1.
ουν ut ὁστισοῦν *quicunque*	θε, θεν *vid. ibid. Obs. Gen.*
τι ut νεωστὶ *nuper*	2. *et infrà,* § 113.
περ ut ὅθενπερ *undecunque*	δε, σε, σι, θι, *vid. ibid.*

DERIVATIO VOCUM.

NOMINA SUBSTANTIVA.

Substantiva derivata plerumque vel ab aliis Substantivis, vel a Verbis deducuntur, nonnulla etiam ab Adjectivis. (Lat. Gram. § 104.)

Substantiva derivata ab aliis Substantivis.

Derivata ab aliis Substantivis sunt Patronymica, Deminutiva, Amplificativa, et Localia.

§ 100. Patronymica, hoc est, *progeniem significantia*, fere descendunt a Genitivis Primitivorum. (Lat. Gram. § 105.)

(*a.*) Masculina sunt, quæ desinunt in

άδης, ut Βορεάδης a Βορέας; Ἱπποτάδης ab Ἱππότης.

ίδης, ut Κρονίδης a Κρόνος; Νεστορίδης a Νέστωρ; Πηλείδης, contr. Πηλείδης, a Πηλεύς.

ιάδης, a nominibus imparisyllabicis, si penultima Genitivi sit longa, ut Ἀτλαντιάδης ab Ἄτλας, -ντος; Πηληϊάδης a Πηλεύς, -ῆος *Ion.*

Obs. 1. Apud Poëtas formatio Patronymicorum ex necessitate versûs sive Heroici, sive Iambici, maximè pendebat. Hinc apud *Homerum* legitur Λαερτιάδης pro Λαερτίδης a Λαέρτης; apud *Tragicos* Παλλαντίδης pro Παλλαντιάδης a Πάλλας.

Obs. 2. Scriptoribus *Ionicis* in usu erat alia forma ancipitis penultimæ in ίων, ut Κρονίων a Κρόνος, Πηλείων contr. Πηλείων a Πηλεύς; *Æolicis* alia in άδιος, ut Ὑρράδιος ab Ὕρρας.

Obs. 3. Anomala sunt

Ἀκρισιωνιάδης	ab Ἀκρίσιος		Ἰαπετιονίδης	ab Ἰάπετος
Δευκαλίδης	a Δευκαλίων		Λαμπετίδης	a Λάμπος.

(*b.*) Feminina sunt, quæ desinunt in

ίς, ut Νηρείς a Νηρεύς; Νεστορίς a Νέστωρ.

ιάς, ut Λατωιάς a Λατώ; et, ejectâ literâ ι, Βορεάς a Βορέας.

ίνη, ut Ἀδραστίνη ab Ἄδραστος; Νηρείνη, contr. Νηρείνη a Νηρεύς.

ώνη, ut Ἀκρισιώνη ab Ἀκρίσιος; Ἠλεκτρυώνη ab
Ἠλεκτρύων.

(*c*.) Animalium Patronymica, sive Nomina pullorum,
desinunt in

ιδεὺς, ut κυνιδεὺς *catellus* a κύων *canis*; λυκικεὺς *lupi
catulus* a λύκος *lupus*; λαγιδεὺς *leporis pullus*
a λαγὼς *lepus*.

§ 101. DEMINUTIVA, vel *deminutionem* significant, vel
amoris quandam fatuitatem, vel denique *vilitatem* ac *de-
spectum rei*. (Lat. Gram. § 107.)

(*a*.) Masculina sunt, quæ desinunt in

ισκος, ut χιτωνίσκος *tunicula* a χιτὼν; ἀνθρωπίσκος *homunculus* ab ἄνθρωπος *homo*; et, elisâ literâ ι, νεανίσκος *juvenculus* a νεανίας *juvenis*.

(*b*.) Feminina sunt, quæ desinunt in

ìς, ut λιθὶς *lapillus* a λίθος *lapis*; κρηνὶς, ῖδος *fonticulus*
a κρήνη *fons*.

ισκη, ut παιδίσκη *puellula* a παῖς *puella*, νεανίσκη *ju-
vencula* a νεᾶνις *juvenca*.

(*c*.) Neutra sunt, quæ desinunt in

ιον, ut παιδίον *pullus* a παῖς *puer*; ἀνθρώπιον *homuncio*
ab ἄνθρωπος; et, τ mutatâ in δ, ut κρεάδιον
caruncula a κρέας *caro*.

ίδιον, ut γνωμῐ́διον *sententiola* a γνώμη *sententia*;
ἀργυρίδιον *pecuniola* ab ἄργυρος *pecunia*.

et, literâ ι vel elisâ vel contractâ, γήδιον *agellus*
a γῆ *terra, ager*; ἱματίδιον *vesticula* ab ἱμάτιον *vestis*; ἰχθύδιον *pisciculus* ab ἰχθὺς
piscis.

άριον, ut παιδάριον *puerculus* a παῖς *puer*; ἀνθρωπάριον
homunculus ab ἄνθρωπος *homo*; ἱππάριον *vilis
equus* ab ἵππος *equus*.

ύλλιον, ut μειρακύλλιον *juvenculus* a μεῖραξ *juvenis*.

εἰδύλλιον *formula* ab εἶδος *forma*.

ὕφιον, ut ζωύφιον *animalculum* a ζῶον *animal.*

αιον, ut γύναιον *muliercula* a γυνὴ *mulier.*

Obs. Reperiuntur et quæ desinunt in

νλος, ut ἐρώτυλος ab ἔρως *amor* ; unde Latina terminatio *-ulus.*

ἴχνη, nt πολίχνη *urbecula* a πόλις *urbs,*

ιχνιον, iteratâ deminutionis formâ,

ut πολίχνιον *parva urbecula* a πολίχνη.

ἴσκιον, item iteratâ deminutionis formâ,

ut κοτυλίσκιον *parvula cotula* a κοτυλίσκη *parva cotula.*

ἀσιον, ut κοράσιον *puellula* a κόρη *puella.*

§ 102. AMPLIFICATIVA significant vel *augmentum* vel *contemtum rei.*

(*a.*) Masculina sunt quæ desinunt in

ων,   ut χείλων *labeo* a χεῖλος *labium.*   *Vide* Adjectiva.

(*b.*) Feminina sunt quæ desinunt in

ὰς,   ut αἱμὰς *profluvium sanguinis* ab αἷμα *sanguis* ;

λιθὰς *lapidum imber* a λίθος *lapis* ;

φυλλὰς *congeries foliorum* a φύλλον *folium.*

§ 103. LOCALIA significant *locum*, sive habitationem nominis, a quo derivantur. (Lat. Gram. § 108. 2.)

(*a.*) Masculina sunt quæ desinunt in

ὼν,   ut ἀνδρὼν *conclave virorum*, ab ἀνὴρ *vir* ;

ῥοδὼν *rosetum* a ῥόδον *rosa* ;

κοπρὼν *fimetum* a κόπρος *fimus* :

εὼν,   ut περιστερεὼν *columbarium*, a περιστερὰ *columba.*

(*b.*) Feminina sunt quæ desinunt in

ιά,   ut ἰωνιά *violarium* ab ἴον *viola.*

Cujusmodi omnia, utpote a Plurali derivata, habent notionem quoque multitudinis, seu collectionis, unde *Collectiva* nuncupantur.

(*c.*) Neutra sunt quæ desinunt in

αῖον,   ut Ἡραῖον *Junonis templum* ab Ἥρα *Juno.*

εῖον,   ut Ἑκατεῖον et -αῖον *Hecatæ templum* ab Ἑκάτη *Hecata.*

διδασκαλεῖον *schola* a διδάσκαλος *magister.*

ιον,   ut *ὀπτάνιον* et -*εῖον culina* ab *ὀπτανεὺς coquus.*
Διονύσιον Bacchi templum a *Διόνυσος Bacchus.*
δεσμωτήριον carcer, a *δεσμώτης vinctus.*

Substantiva derivata a Verbis.

Nomina, quæ a Verbis descendunt, vocantur Verbalia.
(Lat. Gram. § 108.)

§ 104. Verbalia Substantiva ferè denotant vel *agentem,* vel *actionem,* vel *actum,* sive *effectum rei.*

(*a.*) Verbalia, quæ denotant *agentem,* desinunt

Masculina in	*της,*	ut *κριτὴς judex* a *κρίνω judico ;*	
		οἰκέτης domesticus ab *οἰκέω habito;*	
		ποιητὴς factor a *ποιέω facio.*	
	τηρ,	ut *σωτὴρ servator* a *σώω servo.*	
	τωρ,	ut *ῥήτωρ rhetor* a **ῥέω dico.*	
	τρος,	ut *ἰατρὸς medicus* ab *ἰάομαι medeor.*	
	ευς,	ut *γραφεὺς scriba* a *γράφω scribo.*	
Fem. in	*τρις,*	ut *αὐλητρὶς* } *tibicina* { ab *αὐλέω*	
	τρια,	ut *αὐλήτρια* }	tibiá cano
	τειρα,	ut *σώτειρα servatrix* a *σώω servo.*	

Hujusmodi Verbalia in *της, τηρ, τωρ,* orta esse videntur a *tertiâ* personâ Præteriti Passivi Verborum, abjectâ Reduplicatione ; ut *κριτὴς judex* a *κέκριται* tertiâ personâ Perfecti Pass. Verbi *κρίνω judico.*

Obs. 1. Sunt etiam verbalia, agentem denotantia et plerumque Composita, quæ desinunt in *ας, ης,* et *ος* ; sic
in *ας,* ut *ὀρνιθοθήρας auceps,* ab *ὄρνις avis* et *θηράω venor.*
in *ης,* ut *τριηράρχης Trierarcha,* a *τριήρης triremis* et *ἄρχω guberno.*
in *ος,* ut *κυναγὸς venator,* a *κύων canis* et *ἄγω duco.*

Obs. 2. A verbalibus desinentibus in *τηρ* descendunt alia in *τρον,* quæ agentis partim mercedem, partim instrumentum significant; sic
μήνυτρον pretium indici datum a *μηνυτὴρ index;*
λύτρον pretium a redemptore solutum a *λυτὴρ redemptor ;*
λουτρὸν lavacrum a *λουτὴρ lavator.*

(*b.*) Verbalia, quæ denotant *actionem,* desinunt in *σις,*   ut *ποίησις factio* a *ποιέω facio.*

σια,   ut θυσία *sacrificium* a θύω *sacrifico*; quæ termi-
        natio non solum actionem, sed sæpiùs etiam
        actum significat. Adde desinentia in
εια,   ut δουλεία *servitus* a δουλεύω.

Hujusmodi Verbalia in σις, σια, orta esse videntur a
secundâ personâ Perfecti Passivi Verborum, abjectâ
Reduplicatione.   Perfecti autem penultima longa interdum in Verbali corripitur; ut θέσις *positio*, a τέθεισαι,
secundâ personâ Perfecti Pass. Verbi *θέω, τίθημι pono*.

(c.) Verbalia, quæ denotant *actum*, sive *effectum*, desinunt in

μα,   ut ποίημα *factum*, a ποιέω *facio*.

μη,   ut γραμμὴ *linea*, a γράφω *scribo*.

μὸς, ut ὀδυρμὸς *lamentum*, ab ὀδύρομαι *lamentor*; quæ
        terminatio non solum actum, sed interdum
        etiam actionem vel instrumentum significat.

Hujusmodi Verbalia orta esse videntur a *primâ* personâ Perfecti Passivi Verborum, abjectâ reduplicatione;
penultima autem Perfecti brevis plerumque in Verbali
producitur, inserendo σ; ut δέδεμαι, a δέω *vincio*, facit
δέσμα, -μὸς, et -μη *vinctura*.   Contrà interdum longa
penultima Perfecti in Verbali corripitur; ut Perfectum τέθειμαι, a *θέω, τίθημι pono*, facit Verbale θέμα
thema.

Substantiva derivata ab Adjectivis.

§ 105. Substantiva derivata ab Adjectivis denotant
qualitatem, quæ dicitur, *abstractam*, et ferè desinunt in

ία,   ut σοφία *sapientia*, a σοφὸς *sapiens*.

εια, ut ἀλήθειά *veritas*, ab ἀληθὴς *verus*.

της, ut παχύτης *densitas*, a παχὺς *densus*.

οσύνη, ut δικαιοσύνη *justitia*, a δίκαιος *justus*.

ωσύνη, ut ἱερωσύνη *sacerdotium*.

Obs. Desinentia in οσύνη, item in έη, quæ pellem significant, ut λεοντέη
contract. λεοντῆ *leonis pellis*, reverà Feminina Adjectivorum sunt; *Vide*
§ 106. et § 109.

NOMINA ADJECTIVA.

ADJECTIVA vel a Substantivis, vel a Verbis, vel denique ab aliis Adjectivis derivantur. (Lat. Gram. § 111.)

ADJECTIVA DERIVATA A SUBSTANTIVIS.

Derivata a Substantivis sunt Possessiva et Gentilia.

§ 106. POSSESSIVA, hoc est, *possessionem* aut *proprietatem* significantia, ferè desinunt in

εος,   ut ἀργύρεος *argenteus,* ab ἄργυρος *argentum.*

ιος,   ut οὐράνιος *cœlestis,* ab οὐρανὸς *cœlum.*

εῖος,   ut ἀνθρώπειος ⎫

ινος,   ut ἀνθρώπινος ⎬ *humanus,* ab ἄνθρωπος *homo.*

ικος,   ut ἀνθρωπικὸς *homini conveniens,* ab eodem.

εἴδης,   ut ἀνθρωπείδης ⎫

ώδης,   ut ἀνθρωπώδης ⎬ *homini similis,* ab eodem.

ανὸς,   ut πιθανὸς *persuasorius,* a πειθὼ *suada.*

ων,   ut μνήμων *memor,* a μνήμη *memoria.*

ρος,   ut λυπρὸς *dolorosus,* a λύπη *dolor.*

ιμος,   ut πόσιμος *potabilis,* a πόσις *potus.*

ιλος,   ut ὀργίλος *iracundus,* ab ὀργὴ *ira.*

αλέος,   ut θαρσαλέος *audax,* a θάρσος *audacia.*

ήσιος,   ut ἐτήσιος *annuus,* ab ἔτος *annus.*

ήεις,   ut πετρήεις *saxosus,* a πέτρα *saxum.*

όεις,   ut ἀνεμόεις *ventosus,* ab ἄνεμος *ventus.*

Desinentia in ήεις et όεις, et quædam in ώδης, significant abundantiam; ut θηριώδης *belluosus.*

§ 107. GENTILIA, hoc est, *gentem,* aut *patriam* significantia, ferè desinunt in (Lat. Gram. § 106.)

ς,   ut Ἀρκὰς *Arcas,* ab Ἀρκαδία.

ὸς,   ut Ἰταλὸς *Italus,* ab Ἰταλία.

ιος,   ut Κορίνθιος *Corinthius,* a Κόρινθος.

σιος,   ut Ἰθακήσιος *Ithacensis,* ab Ἰθάκη *Ithaca.*

άσιος,   ut Φλιάσιος *Phliuntius,* a Φλιοῦς *Phlius.*

αῖος,   ut Ῥωμαῖος *Romanus,* a Ῥώμη.

κὸς, ut Ἀχαϊκὸς *Achaïcus,* ab Ἀχαία.
ανὸς, ut Σαρδιανὸς *Sardianus,* a Σάρδεις.
ηνὸς, ut Ἀβυδηνὸς *Abydenus,* ab Ἄβυδος.
ῖνος, ut Ταραντῖνος *Tarentinus,* a Τάρας.
άτης, ut Τεγεάτης *Tegeëus,* a Τεγέα.
ήτης, ut Αἰγινήτης *Ægineta,* ab Αἰγίνη.
ίτης, ut Συβαρίτης *Sybarita,* a Σύβαρις.
ώτης, ut Σικελιώτης *Siciliota,* a Σικελία.

Hujusmodi desinentia in της, ferè habent Femininum in τις, ut Συβαρῖτις; sic etiam desinentia in

s, ut Λίβυς *Libys.*　　　⎫　　　⎧σσα, ut Λίβυσσα.
　Κρὴς *Cres.*　　　　　｜　　｜—, ut Κρῆσσα.
　Κίλιξ (κς) *Cilix.*　　｜.⎰｜—, ut Κίλισσα.
　Αἰθίοψ (πς) *Æthiops.*｜ᵐ｜ἰς, ut Αἰθιοπὶς.
　Τρὼς *Tros.*　　　　　｜.ⁿⁱⁿⁱ｜ἀς, ut Τρωὰς.
ης, ut Σκύθης *Scytha.*⎬.ⁱᵐᵉᶠ｜ἰς, ut Σκυθὶς.
　Μάγνης *Magnes.*　　｜ᵗ ｜ἦτις, ut Μαγνῆτις.
εὺς, ut Μεγαρεὺς *Megarensis.*｜ᵃᵇᵉⁿ｜ἰς, ut Μεγαρὶς.
ην, ut Ἕλλην *Græcus.*　｜ʰ｜⎩ηνὶς, ut Ἑλληνὶς.

ων, ut Λάκων *Lacon.*　⎭　　⎰αινα, ut Λάκαινα.
　　　　　　　　　　　　　　⎱ωνὶς, ut Λακωνὶς.

Κὰρ *Car* habet Femininum Κάειρα.

Nonnulla, ut Κὰρ a Καρία, Ἄκαρναν ab Ἀκαρνανία, carent terminationis formulâ.

Obs. Unum in os, Αἰτωλὸς *Ætolus,* habet Femininum in ὶς, ut Αἰτωλὶς tanquam ab Αἰτωλεὺς.

ADJECTIVA DERIVATA A VERBIS.

§ 108. Verbalia Adjectiva, seu Participialia, ferè desinunt in

ὴς, ut ἐκλιπὴς *deficiens,* ab ἐκλείπω *deficio.*

ὸς, ut φιλητὸς ⎰*amatus*⎱
　　　　　　　⎱*amabilis*⎰　⎫
έος, ut φιλητέος *amandus*　⎬a φιλέω *amo.*
έον, ut φιλητέον *amandum*⎭

Obs. Quædam Verbalia in ὸς interdum vim habent Activam, ut ὑποπτὸς *suspiciens,* ab ὑπόπτομαι; καλυπτὸς *tegens,* a καλύπτω; interdum etiam ponuntur tanquam desinentia in έος, ut ἄελπτος *non exspectandus,* ἀπώμοτος *abjurandus.*

Hujusmodi Verbalia in ὸς, έος, et έον, formantur a tertiâ personâ Perfecti Passivi, mutando ται in suam terminationem, et abjiciendo reduplicationem, ut πεφί-ληται, φιλητὸς, -έος, -έον, a φιλέω.

Obs. 1. Quædam Verbalia insertam habent literam σ, quæ in penultimâ Perfecti Passivi non reperitur; sic κέχρηται, a χράομαι, χρηστὸς; πέπαυται, a παύω, παυστέος; κέκλαυται, a κλαίω, κλαυτὸς et κλαυστὸς.

Et, versâ vice, quibusdam in Verbalibus σ deest, quæ exstat in penultimâ Perfecti Passivi; sic ἔγνωσμαι, a *γνόω, γνωτὸς et recentius γνωστός.

Obs. 2. Verbalia nonnulla corripiunt longam penultimam Perfecti Passivi, mutando η in ε, præsertim si in Aoristo Primo Passivo idem factum sit; sic εὕρηται, ab εὑρίσκω, Aor. 1. P. εὑρέθην. Verbale εὑρετὸς et -έος.

A Substantivis Verbalibus in μα vel μος descendunt Adjectiva in

ιος, ut δέσμιος *vinctus,* a δέσμος *vinculum.*

ADJECTIVA DERIVATA AB ALIIS ADJECTIVIS.

§ 109. Adjectiva, quæ ab aliis Adjectivis oriuntur, ferè desinunt in

ειος, ut μεγαλεῖος *magnificus,* a μέγας *magnus.*

ηλὸς, ut αἰσχυντηλὸς *pudebundus,* ab αἰσχυντὸς *pudens.*

όσυνος, ut δουλόσυνος *servilis,* a δοῦλος *servus.*

VERBUM.

VERBA DERIVATA A NOMINIBUS.

§ 110. Verba, quæ a Nominibus derivantur, ferè desinunt in άω, έω, όω, εύω, ίζω, αίνω. Quæ desinunt in

άω, significant *esse,* vel *agere* quod nomen exprimit, ut ὠχριάω *palleo,* ab ὠχρίας *pallidus;* ὁρμάω *excito,* ab ὁρμὴ *impetus.*

έω, significant *esse* vel *habere* quod nomen exprimit, ut εὐσεβέω *pius sum,* ab εὐσεβὴς *pius;* οἰκέω *domum habeo,* ab οἶκος *domus.*

όω, significant *facere* quod nomen exprimit, ut κοινόω
communico (sive *communem facio*), a κοινὸς *communis.*

εύω, significant *partes gerere*, quas nomen exprimit, ut
βασιλεύω *regis partes gero* (sive *rex sum*), a βασιλεὺς
rex.

ίζω, significant

(*a.*) *efficere* id quod nomen exprimit, ut καθαρίζω
purum reddo, a καθαρὸς *purus.*

(*b.*) *imitari*, vel *partes sequi*, quas nomen exprimit,
ut ἑλληνίζω *Græcos imitor*, ab Ἕλλην *Græcus.*

αίνω, significant *esse* vel *efficere* quod nomen exprimit, ut
χαλεπαίνω, *iratus sum*, a χαλεπὸς *morosus*, λευκαίνω
album reddo, a λευκὸς *albus.*

VERBA DERIVATA AB ALIIS VERBIS.

§ 111. Verba, quæ ab aliis Verbis derivantur, sunt
Frequentativa, Inceptiva et Desiderativa. (Lat. Gram.
§ 112—117.)

(*a.*) FREQUENTATIVA desinunt in

άζω, ut ῥιπτάζω *jacto*, a ῥίπτω *jacio.*

ίζω, ut αἰτίζω *mendico*, ab αἰτέω *rogo.*

ύζω, ut ἑρπύζω *repto*, ab ἕρπω *repo.*

(*b.*) INCEPTIVA desinunt in

σκω, ut ἠβάσκω *juvenesco*, ab ἠβάω *juvenis sum.*

(*c.*) DESIDERATIVA desinunt in

είω, ut δρασείω *facturio*, a δράω *facio*, Fut. δράσω.

ιάω, ut στρατηγιάω *exercitûs præfecturam affecto*, a στρα-
τηγέω *exercitum duco.*

Præterea a Perfectis Verborum interdum derivantur
alia Verba, ejusdem ferè significationis; ut θνήσκω,
Perf. τέθνηκα, unde τεθνήκω *morior;* imprimis apud
Epicos et *Doricos* Poëtas; ut κλάζω Perf. M. κέκληγα,
unde κεκλήγω *clamo.*

Sic δεδοίκω *timeo* a δέδοικα | πεφύγω *fugio* a πέφευγα
δεδύκω *subeo* a δέδυκα | πεφύκω *nascor* a πέφυκα.

ADVERBIA.

Adverbia plerumque derivantur a Nominibus, et significant Modum, vel Locum vel Tempus actionis.

§ 112. Adverbia, Modum significantia. (Lat. Gram. § 119.)

Derivata ab adjectivis, ferè desinunt in

ως, ut καλῶς *honestè*, a καλὸς. ἀληθῶς *verè*, ab ἀληθὴς. ὀξέως *acutè*, ab ὀξὺς. σωφρόνως *modestè*, a σώφρων. quibus addi potest οὕτω *sic*, ante consonantem abjecto s, pro οὕτως, ab οὗτος *hic*.

ι, ut ὀνομαστὶ *nominatim*, ab ὀνομαστὸς *nominatus*.

δην, ut λογάδην *selectè*, a λογὰς *selectus*, ἁρπάγδην *raptim*, ab ἅρπαξ *rapax*, κρύβδην et -δὰ *clam*, a κρυπτὸς *occultus*.

ίνδην, ut ἀριστίνδην *optimos eligendo*, ab ἄριστος *optimus*.

Obs. Nonnulla Adverbia in δην orta esse videntur a tertiâ personâ Singulari Perfecti Passivi Verborum ; ut ἀνέδην *remissè*, ab ἀνεῖται, Perf. Pass. Verbi ἀνίημι, ἄρδην *sublatè*, ab ἧρται, Perf. Pass. Verbi αἴρω.

Derivata a Substantivis ferè desinunt in

ει, ut ἀμαχεὶ *absque pugnâ*, a μάχη *pugna*.

ηδὸν, ut κυνηδὸν *canum more*, a κύων *canis*.

ἀγεληδὸν *gregatim*, ab ἀγέλη *grex*.

υδὸν, ut βοτρυδὸν *racematim*, a βότρυς *racemus*.

ιστὶ, ut ἀνδριστὶ *viriliter*, ab ἀνὴρ *vir*.

Σκυθιστί *Scytharum more*, a Σκύθης *Scytha*.

ξ, ut ἐναλλὰξ *alternatim*, ab ἐναλλαγὴ *immutatio*.

§ 113. Adverbia Locum significantia (Lat. Gram. § 80.)

(*a.*) denotant *quietem*, quæ desinunt in

θι, ut οἴκοθι *domi*, ab οἶκος *domus*.

χοῦ, ut πανταχοῦ
χῆ, ut πανταχῆ ⎬ *ubique*, a πᾶς *omnis*.

quibus addi possunt veteres Dativi Singulares in οι, ut οἴκοι *domi*, Ἰσθμοῖ *in Isthmo*, et Plurales in σι, ut Ἀθήνησι *Athenis*, Ὀλυμπίασι *Olympiæ*, θύρασι *foris*. Item

quædam in ω, a Præpositionibus derivata, ut ἄνω *suprà*,
ab ἀνὰ, κάτω, *infrà*, a κατὰ; sic εἴσω, ἔξω, πρόσω.

(*b.*) denotant *motum ad locum*, quæ desinunt in
δε, ut οἴκονδε et οἴκαδε *domum*, ab οἶκος *domus;*
   Ἀθήναζε pro Ἀθήνασδε *Athenas.*
σε, ut ἐκεῖσε *illuc*, ab ἐκεῖ *illic.*

(*c.*) denotant *motum de loco*, quæ desinunt in
θε, ut Εὐβοίηθε *ab Euboeá.*
θεν, ut οἴκοθεν *de domo*, ab οἶκος. *Conf.* § 29. *Obs. gen.* 2.

§ 114. Adverbia TEMPUS significantia (Lat. Gram.
§ 81.) desinunt in
άκις, ut πολλάκις, et abjecto s, πολλάκι *multoties*, a πολὺς
   multus. Cujusmodi omnia *repetitionem* denotant.
   Conf. § 36. (*b.*) *Obs. c.*

APPENDIX.

Cap. I.

Literarum Nexus et Contractiones.

Literarum nexus, qui Librariis festinantibus, tanquam viæ
compendiariæ, in usum venerunt, sunt fere hi;

·αι	αι	κ⊤	κατὰ	ου	σσ
∂ϳ	αλ	ω̃̃	μὰρ	ς	στ
αυ	αν	μ̃	μεθ	ςα	στα
ἄπο	ἀπο	μ̃ν	μεν	ς⸗	στι
γ̃	γὰρ	μ̃	μὲν	ⅹ	σχ
γ̃ν	γεν	κ⊤	μετὰ	⊃	ται
δ̃	δὲ	ὀῃ	οἷον	τ̃	ταῖς
ϩϳα	δια	⊕	ος	τ̃	τὴν
ει	ει	४	ου	τ̃	τῆς
ǫ	ει	ὅυ̃	οὗτος	τ̃	τὸν
〽ει̃)	εἶναι	ω̃∂α	παρα	τ̃	τοῦ
℔	ἐλ	ω̃ϛ	περ	τ४	τοῦ
ἐν	ἐν	ω̃ι	περι	ϟ	τρ
ἐ̃ξ	ἐξ	ω℘	προ	τ̃	τρ
℘	ερ	℮℘	ρο	τ̃℘	των
δυ	ευ	ℰ	σαν	τ̃	τῶν
ἰω	ην	∂	σθ	ұ	υι
κϳ	καὶ	∂ϳ	σθαι	υυ	υυ
ᷓ	καὶ	αω	σπ	̃ω	ὑπ

CAP. II.

EUPHONIÆ LEGES.

§ I. MUTÆ cum Mutis ejusdem generis facillimè congregantur, Tenuis cum Tenui, Media cum Mediâ, Aspirata cum Aspiratâ; sic ex ἑπτὰ fit ἕβδομος, ex ὀκτὼ fit ὄγδοος. Quod si in vocibus inflectendis, derivandis, vel componendis, binæ mutæ diversi generis conveniant, pro priore ejus Cognata ex genere posterioris substitui solet. Sic mutatur

(*a.*) Tenuis ante Mediam in Cognatam Mediam; ut
pro πλέκδην fit πλέγδην, pro ῥάπδος fit ῥάβδος.

(*b.*) Tenuis ante Aspiratam in Cognatam Aspiratam; ut
pro ἐτύπθην fit ἐτύφθην, pro ἐλέκθην fit ἐλέχθην.

Obs. Excipe Præpositionem ἐκ, quæ semper suam Tenuem retinet; ut ἐκδιδόναι, ἐκθεῖναι.

(*c.*) Aspirata ante Tenuem in Cognatam Tenuem; ut
pro τέτυφται fit τέτυπται, pro λέλεχται fit λέλεκται.

(*d.*) Aspirata ante Mediam in Cognatam Mediam; ut
pro γράφδην fit γράβδην.

Sive, ut rem clariùs ante oculos ponamus,

$$\left.\begin{array}{ll}\text{Tenuis} & \tau \\ \text{Media} & \delta \\ \text{Aspirata} & \theta\end{array}\right\} \text{solas præeuntes habet Cognatas suas} \left\{\begin{array}{l}\pi, \kappa \\ \beta, \gamma \\ \phi, \chi.\end{array}\right.$$

§ 2. ASPIRATÆ non geminantur, sed priorem locum obtinet Cognata Tenuis, sic Σαπφὼ non Σαφφὼ; præterquam in Passivis verborum terminationibus, quæ incipiunt a θ, ut ἐτύφθην, ἐλέχθην. Immò ne in eâdem quidem voce vel diversæ Aspiratæ possunt consistere, sed prior ferè mutatur in Cognatam Tenuem; sic θρὶξ facit Genitivum τριχὸς, pro θριχὸς; θύω facit Perfectum τέθυκα, pro θέθυκα; a *θέω fit τίθημι, pro θίθημι.

Obs. 1. Excipiuntur nomina composita, ut ἀνθοφόρος; Passivæ terminationes verborum, quæ incipiunt a θ, ut ἐχύθην a χέω (præter ἐτέθην a *θέω, ἐτύθην a θύω); et Adverbiorum terminationes in θεν, θι, ut πανταχόθεν.

Obs. 2. Interdum posterior Aspirata, non prior, mutatur in Cognatam Tenuem, ut τύφθητι pro τύφθηθι. *Conf.* p. 50. § 43. *Obs.* 9.

§ 3. LITERA σ, ex Mutis labialibus, ac gutturalibus, solas Tenues π, κ, ex lingualibus omninò nullam præeuntem fert; sic, τέρπω facit -ψω (*i. e.* -πσω), nec minùs τρίβω -ψω, γράφω -ψω, πλέκω facit -ξω (*i. e.* -κσω), nec minùs λέγω -ξω, βρέχω -ξω; sed ἀνύτω -σω non -τσω, ἐρείδω -σω non -δσω, πείθω -σω non -θσω; sic et φράζω -σω non -ζσω; item σῶμα Dat. Pl. -ασι non -τσι.

Porro ν, si præcedat, abjicitur; et præcedens vocalis vel ipsa producitur, vel mutatur in diphthongum; sic λέων facit Dat. Plur. λέουσι, pro -οντσι: σπένδω facit Fut. σπςίσω, pro σπένδσω; δείκνυμι tertiam Plur. δείκνῡσι pro -υντσι.

§ 4. LIQUIDA μ præeuntem Labialem sibi assimilat; sic λείπω, λέλειμ-μαι; τρίβω, τέτριμ-μαι; γράφω, γέγραμ-μαι: præeuntem Palatalem mutat in γ; sic

πλέκω, πέπλεγ-μαι; βρέχω, βέβρεγ-μαι: præeuntem Lingualem mutat in σ; sic

ἀνύτω, ἤνυσ-μαι; ἐρείδω, ἤρεισ-μαι; πείθω, πέπεισ-μαι.

Sic et φράζω, πέφρασ-μαι.

§ 5. LĬQUIDA ν ante Labialem, vel ψ, transit in μ; sic

συμπάσχω, ἐμβάλλω, συμφέρω, ἐμψύχω: ante Palatalem, vel ξ, transit in γ; sic

ἐγκαλῶ, συγγενὴς, συγχαίρω, συγξαίνω: ante Liquidas reliquas λ, μ, ρ, ipsa assimilatur; sic

συλλέγω, ἐμμένω, συρρίπτω: ante σ, et Duplicem ζ plerumque abjicitur; sic

συσπάω, συζυγία; αἰὼν in Dat. Plur. facit αἰῶσι, pro αἰῶνσι.

Obs. Excipiuntur nonnulla, ut πέφανσαι, ἕλμινς, et composita cum Præpositione ἐν, ut ἔνσπονδος.

§ 6. TRES CONSONANTES ne concurrant, σ sæpius ejicitur; ν mutatur aliquando in vocalem; sic

τέτυφθε pro τέτυφσθε, λελέχθαι pro λελέχσθαι, τετύφαται pro τέτυφνται. *Conf.* § 43. *Obs.* 7.

§ 7. Vocalis ε, posita inter duas liquidas, interdum in Mediam mutatur; ut μεσημερία, μεσημβρία; ἀνέρος, ἀνδρός.

CAP. III.

CONSPECTUS DIALECTICÆ VARIETATIS.

§ 1. DORICA Dialectus

ponit ā pro η, ut φάμα pro φήμη, ἁδύ pro ἡδύ, τεθνακὼς pro τεθνηκώς.

ᾱ — ω, in Gen. Plur. ut τᾶν μουσᾶν pro τῶν μουσῶν.

ᾰ — ā, in Acc. Plur. Secundæ Declinationis, ut βουλᾶς pro -ᾱς.

ᾰ — ε, ut ἔγωγα pro -γε, φρασὶν pro φρεσὶν ; σκιαρὸς pro σκιερὸς.

ε — ει, in Verbis, ut τύπτες pro -εις, ἄειδεν pro -ειν.

η — ει, ut κῆνος pro κεῖνος ; λαβῆν pro -εῖν κοσμῆν pro -εῖν.

ο — ου, præsertim in Acc. Plur. ut Θεὸς pro Θεούς.

ω — ου, ut μῶσα pro μοῦσα ; præsertim in Gen. Sing. et Acc. Plur. Tertiæ Declinationis, ut τῶ λόγω, τὼς λόγως.

αι — ā, ut ταῖς τιμαῖς pro τὰς τιμὰς ; τύψαις pro -ας.

οι — ου, ut τύπτοισα pro -ουσα ; Μοῖσα pro Μοῦσα.

κ — τ, ut πόκα pro ποτὲ.

ν — λ, in vocibus ἦνθον, et βέντιστος.

ξ — σ, in inflectione Verborum in ζω, ut καθίξας, ἁρμόξων.

τ — κ, ut τῆνος pro κῆνος, hoc est κεῖνος.

τ — σ, ut κάπετον, in 3 per. Sing. φατὶ, τίθητι.

ντ — σ, in 3 per. Plur. ut φαντὶ, φιλέοντι et -εῦντι.

σδ — ζ, ut μελίσδεν, συρίσδεν.

abjicit ο post ā in Μενέλας, Ποσειδᾶν.

§ 2. ÆOLICA

ponit ε pro ει, geminatā sequente consonante, ut φαεννὸς pro φαεινὸς, ἔμμα pro εἶμα.

ο — α, ut στροτὸς pro στρατὸς.

δ — γ, in δᾶ, et γ pro β in γλέφαρον (*Dor.*).

π.δ. — μ.τ., in πεδὰ pro μετὰ.

ππ — μμ, ὄππατα pro ὄμματα.

§ 3. Ionica

ponit ᾰ pro ε, ut τάμνω pro τέμνω, κτανῶ pro κτενῶ.

α — η, ut μεσαμβρίη (-α).

ε — ᾰ, ut κέρεος, ὀπέων, τέσσερες, ὀπέω, ἐπίστεαι, πλανέονται.

η — ᾱ, ut ἡμέρη, λίην, πρήσσω, ἠέρος.

η — αι, in Dat. Plur. Fem. μούσης pro μούσαις.

ι — ε, ut in ἱστίη pro ἑστίη hoc est -α.

ο — ω, ut ζοὴ pro ζωὴ; λαγὸς pro λαγὼς.

ω — ου, ut ὦν pro οὖν.

ηυ — αυ, ut νηῦς pro ναῦς.

ου — ο, ut μοῦνος pro μόνος; νοῦσος pro νόσος.

ωυ — αυ, ut θώυμα pro θαῦμα.

κ — χ, ut δέκομαι pro δέχομαι.

lenem consonantem pro asperâ, ut αῦτις pro αῦθις.

transponit aspiratam, ut κιθὼν pro χιτὼν; ἐνθαῦτα pro ἐνταῦθα.

contrahit εο in ευ, ut πλέονες, πλεῦνες; ποιέουσι -εῦσι.

οη — ω, in medio verborum, ut ἔβωσα pro ἐβόησα; ἔνωσα pro ἐνόησα; ἐβώθεε, ὀγδώκοντα, *Homer.* pro ἐβοήθει, ὀγδοήκοντα.

abjicit ε in οἰκὼς, ὀρτὴ, φοβέαι, ἡγέο.

ι — ἀπόδεξις, ἐπιτήδεος, βαθέη (*Ep.*).

inserit ε ante longam vocalem

(*a.*) in nonnullis Genit. quintæ Declinationis ante ω, atque in οὗτος et αὐτὸς, ante terminationes longas, ut ἀνδρέων, αὐτέων, τουτέου.

(*b.*) in verbis, ut ἱστέᾱς, τυπτέω, χρεώμενος, δυνέωμαι.

α in Verborum term. ante το, ut ἐβουλέατο.

resolvit Diphthongos et circumflexas vocales. *Vid.* p. 51. *Obs.* 9.

patitur Hiatum, ut φιλέεαι pro φιλῇ.

usu contractionum, et paragogici ν plerumque abstinet; ut πᾶσι ἔλεξα pro πᾶσιν ἔλεξα; nonnullas tamen contractiones amat, quibus etiam *Attica* abstinebat, ut ἱρὸς, ἱρεὺς pro ἱερὸς, ἱερεὺς; præcipue contractionem οη in ω in medio verborum βοᾶν et νοεῖν, ut ἐννενῶκα pro ἐννενόηκα. *Conf.* § 44. *Obs.* 6.

§ 4. Attica, Duplex est, Vetus et Nova:

(*a.*) *Vetus,* quæ, utpote ceteris usitatior ac perfectior, quasi
fundamentum Grammaticæ omnis ponitur:
ponit a pro αι, in ἀεὶ, ἀετὸς, κάω.
gaudet imprimis contractionibus.

(*b.*) *Nova,*
ponit η pro ει, ut κλῆθρα pro κλεῖθρα.
ρρ — ρσ, ut ἄρρην pro ἄρσην.
ττ — σσ, ut γλῶττα, πράττω (*Ion.*).
ττ — ζ, ut ἁρμόττειν, συρίττειν. *Vid.* p.62. § 47. *Obs.* 2.

§ 5. Epica
ponit ε pro ἄ, ut βέρεθρον, δύσετο, βήσετο, μενοίνετον.
ε — η, in Mod. Subj., ut εἴδετε, γέννεαι, ἄλεται.
ε — ει, ut βαθέης, ὠκέα, θηλέας, a Nom. in νς.
η — a, ut ἠνεμόεις ab ἄνεμος, ἠγάθεος.
η — ε, ut ἠΰ pro εὖ, ἠΰτε, βασιλήϊον (*Ion.*).
ο — ω, in Mod. Subj., ut θείομεν, εἴδομεν.
ο — ου, ut τρίπος, βόλεσθε.
υ — ο, in compositis, sic ἄλλυδις, διαπρύσιος.
ω — ο, ante vocales vel semivocales, ut Διώνυσος.
αι — ἄ, ut αἰεὶ, αἰετὸς, παραὶ, ὑπαὶ, καταιβάτης, ναίω.
ει — ε, ut κεινὸς (*Ion.*), εἴνεκα, πεῖρας, ὑπεὶρ, χρύσειος,
        τελείω, εἰοικὼς.
οι — ο, ut ἀγνοίῃ, πνοιὴ (*Ion.*) et in Gen. tertiæ
        Decl. βιοῖο, (βιοο).
ου — ο, ante semivocales, ut γούνατα, νοῦσος, οὔνομα,
        Οὔλυμπος, οὐλόμενος.
σ — ξ, ut συν pro ξυν.
præfigit ε ante ε, longâ syllabâ sequente, ut in ἔέρση, ἐείκοσι,
        μετέειπον, ἐέργει, ἐέλσαι, ἐέλδωρ.
    ante η, ut ἔηκα pro ἧκα.
    redupl. in Aorist. Secund. ut λελαβέσθαι λελαθέσθαι.

inserit a, ut in φάανθεν pro φάνθεν (pro ἐφάνθησαν)
    η, — in εὐηγενὴς, πολεμήϊος, πολιήτης.
    τ, — in πτόλις, πτόλεμος, et aliquando θ, ut in
        μαλθακός, διχθὰ.

abjicit *a*, ut στεροπὴ pro ἀστεροπὴ; εἰλήλουθμεν pro εἰληλούθαμεν

ε, — ῥύομαι pro ἐρύομαι; ἰδυῖα pro εἰδυῖα.

ι, — βαθέη pro βαθεῖα.

λ, — 'Αχιλεὺς pro 'Αχιλλεύς.

transponit ρ, in vocibus θάρσος, κραδίη, βάρδιστος, ἄταρπος.
geminat semivocales λ, μ, ν, ρ, σ;

(*a*.) post Augmentum, ut ἔλλαβον, ἔμμαθον, ἔννεον
a νέω; ἔρρεον, ἔσσευα. *Conf.* § 53. *Obs.* 1.

(*b*.) in compositis, ut νεόλλουτος (a νέος et λούω);
ἄμμορος, ἀννέφελος, ἐύσσελμος.

σ, (*a*.) in formatione Dativi in σι exeuntis, ut κύνεσσι, νέκυσσι; et in Futuro, atque Aoristo
Primo, ut φράσσομαι, κάλεσσα.

(*b*.) in medio quorundam vocabulorum, ut ὄσσον,
ὀπίσσω, πρόσσω, μέσσος, θυσσανόεις.

consonantes π in pronom. interrog., quæ ab ὁπ incipiunt, ut ὅππως.

δ in ἔδδεισεν.

κ in πελεκκάω.

τ in ὅττι, *quodcunque.*

CAP. IV.

Voces quæ pro diversitate Spiritûs diversam
vim habent.

ἁγνὸς, -ὴ, -ὸν *castus.*	αὐτὸς *ipse.*	ἕκτος *sextus.*
ἄγνος, -ου, ἡ, *vitex.*	αὐτὸς *idem.*	ἐκτὸς *extra.*
άδέω placeo.	ἧλος, ὁ, *clavus.*	ἧκα *lente.*
άδέω tædio afficior.	ἠλὸς, -ὴ, -ὸν *stolidus.*	ἧκα *misi.*
ἄδος, -ου, ὁ, *gaudium.*	ἴασι *eunt.*	ἥκιστος *dulcissimus.*
ἄδος, -εος, τὸ, *satietas.*	ἰᾶσι *mittunt.*	ἥκιστος *minimus.*
ἄζω *sicco.*	εἰλέω *volvo.*	ἧσαν *fuerunt.*
ἅζω *veneror.*	εἱλέω *calefacio.*	ἧσαν *miserunt.*
αἵμων *cruentus.*	εἴλησις *convolutio.*	ὀδὸς, ὁ, *limen.*
αἵμων *peritus.*	εἵλησις *calefactio.*	ὁδὸς *via.*
ἀλέω *colligo.*	εἴλη, ἡ, *agmen.*	οἶος *solus.*
ἀλέω *molo.*	εἵλη, ἡ, *splendor.*	οἷος *qualis.*
ἅλινος *salinus*	εἴργω *arceo.*	ὄσσος, τὸ, *oculus.*
ἄλινος *retibus ˉarens.*	εἵργω *includo.*	ὅσσος *quantus.*

CAP. V.

ACCENTÛS REGULÆ.

ACCENTUS duo sunt : Acutus ΄, et Circumflexus ˜.

Voces quæ in ultima Syllabâ acutum habent, vocantur *acuti-tonæ* (ὀξύτονα), quæ in penultimâ, *præacutitonæ* (παροξύτονα), quæ in antepenultimâ, *peracutitonæ* (προπαροξύτονα).

I. ACUTUS in fine dictionis invertitur, ut Θεὸς λέγει ; nisi ante colon, ut λέγει Θεός.

Si ultima syllaba sit *brevis,* acutus erit in antepenultimâ, ut ἄνθρωπος ; si *longa,* in penultimâ, ut ἀνθρώπου.

Obs. In πόλεως, ἀνώγεων, Μενέλεως, et similibus *Atticorum* formis, duæ ultimæ Syllabæ pro unâ habentur ; item in compositis a γέλως, κέρας, ἔρως, ut φιλόγελως, βούκερως, δύσερως.

Syllabæ αι et οι, in *fine* dictionis, pro *brevibus,* non *longis,* habentur, ut ἄνθρωποι, ἔχιδναι ; nisi in tertiâ personâ Singulari Optativi, ut φιλέοι, ποιήσαι.

Acuuntur fere in *ultimâ*

(*a*) Verbalia simplicia in μη, μος, της, τος, ut γραμμὴ, σπασμὸς, ποιητὴς, ποιητὸς, a γέγραμμαι, ἔσπασμαι, πεποίηται ; et in *a* et η, ut φορὰ, γραφὴ.

(*b*) Substantiva in ευς, ut βασιλεὺς ; in ας et ις quæ crescunt in άδος, ῖνος, ut λαμπὰς, Ἐλευσὶς ; deminutiva, patronymica, et gentilia in ις, ut νησὶς, Μινωῒς, Εὐβωῒς ; collectiva in ων, ut δενδρὼν *arboretum.*

(*c*) Adjectiva simplicia in ικος, νος, ρος, et υς, ut λογικὸς, δεινὸς, ἱερὸς, ὀξὺς.

(*d*) Numeralia in στος, ut πολλοστὸς.

(*e*) Participia Aoristi Secundi Activi, et Aoristi utriusque Passivi, ut τυπὼν, τυφθεὶς, τυπεὶς ; Participia Perfecti Activi et Perfecti Medii, ut τετυφὼς, τετυπὼς ; Verborum in μι Participia Activa, quæ a verbis in ω non formantur, ut τιθεὶς, στὰς, ζευγνὺς.

(*f*) Præpositiones dissyllabæ, ut περὶ ; adverbia in δον, ut κυνηδὸν ; et *Attica* pronomina et adverbia in ι, ut ὁδὶ, νυνὶ.

Obs. Præpositiones post casum suum positæ retrahunt accentum, ut Θεῶν ἄπο ; aut Verborum sensum complexæ, ut πάρα pro πάρεστι.

(*g*) Imperativi εὑρὲ, ἐλθὲ, εἰπὲ ; et *Attice* λαβὲ, ἰδὲ.

(*h*) Composita ab ἄγω, ποιέω, φέρω, ἔργον, οὖρος, ut λοχαγὸς. κ. τ. λ.
Acuuntur in *penultimá*

   (*a*) Verbalia in εος, ut τυπτέος, τυπτέα, τυπτέον.

   (*b*) Deminutiva in ισκος, et ιον, ut νεανίσκος, χωρίον.

   (*c*) Composita *active* significantia, ut μητροκτόνος *matricida ;*
      sed μητρόκτονος *a matre occisus.*

   (*d*) Monosyllaba composita in Imperativo, ut ἀπόδος.

   (*e*) Infinitivi omnes in ναι, penultimâ *brevi*, ut τετυφέναι, ἱστάναι.

   (*f*) Infinitivi Aoristi Primi Activi et Præteriti Passivi, nisi
      penultima sit longa naturâ, ut καλέσαι, τετύφθαι, sed πρᾶ-
      ξαι, στῆσαι ; et Infinitivi Aoristi Secundi Medii, ut τυπέσθαι.

   (*g*) Participia Præteriti Passivi, ut τετυμμένος ; et Neutra
      Participia omnia in ον, a Masculinis in ων, ut τυγχάνον.

   (*h*) Adverbia in αζε, οσε, οθι, οθεν, a nominibus acutis in ultimâ,
      ut Πλαταιάζε, οὐρανόσε, οὐρανόθι, οὐρανόθεν, a Πλαταιαὶ, οὐρανὸς.

II. CIRCUMFLEXUS oritur ex contractione duarum syllabarum,
quarum prior acuebatur ante contractionem ; ut φιλέω, φιλῶ,
φιλέοιμι, φιλοῖμι ; quare, si ultima syllaba sit brevis naturâ,
et penultima sit vel contracta, vel longa naturâ, circumflexus
erit in penultimâ ; ut θαῦμα, πρᾶγμα, αὖλαξ -ᾰκος.
Circumflectuntur in *ultimá*

   (*a*) Genitivi Plurales nominum Primæ et Secundæ Decli-
      nationis, ut μουσῶν, ταμιῶν (ex μουσάων, ταμιάων), et Geni-
      tivi et Dativi Singulares, Duales, Plurales substantivorum
      Trium priorum Declinationum, quæ acuuntur in Nomina-
      tivo ; ut a τιμὴ, τιμῆς, τιμῇ, τιμαῖν, τιμῶν, τιμαῖς ; ab οὐρα-
      νὸς, οὐρανοῦ, -ῷ, -οῖν, ῶν, -οῖς.

   (*b*) Futura Prima Activa Quartæ Conjugationis, ut σπερῶ.

   (*c*) Infinitivi Aoristi Secundi Activi, ut τυπεῖν (a τυπέειν) ;
      Imperativi Aoristi Secundi Medii, ut τυποῦ ; Subjunctivi
      utriusque Aoristi Passivi, ut τυφθῶ, τυπῶ.

Obs. 1. Nominativi *plurales* Primæ et Secundæ Declinationis eundem
accentum habent ac Nominativi *singulares*, ut ταμίας, ταμίαι, ἔχιδνα,
ἔχιδναι, præter πολίτης, πολῖται, et similia.

Obs. 2. Substantiva monosyllaba, crescentia in Genitivo, accentum
ferè habent in ultimâ, in Genitivis et Dativis omnium numerorum ; ut
χείρ, χειρὸς, χειρί, χειροῖν, χειρῶν, χερσί.

Enclitica rejiciunt accentum in ultimam syllabam vocis præcedentis, si non acuatur in penultimâ; ut ἄνθρωπός ἐστι, ἀνδρός ἐστι, sed ἀνθρώπου ἐστὶ, ἄνδρες φασὶν.

Enclitica sunt τις indefinitum, obliqui casus pronominum personalium, ut μου, σου, νιν, μιν, σφε; Indicativi Præsentes verborum εἰμι, φημι (exceptis secundis personis εἶ, φὴς, et si quando εἶμι significat *existere*); adverbia indefinita πως et similia; particulæ τε, γε, νυν pro οὖν.

Accentu carent οὐ, ὡς, εἰ, ἐν, ἐκ, ἐξ, εἰς, ἐς, nisi vel in fine orationis, vel cum substantivis suis postponuntur, et Nominativi ὁ, ἡ, οἱ, αἱ articuli præpositivi ὁ, ἡ, τὸ, ne confundantur cum ὃ, ἣ, οἳ, αἳ, a relativo ὃς *qui.*

Obs. Si eliditur acutus, rejicitur in penultimam, ut δείν' ἔπη, a δεινὰ ἔπη; sed in præpositionibus, et in ἀλλὰ, οὐδὲ, μηδὲ, ἠδὲ cum vocali amittitur.

VOCES QUÆ PRO DIVERSITATE ACCENTÛS DIVERSAM VIM HABENT.

ἄγων *agens.*	ἐξ *ex.*	νομὸς *tribus.*
ἀγὼν *certamen.*	ἔχθρα *inimicitia.*	οἶκοι *domicilia.*
ἀληθὲς *verum.*	ἐχθρὰ *inimica.*	οἴκοι *domi.*
ἄληθες; *itane?*	ἐγεῖραι 1. Aor. Inf.	ὅμως *attamen.*
ἄλλα *alia.*	ἐγείραι —— Opt.	ὁμῶς *una cum.*
ἀλλὰ *sed.*	ἔγειραι 1. A. Imp. Med.	οὗ *ubi.*
αὕτη *hæc.*	ἔπαινος *laus.*	οὐ *non.*
αὐτὴ *ipsa.*	ἐπαινὸς *verendus.*	πείθω *suadeo.*
βασίλεια *regina.*	ἦ *reverâ.*	πειθὼ *suadela.*
βασιλεία *regnum.*	ἢ *aut.*	ποῖος *qualis?*
βίος *vita.*	θέα *visus.*	ποιὸς *quispiam.*
βιὸς *arcus.*	θεὰ *dea.*	σῖγα *sile.*
βροτὸς *mortalis.*	θολὸς *fæx.*	σῖγα *silenter.*
βρότος *cruor.*	θόλος *fastigium.*	σιγᾷ *silet.*
δῆμος *populus.*	κάλως *funis.*	φόρος *tributum.*
δημὸς *pinguedo.*	καλῶς *pulcrè.*	φορὸς *ferax.*
εἰπὸν *dic.*	κεῖνος *ille.*	φῶς *lux.*
εἶπον *dixi.*	κεινὸς Ion. *vacuus.*	φὼς *homo.*
εἶμι *ibo.*	κῆρ *cor.*	ψύχη *frigora.*
εἰμὶ *sum.*	κὴρ *fatum.*	ψυχὴ *anima.*
εἷς, ἓν *unus -um.*	κούρη Ion. *puella.*	ὦμος *humerus.*
εἰς, ἐν *in.*	κουρὴ —— *tonsura.*	ὠμὸς *crudelis.*
ἐξ *sex.*	νόμος *lex.*	

CAP. VI.

CONSPECTUS CONTRACTIONIS.

(*a.*) α+α   = ᾱ   ut σέλαα,   = σελᾱ.
  ε+ε   = ει — φίλεε   = φίλει.
  ι+ι   = ῑ — Χίϊος   = Χῖος.
  ο+ο   = ου — νόος   = νοῦς.

(*b.*) α+ε ⎫ = ᾱ   — τίμαε   = τίμα.
  α+η ⎭   — τιμάητε   = τιμᾶτε.
  α+ι   = ᾳ — γήραϊ   = γήρᾳ.
  α+ο ⎫ = ω   — τιμάομεν   = τιμῶμεν.
  α+ω ⎭   — τιμάωμεν   = τιμῶμεν.
  α+ει ⎫ = ᾳ   — τιμάεις   = τιμᾷς.
  α+η ⎭   — τιμάῃς   = τιμᾷς.
  α+οι   = ῳ — τιμαοίμην   = τιμῴμην.
  α+ου   = ω — τιμάου   = τιμῶ.

(*c.*) ε+α   = η   — τείχεα   = τείχη ;
  sed in tertiâ Declin. ac præcedente vocali,
  ε+α   = ᾱ — ὀστέα   = ὀστᾶ, ὑγι -έα=ὑγι -ᾶ.
  ε+ι   = ει — τείχεϊ   = τείχει.
  ε+ο   = ου — φιλέομεν   = φιλοῦμεν.
  ε+ω   = ω — φιλέω   = φιλῶ.
  ε+αι   = η — τύπτεαι   = τύπτῃ.
  ε+ει   = ει — φιλέεις   = φιλεῖς.
  ε+η   = η — φιλέῃς   = φιλῇς.
  ε+οι   = οι — φιλέοις   = φιλοῖς.
  ε+ου   = ου — φιλέου   = φιλοῦ.

(*d.*) η+ε   = η   — ὑλήεσσα   = ὑλῆσσα.
  η+ι   = η — Θρήϊσσα   = Θρῆσσα.

(*e.*) ι+α ⎫ = ῑ   — πόλιας   = πόλῑς (*Ion.*)
  ι+ε ⎭   — ὄϊες   = οἶς.

(*f.*) ο+α   = ω — αἰδόα   = αἰδῶ.
  ο+ε   = ου — δήλοε   = δήλου.
  ο+η   = ω — δηλόητε   = δηλῶτε.
  ο+ι   = οι ut αἰδόϊ   = αἰδοῖ.

$o + \omega \quad = \omega \ \text{ut} \ \delta\eta\lambda\acute{o}\omega \quad = \delta\eta\lambda\hat{\omega}.$

$o + a\iota \quad = a\iota - \acute{a}\pi\lambda\acute{o}a\iota \quad = \acute{a}\pi\lambda a\hat{\iota}.$

$\left. \begin{array}{l} o + \epsilon\iota \\ o + \eta \\ o + o\iota \end{array} \right\} = o\iota \begin{array}{l} - \delta\eta\lambda\acute{o}\epsilon\iota \quad = \delta\eta\lambda o\hat{\iota}. \\ \to \delta\eta\lambda\acute{o}\eta \quad = \delta\eta\lambda o\hat{\iota}. \\ - \delta\eta\lambda\acute{o}o\iota \quad = \delta\eta\lambda o\hat{\iota}. \end{array}$

$o + ov \quad = ov - \delta\eta\lambda\acute{o}ov\sigma\iota \quad = \delta\eta\lambda o\hat{v}\sigma\iota.$

(g.) $\left. \begin{array}{l} v + a \\ v + \epsilon \\ v + \eta \\ v + \iota \end{array} \right\} = \bar{v} \begin{array}{l} - \iota\chi\theta\acute{v}a\varsigma \quad = \iota\chi\theta\hat{v}\varsigma. \\ - \iota\chi\theta\acute{v}\epsilon\varsigma \quad = \iota\chi\theta\hat{v}\varsigma. \\ - \delta\epsilon\iota\kappa\nu\acute{v}\eta\tau a\iota = \delta\epsilon\iota\kappa\nu\hat{v}\tau a\iota. \\ - \lambda\epsilon\lambda\acute{v}\ddot{\iota}\tau o \quad = \lambda\epsilon\lambda\hat{v}\tau o. \end{array}$

$v + \iota \quad = v\iota - \nu\acute{\epsilon}\kappa\ddot{v}\ddot{\iota} \quad = \nu\acute{\epsilon}\kappa\nu\iota, \ Epic.$

(h.) $\omega + a \quad = \omega - \mathring{\eta}\rho\omega a \quad = \mathring{\eta}\rho\omega \ Conf. \ \S \ 22. \ Obs. \ 2.$

$\omega + \iota \quad = \omega - \lambda\omega\ddot{\iota}\sigma\tau o\varsigma \quad = \lambda\hat{\omega}\sigma\tau o\varsigma.$

CAP. VII.
CONSPECTUS CRASEOS.

$o \ + o \quad = ov \ \text{ut} \ \tau\grave{o} \ \acute{o}\rho\theta\grave{o}\nu \quad = \tau o\grave{v}\rho\theta\acute{o}\nu.$

$o \ + a \quad = \bar{a} - \acute{o} \ \acute{a}\nu\grave{\eta}\rho \quad = \acute{a}\nu\grave{\eta}\rho.$

$o \ + v \quad = ov - \tau\grave{o} \ \mathring{v}\delta\omega\rho \quad = \theta o\mathring{v}\delta\omega\rho.$

$o \ + a\iota \quad = \mathring{a} - \tau\grave{o} \ a\mathring{\iota}\tau\iota o\nu \quad = \tau\mathring{a}\tau\iota o\nu.$

$o \ + av \quad = av - \tau\grave{o} \ a\mathring{v}\tau\grave{o} \quad = \tau a\mathring{v}\tau\grave{o}.$

$o \ + o\iota \quad = \omega - \acute{o} \ o\mathring{\iota}\nu o\varsigma \quad = \mathring{\omega}\nu o\varsigma.$

$\left. \begin{array}{l} \omega + \epsilon \\ \omega + o \end{array} \right\} = \omega \begin{array}{l} - \tau\grave{\omega} \ \acute{\epsilon}\rho\gamma\acute{a}\tau a \quad = \tau\grave{\omega}\rho\gamma\acute{a}\tau a. \\ - \tau\grave{\omega} \ \acute{o}\phi\theta a\lambda\mu\grave{\omega} = \tau\grave{\omega}\phi\theta a\lambda\mu\grave{\omega}. \end{array}$

$\left. \begin{array}{l} \omega + \epsilon \\ \omega + o \end{array} \right\} = \omega \begin{array}{l} - \tau\hat{\omega} \ \acute{\epsilon}\mu\hat{\omega} \quad = \tau\grave{\omega}\mu\hat{\omega}. \\ - \tau\hat{\omega} \ \mathring{o}\chi\lambda\omega \quad = \tau\mathring{\omega}\chi\lambda\omega. \end{array}$

$a\iota + o \quad = \omega - \kappa a\grave{\iota} \ \mathring{o}\tau\iota \quad = \chi\mathring{\omega}\tau\iota.$

$o\iota + a \quad = \bar{a} - \mu\acute{\epsilon}\nu\tau o\iota \ \mathring{a}\nu \quad = \mu\epsilon\nu\tau\mathring{a}\nu.$

$ov + a \quad = \bar{a} - \tau a\hat{v} \ \acute{a}\nu\delta\rho\grave{o}\varsigma \quad = \tau\acute{a}\nu\delta\rho\acute{v}\varsigma.$

$ov + \epsilon \quad = ov - \pi o\hat{v} \ \mathring{\epsilon}\sigma\tau\iota\nu \quad = \pi o\hat{v}\sigma\tau\iota\nu.$

$ov + \eta \quad = \eta - \tau o\hat{v} \ \acute{\eta}\mu\epsilon\tau\acute{\epsilon}\rho ov = \theta\grave{\eta}\mu\epsilon\tau\acute{\epsilon}\rho ov.$

$ov + o \quad = ov - \tau o\hat{v} \ \acute{o}\nu\acute{o}\mu a\tau o\varsigma = \tau o\mathring{v}\nu\acute{o}\mu a\tau o\varsigma.$

$ov + v \quad = ov - \tau o\hat{v} \ \mathring{v}\delta a\tau o\varsigma \quad = \theta o\mathring{v}\delta a\tau o\varsigma.$

$\eta \ + \eta \quad = \eta - \tau\hat{\eta} \ \acute{\eta}\mu\acute{\epsilon}\rho\alpha \quad = \theta\grave{\eta}\mu\acute{\epsilon}\rho\alpha.$

$\omega \ + o\iota \quad = \omega - \acute{\epsilon}\gamma\grave{\omega} \ o\mathring{\iota}\delta a \quad = \acute{\epsilon}\gamma\mathring{\omega}\delta a.$

$ov + ov \quad = ov - \tau o\hat{v} \ ov\rho a\nu o\hat{v} \quad = \tau o\grave{v}\rho a\nu o\hat{v}.$

$a\iota + \epsilon\iota \quad = \mathring{a} - \kappa a\grave{\iota} \ \epsilon\mathring{\iota}\tau a \quad = \kappa\mathring{a}\tau a.$

VOCABULARIUM.

SUBSTANTIVA.

Vocabula Primæ Declinationis.

In ας.

Βορέας *Boreas.*
βύας *bubo.*
κοχλίας *cochlea.*
λάας *lapis.*
Λοξίας *Apollo.*
νεανίας *juvenis.*
ὀρνῖθοθήρας *auceps.*

In ης.

ἀγύρτης *circulator.*
Ἅιδης *Pluto.*
ἀκροάτης *auditor.*
ἀρότης *arator.*
αὐλητὴς *tibicen.*
βούτης *bubulcus.*
δεσπότης *dominus.*
ἐρέτης *remex.*
Ἑρμῆς *Mercurius.*
θεάτης *spectator.*
θεριστὴς *messor.*
θηρευτὴς *venator.*
ἱππότης *eques.*
κιθαριστὴς *citharœdus.*
κλέπτης *fur.*
κτιστὴς *conditor.*
μαθητὴς *discipulus.*

ναύτης *nauta.*
νομοθέτης *legislator.*
οἰκέτης *domesticus.*
ὀρχηστὴς *saltator.*
ὀφειλέτης *debitor.*
παλαιστὴς *luctator.*
πελταστὴς *peltasta.*
Πέρσης *Persa.*
ποιητὴς *poëta.*
προφήτης *propheta.*
πύκτης *pugil.*
πωλητὴς *venditor.*
Σκύθης *Scytha.*
σκωπτὴς *cavillator.*
σοφιστὴς *sophista.*
τελώνης *publicanus.*
τεχνίτης *artifex.*
τοξότης *sagittarius.*
ὑποκριτὴς *actor.*
φυλέτης *tribulis.*
ὠνητὴς *emtor.*

Patronymica.

Ἀλκμαιωνίδης.
Ἀτρείδης.
Βορεάδης.
Ἡρακλείδης.

Ἱπποτάδης.
Κεκροπίδης.
Κρονίδης.
Μενοιτιάδης.
Παλλαντίδης.
Πανθοίδης.

Πηλείδης.
Πηληϊάδης.
Τελαμωνιάδης.
Τυδείδης.
Φερητιάδης.

VOCABULA SECUNDÆ DECLINATIONIS.

In α.

ἄελλα *procella.*
ἄκανθα *spina.*
ἄμιλλα *certamen.*
γλῶσσα *lingua.*
δόξα *opinio.*
ἔχιδνα *vipera.*
θάλασσα *mare.*
μάκελλα *ligo.*
μέλισσα *apis.*
μέριμνα *cura.*
παῦλα *quies.*
ῥίζα *radix.*
τράπεζα *mensa.*
χάλαζα *grando.*
χλαῖνα *tunica.*

In η.

ἀκοὴ *auditus.*
γαλῆ *mustela.*
γῆ *terra.*
γνώμη *opinio.*
δίκη *justitia.*
δίνη *vortex.*
εἰρήνη *pax.*
ἑορτὴ *festum.*
ζώνη *cingulum.*
ἡδονὴ *voluptas.*
θοίνη *convivium.*
κεφαλὴ *caput.*
λίμνη *palus.*
λύπη *dolor.*
νίκη *victoria.*

νύμφη *sponsa.*
ὀργὴ *ira.*
πλάνη *error.*
πύλη *porta.*
ῥώμη *vigor.*
σελήνη *luna.*
στέγη *tectum.*
σχολὴ *otium.*
ταραχὴ *turbatio.*
τέχνη *ars.*
τύχη *fortuna.*
ὕλη *lignum.*
φάτνη *præsepe.*
ψυχὴ *anima.*
ᾠδὴ *carmen.*
ὠλένη *cubitus.*
ὠτειλὴ *vulnus.*

In a purum.

ἄγνοια *ignorantia.*
ἀγυιὰ *vicus.*
ἀθυμία *animi dejectio.*
αἰτία *causa.*
ἀκρίβεια *accuratio.*
ἀλήθεια *veritas.*
ἀνδρεία *fortitudo.*
βασιλεία *regnum.*
βία *robur.*
βοήθεια *auxilium.*
γαῖα *terra.*
γενεὰ *generatio.*
δουλεία *servitus.*
ἐκκλησία *concio.*

ἐλαία oliva.
ἑστία focus.
εὐγένεια nobilitas.
εὐκλεία gloria.
εὐσέβεια pietas.
εὐτυχία felicitas.
ἡλικία adolescentia.
ἡνία habena.
ἡσυχία quies.
θυσία sacrificium.
ἱκετεία supplicatio.
κακία malitia.
κλισία tabernaculum.
λατρεία servitus.
μαλακία mollities.
μανία furor.
μωρία stultitia.
οἰκία domus.
ὁμιλία conversatio.
παιδεία educatio.
πενία paupertas.
σκιὰ umbra.
σοφία sapientia.

στοὰ porticus.
στρατιὰ exercitus.
ὑγίεια sanitas.
φιλία amicitia.
χρεία usus.

In α, præeunte ρ.

ἀγορὰ forum.
ἄγκῦρα anchora.
ἄρουρα arvum.
γέφῦρα pons.
ἡμέρα dies.
θύρα janua.
λαύρα vicus.
λέπρα lepra.
μοῖρα pars, fatum.
πλευρὰ latus.
σφαῖρα globus.
σφῦρα malleus.
φρουρὰ præsidium.
χαρὰ gaudium.
χώρα regio.
ὥρα tempus.

Vocabula Tertiæ Declinationis.

In ος.

ἄγγελος nuntius.
ἀετὸς aquila.
ἆθλος certamen.
ἄμπελος, ἡ, vinea.
ἄνθρωπος homo.
ἄργῑλος, ἡ, argilla.
ἄργυρος argentum.
ἄρριχος cophinus.
ἀτμὸς vapor.
αὐλὸς tibia.
βάρβιτος barbitus.
βάσανος, ἡ, lapis **Lydius**.
βίβλος, ἡ, liber.
βροτὸς mortalis.

βύσσος, ἡ, byssus.
βῶλος gleba.
γέρανος grus.
γνάθος, ἡ, maxilla.
γύψος, ἡ, gypsum.
δῆμος plebs.
διδάσκαλος magister.
δρόσος, ἡ, ros.
Εὖρος Eurus.
Ζέφυρος Zephyrus.
ἤπειρος, ἡ, terra continens.
Θεὸς, Deus; ἡ, Dea.
ἰατρὸς medicus.
καιρὸς opportunitas.
κάμινος, ἡ, **fornax**.

κασσίτερος *stannum.*
κέρασος *cerasus.*
κεραυνὸς *fulmen.*
κέρκος, ἡ, *cauda.*
κόπος *labor.*
κρύσταλλος, ἡ, *glacies.*
λόγος *sermo.*
μίλτος, ἡ, *minium.*
μόλυβδος *plumbum.*
νῆσος, ἡ, *insula.*
νόσος, ἡ, *morbus.*
Νότος *Notus.*
ὁδὸς, ἡ, *via.*
οἶμος, ἡ, *semita.*
οἶκος *domus.*
πύελος, ἡ, *pelvis.*
ῥινὸς, ἡ, *pellis.*
σίδηρος *ferrum.*
σπασμὸς *convulsio.*
στρατὸς *exercitus.*
φηγὸς, ἡ, *fagus.*
χαλκὸς *æs.*
χρυσὸς *aurum.*
ψῆφος, ἡ, *suffragium.*
ψίαθος, ὁ et ἡ, *teges.*

In ον.

ἆθλον *præmium certaminis.*
ἀργύριον *pecunia.*
ἄρθρον *artus.*
ἄριστον *prandium.*
ἄροτρον *aratrum.*
βάραθρον *fossa.*
δάπεδον *solum.*
δεῖπνον *cœna.*
δεσμωτήριον *carcer.*
δῶρον *donum.*
ἔργον *opus.*
ζυγὸν *jugum.*
ζῶον *animal.*
θέατρον *theatrum.*
ἱμάτιον *vestimentum.*
ἴον *viola.*
κέντρον *stimulus.*
μῆλον *pomum.*
μόριον *particula.*
ξύλον *lignum.*
οἰκίον *domicilium.*
παιδίον *puerulus.*
ῥόδον *rosa.*
φάρμακον *venenum.*
φορτίον *sarcina.*

VOCABULA QUINTÆ DECLINATIONIS.

In α, ι, υ.

γόνυ, ατος, *genu.*
δόρυ, ατος, *hasta.*
μέλι, ιτος, *mel.*
κῦμα, ατος, *fluctus.*
ὄνομα, ατος, *nomen.*
σῆμα, ατος, *signum.*
στόμα, ατος, *os (oris).*
τέρμα, ατος, *meta.*
φύτευμα, ατος, *planta.*
χεῖμα, ατος, *hyems.*
χρῶμα, ατος, *color.*
ψήφισμα, ατος, *decretum.*

In ν.

ἀγκὼν, ῶνος, *cubitus.*
ἀγὼν, ῶνος, *certamen.*
ἀηδὼν, όνος, ἡ, *luscinia.*
αἰὼν, ῶνος, *ævum.*
ἀκτὶν, ῖνος, ἡ, *jubar.*
ἄξων, ονος, *axis.*
αὐχὴν, ένος, *cervix.*
γέρων, οντος, *senex.*
γλωχὶν, ῖνος, ἡ, *acies.*
δαίμων, ονος, *genius.*
δελφὶν, ῖνος, *delphin.*
δράκων, οντος, *draco.*

Ἕλλην, ηνος, *Græcus.*

θεράπων, οντος, *servus.*

κανών, όνος, *canon.*

κώδων, ωνος, *campana.*

Λάκων, ωνος, *Lacon.*

λειμών, ῶνος, *pratum.*

λέων, οντος, *leo.*

λιμὴν, ένος, *portus.*

μὴν, μηνὸς, *mensis.*

παιὰν, ᾶνος, *pæan.*

ποιμὴν, ένος, *pastor.*

Σειρὴν, ῆνος, ἡ, *Siren.*

Τιτὰν, ᾶνος, *Titan.*

φρὴν, ενὸς, ἡ, *mens.*

χειμών, ῶνος, *hyems.*

χελιδών, όνος, ἡ, *hirundo.*

χὴν, ηνὸς, ὁ et ἡ, *anser.*

χθών, ονὸς, ἡ, *terra.*

χιτών, ῶνος, *tunica.*

χιών, όνος, ἡ, *nix.*

ὠδὶν, ῖνος, ἡ, *dolor.*

In ρ.

ἔαρ, αρος, τὸ, *ver.*

Κὰρ, αρὸς, *Car.*

νέκταρ, αρος, τὸ, *nectar.*

οὔθαρ, ατος, τὸ, *uber.*

ὄαρ, αρος, ἡ, *uxor.*

στέαρ, ᾶτος, τὸ, *sebum.*

φρέαρ, ἄτος, τὸ, *puteus.*

ψὰρ, αρὸς, *sturnus.*

ἀὴρ, έρος, *aër.*

αἰθὴρ, έρος, *æther.*

ἀορτὴρ, ῆρος, *lorum.*

ἀστὴρ, έρος, *stella.*

γαστὴρ, έρος, -τρὸς, ἡ, *venter.*

δαὴρ, έρος, *levir.*

θὴρ, ηρὸς, *fera.*

μυκτὴρ, ῆρος, *nasus.*

σπινθηρ, ῆρος, *scintilla.*

ἄορ, ορος, τὸ, *ensis.*

ἦτορ, ορος, τὸ, *cor.*

μάρτυρ, υρος, *testis.*

πῦρ, υρὸς, τὸ, *ignis.*

ἔλωρ, ωρος, τὸ, *præda.*

φὼρ, φωρὸς, *fur.*

φθεὶρ, ρὸς, *pediculus.*

χεὶρ, ρὸς, ἡ, *manus.*

In ς.

ἀνδριὰς, άντος, *statua.*

γίγας, αντος, *gigas.*

δᾶς, δαδὸς, ἡ, *tæda.*

ἐλέφας, αντος, *elephas.*

ἰκμὰς, άδος, ἡ, *humor.*

ἱμὰς, άντος, *lorum.*

λαμπὰς, άδος, ἡ, *lampas.*

λυκάβας, αντος, *annus.*

πέρας, ατος, τὸ, *finis.*

γόης, ητος, *incantator.*

λέβης, ητος, *pelvis.*

σὴς, σητὸς, *tinea.*

τάπης, ητος, *tapes.*

ἀκρὶς, ίδος, ἡ, *locusta.*

ἀσπὶς, ίδος, ἡ, *clypeus.*

αὐψὶς, ῖδος, ἡ, *testudo.*

βαλβὶς, ῖδος, ἡ, *mato.*

γλωχὶς, ῖνος, ἡ, *acies.*

δελφὶς, ῖνος, *delphin.*

ἐλπὶς, ίδος, ἡ, *spes.*

ἔρις, δος, ἡ, *lis.*

ἲς, ἰνὸς, ἡ, *fibra.*

κερκὶς, ίδος, ἡ, *tela.*

κηκὶς, ῖδος, ἡ, *nidor.*

κηλὶς, ῖδος, ἡ, *macula.*

κνημὶς, ίδος, ἡ, *tibiale.*

κρηπὶς, ῖδος, ἡ, *fundus.*

μέρμις, ῖθος, ἡ, *funis.*

ὄρνις, ῖθος, ὁ et ἡ, *avis.*

ῥαφανὶς, ῖδος, ἡ, *radicula.*

ῥὶς, ῥῖνὸς, ἡ, *nasus.*

Σαλαμὶς, ῖνος, ἡ, *Salamis.*

F

σφραγὶς, ῖδος, ἡ, sigillum.
φροντὶς, ίδος, ἡ, cura.
χάρις, ιτος, ἡ, gratia.
ψηφὶς, ῖδος, ἡ, calculus.
ὠδὶς, ῖνος, ἡ, dolor.
κώμυς, υθος, ἡ, fascis.
ἱδρὼς, ῶτος, sudor.
φὼς, φωτὸς, vir.
φῶς, φωτὸς, τὸ, lumen.
χρὼς, χρωτὸς, ὁ, cutis.
δαὶς, δαιτὸς, ἡ, epulum.
κλεὶς, κλειδὸς, ἡ, clavis.
κτεὶς, κτενὸς, pecten.
ελμινς, υθος, ἡ, tinea.
πείρινς, υθος, ἡ, crates.
Τίρυνς, υθος, Tiryns.

In ξ.

ἄναξ, ακτος, rex.
αῦλαξ, ακος, ἡ, sulcus.
δόναξ, ακος, arundo.
Θρᾷξ, ᾳκὸς, Thrax.
θώραξ, ᾱκος, ἡ, thorax.
ἱέραξ, ᾱκος, accipiter.
κλίμαξ, ακος, ἡ, scala.
οἴαξ, ᾱκος, gubernaculum.
πίναξ, ακος, tabula.
ῥὰξ, ῥαγὸς, ἡ, acinus.
φέναξ, ᾱκος, derisor.
ἀλώπηξ, εκος, ἡ, vulpes.
βηξ, βηχὸς, ἡ, tussis.
ἄϊξ, ἄικος, ἡ, impetus.
αἲξ, αἰγὸς, ἡ, capra.
βέμβιξ, ῑκος, ἡ, turbo.
θρὶξ, τριχὸς, ἡ, coma.

κύλιξ, ικος, calix.
μάστιξ, ῑγος, ἡ, flagrum.
πέρδιξ, ῑκος, ὁ et ἡ, perdix.
τέττιξ, ῑγος, cicada.
φοῖνιξ, ῑκος, palma arbor.
ψὶξ, ψιχὸς, ἡ, mica.
βόμβυξ, υκος, vermis.
κήρυξ, ῡκος, præco.
κόκκυξ, ῡγος, cuculus.
νὺξ, νυκτὸς, ἡ, nox.
ὄνυξ, υχος, unguis.
ὄρτυξ, υγος, coturnix.
πτέρυξ, υγος, ἡ, ala.
πτὺξ, υχὸς, ἡ, plica.
Στὺξ, γὸς, ἡ, Styx.
φάλαγξ, γγος, ἡ, phalanx.
φάραγξ, γγος, ἡ, vallis.
σάλπιγξ, γγος, tuba.
Σφὶγξ, γγὸς, ἡ, Sphinx.
φόρμιγξ, γγος, ἡ, cithara.
λάρυγξ, γγος, guttur.
λὺγξ, γγὸς, ἡ, singultus.
λὺγξ, γκὸς, ὁ et ἡ, lynx.
σὰρξ, κὸς, ἡ, caro.
φλὸξ, γὸς, ἡ, flamma.

In ψ.

γρὺψ, υπὸς, Gryphus.
γὺψ, υπὸς, vultur.
κατῆλιψ, πος et φος, ἡ, scala.
κώνωψ, ωπος, ὁ et ἡ, culex.
λαῖλαψ, απος, ἡ, turbo.
φλὲψ, βὸς, ἡ, vena.
ὢψ, ὀπὸς, vultus.

VOCABULA PRIMÆ DECLINATIONIS CONTRACTÆ.

In ης.

Ἱπποκράτης Hippocrates.
Περικλῆς Pericles.
Σοφοκλῆς Sophocles.
Σωκράτης Socrates.

In ος.

ἄγκος vallis.
ἄλγος mæror.
ἄλσος nemus.
ἄνθος flos.

ἄχθος *pondus.*
βάθος *profunditas.*
γένος *genus.*
ἔγχος *hasta.*
ἔδαφος *solum.*
ἔθνος *gens.*
ἔθος *consuetudo.*
ἦθος *mos.*
θέρος *æstas.*
θράσος *audacia.*
ἴχνος *vestigium.*
κέρδος *lucrum.*
κῆτος *balæna.*
κράτος *robur.*

κῦδος *decus.*
μέγεθος *magnitudo.*
μέλος *membrum.*
μένος *ira.*
μῆκος *longitudo.*
νεῖκος *rixa.*
νέφος *nubes.*
ξίφος *gladius.*
ὄρος *mons.*
ὄξος *acetum.*
ῥῖγος *rigor.*
τεῖχος *murus.*
ψύχος *frigus.*

VOCABULA SECUNDÆ DECLINATIONIS CONTRACTÆ.

In ις.

δάμαλις *juvenca.*
δύναμις *potestas.*
μάθησις *cognitio.*
μάντις *vates.*
ὄφις, ὁ, *serpens.*
ὄψις *vultus.*
λύσις *solutio.*
πίστις *fides.*
ποίησις *poësis.*
πόλις *civitas.*
πόσις *potus.*
πόσις *maritus.*
πρᾶξις *actio.*
τέρψις *delectatio.*
ὕβρις *superbia.*
φρόνησις *prudentia.*
φύσις *natura.*

In υς.

ἀχλὺς, ύος, ἡ, *caligo.*

βότρυς, υος, ὁ, *racemus.*
δρῦς, υὸς, ἡ, *quercus.*
ἔγχελυς, υος, ἡ, *anguilla.*
ἰλὺς, ύος, ἡ, *cœnum.*
ἰσχὺς, ύος, ἡ, *robur.*
μῦς, υὸς, ὁ, *mus.*
ὄϊζὺς, ύος, ἡ, *ærumna.*
ὀφρὺς, ύος, ἡ, *supercilium.*
πέλεκυς, εως, ὁ, *securis.*
πίτυς, υος, ἡ, *picea.*
πρέσβυς, εως, *senex.*
στάχυς, υος, ὁ, *spica.*
χέλυς, υος, ἡ, *testudo.*

In ι.

κόμμι *gumni.*
πέπερι *piper.*

In υ.

γένυ *mentum.*
μέθυ *vinum.*

VOCABULA TERTIÆ DECLINATIONIS CONTRACTÆ.

In εὺς.

βαφεὺς *tinctor.*

βραβεὺς *arbiter.*
γναφεὺς *fullo.*

F 2

γραφεὺς pictor.
ἑρμηνεὺς interpres.
ἱερεὺς sacerdos.
ἱππεὺς eques.
κεραμεὺς figulus.
ὀρεὺς mulus.
Πειραιεὺς Piræus.

πορθμεὺς portitor.
σπορεὺς sator.
φαρμακεὺς veneficus.
φονεὺς homicida.
φορεὺς bajulus.
χαλκεὺς faber ærarius.

VOCABULA QUARTÆ DECLINATIONIS CONTRACTÆ.

In ως.
ἠὼς aurora.

In ώ.
γληχὼ pulegium.

Γοργὼ Gorgo.
ἠχὼ Echo.
'Ἰὼ Io.
Λητὼ Latona.
πειθὼ suada.

VOCABULA QUINTÆ DECLINATIONIS CONTRACTÆ.

In ας.
γέρας -άος, præmium honoris.
γῆρας -άος, senectus.
δέπας -άος, poculum.
δέρας -άτος, pellis.

κρέας -άτος, caro.
οὖδας -εος, humus.
σέλας -αος, fulgor.
σφέλας scabellum.
τέρας -άτος, prodigium.

NOMINA ADJECTIVA.

PRIMA DECLINATIO.

ος, η, ον.
ἄλκιμος fortis.
ἁπαλὸς tener.
γυμνὸς nudus.
δῆλος clarus.
δειλὸς timidus.
δεινὸς dirus.
ἐσθλὸς bonus.
θερμὸς calidus.
ἱκανὸς aptus.
ἴσος æquus.
κοινὸς communis.
κομψὸς scitus.
κοῦφος levis.

κωφὸς hebes.
λευκὸς albus.
λοξὸς obliquus.
μέσος medius.
μεστὸς plenus.
μόνος solus.
νόμιμος legitimus.
ξύλινος ligneus.
ὀρεινὸς montanus.
πιθανὸς probabilis.
σεμνος venerabilis.
τυφλὸς cæcus.
φαεινὸς lucidus.
φυσικος naturalis.

χαλεπὸς molestus.
χρήσιμος utilis.
ψιλὸς nudus.
ὠμὸς crudus.
ὠφέλιμος utilis.

ος, ᾱ, ον,

ἀθρόος confertus.
ἀριστερὸς lævus.
ἀφαυρὸς debilis.
ἄγριος agrestis.
αἰδοῖος venerandus.
γενναῖος ingenuus.
γαῦρος arrogans.
δέξιος dexter.
δημόσιος publicus.
δίκαιος justus.
δροσερὸς roscidus.
ἐλαφρὸς levis.
ἐχυρὸς firmus.
ἐχθρὸς inimicus.
ἑσπέριος vespertinus.
ζοφερὸς caliginosus.
ζωὸς vivus.
θαλερὸς floridus.
θέσμιος legitimus.
θαρσάλεος audax.
ἱκέσιος supplex.
ἰσχῡρὸς fortis.
λεπρὸς leprosus.
λυγρὸς tristis.
μιαρὸς pollutus.
μικρὸς parvus.
νότιος humidus.
ὄμβριος pluvius.
παλαιὸς antiquus.
πετραῖος saxeus.
στερεὸς solidus.
τρομερὸς tremulus.
τρυφερὸς luxuriosus.
ὕπτιος supinus.

φλόγεος flammeus.
φοίνιος cruentus.
φαιδρὸς lucidus.
χρόνιος diuturnus.
χλωρὸς pallidus.
ψυχρὸς frigidus.

εις, εσσα, εν.

ἀστερόεις stellis plenus.
δενδρήεις nemorosus.
δινήεις vorticosus.
ἐρσήεις roscidus.
ἠχήεις resonans.
ἱμερόεις desiderabilis.
ἰχθυόεις piscosus.
θυήεις recolens suffimentis.
νιφόεις nivosus.
ὀφρυόεις excelsus.
πτερόεις velox.
ῥοδόεις rosaceus.
σκιόεις umbrosus.
ὑλήεις silvosus.
φωνήεις sonorus.
χαρίεις gratiosus.

ὓς, εῖα, ὺ.

αἰπὺς altus.
ἀμβλὺς hebes.
βαθὺς profundus.
βραδὺς tardus.
βραχὺς brevis.
βριθὺς gravis.
γλυκὺς dulcis.
δασὺς densus.
δριμὺς asper.
ἐλαχὺς parvus.
εὐθὺς rectus.
εὐρὺς latus.
ἡδὺς dulcis.
θῆλυς fœmineus.
θρασὺς audax.

ὀξὺς *acutus.*
παχὺς *crassus.*

τραχὺς *asper.*
ὠκὺς *celer.*

SECUNDA DECLINATIO.

ος, ον.

ἀγλαὸς *splendidus.*
ἀλαὸς *cæcus.*
αἴσιμος *fatalis.*
αἰώνιος *æternus.*
ἄρτιος *integer.*
βάρβαρος *barbarus.*
βέβαιος *firmus.*
γελάσιμος *ridiculus.*
δίδυμος *duplex.*
ἔκηλος *quietus.*
ἔνδοξος *nobilis.*
ἔρημος *solitarius.*
ἔτοιμος *promptus.*
ἔτυμος *verus.*
θανάσιμος *mortalis.*
ἥσυχος *tranquillus.*
καθάρσιος *expiatorius.*
καρφαλέος *siccus.*
κερτόμος *mordax.*
μόνιμος *stabilis.*
μόρσιμος *fatalis.*
νόθος *spurius.*
πελώριος *immanis.*
ῥᾴδιος *facilis.*
ῥᾴθυμος *remissus.*
σκυθρωπὸς *torvus.*
σύντομος *concisus.*

ης, ες.

ἀληθὴς *verus.*
ἀκριβὴς *accuratus.*
ἀκλεὴς *inglorius.*
ἀολλὴς *confertus.*
ἀπηνὴς *crudelis.*

ἀφελὴς *tenuis.*
ἀτρεμὴς *securus.*
ἀτρεκὴς *certus.*
ἀλσώδης *frondosus.*
δαψιλὴς *largus.*
δημώδης *popularis.*
ἐναργὴς *clarus.*
ἐπιτηδὴς *idoneus.*
θειώδης *sulphureus.*
θηριώδης *belluosus.*
θρομβώδης *grumi similis.*
θυμώδης *animosus.*
κομπώδης *sui jactabundus.*
λιπαρὴς *assiduus.*
ληρώδης *nugator.*
λυσσώδης *rabiosus.*
νημερτὴς *verus.*
πετρώδης *petrosus.*
πιμελὴς *pinguis.*
πλήρης *plenus.*
πρηνὴς *præceps.*
τρανὴς *perspicuus.*
φρικώδης *horribilis.*
χρειώδης *utilis.*
ψευδὴς *mendax.*
ψοφώδης *sonorus.*

ων, ον.

ἀμύμων *exculpatus.*
ἀλιτήμων *peccans.*
δαήμων *gnarus.*
δειδήμων *meticulosus.*
δηλήμων *nocivus.*
ἐλεήμων *misericors.*
εὐδαίμων *beatus.*
εὐσχήμων *decens.*

μνήμων memor.
μεθήμων negligens.
οἰκτίρμων misericors.

τλήμων patiens.
φράδμων solers.

TERTIA DECLINATIO.

ἀγνὼς, ῶτος ignarus.
αἴθων, ωνος ardens.
ἀργὴς, ῆτος albus.
δίπλαξ, ακος duplex.
λογὰς, άδος electus.
μελάγχρους, ωτος nigri coloris.
νομὰς, άδος in pascuis degens.
οἶνοψ, οπος vinei coloris.
πτὼξ, ωκὸς timidus.

σπορὰς, άδος dispersus.
τανυγλώχιν extensas habens cuspides.
τανύθριξ, τρῖχος hirsutus.
τρίκορυς, υθος tres cristas gestans.
φορβὰς, άδος gregalis.
φθινοπωρὶς, ίδος auctumnalis.
φωλὰς, άδος in lustris degens.

VERBA IN Ω.

PRIMA CONJUGATIO.

βλέπω A. 2. P. video.
δρέπω *δράπω A. 1. et 2. decerpo.
ἐρείπω *ἐρίπω A. 1. et 2. A. et P.; P. M. everto.
ἕρπω serpo.
θάλπω calefacio.
λάμπω P. M. luceo.
λείπω *λίπω A. 1. et 2.; P. M. linquo.
λέπω A. 2. P. excorio.
ῥέπω inclino.
σήπω P. M.; *σάπω A. 2. P. putrefacio.
τέρπω *τάρπω A. 1. et 2. P. et M. delecto.
ἀμείβω muto.
θλίβω A. 2. P. contero.
λείβω fundo.
ῥέμβω circumago.
στείβω *στίβω A. 2. A. P. et M. calco.
στίλβω illustro.

τρίβω A. 1. et 2. P. tero.
ἀλείφω *ἀλίφω A. 1. et 2. P. ungo.
γλύφω sculpo.
γράφω A. 2. P. scribo.
δέφω excorio.
ἐρέφω tego.
κάρφω sicco.
νίφω A. 2. ningo.
στέφω corono.
στύφω adstringo.
ἅπτω *ἅπω incendo.
ἀστράπτω *ἀστράπω fulguro.
βάπτω *βάφω A. 2. P. mergo.
βλάπτω *βλάβω A. 1. et 2. P. lædo.
δάπτω *δάπω voro.
δρύπτω *δρύφω lacero.
θώπτω *θώπω adulor.
ἰάπτω jacio.
καλύπτω *καλύβω tego.
κάμπτω *κάμπω flecto.
κάπτω *κάπω spiro.

κνάμπτω *κνάμφω flecto.

κνάπτω *κνάφω carpo.

ολάπτω *κολάφω tundo.

κόπτω *κόπω A. 2. P. ; P. M. seco.

κρύπτω *κρύβω A. 1. et 2. P. celo.

κύπτω *κύβω, κύφω, inclino.

μάρπτω *μάρπω A. 2. ; P. M. prehendo.

νίπτω *νίβω (Att. νίζω) abluo.

ὀλόπτω *ὀλόφω vello.

πέπτω *πέπω coquo.

ῥάπτω *ῥάφω A. 1. et 2. A.; A. 2. P. suo.

ῥίπτω *ῥίφω A. 2. P. prosterno.

ῥύπτω *ῥύπω purgo.

σκάπτω *σκάφω A. 2. P. fodio.

σκήπτω *σκήπω fulcio.

σκολύπτω *σκολύφω, -βω, evello.

σκώπτω *σκώπω cavillor.

τύπτω *τύπω A. 1. et 2. A.; A. 2. P. verbero.

χρίμπτω allido.

SECUNDA CONJUGATIO.

βρύκω mordeo.

δίκω jacio.

διώκω persequor.

εἴκω cedo.

ἕλκω, Augm. ει, traho.

ἐρύκω impedio.

ἥκω adveni.

κρέκω pulso.

πλέκω A. 2. P. necto.

τήκω P. M.; A. 2. P. liquefacio.

ἄγω A. 1. et 2. duco.

ἀμέλγω mulgeo.

ἀρήγω auxilior.

εἴργω arceo.

ἐπείγω urgeo.

ἐρεύγομαι eructo.

θέλγω mulceo.

θήγω acuo.

οἴγω, ἀνοίγω P. M.; A. 2. P. aperio.

ὀρέγω extendo.

πνίγω A. 2. P. suffoco.

στέγω tego.

στέργω P. M. desidero.

τρώγω A. 1.; *τράγω A. 2. A. et P. rodo.

φεύγω P. M.; A. 2. fugio.

φλέγω A. 2. P. uro.

φρύγω A. 2. P. torreo.

ψέγω A. 2. P.; P. M. vitupero.

ἄγχω strangulo.

ἄρχω impero.

βρέχω A. 2. P. irrigo.

βρύχω frendeo.

ἐλέγχω convinco.

λείχω lambo.

νήχω nato.

σμύχω *σμύγω; A. 2. P. attero.

σπέρχω urgeo.

στείχω *στίχω; A. 1. et 2. vado.

στενάχω gemo.

τεύχω *τύχω fabricor.

τρέχω curro.

τρύχω afflicto.

ψήχω frico.

ψύχω *ψύγω A. 1. et 2. P. refrigero.

αἰθύσσω calefacio.

αἱμάσσω cruento.

αἰνίττω occulto, innuo.

ἀΐσσω *ἀΐκω irruo.

ἀλλάσσω *ἀλλάγω A. 2. P. muto.

ἀνάσσω *impero.*
ἀράσσω *abscindo.*
ἀφάσσω (ἀφάω) *contrecto.*
ἀφύσσω *ἀφύω *haurio.*
βλίττω *βλίω *mel exprimo.*
δράσσω *prehendo.*
ἑλίσσω *ἑλίκω *volvo.*
ἐρέσσω (ἐρέθω) *remigo.*
θρυλλίσσω *collido.*
θωρήσσω *θωρήκω *armo.*
θωΰσσω *clamo.*
ἱμάσσω (ἱμάω) *cædo.*
κηρύσσω *κηρύκω *prædico.*
κορύσσω *armo.*
λαφύσσω *deglutio.*
λιμώσσω *esurio.*
μαλάσσω *μαλάκω *mollio.*
μάσσω *μάγω *abstergo.*
μορύσσω *μορύχω *inquino.*
νάσσω *νάκω *æquo.*
νύσσω *pungo.*
ὀρύσσω *ὀρύγω, ὀρύχω, *fodio.*
παλάσσω *παλάχω *contamino.*
πάσσω *inspergo.*
πατάσσω *πατάγω *percutio.*

πήσσω *πήγω, P. M.; A. 2. P.
 coagulo.
πλάσσω *fingo.*
πλήσσω *πλήγω A. 2. P. *frango.*
πλίσσω *πλίκω, πλίχω, *gradior.*
πράσσω *πράγω P. M. *ago.*
πτήσσω *πτήκω P. M.; A. 2. *expavesco.*
πτίσσω *pinso.*
πτύσσω *πτύχω *complico.*
πυρέσσω *febricito.*
σάττω *σάκω *onero.*
σπαράσσω *lacero.*
σταλάσσω *σταλάγω *stillo.*
συρίττω *συρίγγω *fistulo.*
σφάττω *σφάγω A. 1. et 2. P.
 macto.
ταράσσω *ταράχω *turbo.*
τάσσω *τάγω A. 1. et 2. P.
 ordino.
τυλίττω *perscrutor.*
φαρμάσσω *φαρμάκω *tingo.*
φοινίσσω *φοινίκω *rubefacio.*
φράσσω *φράγω *sepio.*
φρίσσω *φρίκω P. M. *horreo.*

TERTIA CONJUGATIO.

ἀνύτω *perficio.*
ἀρύτω *haurio.*
ἐρείδω *fulcio.*
ἥδω *delecto.*
σπεύδω *propero.*
φείδομαι *parco.*
κεύθω P. M.; A. 2. *occulto.*
κλώθω *neo.*
πείθω A. 1. et 2. A. et M. *persuadeo.*
πέρθω *πράθω A. 2. *deleo.*
πλήθω P. M. *impleo.*
πύθω *putrefacio.*
αἰχμάζω *hastam mitto.*

ἀκμάζω *maturesco.*
ἀλαλάζω *ejulo.*
ἀλαπάζω *diripio.*
ἀναγκάζω *cogo.*
ἀντιάζω *occurro.*
ἁρπάζω *ἁρπάγω *rapio.*
αὐγάζω *illustro.*
βαστάζω *βαστάγω *bajulo.*
βιβάζω *venire facio.*
γυμνάζω *γυμνάδω *exerceo.*
δελεάζω *inesco.*
δικάζω *judico.*
δοιάζω *dubito.*
δοκιμάζω *probo.*

δοξάζω *laudo.*
εἰκάζω *assimilo.*
ἑορτάζω *festum celebro.*
ἐπηρεάζω *vexo.*
ἐτάζω *examino.*
ἑτοιμάζω *paro.*
εὐνάζω *sopio.*
θοάζω *celeriter moveor.*
ἰκμάζω *humecto.*
κλάζω *κλάγω A. 1. et 2.; P. M. clango.*
κολάζω *punio.*
κράζω *κράγω A. 2.; P. M. clamo.*
κραυγάζω *vociferor.*
κορηβάζω *cornibus pugno.*
κωμάζω *choreas ago.*
λιάζομαι *evado.*
λιθάζω *λιθάδω lapido.*
ὀλβίζω *beo.*
ὀνομάζω *nomino.*
ὀπάζω *ὀπάδω præbeo.*
ὀργάζω *ὀργάδω instigo.*
οὐτάζω *vulnero.*
πελάζω *πελάθω appropinquo.*
πλάζω *πλάγχω errare facio.*
πλησιάζω *appropinquo.*
σκάζω *claudico.*
σκεδάζω *dispergo.*
σκενάζω *σκενάδω·instruo.*
σπουδάζω *festino.*
στάζω *στάγω stillo.*
στεγάζω *tego.*
στιβάζω *στιβάδω calco.*
σφαδάζω *pedes jacto.*
σχάζω *σχάδω pungo.*
σχεδιάζω *σχεδιάδω temere ago.*
τωθάζω *dicteriis incesso.*

φοιβάζω *φοιβάδω vaticinor.*
φράζω *φράδω, A. 1. et 2. dico.*
χάζομαι *χάδω, A. 1. et 2. M. recedo.*
πιέζω *premo.*
ῥέζω *ῥέγω facio.*
αἰκίζω *indigne afficio.*
βαδίζω *ingredior.*
γνωρίζω *noscito.*
ἐθίζω *assuefacio.*
ἐλπίζω *ἐλπίδω spero.*
ἐρίζω *contendo.*
κνίζω *κνίδω seco.*
κομίζω *κομίδω veho.*
κτίζω *condo.*
νομίζω *existimo.*
ὀνειδίζω *convitior.*
ὁπλίζω *armo.*
ὁρίζω *termino.*
πορίζω *suppedito.*
σαλπίζω *σαλπίγγω buccino.*
στηρίζω *στηρίγω figo.*
συρίζω *συρίγω sibilo.*
σχίζω *σχίδω findo.*
τρίζω *τρίγω P. M. murmuro.*
ὑβρίζω *ὑβρίδω contumeliá afficio.*
φροντίζω *φροντίδω curo.*
ψηφίζω *ψηφίδω decerno.*
παίζω *παίγω ludo.*
δανείζω *fœnero.*
ἁρμόζω *ἁρμόδω apto.*
δεσπόζω *δεσπότω dominor.*
ἀθροΐζω *congreyo.*
βλύζω *scaturio.*
κλύζω *κλύδω abluo.*
σφύζω *σφύκω palpito.*

QUARTA CONJUGATIO.

ἀγάλλω *orno.*
ἀγγέλλω A. 1. et 2. A.; A. 2. P. *nuntio.*

ἀσχάλλω *mœreo.*
βάλλω A. 2. *jacio.*
βδάλλω *sugo.*

δαιδάλλω vario.
εἴλω congrego.
θάλλω A. 2.; P. M. vireo.
ἴλλω oculis conniveo.
ὀφείλω A. 2. debeo.
ὀφέλλω A. 2. augeo.
πάλλω A. 1. et 2. A. et M. vibro.
ποικίλλω variego.
στέλλω A. 1. et 2. P. apparo.
σφάλλω A. 1. et 2. A.; A. 2. P. fallo.
τέλλω perficio, orior.
τίλλω vellico.
ψάλλω fidibus cano.
βρέμω murmuro.
γέμω plenus sum.
δέμω P. M. ædifico.
νέμω distribuo.
τρέμω horreo.
μένω maneo.
στένω gemo.
ἀσθμαίνω anhelo.
αὐαίνω sicco.
δειμαίνω timeo.
εὐφραίνω exhilaro.
θερμαίνω calefacio.
ἰαίνω exhilaro.
ἰσχναίνω emacio.
καίνω A. 2. perimo.
κερδαίνω lucror.
κραίνω perficio.
λεαίνω lævigo.
λευκαίνω dealbo.
μαραίνω flaccidum reddo.
μιαίνω inquino.
ξαίνω rado.
ὀλισθαίνω A. 1. et 2. labor.
περαίνω finio.
πημαίνω lædo.
πιαίνω pinguefacio.
πικραίνω exacerbo.

ῥαίνω aspergo.
σαίνω blandior.
σημαίνω signo.
τεκταίνομαι fabricor.
τετραίνω perfero.
ὑγιαίνω sanus sum.
ὑφαίνω texo.
φαίνω P. M.; A. 1. et 2. P. ostendo.
χραίνω coloro.
ἀλεείνω evito.
κτείνω P. M.; A. 1. et 2. A. interficio.
τείνω tendo.
κλίνω A. 1. et 2. P. inclino.
κρίνω judico.
ὀρίνω excito.
τίνω luo.
ὠδίνω parturio.
κάμνω A. 2. laboro.
τέμνω A. 2. seco.
ἐλαύνω * ἐλάω agito.
ἀβρύνω orno.
αἰσχύνω contemno.
ἀλγύνω dolore afficio.
ἀμβλύνω obtundo.
ἀμύνω arceo.
βραδύνω cunctor.
δηθύνω tardo.
εὐθύνω complano.
θαρσύνω fiduciam affero.
ἰθύνω dirigo.
λαμπρύνω clarum reddo.
μηκύνω prolongo.
μολύνω contamino.
ὀξύνω acuo.
ὀτρύνω incito.
πλύνω lavo.
πραΰνω lenio.
ταχύνω accelero.
ἀγείρω A. 2. M. congrego.

F 5

ἀθύρω *lusito.*
αἴρω A. 2. M. *tollo.*
ἀσπαίρω *singultio.*
δέρω A. 2. P.; P. M. *excorio.*
ἱμείρω *desidero.*
καθαίρω *purgo.*
κείρω A. 2. P. *tondeo.*
οἰκτείρω *commiseror.*

πείρω A. 1. et 2. *transfodio.*
σπαίρω *palpito.*
σπείρω A. 2. P. *semino.*
σύρω A. 2. P. *traho.*
τεκμαίρω *probo.*
φθείρω P. M.; A. 2. P. *corrumpo.*

QUINTA CONJUGATIO.

ω.

ἀκούω *audio.*
γεύω *gustare facio.*
δακρύω *fleo.*
δεύω *rigo.*
δουλεύω *servio.*
θραύω *frango.*
θύω *suffio.*
ἱδρύω *statuo.*
ἰσχύω *possum.*
κινδυνεύω *periclitor.*
κλείω *claudo.*
κολούα *amputo.*
κρούω *ferio.*
κωλύω *impedio.*
λύω *solvo.*
μηνύω *indico.*
ναίω *habito.*
νεύω *nuo.*
παλαίω *luctor.*
παιδεύω *erudio.*
παύω *cessare facio.*
πιστεύω *fidem habeo.*
πορεύω *trajicio.*
πρίω *serro.*
πταίω *offendo.*
πτύω *expuo.*
σείω *concutio.*
στρατεύω *milito.*
τία *æstimo.*

ὕω *pluo.*
φυτεύω *planto.*
χορεύω *salto.*
χρίω *ungo.*
ψαύω *tango.*

άω.

ἀγαπάω *diligo.*
αἰτιάομαι *causam attribuo.*
ἀκροάομαι *audio.*
ἀλάομαι *vagor.*
ἀλοάω *trituro.*
ἀμάω *meto.*
ἀνιάω *mœrore afficio.*
ἀπαντάω *occurro.*
ἀπατάω *fallo.*
ἀράομαι *precor.*
ἀρτάω *suspendo.*
βοάω *clamo.*
βροντάω *tono.*
γελάω *rideo.*
γεννάω *gigno.*
δαπανάω *sumtus facio.*
διαιτάω *alo.*
διψάω *sitio.*
δράω *facio.*
ἐάω *sino.*
ἐγγυάω *spondeo.*
ἐράω *amo.*
ἐρευνάω *investigo.*
ἐρυθριάω *rubefio.*

ἐρωτάω quæro.
ἑστιάω convivio excipio.
ζάω vivo.
ἡβάω adolesco.
ἡττάω supero.
θεάομαι contemplor.
θηράω venor.
θλάω frango.
θαμάω suffio.
ἰάομαι medeor.
ἱμάω haurio.
καυχάομαι glorior.
κλάω A. 1. et 2. frango.
κνάω A. 1. et 2. scalpo.
κοιμάω sopio.
κολλάω glutino.
κολυμβάω nato.
λωφάα respiro.
μηχανάομαι molior.
νικάω vinco.
ὀπτάω asso.
ὁρμάω impello.
πειράω tento.
πλανάω errare facio.
σιωπάω sileo.
τιμάω honoro.
τολμάω audeo.
τρυπάω perforo.
φοιτάω ventito.
φυσάω inflo.
χαλάω laxo.
ψάω abstergo.

έω.

ἀγνοέω ignoro.
ἀδικέω injuriâ afficio.
ἀλγέω doleo.
ἀμφισβητέω ambigo.
ἀριθμέω numero.
ἀρκέω arceo.
ἀσκέω exerceo.

αὐλέω tibiâ cano.
βουκολέω pasco.
δηλέω lædo.
διακονέω ministro.
ἐγχειρέω tracto.
ἐλεέω miseror.
ἐνοχλέω turbo.
ἐπιθυμέω cupio.
εὐεργετέω benefacio.
εὐσεβέω colo.
εὐωχέω convivio accipio.
ζέω ferveo.
ζητέω quæro.
ἡγέομαι duco.
θαρρέω confido.
θρηνέω lamentor.
ἱστορέω inquiro.
κεντέω stimulo.
κινέω moveo.
κοινωνέω communico.
κορέω satio.
κοσμέω orno.
κρατέω fortiter impero.
κτυπέω A. 2. strepito.
λιπαρέω persevero.
λυπέω dolore afficio.
μαρτυρέω testor.
μετρέω metior.
μισέω odi.
νοέω intelligo.
ξέω polio.
οἰκέω habito.
πωλέω vendo.
τελέω finio.
τηρέω observo.
φθονέω invideo.
χωρέω vado.

όω.

αἱματόω cruento.
ἀκριβόω exquiro.

ἀξιόω *dignor.*
ἀρόω *aro.*
βιόω A. 1. et 2. *vivo.*
δεξιόομαι *dextram jungo.*
δηλόω *declaro.*
δουλόω *servum facio.*
ἐναντιόομαι *adversor.*
ἐρημόω *vasto.*
ζηλόω *æmulor.*
ζημιόω *punio.*
ἡμερόω *mansuefacio.*
θυμόω *incito.*

ἱδρόω *sudo.*
κακόω *infesto.*
κληρόω *sorte lego.*
κοινόω *communico.*
ὀρθόω *erigo.*
πληρόω *impleo.*
πτερόω *alatum facio.*
ῥιζόω *radicor.*
σημειόω *signo.*
στεφανόω *corono.*
τρυχόω *attero.*
χειρόω *domo.*

VERBA IN MI.

μι, μαι.

ἄγαμαι *admiror.*
δίζημαι *quæro.*
δύναμαι *possum.*
ἐπίσταμαι *scio.*
ἵπταμαι A. 2. A. et M. *volo.*
ἴσημι *scio.*
ἵστημι *statuo.*
κίχρημι *utendum do.*
μάρναμαι *pugno.*
πετάννυμι *pando.*
πίμπλημι A. 1. et 2. M. *impleo.*
πίμπρημι *incendo.*
πρίαμαι *emo.*
*τλῆμι, *τλάω A. 2.; P. M.
Sync. *perfero.*
τίθημι A. 1. et 2. A. et M. *pono.*
δίδωμι A. 1. et 2. A.; A. 2. M. *do.*
ὄνομαι *vitupero.*

ἄγνυμι A. 2. P.; P. M. *frango.*
δείκνυμι *ostendo.*
εἴργνυμι *cohibeo.*
ζεύγνυμι A. 1. et 2. P. *jungo.*
ζώννυμι *cingo.*
καίνυμαι *vinco.*
κεράννυμι *misceo.*
κορέννυμι *saturo.*
κρεμάννυμι *suspendo.*
μίγνυμι A. 1. et 2. P. *misceo.*
ὄλλυμι A. 2. M.; P. M. *perdo.*
ὄμνυμι *juro.*
ὄρνυμι A. 2. M. *excito.*
πήγνυμι A. 1. et 2. P. et M.;
P. M. *compingo.*
ῥήγνυμι A. 2. P.; P. M. *rumpo.*
ῥώννυμι *corroboro.*
σβέννυμι *exstinguo.*
σκεδάννυμι *dispergo.*
στορέννυμι *sterno.*
χρώννυμι *coloro.*
χώννυμι *aggerem duco.*

SYNTAXIS VOCUM.

DE ARTICULO.

§ 115. Articulus ferè additur Nominibus demonstrationis, distinctionis, eminentiæ gratiâ, interdum etiam irrisionis ; ut

ὁ ἄνθρωπος, *homo, is* sc. *quem scis*, vel *de quo dicitur*.
οἱ ἄνθρωποι, *homines,* sc. *genus humanum, non belluæ.*
τὸ ἀγαθόν, *summum bonum.* οἱ πολλοί, *plerique.*
ἣ τοῦ καλοῦ σοῦ προὔθανεν νεανίου,
quæ pro te pulcro scilicet adolescentulo mortua est.
Eur. Alcest. 714.

Obs. 1. Articulus etiam Propriis Nominibus, iisque quæ *materiam,* aut *notionem,* quæ dicitur, *abstractam* significant, præponi solet ; ut
ὁ Σωκράτης, αἱ 'Αθῆναι ; ὁ χρυσός, ἡ ἀρετή, ἡ φιλία.
Quod si Nomini Proprio aliud nomen *apponitur*, omittitur Articulus ; ut
Σωκράτης ὁ φιλόσοφος, *Socrates* ille *Philosophus.*

Obs. 2. Articulus sæpe vice fungitur Pronominis Possessivi ; ut
ἄδικον τὸ λυπεῖν τοὺς φίλους ἑκουσίως,
amicos tuos sponte lædere injustum est. Gnom. Monost. 510.

Obs. 3. Articulus interdum distributioni inservit ; ut
ὁ Κῦρος ὑπισχνεῖται ἡμιόλιον πᾶσι δώσειν οὗ πρότερον ἔφερον, ἀντὶ δαρεικοῦ τρία ἡμιδαρεικὰ τοῦ μηνὸς τῷ στρατιώτῃ, *Cyrus se stipendii, quod prius ferebant, sesquiplum omnibus daturum pollicetur, nimirum pro darico tres dimidiatos daricos singulis in mensem militibus.* Xen. Anab. i. iii. 21.

§ 116. Articulus præpositus distinguit *Subjectum* a *Prædicato* ; ut
νὺξ ἡ ἡμέρα ἐγένετο, *dies factus est nox.* Herod. i. 102.

Obs. 1. Interdum tamen omittitur Articulus ante *Subjectum ;* ut
οὐκ ἄρα σωφροσύνη ἂν εἴη αἰδώς, *ergo temperantia pudor non erit.* Plat. Charm. 161 A.

Obs. 2. Substantivo si præponitur Articulus, non autem Adjectivo, Adjectivum pro Prædicato accipiendum ; ut
οὐ γὰρ βάναυσον τὴν τέχνην ἐκτησάμην,
non enim illiberalis hæc ars est, quam exerceo. Soph. Aj. 1094.

§ 117. Articulus in neutro genere positus cuilibet

dictioni præfigi potest, ut ipsam dictionem significari
ostendat ; ut

τὸ ἄνθρωπος, *i. e.* hæc dictio ἄνθρωπος.

Obs. Idem etiam interdum cum orationis membro construitur, imprimis
apud recentiores ; ut
ἐζήτουν τὸ πῶς ἀνέλωσιν αὐτὸν, *quærebant quomodo eum interficerent.*
S. Luc. xxii. 2.

§ 118. Articulus, ut in priscâ linguâ pronomen erat
potius quàm Articulus, (§ 13. *Obs.* 1.), ita in linguâ recentiori Pronominis vim habebat cùm Demonstrativi,
tum etiam Relativi.

(*a.*) Demonstrativi passim, præsertim in oratione distributâ, et sequentibus particulis μὲν, δὲ, γὰρ ; ut

ὁ μὲν νεὼς σῆς ναυβάτης, ὁ δ' ἀλλόθρους,
hic *quidem navis tuæ socius,* ille *autem exterus.* Soph.
Phil. 536.

ἀνὴρ γυνή τε χῶτι τῶν μεταίχμιον,
vir mulierque et quicquid illorum *medium est.* Æsch.
Sept. 179.

(*b.*) Relativi sæpissime in Ionico et Dorico sermone,
nonnunquam etiam in Attico apud Tragicos Poetas ; ut

τὰ μὲν 'Οτάνης εἶπε .. λελέχθω κάμοὶ ταῦτα, *quæ
Otanes dixit, ea mihi quoque dicta sunto.* Herod. iii. 81.

σόφισμα, τῷ νιν αὐτίχ' αἱρήσειν δοκῶ,
dolus, quo *me illum mox capturum arbitror.* Soph.
Phil. 14.

§ 119. Articulus sæpe asciscit Genitivum, subaudito
suo nomine, præsertim ubi affinitas vel possessio indicatur ; ut

εἰ Ζεὺς ἔτι Ζεὺς, χὼ Διὸς Φοῖβος σαφὴς (sub. παῖς),
si Jupiter adhuc *est Jupiter, et Jovis* filius *Apollo
verax.* Soph. Œd. Col. 623.

συλῶντα τάμὰ καὶ τὰ τῶν Θεῶν (sub. χρήματα),
spoliantem meas et Deorum possessiones. Soph. Œd.
Col. 926.

Obs. Huc refer usum Neutrius Articuli qui frequens est ejusmodi, ut
interdum circumlocutioni, interdum amplificationi, interdum etiam brevi-
loquentiæ inserviat; ut

ἐγὼ φράσαιμ' ἂν, εἰ τὸ τῶνδ' εὔνουν πάρα,

ego dicam, si hæ (mulieres) *benevolentes adsunt.* Soph. Electr. 1203.

φέρ', ὦ τέκνον, νῦν καὶ τὸ τῆς νήσου μάθῃς,

age nunc, o nate, et insulæ hujus naturam *disce.* Phil. 300.

εἴ σοι τὰ μητρὸς καὶ πατρὸς χρείη λέγειν,

si fas sit tibi dicere quæ ad *matrem et patrem* attinent. Œd. Col. 269.

DE CONCORDANTIIS.

Concordantiarum Trium eadem ferè ratio est quæ
apud Latinos. (Lat. Gram. § 124—127. § 134. § 137.)

SYNTAXIS NOMINUM.

§ 120. Res Dualis semper exponi potest per Pluralem numerum; itaque Poetæ cum Duali Substantivo
nonnunquam construunt Adjectivum Plurale; ut

φίλας περὶ χεῖρε βαλόντε,

caris circa manibus amplexi.   Hom. Od. xi. 210.

Nonnunquam Plurale Substantivum ponunt, Adjectivum verò, et imprimis Participium, Duale; ut

βασιλῆες...πεπνυμένω ἄμφω,

reges...prudentes ambo.   Hom. Od. xviii. 64.

§ 121. Nomina, imprimis gentilia quæ frequentiùs
Substantiva sunt, interdum tanquam Adjectiva ponuntur (*Conf.* § 32. *Obs.* 1. Lat. Gram. § 136.); ut

τὸν ἡ μήτηρ γλῶσσαν Ἑλλάδα ἐδίδαξεν, *hunc mater
linguam Græcam docuit.*   Herod. iv. c. 78.

πρὸς τοῦ τύραννα σκῆπτρα συληθήσεται;

a quo spoliabitur sceptro regio? Æsch. Prom. 767.

§ 122. Nomen quod dicitur antecedens, interdum, posito suo casu, asciscit casum Relativi, idque vel sequente
Relativo vel præeunte; ut

Ἑλένην μὲν, ἣν σὺ διόλεσαι πρόθυμος ὢν
ἥμαρτες,...ἥδ' ἐστίν.

Helenam quidem, quam tu cupiens perdere
frustratus es, hæc est.   Eur. Orest. 1646.

μετὰ δ' ἔσσεται ἣν τοτ' ἀπηύρων,
Κούρην Βρισῆος.

interque illas erit, quam tunc auferebam,
Briseïs.   Hom. Il. ix. 131.   Conf. § 149.

§ 123. Adjectiva et Participia sæpe concordant
genere aut numero, non cum Substantivo ipso, sed cum
eo quod significat Substantivum (h. e. κατὰ σύνεσιν ; vid.
Lat. Gram. § 136.) ; ut

ὦ φίλτατ', ὦ περισσὰ τιμηθεὶς τέκνον,
O carissime, o fili summoperè dilecte.   Eurip. Troad. 741.

Τροίαν ἑλόντες δήποτ' Ἀργείων στόλος,
cùm Trojam ceperant tandem classis Argivorum.   Æsch.
Ag. 588.

§ 124. Adjectiva et Participia neutralia, præfixo Articulo, sæpissimè partes agunt Substantivorum, imprimis
ubi *qualitas rei* significatur ; ut

τοῦτο δέ γ' ἐστὶν τὸ καλὸν σφαλερόν·
τό τε φιλότιμον
γλυκὺ μὲν, λυπεῖ δὲ προσιστάμενον,
immò verò hoc decus est lubricum, et ambitio
dulcis quidem est, cùm adest verò, angit.   Eur. Iph.
Aul. 22.

οὐδ' ἐπὶ τὸ κείνου βουλόμενον ἐλήλυθα,
neque in illius voluntatem concessi.   Ibid. 1270.

§ 125. Adjectiva neutralia non raro loco Adverbiorum
ponuntur, ut apud Latinos (*Conf.* § 97. Lat. Gr. § 166.); ut
αὔτει δ' ὀξὺ, *clama verò argutè.*   Æsch. Pers. 1015.

καὶ πολλὰ θάλαμον ἐξιοῦσ' ἐπεστράφη,
et sæpe thalamum, egressura, rediit.   Eur. Alc. 188.

Obs. Etiam cæteri casus et genera Adjectivorum, et Pronominum,
usurpantur tanquam Adverbia, per ellipsin Substantivorum ; ut
καὶ τῶνδε κοινῇ Λοξίας ἐπαίτιος, (sub. γνώμη),
et horum pariter Apollo auctor fuit.   Æsch. Eum. 443.

φιλεῖ γὰρ τοῦτο μὴ ταύτῃ ῥέπειν, (sub. ὁδῷ),
solet enim hoc non ita evenire. Soph. Antig. 722.

§ 126. Cùm res de quopiam *manifesta, certa,* vel *æquitatis* esse dicitur, adjectiva δῆλος, φανερὸς, δίκαιος et similia elegantèr cum personâ construuntur; ut

ἀριστοκρατεῖσθαι δῆλος εἶ ζητῶν,

manifestum est aristocratiam te quærere. Arist. Av. 125.

δίκαιός εἰμι τῶνδ᾽ ἀπηλλάχθαι κακῶν,

æquum est ab his me esse liberatum malis. Soph. Antig. 400. (Lat. Gramm. p. 127.)

DE CASIBUS NOMINUM.

NOMINATIVI SYNTAXIS.

§ 127. Nominativus sæpe ponitur pro Vocativo, (*Conf.* § 18. *Obs.* 1., § 23. *Obs.* 1. Lat. Gram. § 139.); ut

ὦ δύσμορ᾽ Αἴας, *O! infelix Ajax.* Soph. Aj. 923.

ὦ κάκιστ᾽ ἀπολούμενος, *O! pessimè periture!* Arist. Av. 1467.

§ 128. Nominativus interdum absolutè ponitur; ut

λόγοι δ᾽ ἐν ἀλλήλοισιν ἐρρόθουν κακοὶ,
φύλαξ ἐλέγχων φύλακα,

acerba verò dicta utrobique inter eos fremebant, custode custodem arguente. Soph. Antig. 259.

§ 129. Nominativum utrinque habent Verba Substantiva, ut apud Latinos (Lat. Gram. § 134.); ut

θνητῶν οὐδεὶς ἐστὶν εὐδαίμων φύσει,

nemo mortalium est naturâ beatus. Eur. Med. 1225.

GENITIVI SYNTAXIS.

§ 130. Genitivus denotat quidvis proprium sive agentis, sive patientis vel recipientis: (Lat. Gram. § 141.)

(*a.*) agentis; hic est Genitivus qui dicitur *subjectivus;* ut

τὰ τοῦ Ὁμήρου ποιήματα,

poemata quorum Homerus auctor est.

ἀλλ' ἐστὶ τοῦ λέγοντος, ἢν φόβους λέγῃ,
sed cuilibet nuntio se dat, si modo terrores nuntiet.
Soph. Œd. Tyr. 917.

πολλῆς ἀνοίας καὶ τὸ θηρᾶσθαι κενὰ,
magnæ stultitiæ (est) *etiam venari inania.*　Soph.
Electr. 1054.

οὐκ ἀγγελοῦμεν φλαῦρ', ἐπεὶ στρατηλάτου
χρηστοῦ τὰ κρείσσω μηδὲ τἀνδεᾶ λέγειν,
adversa non nuntiabimus, boni enim ducis est offi-
cium *læta, nec vero quæ secus sunt, dicere.*　Soph.
Œd. Col. 1429.

Obs. Hinc verba γίγνεσθαι, φῦναι, εἶναι, et similia *ortum* significantia,
genitivum *gignentis*, imprimis apud Poetas, asciscunt, omissâ præpositione
ἐκ vel ἀπὸ, quam pedestris orationis scriptores usurpare plerumque solent; ut

τοῦ δ' ἔφυν ἐγὼ, *ex hoc verò ego nata sum.*　Eurip. Iph. Taur. 4.
πατρὸς λέγεται ὁ Κῦρος γενέσθαι Καμβύσου,
　Cyrus natus fuisse dicitur ex patre Cambyse.　Xen. Cyr. i. ii. 1.

(*b.*) patientis; hic est Genitivus qui dicitur *Objectivus;* ut
νερτέρων δωρήματα,
donaria Inferorum propria.　Eurip. Orest. 123.
Παλλάδος θεᾶς…εὐγμάτων προσήγορος,
ad Palladem Deam preces faciens.　Soph. Ant. 1184.
ἡ τῶν Πλαταιέων ἐπιστρατεία,
expeditio adversus Platæenses.　Thucyd. ii. 79.

Obs. Huc refer quæ defensionem significant; ut πύργος θανάτων præsidium *adversus funera.*　Soph. Œd. Tyr. 1200.

§ 131. In Genitivo ponuntur nomina quæ significant
tempus, pretium, materiam, causam rei; item locum
adversus quem itur.

(*a.*) Tempus; ut
νυκτὸς καὶ ἡμέρας, *nocte dieque.*
καὶ θέρεος καὶ χειμῶνος, *et æstate et hieme.*
Herod. iv. 48.

Obs. 1. Haud rarò tamen Nomen Temporis in Dativo ponitur, vel cum,
vel sine præpositione ἐν; ut
ἔν τε θέρεϊ καὶ χειμῶνι. Herod. ibid. 50. ἐκείνῃ τῇ ἡμέρᾳ. Plat. Phæd. 1.

Obs. 2. Interdum etiam in Genitivo ponuntur quæ locum significant, imprimis apud Poëtas ; ut

λαιᾶς δὲ χειρὸς .. οἰκοῦσι Χάλυβες,

ad sinistram autem manum Chalybes habitant. Æsch. Prom. 714.

οἵη νῦν οὐκ ἔστι γυνὴ κατ᾿ Ἀχαιΐδα γαῖαν,

οὔτε Πύλου ἱερῆς, οὔτ᾿ Ἄργεος, οὔτε Μυκήνης,

qualis nunc non est mulier per Achaïcam terram

nec Pyli sacræ, neque Argis, nec Mycenis. Hom. Od. xxi. 107.

(*b.*) Pretium ; ut

ὠνέονται τὰς γυναῖκας παρὰ τῶν γονέων μεγάλων χρημάτων, *emunt uxores a parentibus ingenti pretio.* Herod. v. 6.

Obs. Similitèr Nomina quæ pœnam capitis, adeoque crimen ipsum significant, in Genitivo ponuntur ; ut

Ξάνθιππος θανάτου ὑπαγαγὼν ὑπὸ τὸν δῆμον Μιλτιάδεα, ἐδίωκε, *Xantippus Miltiadem capitis reum egit apud populum.* Herod. vi. 136.

διώξομαί σε δειλίας, *timiditatis reum te agam.* Arist. Eq. 367.

ἐάν τις ἁλῷ κλοπῆς, καὶ μὴ τιμηθῇ θανάτου, κ.τ.λ. *Si quis de peculatu convictus, capitis tamen damnatus non fuerit, &c.* Demosth. in Timoc. p. 732. c. 27. Conf. iufra, § 133. d.

(*c.*) Materiam ; ut

δάφνης ἢ πτελέης ἀκιώτατοι ἱστοβοῆες,

e lauro (factæ) *vel ulmo firmissimæ stivæ sunt.* Hesiod. Op. et Dies, ii. 53.

(*d.*) Causam ; ut

δείλαιε τοῦ νοῦ τῆς τε συμφορᾶς ἴσον,

infelix ob istum animum et calamitatem pariter. Soph. Œd. Tyr. 1347.

εἴτ᾿ ἄρ᾿ ὅγ᾿ εὐχωλῆς ἐπιμέμφεται, εἴθ᾿ ἑκατόμβης, *sive is ob vota* non reddita nos *incusat, sive ob hecatomben.* Hom. Il. i. 65.

Obs. Ejusmodi Genitivus interdum absolutè ponitur, præsertim antecedente exclamationis voce : est autem vel dolentis, vel indignantis, aliquando etiam admirantis et laudantis ; ut

οἴμοι δάμαρτος καὶ τέκνων, οἴμοι δ᾿ ἐμοῦ !

proh meam uxorem et liberos ! proh me ! Eur. Herc. Fur. 1374.

τῆς μωρίας ! *O stultitiam !* Aristoph. Eccles. 782.

Ἄπολλον ἀποτρόπαιε, τοῦ χασμήματος !

Apollo Averrunce, qui rictus ! Aristoph. Av. 61.

χρηστοῦ κοἰκτίρμονος ἀνδρός ! *O virum probum et misericordem !* Theoc. xv. 75.

Cæterùm cum ejusmodi Genitivis nonnunquam construitur verbum infinitum ; ut

ἀλλά σοῦ τὸ μὴ φράσαι, κ.τ.λ. *sed te admiror quod non dixisti.* Eur. Alcest. 848.

(*e.*) Locum adversus quem itur ; ut

εὐθὺ Πελλήνης, *rectâ viâ in Pellenem.* Arist. Av. 1421.

§ 132. Genitivus construitur cum Verbis, Nominibus et Adverbiis, cum partitio, comparatio, præstantia, dignitas,—studium, sensus, facultas, aut his contraria, significantur.

(*a.*) Partitio ; ut

ἕκαστον τῶν ζώων, *unumquodque animalium.*

ὡς τοὺς ἀγαθοὺς τῶν ἀνθρώπων βαδιεῖται, *hominum ad bonos ibit.* Arist. Plut. 495.

Partitioni autem affinis est communio ; itaque etiam quæ hanc significant cum Genitivo construuntur ; ut

ἐγὼ δὲ καὐτὴ τῆσδὲ κοινωνῶ τύχης, *ego vero ipsa quoque particeps sum hujus fortunæ.* Eur. Med. 303.

συμβάλλεται δὲ πολλὰ τοῦδε δείματος, *multa enim ad hunc metum conferunt.* Ibid. 284.

Obs. 1. Huc pertinent imprimis composita cum μετά et σὺν, ut μέτειμι, μετέχω, μεταδίδωμι, συλλαμβάνω, συναίρομαι, κ.τ.λ.

Obs. 2. Etiam cum vis verbi transitivi non ad totum id quod nomen significat sed tantùm ad *partem* ejus attinet, nomen in Genitivo ponitur; ut

τῆς γῆς ἔτεμον, *agri partem vastarunt.* Thuc. i. 30.

βεβρωκὼς κρειῶν τε καὶ αἵματος, *pastus carnibus et cruore.* Theoc. xxv. 224.

(*b.*) Comparatio ; ut

τῆς πολυπραγμοσύνης οὐδὲν κενεώτερον ἄλλο, *nihil vanius curiositate.*

διπλήσιος ἐγίνετο αὐτὸς ἑωϋτοῦ, *duplo major fiebat quam consentaneum erat.* Herod. viii. 137.

Obs. Huc refer Comparativa omnia; inde quæ differentiam significant, viz.

διάφορος *diversus*	ἀλλότριος *alienus*	ἐναντίος *adversus*
ἄλλος *alius*	ἀλλόκοτος *diversus*	διαφερόντως *aliter*
ἀλλοῖος *diversus*	ἕτερος *alter*	ἔμπαλιν *e contrario.*

Ex his tamen ἐναντίος frequentiùs cum Dativo legitur.

(*c.*) Præstantia ; ut

δικαιότατοι ἀνθρώπων, *hóminum justissimi.*

τῇ δόξῃ καὶ τῇ δυνάμει πολλῷ διήνεγκε τῶν ἄλλων, *gloriá et potentiá multum præstitit aliis.* Isocr. Panath. p. 272.

Obs. Huc refer Superlativa omnia, item verba quæ subigendi, imperandi dominandi et his contrariam notionem habent ; videlicet,

ἀριστεύω	ὑπερέχω	ἄρχω	βασιλεύω	ἐλαττόομαι
κρατιστεύω	προέχω	ἐπιστατέω	τυραννεύω	μειόομαι
καλλιστεύω	ὑπερφέρω	κυριεύω	εἴκω	πείθομαι
πρωτεύω	προφέρω	δεσπόζω	ὑστερέω	ἀκούω
πρεσβεύω	ἀνέχομαι	στρατηγέω	δευτερεύω	ἀνηκουστέω
περίειμι	κρατέω	κοιρανέω	λείπομαι	ἐπιδεύομαι
περιγίγνομαι	κραίνω	ἐπιτροπεύω	νικάομαι	μειονεκτέω.
ὑπερβάλλω	ἡγέομαι	ἀνάσσω	ἡττάομαι	

Multa tamen ex his cum Dativo construuntur, imprimis apud Poëtas ; ut Μυρμιδόνεσσιν ἄνασσε, *Myrmidonibus impera.* Hom. Il. i. 180.

Et nonnulla cum Accusativo ; ut

τί δ' ἂν κρατήσας δεσπότην πλέον λάβοις ;

quid vero lucri facies victo domino ? Eur. Alc. 506.

(*d.*) Dignitas ; ut

ἐπαίνου ἄξιος, *laude dignus.* Xen. Mem. ii. xiii. 14.

ἐμάχοντο ἀξίως λόγου, *pugnaverunt egregiè.* Herod. vi. 112.

Obs. Huic Genitivo interdum additur Dativus personæ, quæ pretium dignitatis præstare debet ; ut

ἡμῖν δ' Ἀχιλλεὺς ἄξιος τιμῆς, γύναι, *dignus autem Achilles, qui a nobis honorem accipiat, o mulier.* Eur. Hec. 313.

Hinc post verba accipiendi, is, a quo res accipitur, ponitur in Dativo ; ut δέξατό οἱ σκῆπτρον *accepit ab eo sceptrum.* Hom. Il. ii. 186.

(*e.*) Studium ; etiam admiratio, desiderium, adeòque conatus vel principium ; ut

Κριτίας καὶ Ἀλκιβιάδης οὐ τοῦ βίου τοῦ Σωκράτους ἐπιθυμήσαντε, ὠρεξάσθην τῆς ὁμιλίας αὐτοῦ, ἀλλὰ κ. τ. λ.   *Critias et Alcibiades non quia vivere more Socratis cupiebant, appetiverunt societatem ejus, sed, &c.* Xen. Mem. i. ii. 15.

πειρεώμενος τῶν μαντηίων, *experimentum faciens oraculorum.* Herod. i. 46.

πημάτων ἄρχει λόγος, hic *sermo malorum est initium.* Eur. Alc. 814.

Obs. Huc refer, cum multa alia, tum imprimis verba mediæ vocis quæ in activâ voce ferè capiunt Accusativum, viz.

φροντίζω	ἐπιβάλλομαι	μετατρέπομαι	ἀντιποιέομαι
κήδομαι	ἅπτομαι	θαυμάζω	γεύομαι
ἐπιμελέομαι	ψαύω	ἐφίεμαι	μεθίεμαι
δέομαι	θιγγάνω	ἔραμαι	ἀκηδέω
ἐπιστρέφομαι	εὐλαβέομαι	ἔχομαι	ὀλιγωρέω
ἐπείγομαι	δράσσομαι	ἄρχομαι	παραμελέω
ὁρμάομαι	ἐντρέπομαι	ὑπάρχω	καταφρονέω.

Adde hæc Poëtica :

ἔλδομαι	λιλαίομαι	τιτύσκομαι	ἀλεγίζω
ἔσσυμαι	γλίχομαι	τοξεύω	τημελέω.
ἐμπάζομαι	ὀψείω	ἀκοντίζω	
ὄθομαι	στοχάζομαι	ἀλέγω	

Etiam horum nonnullis interdum Accusativus jungitur ; ut

τὰ δ' ἐν νεκροῖσι φροντιεῖ πατὴρ σέθεν,

hæc autem apud mortuos curabit pater tuus.   Eur. Troad. 1234.

(*f.*) Sensus, etiam intellectus, peritia, adeòque memoria; ut

καὶ κωφοῦ συνίημι καὶ οὐ φωνεῦντος ἀκούω,

mutum percipio, fantis nihil audio vocem.   Herod. i. 47.

τόξων εὖ εἰδώς, *arcuum benè sciens.*   Hom. Il. ii. 718.

μνήσατο γὰρ κατὰ θυμὸν ἀμύμονος Αἰγίσθοιο,

recordabatur enim animo eximii Ægisthi.   Hom. Od. i. 29.

Obs. Huc refer, præter verba videndi et audiendi usitatiora,

αἰσθάνομαι	ὀσφραίνομαι	ἠθὰς	μνημονεύω
πυνθάνομαι	ἐνθυμέομαι	τρίβων	λήθομαι.
ἀΐω	ἐπιστήμων	ἀδαὴς	
θεάομαι	ἔμπειρος	ἀπαίδευτος	

Multa tamen quæ huc pertinent, imprimis quæ *audiendi* et *videndi* notionem habent, frequentius asciscunt Accusativum; ut

ὁρᾷ φάος ἠελίοιο, *videt lumen solis.*

ἀμείλικτον δ' ὄπ' ἄκουσαν, *immitem vero vocem audierunt.*

Obs. Necnon ἀκούω, πυνθάνομαι, et similia, interdum cum Genitivo personæ construuntur, et Accusativo rei ; ut

ἄνακτος αὐτοῦ πάντα πεύσομαι λόγον,

ab ipso rege omnem rem gestam comperiam. Æsch. Ag. 599.

(*g.*) Facultas sive copia, adeòque fructus vel successus ; ut

πορ', στικὸς τῶν ἐπιτηδείων τοῖς στρατιώταις, *peritus suppeditandi necessaria militibus.* Xen. Mem. iii. 1. 6.

ἅλις δὲ παίδων· τῶνδ᾽ ὄνησιν εὔχομαι
Θεοῖς γενέσθαι· σοῦ γὰρ οὐκ ὠνήμεθα,

satis enim liberorum habeo ; horum autem ut fructus mihi contingat Deos precor ; tui enim fructum non percepi. Eur. Alc. 344.

Ad contrariam notionem pertinent quæ defectum, frustrationem vel separationem significant ; ut

πλήρης στεναγμῶν, οὐδὲ δακρύων κενός,

plenus gemituum, neque lacrymarum vacuus. Eur. Hec. 230.

γυναικὸς ἐσθλῆς ἤμπλακες, *uxore bonâ privatus es.* Eur. Alc. 425.

Obs. 1. Huc generalitèr referri possunt nomina quæ desinunt in ικος ; item composita cum α privativâ ; quibus adde

τυγχάνω	εὐπορέω	ἀλάομαι	στερέω
κύρω	βρύω	σφάλλομαι	κωλύω
ἀντιάω	πλήθω	ψεύδομαι	εἴργω
ἐφικνέομαι	γέμω	λείπομαι	ἐρητύω
λαγχάνω	βρίθω	ἔρημος	νοσφίζω
κληρονομέω	μεστὸς	ὀρφανὸς	ἀπαλλάσσω
γεύομαι	ἐνδεὴς	γυμνὸς	λύω
ἐπαυράω	σπανίζω	παύω	ἐλεύθερος
ἀπολαύω	ἁμαρτάνω	λήγω	χωρίζω.

Poëtica ἀφνειὸς *dives,* ἐπιστεφὴς *coronatus,* et similia.

Obs. 2. Huc etiam referendi sunt Genitivi cum verbis ὔζω *oleo,* πνέω *spiro,* et similibus constructi ; ut

ὔζουσι πίττης καὶ παρασκευῆς νεῶν,

redolent picem et apparatum navium. Arist. Acharn. 190.

Obs. 3. Impersonale δεῖ ferè capit Genitivum rei et personæ Accusativum; et

ὡς πάντα πράξας, ὧν σε δεῖ, στείχῃς πάλιν,

ut omnibus peractis quorum tibi opus est, abeas rursus. Eur. Hec. 1015.
Sic etiam ponitur impersonale χρὴ apud Homerum.

§ 133. Quibuslibet verbis additur Genitivus ita ut rem, in quâ actio verbi sita est, planiùs designet, et significet *quod attinet ad;* ut

συνετρίβη τῆς κεφαλῆς, *cervicem sibi defregit.* Arist. Pac. 71.

Imprimis verba ἔχω, ἥκω, sumptis adverbiis, sic construuntur; ut

Ἀθηναῖοι δὲ ὡς ποδῶν εἶχον τάχιστα ἐβοήθεον ἐς τὸ ἄστυ, *Athenienses vero quantum pedibus valuere celerrimè urbi succurrerunt.* Herod. vi. 46.

γένους μὲν ἥκεις ὧδε τοῖσδε, Δημοφῶν,

attingis igitur sic hos genere, O Demophoon. Eur. Heracl. 124.

Obs. Eodem ferè modo Superlativis additur Genitivus Pronominis Reflexivi, ita ut indicet tempus vel modum, in quo persona, de quo dicitur, se ipsum superasset; ut

εἴθε σοι τότε συνεγενόμην, ὅτε δεινότατος σαυτοῦ ἦσθα, *utinam tecum essem tunc cum te ipse in his studiis superabas.* Xen. Mem. Lib. I. c. 11. § 46.

DATIVI SYNTAXIS.

§ 134. DATIVUS indicat personam cujus interest vel refert aut esse aliquid aut agi (Lat. Gram. § 143.); ut

ὦ κλεινὸν οἴκοις Ἀντιγόνη θάλος πατρὶ !

O Antigone, patri egregium germen in domo! Eur. Phœn. 88.

Μενέλαος, ᾧ δὴ τόνδε πλοῦν ἐστείλαμεν,

Menelaus, cujus gratiá huc navigavimus. Soph. Aj. 1045.

Obs. Huc pertinet Dativi usus, ex quo res cum limite quodam vel respectu ad quendam habito narratur; ut

καλῶς ἔλεξεν εὐλαβουμένῳ πεσεῖν,

Bene dixit ei qui cavet sibi, ne cadat. Soph. Œd. Tyr. 616.

ἀληθεῖ δὲ λόγῳ χρεωμένῳ οὐ Κορινθίων τοῦ δημοσίου ἔστιν ὁ θησαυρὸς,
ille autem thesaurus, verè ut dicam, non publicus civitatis Corin-
thiorum est. Herod. i. 14.

Præsertim additâ particulâ ὡς ; ut

μακρὰν γὰρ, ὡς γέροντι, προὐστάλης ὁδόν,

longiorem enim quam pro sene confecisti viam. Soph. Œd. Col. 20.

Hinc quæ dandi, dicendi, auxiliandi et his similium
vel contrariorum notionem habent, ferè Dativum asciscunt Personæ, sive Transitiva sint sive Intransitiva ; ut

αὐτῷ μαλθακοὺς λέξω λόγους,

illi mollia dicam verba. Eur. Med. 774.

ὡς τοῖς θανοῦσι πλοῦτος οὐδὲν ὠφελεῖ,

nam mortuis divitiæ nihil prosunt. Æsch. Pers. 842.

§ 135. In Dativo ponitur instrumentum, locus, et
modus actionis ; necnon agens ipse post Verba Passiva.

(*a.*) Instrumentum ; ut

ἀργυρέαις λόγχαισι μάχου, καὶ πάντα κρατήσεις,

argenteis pugna telis, atque omnia vinces.

(*b.*) Locus, sed ferè tantum apud Poëtas ; ut

αὐτὰρ Ἀχιλλεὺς εὗδε μυχῷ κλισίης εὐπήκτου,

sed Achilles dormiit in recessu tentorii benè compacti.
Hom. Il. ix. 663.

(*c.*) Modus ; ut

Τρῶες μὲν κλαγγῇ τ᾽ ἐνοπῇ τ᾽ ἴσαν, ὄρνιθες ὥς,

Trojani quidem cum clangoreque clamoreque incedebant,
avium instar. Hom. Il. iii. 2.

(*d.*) Agens ; ut

αἰσχροῖς γὰρ αἰσχρὰ πράγματ᾽ ἐκδιδάσκεται,

a turpibus enim turpia docentur. Soph. Elect. 621.

Interdum etiam causa rei in Dativo ponitur ; ut

οἳ δὲ μὴ παρεῖεν, τούτους ἡγεῖτο ἢ ἀκρατείᾳ τινὶ, ἢ ἀδικίᾳ,
ἢ ἀμελείᾳ ἀπεῖναι, *si qui verò non adessent, eos vel*
intemperantiæ vel injustitiæ vel negligentiæ causâ
putabat abesse. Xen. Cyrop. viii. i. 16.

§ 136. Dativus ferè construitur cum verbis, nominibus, vel adverbiis, cum similitudo, societas, obedientia, et
his similia aut contraria significantur. (Lat. Gr. § 144.)

(*a.*) Similitudo, item æqualitas ; ut

τοὺς τρόπους καὶ τὴν δίαιταν σφηξὶν ἐμφερέστατοι,
moribus et vitæ ratione vespis simillimi. Arist. Vesp.
1102.

καὶ τὸν φίλον τιμῶσιν ἐξ ἴσου πατρί,
et amicum eodem, quo pater, prosequuntur honore.
Soph. Antig. 644.

Obs. 1. Huc pertinet ὁ αὐτὸς *idem* cum Dativo constructus ; ut
ὑμεῖς δὲ εἰς μὲν τὸ αὐτὸ ἡμῖν σπεύδετε, *vos eòdem quidem quò nos*
tenditis. Xen. Cyr. i. iii. 4.

Obs. 2. ὅμοιος construitur etiam cum Genitivo ; ut
ἔστι δὲ καὶ ταῦτα ὅμοια τοῦ Ἡφαίστου,
sunt autem hæc similia Vulcani. Herod. iii. 37.
conf. ἐναντίος suprà § 132. b. Obs.

(*b.*) Societas ; inde consensus, concordia, usus ; ut

ὁ Δημοκήδης . . . Πολυκράτεϊ ὡμίλησε,
Democedes Polycrate familiariter usus est. Herod. iii.
131.

ὁμογνωμονῶ σοὶ καὶ τοῦτο, *consentio tibi etiam de hoc.*
Xen. Mem. iv. iii. 10.

ἐμάχοντο οἱ Ἕλληνες τοῖσι Πέρσῃσι, *pugnaverunt Græci*
contra Persas. Herod. vi. 29.

κείνους δὲ κλαίω ξυμφορᾷ κεχρημένους,
illos vero calamitate premi lugeo. Eur. Med. 347.

Obs. Huc pertinent imprimis cum σὺν et ὁμοῦ composita, quibus adde

ἕπομαι	διάδοχος	παλαίω	μάρναμαι
ἀκολουθέω	συγγινώσκω	διάφορος	πολεμέω
ὀπηδέω	φθονέω	στασιάζω	ἀνδάνω
ὁμαρτέω	ἐρίζω	ἀγωνίζομαι	

ἀρέσκω *placeo* et cum Dativo et Accusativo legitur.

(*c.*) Obedientia ; ut

Ἀράβιοι δὲ οὐδαμᾶ κατήκουσαν ἐπὶ δουλοσύνῃ Πέρσῃσι,
Arabes verò neutiquam parebant Persis ita ut eorum
servi essent. Herod. iii. 88.

§ 137. Dativus interdum ponitur, subauditâ præpositione σύν, præsertim ubi locum habet pronomen αὐτός ; ut

τῆλ' αὐτῇ πήληκι κάρη βάλε,

procul cum ipsâ galeâ caput excussit. Hom. Il. xx. 482.

ACCUSATIVI SYNTAXIS.

§ 138. Accusativus construitur cum plerisque Verbis Transitivis; etiam Verba Neutra Accusativum quem vocant *cognatæ significationis,* asciscere solent, ut apud Latinos (Lat. Gram. § 146.); ut

εἶμι πλημονεστάτην ὁδὸν

ibo miserrimam viam. Eur. Med. 1063.

Obs. Quædam etiam Verba Neutra, quæ gaudium, misericordiam, et similia vel contraria significant, Accusativum asciscunt ejus ob quod ista sentiuntur ; ut

τὸ δ' ἔπος οὔξερῶ τάχ' ἂν ἥδοιο,

id autem quod dicturus sum forsitan gaudeas. Soph. Œd. Tyr. 936.

§ 139. Duplex Accusativus et rei et personæ construitur cum verbis, quæ significant benè aut malè dicere vel facere, docere, rogare, exigere, privare, et similia ; ut

ὃς κακὰ μὲν πλεῖστα Ἑλλήνων εἴργασμαι τὸν ὑμέτερον οἶκον, *qui ex omnibus Græcis unus vestram familiam plurimis affeci malis.* Thuc. i. 137.

μηδὲ σὺ τόνδ', ἀγαθός περ ἐών, ἀποαίρεο κούρην,

neque tu ab isto, præstans licet sis, auferas puellam. Hom. Il. i. 275.

Sæpiùs pro Accusativo rei adverbia εὖ vel κακῶς ponuntur ; ut

ἄνθρωπε, μὴ δρᾶ τοὺς τεθνηκότας κακῶς,

mi homo, in mortuos ne sis injurius. Soph. Aj. 1154.

Obs. Huc pertinet verbum γεύω *gustandum præbeo.*

βούλει σε γεύσω πρῶτον ἄκρατον μέθυ ;

Visne ut primum tibi vinum gustandum præbeam? Eur. Cycl. 149.

§ 140. Interdum Accusativus rei construitur cum Passivis horum, quorum Activa duplicem capiunt Accusativum, vel etiam Dativum personæ cum Accusativo rei ; ut

ἀπαραιρημένοι τὰ ὅπλα, *armis exuti.* Herod. vii. 103.

οἱ τῶν ᾿Αθηναίων ἐπιτετραμμένοι τὴν φυλακὴν, *Athenienses illi quibus arcis custodia commissa erat.* Thuc. i. 126.

§ 141. In Accusativo ponuntur quæ significant spatium temporis aut loci ; (Lat. Gram. § 151, 152.)

(*a*.) Temporis ; ut

ἡ δὲ Σύβαρις ἤκμαζε τοῦτον τὸν χρόνον μάλιστα, *florebat autem tunc maximè Sybaris.* Herod. vi. 127.

(*b*.) Loci ; ut

ἀπέχει δ᾿ ἡ Πλάταια τῶν Θηβῶν σταδίους ἑβδομήκοντα, *Platææ autem a Thebis septuaginta stadia absunt.* Thuc. ii. 5.

§ 142. Accusativus sæpissimè sic ponitur quasi subaudiatur præpositio κατὰ ; ut

οὐδεὶς ἀνθρώπων αὐτὸς ἅπαντα σοφός,

nemo hominum ipse in omnibus sapiens est.

πληγεὶς τὴν κεφαλὴν πελέκεϊ, *percussus caput secure.* Herod.

§ 143. Quædam nomina in Accusativo posita, subauditâ præpositione κατὰ, tanquam adverbia vel præpositiones usurpantur ; ut

ἀρχὴν *primum* vel *omninò.* τέλος *denique.*

χάριν *gratiâ* vel *propter.* δέμας Hom., δίκην Att., *instar.*

§ 144. Accusativus interdum per se positus ad sententiam refertur ; ut

῾Ελένην κτάνωμεν—Μενέλεῳ λύπην πικράν,

Helenam interficiamus, quod erit Menelao magnus dolor. Eur. Orest. 1105.

SYNTAXIS PRONOMINUM.

§ 145. Pronomen Possessivum interdum ponitur pro Primitivo; ut

σὸς πόθος, *desiderium tui.* Hom. Od. xi. 202.

Obs. Genitivus Adjectivi vel Participii sæpe concordat cum Genitivo Primitivi Pronominis, in Possessivo subauditi (Lat. Gram. § 154.); ut
τἀμὰ δυστήνου κακά, *mala mei infelicis.* Soph. Œd. Col. 344.

§ 146. Reflexivum Pronomen interdum ponitur pro Reciproco; ut

ἐδουλώθησαν οὐκ ἀμύνοντες σφίσιν αὐτοῖς, *in servitutem redacti sunt cum sibi mutuò opem non ferrent.* Thuc. vi. 77.

§ 147. Relativo Pronomini forma olim eadem erat ac Demonstrativo; ut

ἀλλὰ τὰ μὲν πολίων ἐξεπράθομεν, τὰ δέδασται,

sed quæ quidem ex urbibus depredati sumus, ea divisa sunt. Hom. Il. i. 125.

Unde factum est ut etiam apud Atticos exstet Relativum aliquandò Demonstrativè positum, præsertim in formulis ἦ δ' ὅς, ὅς δ' ἔφη, *ille verò dixit,* et in oratione distributâ; ut

πόλεις Ἑλληνίδας ἃς μὲν ἀναιρῶν, εἰς ἃς δὲ τοὺς φυγάδας κατάγων, *urbes Græciæ alias funditus evertens, in alias exsules reducens.* Demosth. De Cor. § 22.

§ 148. Relativum aliquando non ad antecedens sed ad sequens refertur substantivum genere et numero; ut

Περσικὸν ξίφος, τὸν ἀκινάκην καλέουσι, *Persicus gladius, quem acinacem vocant.* Herod. vii. 54. (Lat. Gram. § 137.)

ἡ ἄκρη, αἱ καλεῦνται κληῗδες τῆς Κύπρου, *promontorium quæ claves Cypri vocantur.* Herod. v. 108.

§ 149. Relativum, imprimis apud Atticos, *attrahi* solet in casum antecedentis, nullâ ratione habitâ sequentis verbi ; ut

χρῶμαι βιβλίοις, οἷς ἔχω,
utor libris quos habeo. Conf. § 122.

Obs. Demonstrativum ὅδε frequenter idem ferè valet ac δεῦρο vel ὧδε, præsertim apud Tragicos ubi sermo est de personâ in scenam prodeunte ; ut

ἀλλ' ἥδ' ὀπαδῶν ἐκ δόμων τις ἔρχεται,
sed ecce quædam famularum ex ædibus egreditur. Eur. Alc. 137.

SYNTAXIS VERBI.

§ 150. Verbum Singulare construi solet cum Plurali nomine neutrius generis ; ut

κακοῦ γὰρ ἀνδρὸς δῶρ' ὄνησιν οὐκ ἔχει,
improbi enim viri dona juvamen non habent. Eur. Med. 614.

Obs. 1. Aliàs tamen Plurale nomen neutrius generis Verbum etiam asciscit Plurale, præsertim ubi de animantibus agitur ; ut

τοσάδε μὲν μετὰ Ἀθηναίων ἔθνη ἐστράτευον, *tot quidem gentes cum Atheniensibus militarunt.* Thuc. vii. 57.

Obs. 2. Reperiuntur loci apud Poëtas ubi Verbum Singulare ponitur etiam cum nominibus Pluralibus reliquorum generum, hoc est Masculinis vel Fœmininis, per *Schema*, quod vocant, *Bœotium* vel *Pindaricum ;* ut

πρόφρονες ἀντ' ᾠδῆς βίοτον θυμῆρε' ὔπαζε,
propitiæ pro cantu vitam jucundam præbe. Hom. Hymn. in Cer. xi. 5.
(De Pindaricis exemplis vix satis constat.)

Obs. 3. Locutio ἔστιν ὅς *aliquis* in Pluralem transiit, manente tamen verbo in Singulari, unde ἔστιν οἵ, i. e. ἔνιοι, ἔστιν ὧν, ἔστιν οἷς, κ.τ.λ. neglectâ concordantiæ regulâ ; ut

ἔστιν οὕστινας ἀνθρώπων τεθαύμακας ἐπὶ σοφίᾳ ; *Hominumne sunt quos admirari soles ob sapientiam ?* Xen. Mem. I. iv. § 2.

§ 151. Verbum Plurale concordare potest cum Duali Nomine ; ut

τὼ δὲ τάχ' ἐγγύθεν ἦλθον ἐλαύνοντ' ὠκέας ἵππους,
illi verò citò prope venerunt incitantes veloces equos. Hom. Il. v. 275.

§ 152. Verbum Plurale constare potest cum Nomine Singulari, multitudinem significante, ut apud Latinos ; ut ὡς φάσαν ἡ πληθύς, *sic dixerunt multitudo.* Hom. II. ii. 278.

Obs. Plurale Verbum rectè infertur, sive duo Singularia Nomina conjunguntur, sive disjunguntur. Pors. ad Hec. 86. Alcest. 367.

§ 153. Interdum Verba Substantiva non cum Subjecto sed Prædicato concordant ; ut

τὸ μὲν μῆκος τοῦ ὀρύγματος ἑπτὰ στάδιοί εἰσι, *longitudo fossæ septem stadiorum est.* Herod. iii. 60.

DE MODIS VERBORUM.

§ 154. *Hypothetica* oratio modò Indicativum postulat, modò Subjunctivum, modò Optativum, pro diverso tempore et eventu ejus rei, quæ cogitationi *supposita* est.

(*a*.) INDICATIVI · Tempus Historicum ponitur in Protasi cum conjunctione εἰ, et ejusmodi Tempus in Apodosi cum particulâ ἂν (Epic. κε, κεν), ubi res *hypothetica* in præterito tempore non evenerat, adeòque evenire non potest ; ut

εἰ τοῦτο ἔλεξας, ἥμαρτες ἂν,
  si hoc dixisses, errasses. (At hoc, scio, non dixisti ; ergo non errasti.)

(*b*.) SUBJUNCTIVUS ponitur cum conjunctione ἐὰν, ἢν, vel ἂν, ubi res *hypothetica* præsentis temporis incerta quidem, sed verisimilis, adeòque eventura videatur ; ut

ἢν τοῦτο λέγῃς, vel λέξῃς, ἁμαρτάνεις, vel ἁμαρτήσει,
  si hoc dicis (quod te dicere puto) *erras,* vel *errabis.*

(*c*.) OPTATIVUS ponitur cum conjunctione εἰ, ubi res *hypothetica* præsentis vel futuri temporis incerta ac non verisimilis, adeòque non eventura videatur ; ut

εἰ τοῦτο λέγοις, vel λέξειας, ἁμαρτάνοις ἂν,
  si hoc dicas, vel *diceres* (quod tamen te minimè dicere, aut dicturum esse sentio), *erres,* vel *errares.*

G

§ 155. *Finalis* oratio, cum dicitur de re præsenti vel
futurâ, plerumque Subjunctivum postulat ; cùm dicitur
de re præteritâ, Optativum (Conf. § 40. Obs.) ; ut

ταῦτα γράφω, vel γράψω, vel γέγραφα, ἵν' ἔλθῃς,
hæc scribo, vel *scribam,* vel *scripsi, ut venias.*

ταῦτα ἔγραφον, ἐγεγράφειν, ἔγραψα, ἵν' ἔλθοις,
hæc scribebam, scripseram, scripsi, ut venires.

Idem obtinet in oratione *subjunctâ* post Pronomina,
vel Particulas Pronominales ; ut

οὐκ ἔχω ὅποι τράπωμαι, *non habeo quo me vertam.*

οὐκ εἶχον ὅποι τραποίμην, *quo me verterem, non ha-
bebam.*

Obs. Sed hanc regulam per omnia non servabant optimi auctores ; scilicet quoties, neglectâ, ex alterutrâ parte, meliùs vel sensui vel ἐνεργείᾳ
dictionis consulere poterant ; sic Euripides,

πολὺν δὲ σὺν ἐμοὶ χρυσὸν ἐκπέμπει λάθρα
πατήρ, ἵν', εἴποτ''Ιλίου τείχη πέσοι,
τοῖς ζῶσιν εἴη παισὶ μὴ σπάνις βίου,
multum vero mecum auri emittit occultè
pater : quo, si quando Ilii mœnia caderent
viventibus liberis non esset penuriâ victûs. Eur. Hec. 10.

ubi ἐκπέμπει est, quod dicitur *Historicum præsens.* Idem Euripides, ex
alterâ parte, paulo posteà :

κτείνει με χρυσοῦ τὸν ταλαίπωρον χάριν
ξένος πατρῷος, καὶ κτανὼν ἐς οἶδμ' ἁλὸς
μεθῆχ', ἵν' αὐτὸς χρυσὸν ἐν δόμοις ἔχῃ,
interfecit me auri miserum gratiâ
hospes paternus ; et cum interfecisset in pelagus
abjecit, ut ipse aurum in domo habeat. Ibid. 26.

§ 156. *Obliqua* oratio, precedente Verbo præteriti temporis, post Conjunctiones ὡς, ὅτι, et Pronominà Relativa,
plerumque Optativo utitur, interdum verò (imprimis si res
minus ex narrantis ore pendere videatur) Indicativo ; ut

Οὗτοι ἔλεγον, ὅτι Κῦρος μὲν τέθνηκεν, Ἀριαῖος δὲ ἐν
τῷ σταθμῷ εἴη, καὶ λέγοι κ. τ. λ. *Hi narrabant*
Cyrum mortuum esse, Ariæum verò esse in statione
et dicere, &c. Xen. Anab. ii. 1. c. 3. (Lat. Gram.
§ 165.)

§ 157. Oratio *frequentativa*, sive *Indefinita*, post Conjunctiones et Pronomina Relativa, si dicitur de re præsenti, postulat Subjunctivum, plerumque cum particulâ ἄν, si dicitur de re præteritâ, Optativum sine istâ particulâ; ut

ὃν ἂν ἴδῃ . . . ., κολάζει, *si quem viderit, punit.*

ὃν ἴδοι . . . ., ἐκόλαζε, *si quem vidisset, punivit.*

§ 158. SUBJUNCTIVI prima persona vim quasi futuram sæpissimè obtinet, præsertim in oratione interrogativâ; subauditur scilicet χρὴ ἵνα, vel tale aliquid; ut

εἴπωμεν, ἢ σιγῶμεν; ἤ τι δράσομεν;

dicemus, an tacebimus? aut quid agemus? Eur. Ion. 758.

§ 159. OPTATIVUS, adjunctâ particulâ ἄν, modò Futuri, modò lenioris ac modestioris Imperativi vice fungitur:

(*a.*) Futuri; ut

οὐκ ἂν μεθείμην — οὐδ᾽ ἔγωγ᾽ ἀφήσομαι,

non relinquam — neque ego dimittam. Eur. Iphig.

Aul. 310.

(*b.*) Imperativi; ut

χωροῖς ἂν εἴσω σὺν τάχει,

I intro propere. Soph. Elect. 1491.

§ 160. INFINITIVUS interdum *ellipticè* ponitur, ita ut imperandi vel optandi notionem exprimat; ut

Ὑμεῖς δ᾽ ἄλλοθεν ἄλλος ἐρητύειν ἐπέεσσιν,

Vos autem aliunde alius eos cohibete verbis. Hom. Il. ii. 75.

αἰὲν ἀριστεύειν, καὶ ὑπείροχον ἔμμεναι ἄλλων,

semper optimè te gere et aliis esto præstantior. Hom.

Il. vi. 208.

Θεοὶ πολῖται, μή με δουλείας τυχεῖν,

O Dii urbis tutelares, cavete ne in servitutem redigar.

Æsch. Sept. 253.

Obs. Infinitivus etiam *absolutè* ponitur, particulâ ὡς vel adjunctâ vel subauditâ; ut

ὡς δὲ συνελόντι εἰπεῖν, *ut paucis absolvam.* Xen. Mem. III. viii. 10.

ὃ δὲ οὔτ᾽ ἂν ἔπαθε κακὸν οὐδὲν, δοκέειν ἐμοὶ, *puto equidem nihil mali fuisse eum passurum.* Herod. vi. 30.

G 2

§ 161. Infinitivus cum neutro Articuli vice fungitur Substantivi, vel potiùs (quod ad obliquos casus attinet) ejus, quod Latinis grammaticis est *gerundium;* (Lat. Gram. § 51. 159.) ut

τὸ λέγειν ὡς δεῖ τοῦ φρονεῖν εὖ μέγιστον σημεῖον ποιούμεθα, *dicere ut decet,* vel *orationem rectam maximum benè sapiendi indicium putamus.* Isocr. Nicocl. § 3.

Obs. 1. Interdum, imprimis apud Poëtas, omittitur Articulus ;. ut

παρ' ἄκοντας ἦλθε σωφρονεῖν,
ad invitos venit prudentia. Æsch. Ag. 180.

Obs. 2. Nec minus in hujusmodi formulis poni potest Subjectum Infinitivi in suo casu, sive Accusativo, sive Nominativo (Conf. § 162.); ut

τὸ θνήσκειν τινὰ ὑπὲρ τῆς πατρίδος καλή τις τύχη, *mori aliquem pro patriâ pulcra quædam fortuna est.* Xen. Cyr. V. iv. 19.

ὁ Κῦρος διὰ τὸ φιλομαθὴς εἶναι πολλὰ τοὺς παρόντας ἀνηρώτα, *Cyrus cum discendi studiosus esset, de multis rebus solebat eos quibuscum erat interrogare.* Xen. Cyr. I. iv. 2.

§ 162. Infinitivus Nominativum antecedentem capit, cùm ejusdem ac Verbum præcedens Subjecti est; cùm ad diversum transit, Accusativum, ut apud Latinos (Lat. Gram. § 134.); ut

Ξέρξης οὐκ ἔφη ὅμοιος ἔσεσθαι Λακεδαιμονίοισι· κείνους μὲν γὰρ συγχέαι τὰ πάντων ἀνθρώπων νόμιμα, ἀποκτείναντας κήρυκας, αὐτὸς δὲ ταῦτα οὐ ποιήσειν, *Xerxes respondit non se similem futurum Lacedæmoniis; illos enim occidendo præcones jura hominibus omnibus sancta violasse, se verò id non admissurum.* Herod. vii. 136.

οὐκ ἔφη αὐτὸς ἀλλ' ἐκεῖνον στρατηγεῖν, *dixit* (Cleon) *non se, sed illum* (Nician) *prætorem esse.* Thuc. iv. 28.

Obs. Nominativus Pronominis ante Infinitivum nisi emphasis causa non exprimitur; ut

ὁ 'Αλέξανδρος ἔφασκεν εἶναι Διὸς υἱὸς, *Alexander prædicabat se esse Jovis filium.*

SYNTAXIS PARTICIPII.

§ 163. PARTICIPIUM absolutè positum cum nomine suo construi solet in Genitivo ; ut

ἐμοῦ διδάσκοντος, *me docente.*

Obs. Interdum verò Participium absolutè ponitur in Accusativo (præsertim additâ particulâ ὡς) ; quod quidem in Participiis Impersonalium, e.g. ἐξὸν, παρὸν, δέον, ὑπάρχον, προσῆκον, δόξαν, κ.τ.λ. usitatissimum est ; ut

ὡς τοδ᾽ αἷμα χειμάζον πόλιν,

hæc enim cædes exagitat urbem. Soph. Œd. Tyr. 101.

θνήσκω, παρόν μοι μὴ θανεῖν, ὑπὲρ σέθεν,

morior pro te, licito mihi non mori. Eur. Alc. 295.

§ 164. Participia Græcè poni solent ubi Latinè plerumque ponitur Infinitivus, præsertim cum verbis quæ ad sensum, intelligentiam, initium, perseverantiam pertinent ; ut

ἴστω νυν εὐκλεής γε κατθανουμένη,

sciat igitur se gloriosè certè morituram esse. Eur. Alc. 151.

. . . πῶς δ᾽ ἂν μᾶλλον ἐνδείξαιτο τις

πόσιν προτιμῶσ᾽, ἢ θέλουσ᾽ ὑπερθανεῖν ;

quomodo enim magis ostendat ulla se magni facere maritum quam si velit pro eo mori ? Ibid. 155.

παῦσαι λέγουσα, *desiste loqui.* Eur. Hipp. 703.

Obs. Verba quæ sciendi notionem habent, si cum Infinitivo construuntur, sensum longè alium præbent, ac cum Participio. Scilicet ἐπίσταμαι ποιῶν, significat, *scio me facere ;* ἐπίσταμαι ποιεῖν, *scio quomodo faciam.*

§ 165. Participium aliquando ponitur, quasi per Periphrasin, cum verbis, imprimis, ἔχω, τυγχάνω, κυρῶ ; ut

τὸν μὲν προτίσας, τὸν δ᾽ ἀτιμάσας ἔχει,

alterum honoravit, alterum privavit honore. Soph. Ant. 22.

τοσοῦτον οἶδα καὶ παρὼν ἐτύγχανον,

tantum novi, atque ipse præsens adfui. Aj. 748.

σίγα νυν ἐστὼς, καὶ μέν' ὡς κυρεῖς ἔχων,
tacitus igitur adsta et mane quo es in loco. Ibid. 87.

Obs.   Verba λανθάνω et φθάνω, necnon τυγχάνω et κυρῶ, cum Participiis constructa optimè plerumque vertentur, si pro Participio Verbum,
pro Verbo Adverbium supponetur ; ut

ὁ Κροῖσος φονέα τοῦ παιδὸς ἐλάνθανε βόσκων, *Cræsus filii interfec-
torem imprudenter alebat.* Herod. i. 44.

οὐκ ἂν φθανοίτην τοῦτο πράττοντε,
non nimis celeriter hoc agere possetis ; quod idem valet atque *hoc
quam celerrimè agite.* Aristoph. Plut. 487.

SYNTAXIS VERBALIUM.

§ 166. VERBALIA Adjectiva in τέος, τέον, duplici modo
construuntur, prout vel Activa sunt vel Passiva.

(*a.*) Activa regunt Substantivum ; quod eo scilicet
casu ponitur, quem postulat Verbum, a quo Verbale
ductum est ; ut

ἀσκητέον (vel — τέα Neut. Pl.) ἐστὶ τὴν ἀρετὴν,
ἐπιθυμητέον (vel — τέα Neut. Pl.) ἐστὶ τῆς ἀρετῆς,
virtutem oportet colere—cupere.

(*b.*) Passiva concordant cum Substantivo, prorsus ut
Latinè Participia in *dus* (Lat. Gram. § 159.) ; ut

ἀσκητέα ἐστὶν ἡ ἀρετὴ, *colenda est virtus.*
Utrobique Dativus personæ sæpissimè additur ; ut

ἐξοιστέον τἄρ' ὅπλα Καδμείων πόλει,
sunt igitur urbi Cadmeorum efferenda arma. Eur.
Phœn. 712.

ἐμοὶ μὲν οὖν ἔστ' ἐς Σαλαμῖνα πλευστέα,
mihi quidem igitur ad Salamina est navigandum. Arist.
Lys. 411.

Obs. Interdum post Verbalia pro Dativo personæ ponitur Accusativus ;
ut πολλὴν τὴν μετάστασιν δεικτέον, εἰσφέροντας, ἐξιόντας, ἅπαντα
ποιοῦντας ἑτοίμως, *ostendenda est insignis conversio nobis confe-
rentibus tributa, militantibus, omnia alacritèr gerentibus.* Demosth. Olynth. ii. § 6.

SYNTAXIS ADVERBIORUM.

Ἄν.

§ 167. Particula ἄν (*Epicè* κε, κεν) vim ferè *potentialem*, et futuri temporis notionem tribuere solet partibus Verbi, etiam Participiis, quibuscum construitur. *Indicativi* autem Præsens, Futurum, et Præteritum Perfectum Particulam istam nunquam secum conjunctam habent ; nec verò *Optativus*, quoties optatum significat. Conf. § 40. Obs. et § 154.

οὐκ ἂν πέρα φράσαιμι, *nihil amplius dicam.* Soph.

Œd. Tyr. 343.

πάντ᾽ ἂν φοβηθεὶς ἴσθι, δειμαίνων τόδε,

scito te nihil non timere posse siquidem hoc metuis.

Eur. Rhes. 80.

Obs. 1. Particula ἄν, præsertim cum Optativo constructa, sæpiùs repetitur ; ut

σοῦ δ᾽ ἂν πυθέσθαι καὶ κλύειν βουλοίμεθ᾽ ἄν,

ex te igitur sciscitari et audire velimus. Eur. Hipp. 270.

Obs. 2. Formula πῶς ἂν cum Optativo frequens apud Euripidem significat *utinam ;* ut

πῶς ἂν ὀλοίμην, *utinam peream.* Eur. Alcest. 881.

Obs. 3. Temporibus Historicis Modi Indicativi, adhibitâ particulâ ἄν, notio consuetudinis vel iterationis accedit ; ut

ποτὲ μὲν ἐπ᾽ ἦμαρ εἶχον, εἶτ᾽ οὐκ εἶχον ἄν,

aliquando victum habere solebam, aliquando non habere. Eur. Phœn. 412.

Obs. 4. Particula ἄν cum Participio juxta posito suam vim interdum et cum Participio et cum Verbo communicat, præsertim ubi conditio in Participio inest ; ut

ἐκ δὲ τῶν εἰρημένων τεκμηρίων τοιαῦτα ἄν τις νομίζων μάλιστα ἃ διῆλθον, οὐχ ἁμαρτάνοι, *ex his autem signis quæ dixi si quis res a me narratas tales potissimum esse ducat,* (quales eas esse dixi) *hic profecto non erraverit.* Thuc. i. 21.

De usu Particulæ ἄν, cum Historicis Temporibus Indicativi, vide supra, § 154. *a.* ; cum Conjunctionibus infrà, § 175, 176.

Οὐ, Μή.

§ 168. Οὐ, *non**, præcisè negantis est, μὴ, *ne*, vetantis vel deprecantis. Idem ferè obtinet in familiâ vocabulorum utrinque manantium, sc. οὔτε, μήτε, οὐδεὶς, μηδεὶς, κ.τ.λ.; ut

οὐ δράσεις τοῦτο, *non facies hoc.*

μὴ δρᾶ ἐκεῖνο, *illud ne facito.*

οὔτ᾽ ἂν δυναίμην, μητ᾽ ἐπισταίμην λέγειν,

nec possim, neve (opto) *sciam dicere.* Soph. Antig. 612.

Sed *negat* etiam μὴ *hypotheticè,* hoc est, in oratione ubi res non tam ad *factum* quam ad *cogitatum* refertur; itaque ponitur imprimis post Conjunctiones εἰ, ἐὰν *si,* ὡς, ὅπως, ἵνα, ὄφρα *ut,* ὥστε *ita ut.*

Obs. 1. Μὴ (vetantis) cum Imperativi Præsente, vel Aoristo Subjunctivi jungitur; non autem cum Subjunctivi Præsente, neque, nisi rarissimè, cum Aoristo Imperativi. Recte dicitur μὴ μέμφου, vel μὴ μέμψῃ; perperam μὴ μέμφῃ, et vix aut ne vix quidem rectè, μὴ μέμψαι.

Obs. 2. Μὴ post Verba, quæ prohibendi, negandi, timendi, liberandi notionem habent, redundare solet; ut

Ἀριστόδικος .. ἔσχε μὴ ποιῆσαι ταῦτα Κυμαίους, *Aristodicus inhibuit Cymæos ne id facerent.* Herod. i. 158.

Particulæ οὐ μὴ sæpiùs ita conjunguntur, ut altera alterius vim non tollat. Hinc ortæ sunt duæ Syntaxeos formulæ planè diversæ, prout οὐ μὴ cum Futuro Indicativi, aut Aoristo Subjunctivi construuntur.

(*a.*) Οὐ μὴ, cum Futuro Indicativi constructæ, Interrogationi inserviunt, et plerumque *Imperandi* significationem, vim *prohibendi* obtinent; ut

οὐ μὴ δυσμενὴς ἔσει φίλοις; *nonne non-infestus eris amicis?* quod idem fere valet ac *ne infestus sis amicis.* Eur. Med. 1148.

(*b.*) Οὐ μὴ cum Subjunctivo per *Ellipsin* constructæ significationem *Futuri,* vim *negandi* obtinent; ut

---

* Scribitur οὐκ ante vocalem lenem, οὐχ ante aspiratam.   Οὐχὶ Atticum est.

καὶ τῶνδ' ἀκούσας οὔτι μὴ ληφθῶ δόλῳ.   *Intellige* οὐ
δέδοικα μή.   *Et his auditis, non* (vereor ne) *capiar
dolo.* Æsch. Sept. 38.

Obs. 3. Particulæ μὴ οὐ, negativâ sententiâ plerumque præeunte, cum
Infinitivo construuntur, idemque significant, quod Latinè *quin, quominus ;*
ut

οὐδὲν ἐλλείψω τὸ μὴ οὐ πᾶσαν πυθέσθαι τῶνδ' ἀλήθειαν,

non prætermittam quin omnem de hac re veritatem scisciter. Soph.
Trach. 90.

Obs. 4. Locutiones οὔ φημι, οὐ θέλω, οὐκ ἐάω, idem ferè valent ac Latinè *nego, nolo, prohibeo.*

οὔποτε φήσω γάμον εὐφραίνειν πλέον ἢ λυπεῖν,

semper negabo nuptias gaudii plus quàm doloris afferre. Eur. Alcest.
244.

Scilicet in his et similibus negationes οὐ et μὴ, non solum rem esse negant, sed etiam contrarium affirmant. Sic οὐ πάνυ, *non omnino*, significat
rem omnino aliter se habere.

§ 169. Negationes duæ aut plures plerumque Græcè
vehementiùs negant ; ut

ἀκούει δ' οὐδὲν οὐδεὶς οὐδένος,

nec quisquam cuiquam quidquam paret. Eur. Cycl. 120.

§ 170. Adverbium, præfixo Articulo, vice fungitur
Adjectivi, subaudita scilicet parte aliquâ Participii ὤν ; ut

ὦ τέκνα, Κάδμου τοῦ πάλαι νέα τροφή,

O filii, veteris Cadmi nova progenies. Soph. Œd.
Tyr. 1.

Obs. Articulus Adverbio præfixus interdum abundat ; ut
τὸ νῦν, τὰ νῦν *nunc*, τὸ πρὶν *antea*, τὰ μάλιστα *maximè*, et plurima
ejusmodi.

§ 171. Adverbia cum verbo ἔχω eleganter construuntur eâdem ferè vi, quam habent Adjectiva et Verbum
Substantivum ; ut καλῶς ἔχει idem ferè valet ac καλόν
ἐστι. Conf. supra, § 133.

§ 172. Genitivus additur Adverbiis quæ locum significant, ut apud Latinos (Lat. Gram. § 166.) ; ut
ποῦ γῆς ; *ubi terrarum ?* ποῖ γῆς ; *quo gentium ?*

§ 173. Adverbia complura Præpositionum naturam habent, et cum casibus alia aliis construuntur ; ut

(*a.*) Cum Genitivo e. g. ἄγχι vel ἀγχοῦ *prope ;* ut

ἄγχι πολιᾶς ἁλὸς,

prope canum mare. Pind. Ol. i. 114.

(*b.*) Cum Dativo e. g. ἅμα *simul ;* ut

ἅμα τοῖσι ἀνδράσι, *simul cum hominibus.* Herod. iv. 116.

(*c.*) Cum Accusativo e. g. μὰ, νὴ, jurandi formulæ ; ut

μὰ τοὺς παρ᾽ ᾅδην νερτέρους ἀλάστορας,

non, per dæmones infernos, qui sunt apud Pluto-nem. Eur. Med. 1049.

§ 174. Nonnulla nomina facta sunt Adverbia, plerumque per ellipsin Præpositionum (Conf. supra § 125) ; ut ἄγχι *prope*, χάριν *gratiâ*, προῖκα *gratis.* Conf. infra, § 189. *b.* Obs.

CONJUNCTIONUM SYNTAXIS.

§ 175. Conjunctionum usus plurimùm pendet ex Modo Verborum, prout res Indicativum, Subjunctivum, aut Optativum postulat. Conf. supra, § 154,—§ 156.

Conjunctiones licet in duas fere classes digerere, *Finalium* scilicet et *non-Finalium.*

§ 176. Finales Conjunctiones (sive eæ, quæ ad finem spectant) sunt ὡς, ὅπως, ἵνα, et Poëticè ὄφρα *ut ;* quarum Syntaxis, quod ad Modos, Subjunctivum scilicet et Optativum, attinet, ex iis, quæ supra dicta sunt de finali oratione, repetenda est. Vide § 155.

Ex his Conjunctionibus cum Subjunctivo constructis ὡς et ὅπως frequentiùs asciscunt ἄν, ἵνα verò et ὄφρα plerumque rejiciunt. Eædem Conjunctiones omnes, cum Optativo constructæ, particulam istam ferè non admittunt.

Obs. 1. Si forte Conjunctio finalis una cum ἄν et Optativo reperiatur, particula ἄν non cum Conjunctione sed potius cum Verbo construi debet.

Obs. 2. Quoties prior sententiæ pars non quid factum sit, sed quid fieri oportuerit designat, Conjunctiones ὡς, ὅπως, ἵνα, Indicativi tempora præterita post sese asciscunt, modò de re præsente aut præteritâ sermo sit; ut

> ἰὼ Κιθαιρὼν, τί μ' ἐδέχου ; τί μ' οὐ λαβὼν
> ἔκτεινας εὐθὺς, ὡς ἔδειξα μήποτε
> ἐμαυτὸν ἀνθρώποισιν, ἔνθεν ἦν γεγώς ;
> *Io Cithæron, quare me recepisti ? cur non acceptum*
> *statim me peremisti, quod si fecisses, nunquam docuissem*
> *homines unde natus essem ?* Soph. Œd. Tyr. 1391.

Obs. 3. Particula ὅπως, vel ὅπως μὴ, in re futurâ, non modò cum Subjunctivo sed etiam cum Futuro Indicativi sæpe construitur; ut

> δέδοιχ' ὅπως μοι μὴ λίαν φανεῖ σοφή,
> *metuo ne mihi nimis sapiens videaris.* Eur. Hipp. 520.

Et nonnunquam post ellipsin verbi δέδοικα, vel ὅρα ; ut

> ὅπως μὴ σαυτὸν οἰκτιεῖς ποτέ
> *vereor ne aliquando te ipsum misereris.* Æsch. Prom. 68.

§ 177. Conjunctiones NON-FINALES partim ad factum vel causam respiciunt, partim conditionales vel relativæ sunt.

(*a*.) Quæ ad *factum* vel *causam* respiciunt, sunt ὡς, ὅτι *quod;* quæ ponuntur imprimis in oratione obliquâ, et interdum cum Indicativo, frequentiùs cum Optativo construuntur. Vide supra, § 156.

(*b*.) Quæ *conditionales* aut *relativæ* sunt, si res Indicativum aut Optativum postulat, ponuntur simpliciter, sine particulâ ἂν ; ut εἰ *si*, ὅτε, ὁπότε, ὡς, (ὅπως *Att. Poët.*, ὅκως *Ion.*), ἡνίκα *cum, quando,* ἐπεὶ, ἐπειδὴ *postquam,* πρὶν, πρὶν ἢ *prius quam,* ἕως, ἔστε *dum, donec,* necnon Pronomina Relativa, et Adverbia Pronominalia conjunctivè posita, ὅς, οἷος, ὅσος, οὗ, οἶ, ὅπου, ὅποι, κ.τ.λ.

Sin autem res Subjunctivum postulat, postulantur item eædem Conjunctiones cum ἂν compositæ, sive conjunctæ, scilicet ἐὰν (hoc est εἰ ἂν), ἢν vel ἂν, ὅταν, ὁπόταν, ἡνίκ' ἂν, ἐπὴν, ἐπειδὰν, πρὶν ἂν, ἕως ἂν, ἐστ' ἂν, ὃς ἂν, ὅπου ἂν, κ.τ.λ.

Obs. 1. Non rarò tamen in nonnullis horum etiam cum Subjunctivo constructis supprimitur particula ἂν, præsertim apud Tragicos; ut

> ὅπου δ' Ἀπόλλων σκαιὸς ᾖ, τίνες σοφοί ;
> *si vero Apollo indoctus est, quinam sapientes sunt ?* Eur. Elect. 972.

Obs. 2. Particula πρὶν neque cum Optativo nec Subjunctivo construi solet nisi in priore sententiæ membro adsit negandi aut prohibendi significatio ; ut

οὐκ ἄπειμι πρὸς δόμους πάλιν
πρὶν ἄν σε γαίας τερμόνων ἔξω βάλω,
non redibo domum
priusquam ejecero te e finibus hujus terrœ. Eur. Med. 270.

Eadem tamen sæpiùs cum Infinitivo quoque construitur, cujuscumque generis sententia præcedat, sive affirmativa, sive negativa ; ut

οὐδὲ παύσεται
χόλου, σαφ' οἶδα, πρὶν κατασκῆψαί τινα,
neque desistet ab irâ,
bene scio, priusquam fulmine feriat aliquem. Ibid. 92.

Obs. 3. Particula εἰ, vel εἰ γὰρ, sicut εἴθε, interdum optantis est; sed notanda in hoc usu differentia Indicativi et Optativi ; εἰ γὰρ εἶχον, valet *utinam haberem*, vel *habuissem* (de re præteritâ) ; εἰ γὰρ ἔχοιμι, *utinam habeam* (de re præsenti vel futurâ).

§ 178. Conjunctiones quæ extra has duas classes censendæ sunt, facile dignoscuntur ; scilicet

(*a.*) Copulativæ, ut καὶ, καὶ—καὶ, τε—καὶ, τε—τε, κ.τ.λ.

(*b.*) Disjunctivæ, ut οὔτε—οὔτε, μήτε—μήτε, κ.τ.λ.

(*c.*) Partitivæ, ut μὲν—δὲ, κ.τ.λ.

SYNTAXIS PRÆPOSITIONUM.

§ 179. Præpositiones apud Poëtas sæpe per *Tmesin* a verbis segregantur, cum quibus compositæ sunt ; ut

δν...χυτὴ κατὰ γαῖα κάλυψεν, pro κατεκάλυψεν,
quem...aggesta terra cooperuit. Hom. Il. xiv. 114.

Obs. Aliquando Præpositiones, apud Poëtas, post verba sua ponuntur; ut
Νύμφη δ' ἐτίθει πάρα πᾶσαν ἐδωδήν,
Nympha vero apposuit omnem cibum. Hom. Od. v. 196.

§ 180. Præpositiones interdum tanquam Adverbia usurpantur, imprimis ἐν et πρὸς ; ut

ἐν δὲ καὶ Λεσβίους εἷλε,
et simul vel *inter alios, Lesbios cepit.* Herod. iii. 39.

§ 181. Præpositiones ἄνα, μέτα, πάρα, ἔνι, accentu retracto, eandem simplices vim exerunt quam cum verbo εἰμὶ, vel, quod rarius, quam cum ἵστημι compositæ ; ut

οὐ γάρ τις μέτα τοῖος ἀνὴρ, (pro μέτεστι),
non enim adest aliquis talis vir. Hom. Od. xxi. 93.

ἀλλ' ἄνα, μηδ' ἔτι κεῖσο (pro ἀνάστα),
sed surge, neque amplius jace. Hom. Il. xviii. 178.

PRÆPOSITIONUM PRIMA CLASSIS.

In primâ Præpositionum classe continentur, *primo*, ἀντὶ, ἀπὸ, ἐκ vel ἐξ, et πρὸ, quæ cum Genitivo solo construuntur; *secundo*, ἐν et σὺν, quæ cum Dativo solo construuntur; *tertio*, ἀνὰ et εἰς, vel ἐς, quæ cum Accusativo solo construitur.

(*a*.) ᾿Αντὶ, ἀπὸ, ἐκ vel ἐξ, et πρὸ cum Genitivo solo construuntur.

᾿Αντί.

§ 182. Præpositio ἀντὶ significat i. q. *pro*, vel *vice, propter, instar.*

Pro; ut χάρις ἀντὶ χάριτος ἐλθέτω, *gratia pro gratiâ veniat.* Eurip. Hel. 1234.

Vice; ut χώρας λέλειπται μοῦνος ἀντὶ σοῦ φύλαξ,
   solus relictus est tui loco hujus terræ custos. Soph. Œd.
   Tyr. 1418.

Propter; ut ἀνθ᾿ ὧν ἱκνοῦμαι πρὸς θεῶν ὑμᾶς,
   quapropter implorans per Deos obtestor vos. Œd. Col. 275.

Instar; ut   ἀντί νυ πολλῶν
   λαῶν ἐστιν ἀνὴρ, ὅντε Ζεὺς κῆρι φιλήσῃ,
   is, quem Jupiter carum habet, est instar multarum copiarum.
   Hom. Il. ix. 116.

Obs. Est ubi significat id quod πρὸ, *præ* vel *ante;* ut
χλαῖναν πορφυρέην ἀντ᾿ ὀφθαλμοῖιν ἀνασχών,
chlamydem purpuream ante oculos obtendens. Hom. Od. iv. 115.
Interdum etiam obtestando inservit, velut πρός; ut
οἵ σ᾿ ἀντὶ παίδων τῶνδε καὶ ψυχῆς, πάτερ, ἱκετεύομεν,
qui te per hasce tuas filias et tuam vitam, pater, obtestamur. Soph.
Œd. Col. 1326.

In Compositis porrò significat *ex adverso*, vel *e regione;* deinde *quamlibet oppositionem* sive *repugnantiam.*

E regione; ut ἀντίθυρον, *locus e regione ostii.*

Oppositionem; ut ἀντιλέγω *contradico*, ἀντιποιέομαι *mihimet contra omnes vindico.*

᾿Από.

§ 183. Præpositio ἀπὸ (Poet. ἀπαὶ) significat i. q. *a, ab;*

et propriè locum habet, ubi *origo, progressio, distantia* vel *intervallum loci* aut *temporis, occasio* et *opportunitas,* vel etiam *causa rei faciendæ* indicantur.

a, ab; ut

οἱ ἀπὸ Σπάρτης, *Spartani.* Conf. Virgilianum illud, *Pastor ab Amphryso.*

ἀπ᾽ ἀρχῆς μέχρι τέλους, *a principio usque ad finem.*

ἡ θάλασσα ἀπέχει ὡς τέσσερα στάδια ἀπὸ λίμνης, *abest mare a lacu quatuor stadia.* Herod. iv. 195.

ἀπὸ παίδων, *statim a pueritiá.* ἀφ᾽ οὗ (sc. χρόνου), *ex quo.*

ἀπὸ τετάρτης ἡμέρας, *dies abhinc quatuor.* Act. x. 19.

τὰ αὐτὰ ἀπ᾽ ἐλασσόνων ἔπραξε, *eadem minore sumptu fecit.* Thuc. viii. 87.

ζώουσι ἀπὸ θήρης, *venatione vitam sustentant.* Herod. iv. 22.

ζήτησις μεγάλη ἀπὸ σφέων ἐγένετο τῶν γυναικῶν τουτέων, (ubi ἀπὸ idem ferè valet quod ὑπὸ) *magna cura ab illis adhibita fuit ad investigandas mulieres.* Herod. ii. 54.

Hinc profecti sunt usus paulò remotiores; e. g.

κάκιστ᾽ ἀπ᾽ ἔργων εὐκλεεστάτων φθίνει, *miserrimè ob res gestas nobilissimas perit.* Soph. Antig. 695.

ἐπεὶ δὲ ἀπὸ δείπνου ἦσαν, *postquam verò cœnandi finem fecerunt.* Herod. i. 126.

ἀπὸ δ᾽ αὐτοῦ (sc. δείπνου) θωρήσσοντο, *absolutá verò cœná sese armaverunt.* Hom. Il. viii. 54. Conf. Cœl. ap. Cic. Ep. Fam. viii. iv. 1. *a repulsá,* h. e. *post repulsam.*

οὐκ ἀπὸ γνώμης λέγεις, *non secus ac sentio dicis.* Soph. Trach. 389.

Obs. 1. Præpositio ἀπὸ additur Nominibus ita ut hujusmodi formulæ vim Adverbiorum habeant, ut ἀπὸ σπουδῆς, i. q. σπουδαίως, *serió.* Sic

ἀπὸ τοῦ προφανοῦς *palam*	ἀπὸ τοῦ ἀδοκήτου *inopinato*
ἀπὸ μνήμης ⎱ *memoriter* ἀπὸ στόματος ⎰	ἀπὸ ταυτομάτου ⎱ *fortuito* ἀπὸ τύχης ⎰
ἀπὸ γλώσσης *vivá voce*	ἀπὸ ξυνθήματος *composito*
ἀπὸ τοῦ παραχρῆμα *ex tempore*	ἀπὸ σμικροῦ *parvi* (sc. pretii).

Obs. 2. Præpositio ἀπὸ interdum redundat; ut ἀπὸ κρῆθεν, *a capite.* Hes. Clyp. Her. 7.

Interdum deest; ut τᾶς πολυχρύσου Πυθῶνος ἀγλαὰς ἔβας Θήβας, *opulentis a Delphis nobiles adiisti Thebas.* Soph. Œd. Tyr. 152.

In Compositis porrò significat quid *abundanter, perfectè, absolutè* facere, atque adeo *cessationem*, vel etiam *negationem* rei.

Abundanter; ut ἀποδείκνυμι *demonstro;* ἀποθαυμάζω *demiror,* h. e. *valde miror.*

Absolutè; ut ἀποτετελεσμένος *omnibus numeris absolutus;* ἀπέχουσι μισθὸν *omnem mercedem habent.*

Cessationem; ut ἀπογίνεσθαι *denasci,* h. e. *mori;* ἀποστράτηγος *exprætor.*

Negationem; ut ἀπόφημι *nego;* ἀπειπεῖν ὁμιλίαν *renuntiare consuetudinem,* sed ἀπειπεῖν ἄλγει *præ luctu deficere;* ἀπαρέσκω *displiceo.*

Ἐκ.

§ 184. Præpositio ἐκ, ante vocalem ἐξ, significat i. q. *e, ex,* et propriè locum habet *ubi motus ex interiore* indicatur; sed plerumque simpliciter tantum idem ferè valet quod ἀπό. Vide supra, § 183.

E, ex; ut ἐξ ἀειρύτου χοὰς κρήνης ἐνέγκου,
  e jugi fonte fer libamina. Soph. Œd. Col. 470.

ἐκ βροτῶν βαίην ἄφαντος, *ex mortalibus evanescam.* Soph. Œd. Tyr. 831.

οὐκ ἐκ ξύλων ποιεῦνται τὰ πλοῖα, ἀλλ᾽ ἐκ διφθερέων, *non e ligno faciunt navigia sua sed ex pellibus.* Herod. i. 194.

ἐξ ὅτου νέας τροφῆς ἔληξε, *ex quo* (sc. tempore) *pueritiam egressa est.* Ibid. 346. Conf. ἀπό.

ἕκτος ἐξ Αἰτωλίας (i. q. Αἰτωλὸς), *sextus erat Ætolus.* Soph. Elect. 704. Conf. ἀπό.

φιάλας ἐκ τῶν ζωστήρων φορέουσι Σκύθαι, *Scythæ gestant phialas ex cingulis suspensas.* Herod. iv. 10.

καθήμεθ᾽ ἄκρων ἐκ πάγων ὑπήνεμοι,
  consedimus prope a summis tumulis vento non expositi. Antig. 411.

καὶ γάρ τ᾽ ὄναρ ἐκ Διός ἐστιν,
  etenim somnium quoque ex Jove est. Hom. Il. i. 63.

ἐκ τοῦ κατ᾽ ἄστυ βασιλέως τάδ᾽ ἄρχεται (ubi ἐκ idem ferè valet quod ὑπό, qui usus apud ceteros auctores infrequentior Herodoto admodum familiaris est),

hæc loca a rege, qui urbi præest, gubernantur. Soph. Œd.
Col. 67. Conf. ἀπό.

ὡς ἐκ τῆς θυσίης ἐγένετο, *postquam sacrificandi finem fecit.*
Herod. i. 50. Vide ἀπό.

τυφλὸς . . . ἐκ δεδορκότος, *nunc cæcus cum antea vidisset.*
Soph. Œd. Tyr. 454.

Obs. 1. Præpositio ἐκ additur Nominibus ita ut hujusmodi formulæ
vim Adverbiorum habeant; ut ἐκ βίας i. q. βιαίως *violentè.* Vide ἀπὸ
supra § 183. Obs. 1. Sic

ἐκ τοῦ ἐμφανοῦς *palam*	ἐξ ἑτοίμου *promptè*
ἐξ ἀπροσδοκήτου *inopinatò*	ἐκ βραχέος *brevi*
ἐκ πρώτου, δευτέρου, κ.τ.λ. *primò,*	ἐκ ταυτομάτου *fortuitò*
iterum	ἐκ τῆς ἰθείης *rectà* ⎤
ἐξ ἴσου *æqualiter*	ἐξ ὑστέρης *postea* ⎬Herod.
ἐκ παρασκευῆς *compositò*	ἐκ νέης *denuò.* ⎦
ἐκ περιουσίας *superabundanter*	ἐξ ἱκανῆς *satis.*

Obs. 2. Præpositio ἐκ interdum abundat; ut ἐξ οὐρανόθεν, *e cælo.* Hom.
Il. viii. 19.

In COMPOSITIS porrò significat *eminentiam* quandam et *perfectionem* sive *successum.*

Eminentiam; ut ἐκπρεπὴς *præ cæteris conspicuus.*

Perfectionem; ut ἐξαιτέομαι *impetro,* h. e. *precando consequor.*

Πρό.

§ 185. Præpositio πρὸ significat i. q. *ante, præ, vice* vel *in
gratiam alicujus.*

Ante (de tempore); ut ταῦτα πρὸ τῆς Πεισιστράτου ἡλικίης
ἐγένετο, *hæc ante Pisistrati ætatem evenerunt.* Herod.
v. 71.

Ante (de loco); ut πρὸ θυρῶν *ante fores.* Arist. Vesp. 273.

Præ; ut οὐδεὶς - - ᴑὕτω ἀνόητός ἐστι ὅστις πόλεμον πρὸ εἰρήνης αἱρέεται, *nemo ita amens est ut bellum præferat paci.*
Herod. i. 87.

Vice (i. q. ἀντὶ); ut ἥτις ἤθελε θανεῖν πρὸ κείνου, *quæ volebat pro eo,* sive *ejus vice, mori.* Eur. Alcest. 17. Conf.
ibid. 434.

In gratiam vel commodum (i. q. ὑπὲρ); ut οὐκ ἐτολμήσας

θανεῖν τοῦ σοῦ πρὸ παιδός, *non ausus es mori tuo pro filio.*
Eur. Alc. 644. Conf. ibid. 701.

In COMPOSITIS porrò significat quid *palam agere,* vel *vulgare;*
ut προιέναι in *publicum prodire,* προκηρύττω *publicè denuntio.*

(*b.*) 'Eν et σὺν cum Dativo solo construuntur.

'Eν.

§ 186. Præpositio ἐν significat i. q. *in, inter, penes.*
In (de loco) ; ut ἐν ἀγορᾷ *in foro,* ἐν Πλαταιαῖς *Platæis.*
In (de tempore) ; ut ἐν τῷ νῦν χρόνῳ *præsenti tempore.* Conf.
supr. § 131. a. Obs. 1.
Ponitur etiam Græcè præpositio ἐν ubi Latinè *in* locum non
habet, imprimis de *indumentis* vel *instrumentis;* ut
ὁ δ' εἰσῄει - - ἐν τῇ Περσικῇ στολῇ, *ille verò intravit Persicâ
veste indutus.* Xen. Cyr. ii. iv. 4.
ἐν πέλταις διαγωνίζονται, *clypeis armati pugnant.* Xen. Mem.
iii. ix. 2.
Inter, vel Apud vel Coram ; ut ἧστο ἐν μνηστῆρσι, *sedebat
inter procos.* Hom. Od. i. 114.
ἐν τοῖς Μήδοις ταῦτα ἐγένετο, *hæc apud Medos,* h. e. *in Mediâ,
evenerunt.* Xen. Cyr. iv. 25.
ἐν τοσούτοις ἀνδράσιν, *coram tantis viris.* Arist. Plut. 1061.
Penes ; ut ἐν σοὶ νῦν ἐστι - - καταδουλῶσαι 'Αθήνας, *penes te
est Athenas ad servitutem redigere.* Herod. vi. 109.
ἐν σοὶ γάρ ἐσμεν, *in te enim posita est omnis spes nostra.*
Œd. Tyr. 314.

Obs. 1. Notabilis locutio est ἐν ἑαυτῷ (vel ἑαυτοῦ) γίγνεσθαι, *sui compotem esse;* ut ἀλλὰ νῦν ἔτ' ἐν σαυτῷ γενοῦ. Soph. Phil. 950.

Obs. 2. Etiam hæc Præpositio locutionibus adverbialibus inservit; ut
ἐν τάχει, i. e. ταχέως, *celeriter.* Sic

ἐν ἡσύχῳ *quietè*	ἐν δίκῃ *justè*
ἐν τούτῳ } *intereà*	ἐν μέρει *vicissim*
ἐν μέσῳ	ἐν κεφαλαίῳ *summatim*
ἐν ὤρῃ (Herod.) *tempestivè*	ἐν καιρῷ *opportunè.*

Quibus adde formulas ejusmodi, ubi Præpositio cum casu suo pro
simplici Nomine accipiatur; ut ἐν ἴσῳ, ἐν ὁμοίῳ *par, simile esse;* ἐν

εὐμαρεῖ *facile,* ἐν ἡδονῇ *jucundum,* ἐν νόσῳ, *æger ;* ἐν ἐλαφρῷ ποιεῖσθαι, *parvi pendere ;* ἐν αἰσχύναις ἔχω (pro αἰσχυντικῶς) *pudibundus sum.*

In Compositis porrò nonnullis *minuendi* vim habet; ut ἐνδιδόναι *remittere.*

Σὺν.

§ 187. Præpositio σὺν (Atticè ξὺν) significat i. q. *cum ;* ut σὺν στρατῷ, *cum exercitu.*

Ponitur etiam ubi Latina præpositio locum non habet, imprimis ubi *consensus, favor, auxilium* indicatur ; ut σὺν νόμῳ, *consentiente lege,* seu *secundùm legem,* σὺν Θεῷ, *Deo juvante.*

Obs. 1. Etiam hæc Præpositio nonnullas genuit formulas, quæ adverbialiter accipiendæ sunt; ut σὺν τάχει *celeriter.* Sic

    σὺν νόμῳ *legitimè* | σὺν χρόνῳ *tandem.*

Obs. 2. Præpositio σὺν aliquando deest. Conf. supr. § 137.

In Compositis porrò nonnullis *augendi* vim habet; ut συντεταμένως, *enixè,* sc. *conjunctis viribus.*

(*c.*) Ἀνὰ et εἰς vel ἐς, rarò ὡς, cum Accusativo solo construuntur.

Obs. De ἀνὰ etiam cum Dativo apud Poëtas constructâ vide infra, § 188. Obs. 2.

Ἀνὰ.

§ 188. Præpositio ἀνὰ significat i. q. *per,* de loco, vel propriè *sursum per, passim per, inter.*

Per (de loco) ; ut ἀνὰ τὴν Ἑλλάδα, *per Græciam.*

ἀνὰ τὸν ποταμὸν πλέειν, *adverso flumine navigare.* Herod. i. 194.

ἐσκεδάσθησαν ἀνὰ τὰς πόλιας, *passim per urbes dispersi sunt.* Herod. v. 102.

Inter ; ut ἀνὰ τοὺς πρώτους ἔσαν, *inter primos erant.* Herod. ix. 86.

In numeris *distributivam* vim habet ; ut

ἀνὰ πέντε παρασάγγας τῆς ἡμέρας, *in quinos parasangas diem.* Xen. Anab. iv. vi. 4.

ἀνὰ πᾶσαν ἡμέραν, *quotidie.* Xen. Cyr. i. ii. 8.

ἀνὰ πᾶν ἔτος vel πάντα ἔτεα, *quotannis.* Herod. i. 136.
viii. 65.

Indicat etiam *intervallum* temporis ; ut
ἀνὰ χρόνον, *interjecto tempore.* Herod. i. 173.

Obs. 1. Etiam hæc Præpositio interdum Nominibus ita jungitur, ut
adverbialiter reddi possit; ut ἀνὰ κράτος, *vehementer,* sive *totis viribus,*
ἀνὰ μέρος, *alternatim,* sive *per partes.*

Obs. 2. Apud Ionicos et Doricos Poëtas Præpositio ἀνὰ cum Dativo
quoque construitur, et significat i. q. *super* vel *cum ;* ut
εὕδει δ' ἀνὰ σκάπτῳ Διὸς αἰετὸς,
dormit vero in sceptrum Jovis aquila. Pind. Pyth. i. 10.

In Compositis porrò significat i. q. *sursum, re —, retro* vel
retrorsum.

Sursum ; ut ἀνέχειν τὰς χεῖρας, *attollere manus,* ἀναβοάω,
elatâ voce clamo.

Re — ; ut ἀναβλέπω, *visum recipio,* ἀνατίθεμαι, *retracto,* inde
corrigo, ἀναβάλλω, *rejicio* sive *differo.*

Retrorsum ; ut ἀναχωρέω, *retrorsum cedo.*

Εἰς.

§ 189. Præpositio εἰς, vel ἐς significat i. q. *in* cum Accusativo constructa (*into*), *ad* vel *usque ad,* de loco et tempore,
ad, de fine, *quod attinet ad,* inde *ob* vel *propter, erga,* et in
numeralibus *circiter.*

In ; ut ἐμβαλοῦ μ' εἰς ἀντλίαν, *injice me in sentinam.* Soph.
Phil. 481.

Ad (de loco) ; ut εἰς Τροίαν μολεῖν, *ad Trojam venire.* Ib. 112.
εἰς τοῦτο συμφορᾶς προκεχωρήκαμεν, *eò usque calamitatis
processimus.* Thuc. iii. 57.

Ad 'et Sub (de tempore) ; ut ἔτι καὶ ἐς τόδε, *ad hoc usque
tempus.* Herod. vii. 123.
εἰς ἥλιον καταδύντα, *sub solis occasum.* Hom. Od. iii. 138.

Ad (de fine) ; ut ἐς χλαῖναν .. πόκον .. δωρήσομαι, *ad* vel *in
lænam* (sc. faciendam) *vellus dabo.* Theoc. v. 98.

Quod attinet ad ; ut κάμηλοι ἵππων οὐκ ἥσσονες ἐς ταχύτητά
εἰσι, *cameli equis, quod ad celeritatem attinet, non in-
feriores sunt.* Herod. iii. 102.

Ob vel Propter; ut εἰς τί μ᾽ ἱστορεῖς τόδε; *quamobrem hoc me interrogas?* Eur. Phœn. 642.

Erga, in; ut τῇ ὀργῇ χαλεπῇ ἐχρῆτο ἐς πάντας, *iracundiá gravi in omnes utebatur.* Thuc. i. 130.

ὑπέρκοπον μηδὲν ποτ᾽ εἴπῃς αὐτὸς εἰς Θεοὺς ἔπος,

cave ne quid unquam superbè in vel *adversùs Deos dicas.* Soph. Aj. 128.

Circiter; ut εἰς δισχιλίους, *circiter duo mille.*

Obs. 1. Etiam hæc Præpositio inservit Periphrasi, et cum Nomine suo quandoque adverbialiter redditur; ut εἰς καιρὸν, *opportunè.* Sic

εἰς κενὸν *frustra*	εἰς τὸ ἀκριβέστατον *accuratissimè*
εἰς δέον *rectè*	ἐς τὸ παραχρῆμα *statim*
εἰς ἅπαντα *omninò*	εἰς εὐτέλειαν *viliter*
ἐς τὰ πρῶτα *imprimis*	εἰς ἀφθονίαν *copiosè*

Obs. 2. Si quando Præpositio εἰς Genitivo præponitur, subauditur Accusativus alterius Nominis, scilicet οἶκον, ἱερὸν, vel tale aliquid; ut εἰς Ἅιδου (sc. οἶκον) *in Plutonis domum,* εἰς Ἀσκληπιοῦ (sc. ἱερὸν) *in Æsculapii templum.*

Obs. 3. Interdum pro εἰς legitur altera forma ὡς, sed ibi tantùm ubi *motus* imprimis *ad personas* significatur; ut ἔπεμπον πρέσβεις ὡς τοὺς Ἀθηναίους, *miserunt legatos ad Athenienses.* Thuc. v. 44. ὡς τὸν Δί᾽ ἐς τὸν οὐρανόν, *ad Jovem in cœlum.* Aristoph. Pac. 104. Vid. Herm. ad Soph. Trach. 365.

PRÆPOSITIONUM SECUNDA CLASSIS.

In secundâ Præpositionum classe continentur διὰ, κατὰ, ὑπὲρ et μετὰ, quæ cum binis casibus, Genitivo scilicet et Accusativo, construuntur.

Obs. De μετὰ etiam cum Dativo apud Poëtas constructâ vide infra, § 193. Obs. 2.

Διά.

§ 190. (*a.*) Præpositio διὰ (Poeticè διαὶ), cum Genitivo constructa significat i. q. *per,* de causâ *efficiente* vel *instrumentali,* de loco, de tempore, *inter* vel *in.*

Per (de causâ efficiente—*by means of*); ut αὐτὸς δι᾽ ἑαυτοῦ πάντ᾽ ἐποίει, *ipse per se,* h. e. *suá unius operá, omnia faciebat.* Isæ.

Per (de spatio loci transeundo) ; ut ὑπάξας διὰ θυρῶν, *elapsus per fores.* Soph. Aj. 301.

Per (de tempore continuo, sive duratione) ; ut δι᾽ ἡμέρης, i. q. δι᾽ ὅλης τῆς ἡμέρης, *per totum diem.* Herod. i. 27.

Per (de temporis intervallo) ; ut διὰ τρίτου ἔτεος, *tertio quoque anno.* Herod. ii. 4.

διὰ μακροῦ χρόνου, *post longum tempus.* Æsch. Pers. 741.

Inter vel in ; ut φλέγει λάμπας διὰ χερῶν, *lampas fulget inter manus*, vel *in manibus.* Æsch. Soph. 433.

Obs. 1. Præpositio διὰ cum Genitivis Nominum Substantivorum Verbisque constructa, imprimis cum verbis ἰέναι, ἔρχεσθαι, εἶναι, γίγνεσθαι, ἔχειν, λαμβάνειν, inservit Periphrasi ita ut Nomen additum ferè positum sit pro Verbo cujus significationem cognatam habeat; ut διὰ πόθου ἐλθεῖν, i. q. ποθεῖν *desiderare*, Eur. Phœn. 385 ; δι᾽ ἡσυχίης εἶναι, i. q. ἡσυχάζειν, *quietum esse.* Herod. i. 206.

Obs. 2. Apud *Herodotum* Præpositio διὰ cum Genitivo constructa porrò *eminentiam* significat; ut διὰ πάντων ἄξια θαυμάσαι, *præ omnibus digna admiratione.* Herod. viii. 37.

Obs. 3. Etiam hæc Præpositio cum Nomine suo interdum adverbiascit; ut διὰ τάχους *celeriter.* Sic

διὰ κενῆς *temerè*	δι᾽ ὀργῆς *iracundè*
διὰ μέσου *intereà*	διὰ τέλους *perpetuò.*

(*b.*) Præpositio διὰ cum Accusativo constructa significat i. q. *per* vel *propter*, de causâ meritoriâ, rarius de loco.

Per (de causâ meritoriâ—*on account of*) ; ut ἔχω γὰρ ἄχω διὰ σὲ, *habeo quæ habeo per te*, h. e. *tuo beneficio.* Soph. Œd. Col. 1129.

Per (de loco) ; ut διὰ πόντον, *per mare.* Pind. Isth. iv. 10.

Obs. Cæterum διὰ non rarò cum Accusativo construitur, etiam tum, cum *causam efficientem* vel *impellentem* indicat ; ut Δί᾽ ἐννέπετε ... ὄντε διὰ βροτοὶ ἄνδρες ὁμῶς ἄφατοί τε φατοί τε, *Jovem celebrate, per quem mortales homines* sunt *pariter obscurique clarique.* Hes. Op. i. 3.

In COMPOSITIS porrò significat i. q. *dis* —, *trans, valdè, penitus.*

Dis ; ut διαγινώσκω *dignosco*, διατέμνω *disseco.*

Trans ; ut διαβάλλω *trajicio.*

Valdè ; ut δϊσχυρίζομαι *valdè* vel *obnixè contendo.*

Penitus ; ut διαπράττω *rem totam facio*, διαχράομαι *conficio, interficio, perdo.*

Κατά.

§ 191. (*a.*) Præpositio κατά cum Genitivo constructa significat i. q. *de* vel potiùs *deorsum a* in loco, rarius *de* vel *super*
(i. q. περί) in re, *contra, sub.*

De, deorsum per (in loco—*adown*) ; ut

βῆ δὲ κατ' Οὐλύμποιο καρήνων ἀΐξασα,

ivitque deorsum ab Olympi verticibus concitato motu. Hom.
Il. ii. 167.

De vel super (in re—i. q. περί) ; ut ταῦτα κατὰ πάντων
Περσῶν ἔχομεν λέγειν, *hæc de omnibus Persis dicenda ha-
bemus.* Xen. Cyr. i. ii. 16.

Contra (de re *infenso animo,* et *nocendi causâ* susceptâ) ; ut
κατὰ τινὸς εἰπεῖν, *contra aliquem dicere.*

Sub (sæpiùs cum significatione *motûs deorsum* instituti) ; ut

προὔπτον ἐς "Αιδαν στείχω κατὰ γᾶς,

vado manifestam ad mortem sub terram. Eur. Hipp. 1366.

οἱ κατὰ χθονὸς Θεοὶ, *Dii qui sub terrâ sunt,* h. e. *Inferi.*
Eur. Alcest. 75.—κατὰ νώτου est *a tergo.* Herod. i. 9.

Obs. In formulis precandi, vel vovendi κατά cum Genitivo ita ponitur
ut *votum* significet; ut τῇ δ' 'Αγροτέρᾳ κατὰ χιλίων παρήνεσα εὐχὴν
ποιήσασθαι χιμάρων, *auctor fui ut Dianæ mille capellæ voverentur.* Arist.
Eq. 660.

(*b.*) Præpositio κατά cum Accusativo constructa significat
i. q. *per* vel *in* de loco et tempore, *e regione, secundùm, quod
attinet ad, ob* vel *propter,* et in numeralibus *circiter.*

Per (de loco—propriè cum significatione *motûs deorsum*
facti) ; ut κατὰ ῥόον *secundo flumine.* Hom. κατ' ἄστυ *per
urbem.* Eur. Alc. 430. κατ' ἴχνος *sequens vestigia.* Soph.
Aj. 32.

Et, contracto sensu, simpliciter *in* loco, vel *apud, circa,
juxta* locum ; ut κατ' οἶκον *domi.*—Sed κατὰ γῆν *sub terrâ.*

Etiam interdum significat i. q. *adversùs* (de loco), *e regione ;*
ut κατὰ μὲν Λακεδαιμονίους ἔστησε Πέρσας, i. q. ἀντίον Λα-
κεδαιμονίων, *adversùs Lacedæmonios collocavit Persas.*
Herod. ix. 31.

Per (de temporis duratione) ; ut κατ' εὐφρόνην *per noctem,*
et contractiori sensu simpliciter *noctu ;* ut κατὰ τὸν κατὰ

Κροῖσον χρόνον, *Cræsi ætate.* Herod. i. 67. Conf. ibid. 91.
οἱ καθ᾽ ἑαυτὸν *æquales.* Thuc. i. 127. κατὰ φῶς, *cum adhuc
luceret.* Xen. Cyr. iii. iii. 13.

Secundùm ; ut κατ᾽ ὀμφὰς τὰς ᾿Απόλλωνος, *secundùm vaticinia
Apollinis.* Soph. Œd. Col. 102. κατὰ νόμον, *ex more.*
Herod. vii. 41. κατ᾽ ἀξίαν, *pro dignitate,* κατὰ δύναμιν,
pro viribus, κηδεῦσαι καθ᾽ ἑαυτὸν, *parem sibi conjugem
conjungere.* Æsch. Prom. 890. οὐ κατ᾽ ἄνθρωπον φρονῶν,
non, ut hominem decet, sentiens. Soph. Aj. 777. τὸ καθ᾽
ὑμέας, *quantum in vobis est.* Herod. v. 109.

Hoc ferè sensu comparationibus inservit ; ut
τί γὰρ τὸ μεῖζον ἢ κατ᾽ ἄνθρωπον νοσεῖς ;
*quonam enim graviori quàm pro humanâ sorte, laboras
malo ?* Soph. Œd. Col. 598.

Quod attinet ad ; ut κατὰ τὸν Μασίστεω θάνατον τοσαῦτα
ἐγένετο, *quod attinet ad Masistis mortem talia evenerunt.*
Herod. ix. 113.

Hinc *separandi,* atque adeò *partiendi* sive *distribuendi* vim
asciscit ; ut καθ᾽ ἑαυτὸν, *seorsim, solus ;* κατ᾽ ἄνδρα, *viri-
tim ;* κατ᾽ ἐνιαυτὸν, *singulis annis.* Herod. ii. 109. κατὰ
κώμας, *per pagos.* Id. i. 96.

Ob, Propter ; ut οἱ Φωκέες οὐκ ἐμήδιζον κατ᾽ ἄλλο μὲν οὐδὲν,
κατὰ δὲ τὸ ἔχθος τὸ Θεσσαλῶν, *Phocenses Medorum partibus
non favebant ullam aliam ob causam, quam propter Thessa-
lorum odium.* Herod. viii. 30.

Circiter ; ut ἀπέθανον τῶν βαρβάρων κατὰ ἑξακισχιλίους, *occisi
sunt Barbarorum circiter sex millia.* Herod. vi. 117.

Obs. Ponitur etiam κατὰ cum Nomine suo interdum adverbialiter ; ut
καθ᾽ ἡσυχίαν *otiosè.* Sic

κατὰ μοῖραν *rectè*	κατὰ τὸ καρτερὸν *summis viribus*
κατὰ καιρὸν *opportunè*	κατὰ κράτος *vehementer*
κατὰ μικρὸν *paulatim*	κατὰ τὸ ἰσχυρὸν *vi et armis*
κατὰ τύχην *forte*	κατὰ συντυχίην *casu.* Herod.
κατὰ κόσμον *rectè*	κατ᾽ ἐξαίρετον *imprimis.* Id.
κατὰ μέρος *vicissim*	κατὰ πόδα *illicò*
κατὰ στόμα *coram*	κατ᾽ ἀρχὰς *initio.*

Est ubi Nomen solum ponitur, subauditâ Præpositione ; ut καιρὸν ορ-

portunè. Pind. Pyth. i. 157. μᾶκος *procul.* Id. Ol. x. 86. τέλος *tandem.*
Xen. Mem. ii. vii. 12. Conf. supr. § 173.

In Compositis porrò simplicis Verbi significationem in-
tendit; ut καταπράττω *perficio,* καθοράω *clarè video,* κατακαίω
comburo, καταλιθόω *saxis obruo.*

Inde significat ita agere ut *penes* nos sit id in quo versa-
bamur; ut κατεργάζομαι *acquiro.* Interdum etiam *consumere,*
perdere; ut κατακυβεύω *aleâ perdo.*

Obs. In formulis quæ ad exsilium spectant κατὰ in compositis idem
significat quod Latinè *re—;* ut κατάγειν *exsulem reducere,* κάθοδος
reditus, κατιέναι *redire,* κ.τ.λ.

Ὑπέρ.

§ 192. (*a.*) Præpositio ὑπὲρ cum Genitivo constructa significat i. q. *super* vel *supra, pro, de,* et rariùs *propter.*

Supra, ut πῶς οὖν ὑπὲρ γῆς ἐστι κοὺ χθονὸς κάτω; *quomodo*
igitur supra terram est et non subter humum? Eur. Alc. 45.

Pro (cum significatione *commodi*); ut μὴ θνῆσκ᾽ ὑπὲρ τοῦδ᾽
ἀνδρὸς, οὐδ᾽ ἐγὼ πρὸ σοῦ, *neque tu morere pro me, neque*
ego moriar tui causâ. Eur. Alc. 701.

De (i. q. περὶ); ut τὰ λεγόμενα ὑπὲρ ἑκάστων, *quæ de quâque*
re memorantur. Herod. ii. 123.

Propter; ut βραδυτῆτος ὑπέρ, *propter tarditatem.* Soph. Ant. 932.

(*b.*) Præpositio ὑπὲρ cum Accusativo constructa significat
i. q. *supra* vel *ultra,* plerumque de rebus modum excedentibus.

Ultra (de loco); ut Παρνησίαν ὑπὲρ κλιτύν, *Parnassium ultra*
clivum. Soph. Antig. 1131.

Ultra (de eo quod *excedit*); ut ὑπὲρ ἐλπίδα, *ultra spem.*
Ibid. 366. ἔπεσον ὑπὲρ τεσσεράκοντα ἄνδρας, *ceciderunt*
plusquam quadraginta homines. Herod. v. 64. ὑπὲρ μόρον,
præter fatum. Hom. Od. i. 34. ὑπὲρ ὅρκια, *contra fœdus.*
Id. Il. iv. 67. ὑπὲρ Θεὸν, *invito Deo.* Ibid. xvii. 327.

Post (de tempore); ut ὑπὲρ τὰ Μηδικὰ, *post Persicum bellum.*
Thuc. i. 41.

In Compositis ferè significat i. q. *per-* vel *præ-* hoc est,
majus quid aut *valdius,* atque adeo *abundantiam, eminentiam,*
præstantiam indicat; ut ὑπερμεγέθης *permagnus,* ὑπερμήκης
prælongus, ὑπερήδομαι *vehementer lætor,* ὑπερβάλλω *excello.*

Μετά.

§ 193. (*a*.) Præpositio μετὰ cum Genitivo constructa significat i. q. *cum* de quâlibet ferè *societate* vel *conjunctione*, inde *ope, juxta.*

Cum ; ut μετὰ νεκρῶν κείσομαι, *mortua cum mortuis jacebo.* Eur. Hec. 209. μετὰ κινδύνων τὰς μελετὰς ποιεῖσθαι, *cum periculis*, h. e. *mediis in periculis exercitationes facere.* Thuc. i. 18. μετά τινος εἶναι, πολεμεῖν, *a partibus alicujus stare, pugnare.* Thuc.

Ope vel auxilio ; ut Θεῶν μέτα (i. q. σὺν Θεοῖς), *ope divinâ.* Soph. Aj. 950.

Juxta ; ut μετὰ τῶν νόμων, *juxta leges.* Demosth. Lept. § 90. p. 490, 13.

Obs. Interdum cum Nomine suo ita ponitur ut adverbii vice fungatur ut μετὰ παρρησίας *liberè*, μετ᾽ ἀληθείας *verè.*

(*b*.) Præpositio μετὰ cum Accusativo constructa significat *a tergo sequi*, atque adeò *petitum ire*, hinc i. q. *post*, cum de ordine vel loco, tum de tempore, et *secundùm.*

A tergo sequi ; ut ἀίσσων ὥστ᾽ αἰγυπιὸς μετὰ χῆνας, *ruens tanquam vultur insequens anseres.* Hom. Il. xvii. 460.

Petitum ire ; ut τὸ χρύσειον ἔπλει μετὰ κῶας Ἰήσων, *Jason navigavit ad arcessendum aureum vellus.* Theoc. xiii. 16.

Post (de ordine) ; ut ποταμὸς μέγιστος μετὰ Ἴστρον, *fluviorum maximus post Istrum*, h. e. *excepto Istro.* Herod. iv. 53.

Post (de tempore) ; ut μετὰ Σόλωνα οἰχόμενον, *post Solonis decessum.* Herod. i. 34.

Secundùm ; ut νόον μετὰ σὸν καὶ ἐμόν, *secundùm tuam et meam voluntatem.* Hom. Il. xv. 52.

Obs. 1. Rariùs et vix extra Homerum significat i. q. *ad*, h. e. *motum ad, inter*, vel *apud ;* ut Ζεὺς μετ᾽ Αἰθιοπῆας χθιζὸς ἔβη κατὰ δαῖτα, *Jupiter ad Æthiopas heri epulandi causâ ivit.* Hom. Il. i. 423. μετὰ πάντας ὁμήλικας ἔπλευ ἄριστος, *inter omnes æquales eras optimus.* Ibid. ix. 54. μεθ᾽ ἡμέραν, *interdiu.* Eur. Orest. 58. μετὰ χεῖρας ἔχειν, *apud manus*, sive *in manibus habere*, h. e. *occupatum esse in re aliquâ.* Herod. i. 14 et 16. Thuc. i. 138.

Obs. 2. Apud Poëtas, imprimis Epicos, etiam cum Dativo construitur et significat i. q. *cum* vel *inter ;* ut μετ᾽ ἀθανάτοις, *inter immortales.* Hom. κισσύβιον μετὰ χερσὶν ἔχων, *poculum in manibus tenens.* Hom.

Od. ix. 346. *κραταιαῖς μετὰ χερσὶν, non sine validâ manu.* Soph. Phil. 1110.

In COMPOSITIS porrò ferè *mutationem* significat, interdum *communionem,* atque adeò *id quod inter duo intervenit.*

Mutationem; ut *μεταγινώσκω sententiam muto, μεταβαίνω decedo;* hinc mutationem retrò vel in pejus; ut *μεθίημι remitto, omitto, negligo.*

Communionem; ut *μετέχω particeps sum, μεταδίδωμι communico.*

Quod intervenit; ut *μεθόρια, confinia.* Thuc. iv. 91.

PRÆPOSITIONUM TERTIA CLASSIS.

In tertiâ Præpositionum classe continentur *ἀμφὶ, περὶ, ἐπὶ, παρὰ, πρὸς* et *ὑπὸ,* quæ cum Genitivo, Dativo et Accusativo construuntur.—Ex his *ἀμφὶ* et *περὶ,* ut constructione, sic ferè significatione conveniunt.

'Αμφὶ.

§ 194. (*a.*) Præpositio *ἀμφὶ* (Poëticè *ἀμφὶς,* quæ forma semper post nomen ponitur), cum Genitivo constructa, significat i. q. *circa, de,* vel *quod attinet ad.*

Circa; ut *ἀμφὶ πόλιος οἰκέουσι, circa urbem habitant.* Herod. viii. 104.

De, quod attinet ad (i. q. *περὶ*); ut *τοιάδ' ἀμφὶ σῆς λέγω παιδὸς θανούσης, talia dico de filiæ tuæ morte.* Eur. Hec. 580. Conf. ibid. 72.

(*b.*) Præpositio *ἀμφὶ* cum Dativo constructa significat i. q. *circa, de* vel *propter,* vel *quod attinet ad.*

Circa; ut *πέπλους ῥήγνυσιν ἀμφὶ σώματι, vestes lacerat circa corpus.* Æsch. Pers. 199.

Obs. Hinc apud Poëtas interdum significat ferè i. q. *juxta, in* vel *apud;* ut *ἀμφὶ δίναις Εὐρίπου, juxta* vel *apud Euripi vortices.* Eurip. Iph. Taur. 6. *ἀμφὶ τραπέζαις κρέα διεδάσαντο, in mensis partiti sunt* (i. e. upon the tables). Pind. Ol. i. 80.

De vel propter; ut *τί δή ποτ', ὦ ξέν', ἀμφ' ἐμοὶ στένεις τάδε; cur, quæso, hospes, meá causâ ita ingemiscis?* Soph. Elect. 1180. *φοβηθεὶς ἀμφὶ τῇ γυναικὶ, de salute mulieris metuens.* Herod. vi. 62.

Quod attinet ad ; ut ἀλλ᾽ ἀμφὶ μὲν τούτοισιν εὖ σχήσει, *sed de his jam satis.* Soph. Aj. 684.

Hinc cum significatione causæ ; ut ἀμφὶ φόβῳ, *prœ metu.* Eur. Orest. 825. θέλγει φρένας ἀμφὶ Λατοΐδα σοφίᾳ, *mulcet mentes per Apollinis artem.* Pind. Pyth. i. 12.

(*c.*) Præpositio ἀμφὶ cum Accusativo constructa significat *circa*, in tempore et numero *circiter, de* vel *super*, in negotiis *occupatum esse.*

Circa ; ut ἀμφὶ ῥέεθρα, *circa* vel *propter flumina.* Hom. Il. ii. 461.—Hinc *ad* vel *apud*, ut ἱκέτις ἀμφὶ σὸν πίτνω γόνυ, *supplex ad tua genua cado.* Eur. Hel. 894.

Circiter (de tempore) ; ut ἀμφὶ Πλειάδων δύσιν, *circiter occasum Pleiadum.* Æsch. Ag. 826. ἀμφὶ δείλην, *sub vesperam.* Xen. Cyr. v. iv.16. Circiter (de numero) ; ut ἦν ἀμφὶ τὰ τριάκοντα ἔτη, *erat annos circiter triginta natus.* Xen. Anab. ii. vi. 14.

De, super ; ut ἀμφὶ Ἴλιον . . . ἄεισον ᾠδάν, *de Ilio dic carmen.* Eur. Troad. 511.

Occupatum esse in ; ut πότ᾽, εἰ μὴ νῦν, ἀμφὶ λιτὰς ἕξομεν ; *quandò, nisi nunc, in precibus occupabimur ?* Æsch. Sept. 102.

Obs. De locutione οἱ ἀμφί τινα vide infra § 195. (*c.*) Obs.

In Compositis porrò significat *in utroque latere, ab utráque parte* ; ut ἀμφιλέγειν, *in utramque partem disputare.* Xen. Anab. i. v. 11.

Περί.

§ 195. (*a.*) Præpositio περὶ cum Genitivo constructa significat i. q. *de*, vel *quod attinet ad, pro* vel *propter*, rariùs *circa* (i. q. ἀμφὶ) de loco.

De ; ut τί βούλει μανθάνειν ; πότερα περὶ μέτρων, ἢ περὶ ἐπῶν ; *Quid vis discere ? Utrum de metris, an de versibus ?* Arist. Nub. 636.

Quod attinet ad ; ut ἀριθμοῦ πέρι, *quod ad numerum attinet.* Herod. ii. 102.

Pro (i. q. ὑπέρ) ; ut θνήσκειν περί τινος, *pro aliquo mori.* Eur. Alcest. 178.—Sed περὶ ἔριδος μάχεσθαι, *prœ rixá pugnare.* Hom. Il. vii. 301.

Circa (de loco) ; ut τετάνυστο περὶ σπείους γλαφυροῖο ἡμερίς, *extensa erat circa speluncam cavam vitis.* Hom. Od. v. 68.

Obs. Apud. Homerum Pindarumque etiam *dignitatem* vel *præstantiam* significat, ut ἐθέλει περὶ πάντων ἔμμεναι ἄλλων, *vult se esse omnibus aliis superiorem.* Hom. Il. i. 287.

Hinc locutiones passim obviæ apud recentiores ποιεῖσθαι vel ἡγεῖσθαι περὶ πολλοῦ, πλείονος, πλείστου, μικροῦ, ἐλάττονος, ἐλαχίστου, οὐδενὸς, κ.τ.λ., *æstimare magni, pluris, plurimi, parvi, minoris, minimi, nihili,* &c.

(*b.*) Præpositio περὶ cum Dativo constructa significat i. q. *circa,* hinc *in* vel *apud, de.*

Circa ; ut στέφανον περὶ κρατὶ φυλάσσων, *coronam circa caput servans.* Theoc. vii. 64.

In ; ut περὶ δουρὶ ἤσπαιρε, *incumbens in hastile palpitabat.* Hom. Il. xiii. 571. περὶ ἑαυτῷ σφάλλεσθαι, *in se offendere,* hoc est *suâ stultitiâ res male gerere.* Thuc. i. 69.

De (i. q. ἀμφὶ) post verba *timendi* et similia ; ut ταρασσόμενος περὶ παιδί, *turbatus de puero* vel *propter puerum.* Theoc. xiii. 55. δεδίοτες περὶ τῷ χωρίῳ, *metuentes ne locus caperetur.* Thuc. i. 60.

Obs. Adde *præ* et *pro* apud Poëtas ; ut περὶ φόβῳ, *præ metu.* Æsch. Choëph. 33. περὶ ᾗ πατρίδι μαρνάμενος, *pro suâ patriâ pugnans.* Tyrt. I. 2.

(*c.*) Præpositio περὶ cum Accusativo constructa significat i. q. ἀμφὶ, *circa* (de loco), *numero,* et *tempore, de, erga* vel *quod attinet ad.*

Circa (de loco) ; ut θώραξ περὶ τὰ στέρνα, *thorax circa pectus.* Xen. Cyr. ii. 1. 6. Hinc *apud* locum vel alicubi *in* loco, ut περὶ Πιερίην διέτριβε ἡμέρας συχνὰς, *aliquammultos dies in Pieriâ est commoratus.* Herod. vii. 131.

Circa (de numero) ; ut περὶ μυρίους, *circa decem mille.*

Circa (de tempore) ; ut περὶ τούτους τοὺς χρόνους, *circa hæc tempora,* vel *hoc ferè tempore.*

De ; ut περὶ σιτία λέγειν, *de frumento dicere.* Plat. Gorg. p. 490 E.

Erga, adversus ; ut εὐσέβει περὶ ξένους, *pius esto erga hospites.* Eur. Alcest. 1148.

Quod attinet ad ; ut αἱ περὶ σῶμα ἡδοναὶ, *voluptates corporis,* sive *quæ ad corpus attinent.*

Obs. Præpositiones ἀμφὶ et περὶ cum Accusativo, præcedente Articulo, inserviunt periphrasi; ut τὰ ἀμφὶ τὸν πόλεμον, i. e. τὰ πολεμικὰ, *res bellicæ.* Xen. Cyr. ii. i. 8. οἱ περὶ τοὺς λόγους, *oratores.* Isocr. Et imprimis in personis, ita ut modò asseclæ, modò persona ipsa cum asseclis indicetur; ut οἱ ἀμφ' αὐτὸν ὑπηρέται, *adjutores ejus.* Xen. Cyr. v. iii. 19. οἱ περὶ 'Αρχίδαμον, *Archidami comites.* Id. Hist. Græc. vii. v. 12. οἱ ἀμφὶ Θράσυλον καὶ 'Ερασινίδην, *Thrasylus et Erasinides cum suis collegis.* Id. Mem. i. i. 18. οἱ περὶ τὸν Θρασύβουλον, *Thrasybulus ejusque milites.* Thuc. viii. 105. Etiam interdum ita ut persona sola indicetur, sine asseclis, sed ferè tantum apud recentiores. Vid. S. Johan. xi. 19.

In Compositis porrò significat i. q. *per—, admodum, valdè* —cum notione *abundantiæ* vel *excellentiæ*; ut περικαλλὴς *perpulcher*, περίλυπος *admodum tristis*; interdum verò, h. e. cum verbis videndi juncta, *contemptûs* et *negligentiæ*; ut περιόπτεσθαι *negligere.*

'Επὶ.

§ 196. (*a.*) Præpositio ἐπὶ cum Genitivo constructa significat i. q. *super, in* (*on, upon*), de loco, *versus, in*, de tempore, de personis, *coram, super*, de potestate, curâ, munere; denique quibuslibet ferè nominibus præfigitur quæ notionem continent rei *suppositæ* vel *præcedentis*, quæque adeo *originem, causam, subsidium, materiam, cogitationis* sive *sermonis* indicant.

Super, In (de loco—*on, upon, at*); ut τὰ ἄχθεα οἱ μὲν ἄνδρες ἐπὶ τῶν κεφαλέων φορέουσι, αἱ δὲ γυναῖκες ἐπὶ τῶν ὤμων, *onera viri capitibus ferunt, mulieres humeris.* Herod. ii. 35. ξεῖνος ἐπὶ ξένης, *peregrinus peregrinâ in terrâ.* Soph. Œd. Col. 184. ἐπὶ τῶν θυρέων, *juxta* vel *ad fores.* Herod. v. 92. προσκεψάμενος ἐπὶ σεωῦτοῦ, *re diligenter tecum deliberatâ.* Herod. vii. 10. οἰκέωμεν ἐπ' ἡμέων αὐτῶν, *vivamus soli nobiscum, nostrisque rebus solis fidentes.* Herod. iv. 114. Huc pertinent locutiones τετάχθαι ἐφ' ἑνός, *singulis singulos subsequentibus*, ἐπὶ τεττάρων, *in quaternos.* Xen.

Versus (de motu ad locum); ut πλεῖν ἐπὶ Σάμον, *Samum versus navigare.* Thuc. i. 116.

In (de tempore); ut ἐπ' εἰρήνης, *in pace.* Hom. Il. ii. 797. ἐπὶ Κύρου βασιλεύοντος, *regnante Cyro.* Herod. ἐφ' ἡμῶν, *nostrâ memoriâ.*

Coram, imprimis juramenti testibus; ut ἐπωμόσαντο ἐπὶ τῶν στρατηγῶν, *juraverunt coram ducibus.* Demosth.

Super (de potestate, curâ, &c.); ut ἐπ' οὗ ἐτάχθημεν, *super quâ re constituti sumus,* h. e. *cui rei præfecti sumus.* Herod. v. 109.

Refertur variè ad rem quæ subest vel præcessit; ut εἶπον ἐπ' ὅρκου, *jurati* sive *juramento fulti dixerunt.* Herod. ix. 11.

Hinc refertur ad originem; ut ἐπὶ Λυδοῦ τοῦ Ἄτυος ἔσχον τὴν ἐπωνυμίην, *ex Lydo Atyos filio habuerunt cognomen.* Herod. vii. 74. ἐπ' ἐμοῦ, *exemplo meo.* Plat.

Causam; ut ἐπ' ὅτευ; *quare?* h. e. *quâ de causâ?* Herod. ἐφ' ἑαυτοῦ, *suâ sponte.* Id.

Subsidium; ut ἐπὶ προσπόλου μιᾶς, *unâ famulâ comitatus et adjutus.* Soph. Œd. Col. 746.

Materiam cogitationis vel sermonis; ut ὅπερ ἐπὶ τῶν δούλων ἐλέγομεν, *quod in servorum sorte considerandâ diximus.* Plat. Leg. p. 793 E.

(*b.*) Præpositio ἐπὶ cum Dativo constructa significat i. q. *super, in, apud* de loco, *in* de tempore, *post* de ordine, *penes, adversus, super* de imperio, denique *consilium, causam, pactum ex quo,* et *pretium propter quod* quid fit.

Super, in, apud (de loco); ut ἄγγος ἐπὶ τῇ κεφαλῇ ἔχουσα, *vas super caput habens.* Herod. v. 12. οἰκέοντες ἐπὶ Στρυμόνι, *habitantes in ripis Strymonis.* Herod. vii. 75. θεῶν ἐπὶ βωμοῖς, *super* vel *apud aras Deorum.* Eur. Alcest. 134.

In (de tempore); ut ἐπὶ νυκτί, *noctu.* Hom. Il. viii. 529.

Post (de ordine); ut ἀνέστη ἐπ' αὐτῷ, *post eum surrexit.* Xen. Cyr. ii. iii. 4.

Hinc de eo quod accedit; ut ἐσθίουσι ἐπὶ τῷ σίτῳ ὄψον, *edentes carnem ad panem adhibent.* Xen. Mem. iii. xiv. 2. ἐπὶ τούτοις, *præpereâ.* Xen. Cyr. iv. v. 38. Conf. Soph. Antig. 556.

Penes; ut τὸ ἐπὶ σοὶ *quod te penes est,* vel, cum significatione officii, *quod tuum est, quod tu potes, et debes facere.*

Adversùs; ut ἐπὶ Τρώεσσι μάχεσθαι, *adversùs Trojanos pugnare.* Conf. Eur. Phœn. 1379.

Super (de imperio); ut ἐπὶ τοῖς πράγμασιν εἶναι, *reipublicæ præesse.* Demosth.

Consilium vel finem ; ut ἐπὶ θήρᾳ ἐξιέναι, *venatum exire.*
Xen. Venat. vi. 5. et cum significatione incommodi ; ut
συνιστὰς τοὺς 'Αρκάδας ἐπὶ τῇ Σπάρτῃ, *Arcadas, eo ut*
Spartam aggrederentur, sollicitans. Herod. vi. 74.
Causam ; ut χαίρειν ἐπί τινι, *gaudere ob aliquid ; μέγα φρο-*
νεῖν ἐπί τινι, *superbire de aliquo.*
Pactum ; ut ἐπ' ἐλευθερίᾳ, *eâ conditione ut liberi essent.* Xen.
Cyr. vii. iv. 2. ἐπὶ τοῖσδε, *hâc conditione.* Eur. Alc. 375.
Sic ἐφ' ᾧ vel ἐφ' ᾧτε, *eâ conditione ut.*
Pretium ; ut ἐπὶ μόσχῳ ᾄδειν, *pro vitulo canere.* Arist.
Acharn. 13.

(c.) Præpositio ἐπὶ cum Accusativo constructa significat
i. q. *super, in* de loco, propriè cum motûs significatione, *versùs,*
ad, usque ad, de loco et tempore, item de numeris, *penes* vel
quod attinet ad, ad, ita ut *finem, consilium* indicet, inde *adversùs*
et *secundùm.*
Super, in ; ut ἀναβαίνειν ἐφ' ἵππον, *equum ascendere ; ἐπ'*
ἐννέα κεῖτο πέλεθρα, *jacebat super novem extentus jugera.*
Hom. Od. xi. 577.
Versùs, ad ; ut ὁρόων ἐπὶ οἴνοπα πόντον, *spectans ad nigrum*
pontum. Hom. Il. i. 350. ἀπῆλθον ἐπὶ τὸ στρατόπεδον,
redibant ad exercitum. Xen. Cyr. iii. ii. 1. ἐπὶ δεξιὰ, ἐπ'
ἀριστερὰ, *dextrorsum, sinistrorsum.* Hom. Hinc τετάχθαι
ἐπὶ πολλοὺς, i. q. ἐπὶ πολλῶν. Conf. supra. (a.) De tempore. ἐπὶ χρόνον, *aliquamdiu.* ἐπὶ δύο ἡμέρας, *per biduum.*
Thuc. ii. 35. ἐπ' ἐμὲ, *usque ad meam ætatem.* De numeris.
ἐπὶ τριηκόσια, *ad* vel *circiter tercentum.* Herod. iv. 198.
Penes, vel quod attinet ad ; ut τὸ ἐπί σε, *quantum in te est.*
Eur. Hec. 514. Hinc ὡς ἐπὶ τὸ πολὺ, *ut plurimum, gene-*
ratim.
Ad (de fine vel consilio) ; ut ἐπί τι ; *quare ? quorsum ?* Arist.
Nub. 256. ἐπὶ θήραν ἰέναι, *venatum ire.* Herod. i. 37.
πρός σε ἦλθον ἐπ' ἀργύριον, *ad te veni ut pecuniam peterem.*
Adversùs (cum motûs significatione) ; ut στρατεύεσθαι ἐπὶ
Λυδοὺς, *bellum gerere adversùs Lydos.* Herod. i. 71.
Secundùm ; ut ἐπὶ στάθμην, *ad amussim.* Hom. Od. v. 245.

Obs. Præpositio ἐπὶ cum Nomine suo omnium casuum adverbiascit; ut ἐπ' ἀληθείας, *verè.* Demosth. ἐπ' ἀληθείᾳ. Æsch. Suppl. 628. ἐφ' ἑξῆς, *deinceps.* Xen. ἐπ' ἐλαφρῷ, *facile.* Theoc. ἐπίπαν, *omnino.* Thucyd. ἐπὶ πολὺ, *longe.* Xen. ἐπ' ἴσα, i. q. ἴσως, *æquè.* Pind. ἐπὶ πόδα, *pede-tentim.* Xen.

In COMPOSITIS porrò significat *insuper,* ita ut *additamentum, accessionem* indicet; ut ἐπιγαμέω, *mortuâ uxore alteram duco.* Eur. Alcest. 316.

Παρά.

§ 197. (*a.*) Præpositio παρὰ cum Genitivo constructa significat propriè *motum a latere,* hinc i. q. *a, ab, de.* Scilicet jungitur Genitivo eorum a quibus quocumque modo aliquid proficisci significatur, ita ut omnino *causam* et *originem* indicet.

A, ab; ut φάσγανον ἐρύσσατο παρὰ μηροῦ, *ensem strinxit a femore.* Hom. Il. i. 190.

ἀγγελίη ἧκει παρὰ βασιλῆος, *nuntius venit a rege.* Herod. viii. 140. οἱ παρ' ἡμῶν, *qui a nostrâ erant parte.* Eur. Phœn. 1189.

De; ut παρ' ἑωῦτοῦ διδόναι, *dare de suo.* Herod. viii. 5.

Obs. Apud Poëtas interdum significat i. q. *apud, juxta;* ut τὰ πὰρ ποδὸς, *præsentia.* Pind. Pyth. x. 97. Conf. Soph. Antig. 966. 1123.

(*b.*) Præpositio παρὰ cum Dativo constructa significat i. q. *apud;* ut αἰσχρὸν παρὰ κλαίουσι θοινᾶσθαι ξένοις, *turpe est apud lugentes hospites,* sive *in ædibus lugentium hospitum epulari.* Eur. Alcest. 542. παρ' ἑωῦτῷ, *secum.* Herod. iii. 74. παρ' ἐμοὶ, *meo judicio.* Herod. i. 33.

(*c.*) Præpositio παρὰ cum Accusativo constructa significat *ad,* propriè *ad latus, juxta, penes*—*per* de tempore—*præter*—*propter.*

Ad, apud; ut ὁ παρὰ τὸν Ἀχέροντα θεὸς ἀνάσσων, *Deus qui apud Acherontem imperat.* Soph. Elect. 184.

ἀπίκοντο παρὰ Κροῖσον, *ad Cræsum venerunt.* Herod. i. 56.

Hinc comparationem vel proportionem designat; ut παρὰ τὰ ἄλλα ζῶα, ὥσπερ Θεοὶ οἱ ἄνθρωποι βιοτεύουσι, *præ reliquis*

animalibus homines ut Dii vivunt. Xen. Mem. i. iv. 14. παρ
οὐδὲν, *pro nihilo.* Soph. Œd. Tyr. 983.

Penes; ut ἡ νῦν παρ' ἐμὲ ἐοῦσα δύναμις, *potentia quæ nunc
mea est.* Herod. viii. 140.

Per, de tractu et duratione temporis; ut παρ' ὅλον τὸν βίον,
per totam vitam. Plat. proximè post, una cum, inter, παρ'
αὐτὰ τὰ ἀδικήματα, *flagrantibus criminibus.* Demosth. παρὰ
τὴν πόσιν, *inter potandum.* Anacr. xxii. 1. Sed παρ' ἡμέραν, modo *in diem,* Demosth., modo *alternis diebus,* Soph.
Præter; ut παρὰ πόλιν - - ἄγειν, *præter urbem ducere agmen.*
Xen. Cyr. i. vi. 19. Hinc παρὰ δόξαν, παρὰ φύσιν, *præter
opinionem, contra naturam,* &c.
οὐκ ἔστι παρὰ ταῦτ' ἄλλα, *non sunt alia præter hæc.* Arist.
Nub. 698.
παρὰ ἐν πάλαισμα ἔδραμε νικᾶν Ὀλυμπιάδα, *prætermisso,* h. e.
*excepto uno luctationis certamine, erat in eo ut Olympicâ
victoriâ potiretur.* Herod. ix. 33.
παρ' ὀλίγον διέφευγον, *parum aberat quin evaderent.* Thuc.vii.71.
Propter; ut οἱ δὲ εὐέλπιδές εἰσι παρὰ τὴν ἐμπειρίαν, *hi verò
bonâ spe sunt propter experientiam.* Thuc.

In COMPOSITIS porrò significat *a scopo aberrare,* atque adeò
quid *male, perperam, negligenter facere ;* ut παραφρονέω *desipio,*
παρακούω *perperam audio.*

Πρὸς.

§ 198. (*a.*) Præpositio πρὸς (Doricè ποτὶ) cum Genitivo constructa significat i. q. *a, ab* variis notionibus, quæ exemplis
optimè dignoscentur; item *per* in obtestationibus.

a, ab (de loci situ) ; ut πρὸς μεσημβρίης Ἀραβίη ἔστι, *ab
oriente,* h. e. *versus orientem* vel *a latere orientali, est
Arabia.* Herod. iii. 107. Sic πρὸς μητρὸς, *a matre,* i. e.
relations on the mother's side. Æsch.

a, ab (de origine, auctore vel mancipe) ; ut πρὸς γὰρ Διός
εἰσιν ἅπαντες ξεῖνοίτε πτωχοίτε, *a Jove enim sunt omnes
hospitesque et egeni.* Hom. Od. vi. 207. πρὸς ἄλλης ἱστὸν
ὑφαίνειν, *alius jussu telam texere.* Hom. Il. vi. 456. οὗτοι
πρὸς ἡμῶν ὤλετο, *nequaquam a nostrâ manu periit.* Eur.
Alc. 718. Conf. *ὑπό.*

H

Hinc quod cui *proprium, conveniens,* vel *ex officio* est ; ut τὸ μεταστρέφεσθαι δεξιοῦ πρὸς ἀνδρός ἐστι, *se ad varias res convertere ingeniosi hominis est.* Arist. Ran. 540. ἄτοπα λέγεις, ὦ Σώκρατες, καὶ οὐδαμῶς πρὸς σοῦ, *inepta dicis, O Socrates, et te prorsus indigna.* Xen. Mem. ii. iii. 15.

Deinde ponitur ubi quid fit *pro aliquo,* vel *in alicujus gratiam aut commodum ;* ut πρὸς τῶν ἐχόντων, Φοῖβε, τὸν νόμον τίθης, *e re divitum, O Apollo, legem ponis.* Eur. Alc. 58. εἶναι πρός τινος, *stare ab aliquo,* h. e. *ab ejus parte.* Herod. i. 124.

Per (in jurejurando et obtestationibus) ; ut πρὸς Θεῶν, *per Deos,* et, interposito pronomine, quod sæpiùs fit in hujusmodi formulis ; ut πρός σε δεξιᾶς ἱκνοῦμαι, *per te dextram oro.* Eur. Iph. Taur. 1068.

(*b.*) Præpositio πρὸς cum Dativo constructa significat i. q. *juxta* vel *apud, præter.*

Juxta, apud ; ut οὐχ ἑκὰς ἀλλὰ πρὸς τῷ λιμένι ὄντος, *cum non procul sed juxta ipsum portum sit.* Thuc. viii. 98. Hinc πρὸς πράγματι εἶναι vel γίγνεσθαι, *versari in aliquâ re.*

Præter (de accedentibus) ; ut πρὸς τούτῳ, *præterea.* Xen.

(*c.*) Præpositio πρὸς cum Accusativo constructa significat i. q. *ad, versùs, adversùs.*

Ad (de loco) ; ut προτὶ ἄστυ δύω κήρυκας ἔπεμπε, *ad urbem duos præcones misit.* Hom. Il. iii. 116.

Sic de domo ; ut πρὸς ἡμᾶς, *in nostras ædes.* Arist. Plut. 398. πρὸς τὸν Θεὸν, *in templum Dei.* Ibid. 653. λέγειν πρός τινα, *dicere ad aliquem.* Plat. σκοπεῖν πρός τι, *spectare ad aliquid, considerare.* Ibid. Hinc

Quod attinet ad ; ut τέλειος πρὸς ἀρετήν, *perfectus quod ad virtutem attinet.* Plat.

Relativè ad, si spectes ad, ita ut comparationibus inserviat ; ut σκοπεῖτε τὰ ὑμέτερα αὐτῶν πρὸς τὰ τῶν ἄλλων ἀνθρώπων, *considerate res vestras cum rebus aliarum gentium collatas.* Demosth. Et cum notione non modo æquiparandi, sed etiam superandi, imprimis apud Herodotum ; ut Ἰνδοι φόρον ἀπαγίνεον πρὸς πάντας τοὺς ἄλλους, *Indi tributum afferebant supra quam reliqui omnes.* Herod. iii. 94.

Hinc, i. q. *propter* ; ut πρὸς ταῦτα, *proptereà.* Soph. πρὸς οὐδὲν, *nullâ de causâ.* Ibid. Et secundùm, congruenter, accommodatè; ut πρὸς τὰς τύχας γὰρ τὰς φρένας κεκτήμεθα *secundùm eventus enim sapere aut non sapere putamur.* Eur. Hipp. 698. πρὸς τοῦτον ἐποιοῦντο τὴν εἰρήνην, *ad ejus voluntatem pacem fecerunt.* Demosth.

Ad, versùs; ut ἀνατείνων τὰς χεῖρας πρὸς τὸν οὐρανόν *tendens ad sidera palmas.* Xen. Cyr. vi. i. 3. Hinc i. q. erga; ut Χαιρεφῶντα ποιῆσαι πρὸς ἐμὲ οἷον δεῖ, *facere ut Chœrephon erga me animatus sit qualem eum oportet esse.* Xen. Mem. ii. iii. 10. Adversùs, cum bono tum malo sensu; ut σπονδὰς ποιήσασθαι πρὸς τοὺς στρατηγοὺς τῶν Ἀθηναίων, *inducias facere cum ducibus Atheniensium.* Thuc. iv. 15. μάχεσθαι πρός τινα, *pugnare adversùs aliquem.* Thuc. i. 18. πρὸς κέντρα λακτίζειν, *adversùm stimulos calcare.* Æsch. Ag. 1207. Conf. Terent. Phorm. i. ii. 28.

Ad, i. q. sub vel circa (de tempore); ut πρὸς ἡμέραν ἦν, *erat sub, circa lucem.* Xen. Anab. iv. v. 21. Item i. q. circiter (de numeris); ut πρὸς ἑκατόν, *circiter centum.* Conf. εἰς.

Ad, i. q. apud; ut πρὸς δεξιὰν, *ad dextram.* Eur. Orest. 475.

Obs. 1. Præpositio πρὸς, præcedente Articulo, cum omnibus casibus constructa, inservit Periphrasi; ut οἱ πρὸς αἵματος, *consanguinei.* Soph. οἱ πρὸς ταῖς κύλιξι, *pincernœ.* Herod. τὰ πρὸς τοὺς θεούς, *res divinœ.* Isocr.

Obs. 2. Præpositio πρὸς cum Accusativo constructa in quibusdam formulis adverbiascit; ut πρὸς βίαν, i. q. βιαίως, *violenter.* Sic

πρὸς φιλίαν *amicè*	πρὸς ὑπερβολὴν *egregiè*
πρὸς χάριν *sponte*	πρὸς εὐσεβίαν *piè*
πρὸς ἡδονὴν *lubenter*	πρὸς τὸ ἀνδρεῖον *viriliter*
πρὸς τὸ καρτερὸν *violenter*	πρὸς τὸ ἀναιδὲς *impudenter.*

In Compositis porrò significat i. q. *insuper,* ut προσερωτάω, *insuper interrogo.* Xen.

Ὑπό.

§ 199. (*a.*) Præpositio ὑπὸ, Poetice ὑπαὶ, cum Genitivo constructa significat i. q. *sub,* sæpiùs cum notione *motùs ab infra, a, ab,* de auctore, vel causâ.

Sub; ut κρήνη ὑπὸ σπείους, *fons subter e specu labens.* Hom. Od. ix. 141. τὸν βάλ᾽ ὑπὸ γναθμοῖο καὶ οὔατος, *hunc percussit sub malâ et aure.* Il. xvi. 606.

A, ab (de agente—cum Verbis Passivis, vel passivam notionem indicantibus) ; ut κτείνεσθαι ὑπό τινος, vel ἀποθανεῖν
ὑπό τινος, *ab aliquo interfici.*

A, ab (de causâ—i. q. præ vel propter); ut ὑπὸ μέθης
μαίνεσθαι, *præ vinolentiâ insanire.* Plat. Hinc de re-
motiore causâ, vel re quâpiam præeunte sive deducente
et adjuvante ; ut ἐστρατεύετο ὑπὸ συρίγγων, *expeditionem
fecit ad cantum fistularum.* Herod. i. 17. ὑπὸ κήρυκος
προηγόρευε, *præconis voce proclamavit.* Herod. ix. 98.
ὑπ᾽ εὐκλείας θανεῖν, *bonâ cum famâ mori.* Eur. Hipp. 1299.

(*b*.) Præpositio ὑπὸ cum Dativo constructa significat i. q.
sub, ita ut etiam notionem causæ, ferè similiter ac Genitivo
juncta, indicet.

Sub ; ut καλῇ ὑπὸ πλατανίστῳ, *pulcrâ sub platano.* Hom. Il.
ii. 307.

Causam (imprimis de eo, qui subdit alterum); ut ὑπὸ Πέρσῃσι ἄρχεται, *sub imperio est Persarum.* Herod. iii. 95.
ὑφ᾽ αὑτῷ ποιεῖσθαι τοὺς φίλους ταῖς εὐεργεσίαις, *devincire sibi
amicos beneficiis.* Xen. Cyr. i. x. 4. πέπληγμαι δ᾽ ὑπαὶ δήγ-
ματι φοινίῳ, *perculsus autem sum morsu cruento.* Æsch.
Ag. 1164. Quo in loco, ut sæpiùs alibi (præsertim apud
Homerum), præpositio ferè nullam sibi vim obtinet, quæ
non in Dativo solo continetur. Hinc ὑπὸ βαρβίτῳ χορεύειν,
saltare ad barbiton. Anacr. vi. 4. Conf. supra (*a*.).

(*c*.) Præpositio ὑπὸ cum Accusativo constructa significat
i. q. *sub*, de loco, tempore, ac personis.

Sub (de loco—imprimis cum notione motûs); ut ὑπ᾽ Ἴλιον
ἦλθον, *sub Trojæ mœnia venerunt.* Hom. λῦπαι φίλων τῶν
ὑπὸ γαῖαν, *dolores amicorum qui mortui sunt.* Eur. Alc. 895.
Sub (de tempore) ; ut ὑπὸ νύκτα, *sub noctem.* Herod. i. 31.
ὑπὸ τὴν νύκτα, *sub nocte.* Herod. ix. 5.

Subjectum esse, sc. alicujus imperio; ut ἦν ὑπὸ βασιλῆα
δασμοφόρος, *erat regi tributarius.* Herod. vii. 108.

In Compositis porrò significat i. q. *clam, furtim*; ut ὑπεκ-
πέμπω, *clam emitto.* Eur. Item quod *leniter*, vel *imperfectiùs*
fit ; ut ὑποδείκνυμι *subindico*, ὑπόλευκος *subalbus.*

INDEX.

A

Acc. Synt., *Synt.* § 138—144.
ἄγαγε, ἀγαγεῖν, p. 82. § 66. *obs.* 4.
ἀγάγωμι, p. 42. § 42. *obs.* 4.
ἀγαλλιάω, -άσομαι, p. 60. § 47. (*e.*) 1.
ἀγάομαι, ἀγαίομαι, -άσομαι, *ibid.*
ἄγαμαι, p. 97. *obs.*
ἀγείρω, ἀγήγερκα, p. 78. § 59. *obs.* 3.
ἀγήοχα, ab ἄγω, *ibid.*
ἀγήρω, τὸ, pro ἀγήρων, p. 13. § 19. *obs.* 3.
ἀγήρως, Att. dec. p. 13. § 19. *obs.* 1.
ἄγνυμι, caret reduplicatione, p. 86. § 71. *obs.*
ἀγνὼς, -ῶτος, ὁ, et ἡ, p. 27. § 32. *obs.* 1.
ἀγρόμενος, ab ἀγείρω, p. 103.
ἄγχι, -ιον, et ἄσσον, -ιστα et -οτάτω, p. 121. § 97. *obs.* 2.
ἄγω, ἤγαγον, p. 82. § 66. *obs.* 4.
ἀγωνίζομαι, seq. Dat. *Synt.* § 136. (*b.*) *obs.*
ἀδαὴς, seq. Gen. § 132. (*f.*) *obs.*
ἀδέα χαίταν, p. 24. *obs.* 3.
ἀδήσω, ab ἀνδάνω, p. 109. *not.* ; p. 110.
Adjectiva neutr. loco Adverb. posita, *Synt.* § 125.
Adjectiva neutr. præfixo Artic. partes agunt Substant. *Synt.* § 124.
Adjectivum Plurale cum Duali Substant. construct. *Synt.* § 120.
ἄελπτος, *non exspectandus*, p. 128. § 108. *obs.*
ἀηδόνος et -οῦς, p. 20. § 28. *obs.*
ἄηθεσσον, ab ἀηθέσσω, p. 71. § 53. (*b.*) *obs.* 1.
ἄημαι longam vocalem retinet, p. 93. § 73. *obs.* 6 ; p. 96. § 76. *obs.*
ἀῆναι, ab ἄημι, p. 91. § 72. *obs.* 12.
ἀθανάτη, pro ἀθάνατος, p. 25. § 31. *obs.* 2.
Ἀθηνᾶ, -ᾶς, p. 11. § 16. *Exc.*
αἰάζω, -ξω, p. 59. § 47. (*c.*) 1.

Αἴας, ᾶ, pro ᾶ Αἴαν, p. 17. § 23. *obs.* 1.
αἰγίλιψ, ὁ, et ἡ, p. 27. §. 32. *obs.* 1.
αἰδέομαι, -έσομαι, p. 51. § 43. *obs.* 14 ; p. 60. § 47. (*e.*) 3 : Ep. αἴδομαι, p. 62. *obs.* 2.
αἰδοῖος, -έστερος, p. 28. § 33. (*a.*) *obs.* 4.
αἰνέω, -ήσω, Ion. ; -έσω, Att. p. 61. § 47. (*e.*) 3 ; ᾔνεκα, ᾐνέθην, p. 80. § 65. *obs.* 4.
αἰνίζομαι, p. 51. § 43. *obs.* 14.
αἰνίσσομαι, p. 51. § 43. *obs.* 14.
ἄϊον, ab ἀΐω, p. 71. § 53. (*b.*) *obs.* 1.
αἰρέω, -ήσω, ᾑρέθην, p. 61. § 47. (*e.*) 3 ; p. 102.
αἰρέω, ἀραίρηκα, p. 78. §. 59. *obs.* 3 ; ᾕρημαι, ᾑρέθην, p. 81. § 64. *obs.* 2.
-αις, -αισα pro -ας -ασα, p. 42. § 42. *obs.* 13.
αἰσθάνομαι, ᾐσθόμην, αἰσθήσομαι, p. 51. § 43. *obs.* 14. p. 109. et *not.* ; seq. Gen. *Synt.* § 132 (*f.*) *obs.*
αἰσχύνω, ᾔσχυμμαι, p. 79. § 61. *obs.* 3. (*b.*)
αἰτιάομαι, p. 51. § 43. *obs.* 14.
Αἰτωλίς, p. 128. § 107. *obs.*
ἀΐω, seq. Gen. *Synt.* § 132. (*f.*) *obs.*
ἀκάμας, -αντος, ὁ, et η, p. 27. §. 32. *obs.* 1.
ἀκαχήσω, ab ἀκαχίζω, ἤκαχον, p. 109. *not.* ; ab ἀχέω, p. 111. § 93.
ἀκαχίζω, -χω, p. 111.
ἀκέομαι, -έσομαι, p. 51. § 43. *obs.* 14 ; p. 60. § 47. (*e.*) 3.
ἀκηδέω, seq. Gen. desiderii, *Synt.* § 132. (*e.*) *obs.*
ἀκήκοα, P. M. ab ἀκούω, p. 67. § 52 ; p. 83. § 68. *obs.* 3.
ἀκήχεμαι, ἀκάχημαι, ab ἀχέω, p. 111. *obs.*
ἀκολουθέω, seq. Dat. *Synt.* § 136. (*b.*) *obs.*

ἀκοντίζω, seq. Gen. apud Poët. *Synt.*
§ 132. (*e.*) *obs.*

ἀκουσθήσομαι, p. 79. § 61. *obs.* 3.

ἀκούω, ἀκούσομαι, p. 75. § 56. *Obs.* 4 ;
ἤκουσμαι, p. 79. § 61. *obs.* 4 ; ἀκήκοα.
p. 83. § 68. *obs.* 3 ; seq. Gen. *Synt.*
§ 132. (*c.*) *obs.* ; construitur interdum cum Gen. personæ, et Acc.
rei, *Synt.* § 132. (*f.*) *obs.*

ἄκρατος, -έστερος, p. 28. § 33. (*a.*)
obs. 4.

'Ακρισιωνιάδης, p. 122. § 100. (*a.*)
obs. 3.

ἀκροδομαι, -ᾶσομαι, p. 51. § 43 ; *obs.*
14 ; p. 60. § 47. (*e.*) 1.

'Ακταίων, -ωνος et -ονος, p. 15. (*c.*)
obs. 1.

ἀκτὶν et ἀκτὶς, p. 14. § 20. *obs.*

ἀλαλάζω, -ξομαι, p. 59. § 47. (*c.*) 1.

ἀλαλκήσω, *Poët.* F. ab ἀλέξω, p. 109.

ἀλάλημαι, P. P. ab ἀλάομαι, p. 78. §
59. *obs.* 3.

ἀλάομαι, p. 51. § 43. *obs.* 14 ; seq.
gen. *Synt.* § 132. (*g.*) *obs.* 1.

ἀλαπάζω, -ξω, p. 59. § 47. (*c.*) 1.

ἀλγίων, -ιστος, p. 29. § 34. *obs.* 2.

ἀλεγίζω, ἀλέγω, seq. Gen. apud Poët.
Synt. § 132. (*e.*) *obs.*

ἀλεὶς, Part. A. 2. P. ab εἴλω, p. 113.

ἀλείφω, ἀλήλιφα, p. 78. § 59. *obs.* 3.

ἀλέξω, -έω, -ήσω, p. 109.

ἀλέομαι, et ἀλεύομαι, p. 51. § 43. *obs.* 14.

ἀλέω, ἀλήλεκα, p. 78. § 59. *obs.* 3 ;
ἀλέσω, p. 60. § 47. (*e.*) 3.

ἀληθέστερον, -τατα, p. 121.

ἀλήλεκα, ab ἀλέω, p. 78. § 59. *obs.* 3.

ἀλήλιφα, ab ἀλείφω, *ibid.*

ἀλῆναι, Inf. A. 2. P. ab εἴλω, p. 113.

ἄλθομαι, p. 51. § 43. *obs.* 14.

ἀλίσκομαι, vid. αἱρέω, p. 102 ; ἥλων,
p. 100. (*a.*); p. 106.

ἀλιταίνω, ἥλιτον, ἀλιτήσω, p. 109.
not. ; ἀλιτήμενος, Part. P. vel A.
Ep. p. 110.

ἄλλομαι, p. 51. § 43. *obs.* 14.

ἄλλος, ἀλλοῖος, ἀλλότριος, ἀλλόκοτος,
seq. Gen. differentiæ, *Synt.* § 132.
(*b.*) *obs.*

ἀλοάω, ἀλοάσω et ἀλοήσω, p. 60. §
47. (*e.*) 1.

ἀλοίην, ἀλοὺς, ab ἀλίσκομαι, p. 72. §
53. (*b.*) *obs.* 7 ; p. 100. (*a.*); p. 108.

ἀλύσκω, -ξω, p. 110.

ἀλφάνω, -αίνω, p. 110.

ἄλω, τὴν, pro ἄλων, p. 13. § 19. *obs.* 3.

ἀλῶ, ἀλῶναι, ab ἀλίσκομαι, p. 73. §
53. (*b.*) *obs.* 7 ; p. 100. (*a.*)

ἀλφην, *Hom.*, p. 110.

ἄλως, ἡ, τῆς, -ωος et -ω, p. 13. § 19.
obs. 2.

ἀλώσομαι, F. M. p. 75. § 56. *obs.* 4 ;
p. 102 ; ab ἀλίσκομαι, p. 109

ἁμαρτάνω, seq. Gen. *Synt.* § 132. (*g.*)
obs. 1.

ἁμαρτήσομαι, F. M. p. 75. § 56. *obs.*
4 ; ab ἁμαρτάνω, p. 109. *not.* ; p.
110.

ἀμβλίσκω, -όω, -ώσω, p. 110.

ἀμείνων, *melior*, p. 29. § 34. *obs.* 2.

ἀμὲ, ἀμὲς, ἄμμε, ἄμμες, ἀμμέσι, ἀμ-
μέων, ἄμμι, p. 33.

ἄμορφος, -έστερος, p. 28. § 33. (*a.*)
obs. 4.

ἀμὸς Poët. pro ἐμὸς, p. 34. § 38. (*a.*)

ἀμὸς, Dor. pro ἡμέτερος, p. 34. § 38. (*a.*)

ἀμπεπαλὼν, pro ἀναπεπαλών, p. 82.
§ 66. *obs.* 3.

ἀμπισχνέομαι, ἀμφέξομαι, p. 110.

ἀμπλακήσω, ἀμπλακίσκω, p. 109. *not.* ;
p. 110.

ἀμφὶ, apud Poët. interdum signif.
juxta, Synt. § 193. (*b.*) *obs.*

—— cum Acc. præced. Art. inservit
periphrasi, *Synt.* 194. (*c.*) *obs.*

'Αμφιάρεως, Att. pro 'Αμφιάραος, p.
13. § 19. *obs.* 1.

ἄμφω pro ἀμφοῖν, p. 31. § 36. (*a.*) *obs.*

ἂν, sæpius repetita, *Synt.* 167. *obs.* 1 ;
tempor. histor. Indic. adhibita consuetudinem exprimit, *ib.* *obs.* 3.

—— cum participio juxta posita, *ib.*
obs. 4.

—— non raro supprimitur, *Synt.* § 176.
obs. 1.

ἄνα, cum nomine interdum Adverbii
vim habet, *Synt.* § 187. *obs.* 1.

—— apud Ion. et Dor. Poët. cum Dat.
constr. *Synt.* § 187. *obs.* 2.

ἄνα, ὦ, ab ἄναξ, p. 17. § 23. (*c.*) *obs.* 3.

ἀναίνομαι, p. 51. § 43. *obs.* 14.

ἀνάκτεσι, Dat. Plur. Ep. ab ἄναξ, p. 17. § 24. *obs.* 2.

ἀνάσσω, seq. Gen. et Dat. *Synt.* § 132. (*c.*) *obs.*

ἀνδάνω, ἁδήσω, p. 109. *not.* ; p. 113 ; seq. Dat. *Synt.* § 136. (*b.*) *obs.*

'Ανδρομέδα, -έδας, p. 11. § 16. *Exc.*

ἀνέδην, *remissè*, p. 131.

ἀνέπαλτο, per Sync. pro ἀνεπάλετο, p. 103.

ἀνέρι, ἀνέρος, ab ἀνὴρ, p. 15. § 21. (*c.*) *obs.* 3.

ἀνέχομαι, seq. Gen. *Synt.* § 132.(*c.*)*obs.*

ἀνέῳγα, ἀνέῳγον, ἀνέῳχα, ab ἀνοίγω, cum duplici Augm. p. 72. *obs.* 8.

ἀνηκουστέω, seq. Gen. *Synt.* § 132. (*c.*) *obs.*

ἀνήλωσα, ab ἀναλόω, p. 72. *obs.* 6.

ἀνήνοθα, P. M. ab *ἀνέθω, p. 83. § 68. *obs.* 2.

ἀνήρ, p. 15. § 21. (*c.*) *obs.* 3.

ἀνιάω, -άσω, p. 60. § 47. (*e.*) 1.

ἀνοίγω, habet duplex Augm. p. 72. *obs.* 8.

ἀντάω et ἄντομαι, p. 62. *obs.* 2.

ἀντὶ, id quod πρὸ, vel πρὸς, *Synt.* § 181. *obs.*

ἀντιάω et ἀντιάω, *ibid.* ; seq. Gen. *Synt.* § 132. (*g.*) *obs.* 1.

ἀντικρὺς, -ρὺ, p. 120.

ἀντιποιέομαι, seq. Gen. studii, *Synt.* § 132. (*e.*) *obs.*

ἀνύω et ἀνύτω, p. 62. *obs.* 2.

ἄνωγα, cum vi Præsentis, *jubeo*, p. 119. (*d.*)

ἀνώγεων, Forma Att. p. 140. *obs.*

ἀνώγεως, Att. pro ἀνώγαιος, p. 13. *obs.* 1.

ἀνῷξα, Ion. pro ἀνέῳξα, ab ἀνοίγω, p. 72. *obs.* 8.

ἄνωχθι, Imp. P. M. p. 101. § 81. (*b.*)

ἄξιος, seq. Gen. dignitatis et Dat. personæ, *Synt.* § 132. (*d.*) *obs.*

ἀπαίδευτος, seq. Gen. *Synt.* § 132. (*f.*) *obs.*

ἀπαλλάσσω, seq. Gen. *Synt.* § 132. (*g.*) *obs.* 1.

ἀπαντήσομαι, F. M. p. 75. *obs.* 4.

ἅπαξ, *semel*, p. 31. (*b.*) *obs.*

ἀπαφήσω, ab ἀπαφίσκω, p. 109. *not.* p. 110.

ἀπειλήτην, Dual Ep. pro ἠπειλείπην, p. 56. § 44. *obs.* 3.

ἀπεχθάνομαι, ἀπεχθήσομαι, p. 51. § 43. *obs.* 14 ; p. 109. *not.* ; ἀπεχθόμην, -ημαι, p. 110.

ἀπηυράμην, A. 1. m. ab ἀπαυράω, p. 110.

ἁπλόος, -οῦς, p. 31. (*b.*) *obs.*

ἀπὸ cum Nomine, Adverbii vim habet, *Synt.* § 182. *obs.* 1 ; interdum redundat, interdum deest, *ib.* *obs.* 2.

ἀποκρίνομαι, p. 51. § 43. *obs.* 14.

ἀπολαύσομαι, F. M. p. 75. *obs.* 4.

ἀπολαύω, seq. Gen. *Synt.* § 132. (*g.*) *obs.* 1.

ἄπολις, -ιδος, p. 26. (*c.*) *obs.* 1.

"Απολλον, ὦ, p. 17. § 23. (*c.*) *obs.* 2.

'Απόλλω, τὸν, pro 'Απόλλωνα, p. 16. § 22. *obs.*

ἄπονος, -έστερος, p. 28. *obs.* 4.

ἀπούρας, ἐπουράμενος, Ep. Particip. p. 110.

ἀπόστα, pro -στηθι, p. 90. § 72. *obs.* 8.

ἀπρὶξ, *tenaciter*, p. 131. § 112. *obs.*

ἀπτὴν, ὁ et ἡ, p. 27. § 32. *obs.* 1.

ἅπτομαι, seq. Gen. studii, *Synt.* § 132. (*e.*) *obs.*

ἀπώμοτος, *abjurandus*, p.128.§108.*obs.*

ἀραίρηκα, Perf. Ion. ab αἱρέω, p. 78. § 59. *obs.* 3 ; ἀραίρημαι, p. 102.

ἀράομαι, -άσομαι, p. 34. § 43. *obs.* 14 ; p. 60. § 47. (*e.*) *obs.* 1.

ἄραρα, P.M. ab *ἄρω, p. 83. § 68. *obs.* 3 ; p. 110.

ἀραρίσκω, F. ἄρσω, p. 110.

ἀργύρεος, ἀργυροῦς, p. 22. *obs.* 2.

ἄρδην, *sublatè*, p. 131.

ἀρείων, -ιστος, p. 29. § 34. *obs.* 2.

ἀρέσκω, -έσω, p. 111; seq. Dat. et Acc. *Synt.* § 136. (*b.*) *obs.*

ἀρέσω, ab *ἀρέω, p. 60. § 47. (*e.*) 3.

ἄρηρα, } ab ἀραρίσκω, p. 110.
ἀρήρεμαι, }

ἀρήροκα, ab ἀρόω, p. 78. § 59. *obs.* 4.

ἀρήρομαι, omissâ σ, p. 80. § 61. *obs.* 4.

ἀριστεύω, seq. Gen. *Synt.* §132.(*c.*)*obs.*

ἄριστος, p. 29. § 34. *obs.* 2.

ἀρκέω, -έσω, p. 60. § 47. (*e.*) 3.

ἄρμενος, A. 2. M. Part. ab ἀραρίσκω, p. 110.

βέομαι, *vivam*, p. 74. § 55. (*c.*) *obs.* 4.
βῆθι, βῆναι, a βαίνω, p. 100.
βήσεο, Imp. A. M. a βαίνω, p. 111.
βήσομαι, F. M. a βαίνω, p. 75. *obs.* 4; p. 111.
βιάζομαι, p. 51. § 43. *obs.* 14.
βιβάζω, βιβάσω, p. 59. § 47. *not.*
βιβρώσκω, a *βρόω, p. 59. § 47. *not.*; βεβρὼς, p. 101. (*b.*); p. 111.
βιοὺς, βιῶ, βιῴην, βιῶναι, a βιόω, p. 100.
βλὰξ, βλακίστερος, et βλακώτερος, p. 28. (*e.*) *obs.*
βλαστάνω, βλαστήσω, p. 109. *not.*; p. 111.
βλείμην, βλήμενος, βλῆναι, βλῆσθαι, a βάλλω, p. 100.
βλέπω, ἐβλέπην, p. 83. § 68. *obs.* 2.
βλήσομαι, F. Ep. a βάλλω, p. 111.
βλίσω, a βλίττω, p. 59. § 47. (*b.*)
βλύζω, βλύττω, βλύω, p. 62. *obs.* 2.
βλῶμαι, Conj. A. M. a βάλλω, p. 100.
βλώσκω, ἔμολον, p. 111.
βοήσομαι, a βοάω, p. 60. § 47. (*e.*) 1; p. 75. § 56. *obs.* 4.
βόσκω, -έω, -ήσω, p. 111.
βούκερως, -ωτος, et -ω, p. 13. § 19. *obs.* 2; propter accent., p. 140. *obs.*
βούλει, nunquam βούλῃ, p. 49. § 43. *obs.* 1.
βούλομαι, -ήσομαι, p. 51. § 43. *obs.* 14; p. 111.
βόες, βοός et βοῦ, a βοῦς, p. 14. § 20. *obs.* 2.
βραδὺς, βράσσων, p. 29. § 34. *obs.* 2.
βράσσω et βράζω, p. 62. *obs.* 2.
βρέτας, βρέτεος, p. 21. § 29. *obs.* 2.
βρέχω, ἐβράχην, p. 83. § 68. *obs.* 2; (βέβροχα), p. 77. § 58. *obs.* 1.
βρίζω, -ξω, p. 59. § 47. (*c.*) 1.
βρίθω, seq. Gen. *Synt.* § 132. (*g.*) *obs.* 1.
βρυχάομαι, βέβρυχα, p. 51. § 43. *obs.* 14; 112.
βρύω, seq. Gen. *Synt.* § 132. (*g.*) *obs.* 1.
βυνέω, βέβυσμαι, p. 80. § 61. *obs.* 4; (βύω) p. 112.
βύσω, a βυνέω, p. 112.
βῶ, Conj. A. 2. a βαίνω, p. 100.

Γ.

γάλα, -κτος, p. 16. *obs.* 6.
γαμέω, -έσω, ήσω, p. 61. § 47. (*e.*) 3.
γέγαμεν, γεγάμεν, γεγαὼς, P. M. a γίγνομαι, p. 101. (*b.*); p. 112.
γεγένημαι, a γίγνομαι, p. 112.
γέγηθα, P. M. a γηθέω, p. 115.
γέγονα, P. M. a (*γένομαι) γίγνομαι, p. 83. § 68. *obs.* 2; p. 112.
γεγωνίσκω, -ωνα, -ωνήσω, p. 112.
γεγὼς, Part. P. M. a γίγνομαι, p. 101. (*b.*)
γείνομαι, Ep. pro γίγνομαι, p. 112.
γελάω, -ξω, p. 60. (*e.*) 1; -άσομαι, p. 75. *obs.* 4.
γελέουσα, -εῦσα, pro -άουσα, p. 56. *obs.* 2.
γέλως, -ωτα et -ων, p. 13. *obs.* 2.
γέμω, seq. Gen. *Synt.* § 132. (*g.*) *obs.* 1.
γενήσομαι, a γίγνομαι, p. 112; 109. *not.*
Genit. subjectivus, *Synt.* § 130. (*a*); object. *ib.* (*b.*);—tempus exprimens, *Synt.* § 131. (*a.*); locum *ib. obs.* 2.—pretium, *ib.* (*b.*);—pœnam capitis, ib. *obs.*—materiam, *ib.* (*c.*);—causam, *ib.* (*d.*);—antecedente exclamationis voce, *ib. obs.*—defensionem, p. 168. § 130. (*b.*) *obs.*
Genitivi constructio cum Verbis, Nomin. et Adverb. *Synt.* § 132.
Genit. partitionis, *Synt.* § 132. (*a.*);—comparationis, *ib.*(*b*);—præstantiæ, *ib.* (*c.*);—dignitatis, *ib.* (*d.*);—studii, *ib.* (*e.*);—sensus, *ib.* (*f.*);—copiæ, *ib.* (*g.*);—partitivus, *Synt.* § 132. (*a.*) *obs.* 2.
γεννάδας, ου, ὁ, p. 27. § 32. *obs.* 1.
γέντο, A. 2. M. Ep. pro ἕλετο, p. 102.
γερπιὸς, -αίτερος, -αίτατος, p. 28. *obs.* 3.
γέρας, -αος, p. 21. § 29. *obs.* 1.
γενόμαι, seq. Gen. *Synt.* § 132. (*e.*) *obs.* et (*g.*) *obs.* 1.
γεύω, seq. dupl. Acc. *Synt.* § 139. *obs.*
γηθέω, γέγηθα, p. 112.
γηρᾶναι, γηρὰς, A. 2. a γηράσκω, p. 100; 112.
γῆρας, -αος, -ως, p. 21. § 29. *obs.* 1.
γηράσκω, ἐγήραν, p. 100; 112.
γηράσομαι, F. M. a γηράω, p. 75. *obs.* 4; p. 112.

δεικνύμεν, -ύμεναι, Ep. pro δεικνύναι, p. 91. obs. 13.

δείκνυμι, caret redupl., p. 86. § 71. obs.

δείν' ἔπη, a δεινὰ ἔπη, p. 142. obs.

δέκτο, a δέχομαι, p. 81. 862. obs.

δελφὶς, et -ῖν, p. 14. §. 20. obs.

δέμω, et δομέω, p. 62. obs. 2 ; δέδμηκα, p. 104.

δέξο, a δέχομαι, p. 81. § 62. obs.

δέομαι, seq. Gen. Synt. § 132. (e.) obs.

δέον, absol. posit. in acc. Synt. § 163. obs.

δέπας, -αος, p. 21. § 29. obs. 1.

δέρκομαι, P. M. δέδορκα, p. 51. § 43. obs. 14; 83. § 68. obs. 2 ; A. 2. Poët. ἔδρακον, p. 104.

δέρω, P. M. δέδορα, p. 83. § 68. obs. 2.

δεσμοὶ, et -ὰ, p. 12. § 18. obs. 3.

δεσπόζω, seq. Gen. Synt. § 132.(c.) obs.

δεσπότας, Dor. pro -της, p. 11. § 16. obs.

δενήσομαι, ap. Hom. a δέω, p. 105.

Δευκαλίδης, a Δευκαλίων, p. 122. § 100. (a) obs. 3.

δεύομαι, ap. Hom. a δέω, p. 112.

δεῦρο, δεῦτε, vicem gerunt Imperativi, p. 102. § 82.

δευτεραῖος, secundo die, p. 31. (b.) obs.

δευτερεύω, seq Gen. Synt. § 132. (c.) obs.

δέχθαι, a δέχομαι, p. 51. § 43. obs.

δέχομαι, p. 51. § 43. obs. 14.
—— cum Dativo, Synt. p. 171. § 132. (d.) obs.

δέω, δέδεκα, p. 61. § 47. (e.) obs. 3 ; δέδεμαι, p. 80. § 61. obs. 3 ; δεήσω, p. 112.

δηϊόφεν, Ep. pro δηϊοῖεν, p. 57. § 44. obs. 4.

δῆλος εἰμὶ, construitur cum personâ, Synt. § 126.

δήξομαι, F. M. a *δήκω, p. 75. § 56. obs. 4; sub δάκνω, p. 112.

δήω, inveniam, vox Epica, p. 74. § 55. (c.) obs. 4.

διὰ πόθου ἐλθεῖν, i. q. ποθεῖν, δι' ἡσυχίας εἶναι, i. q. ἡσυχάζειν, Synt. § 189. obs. 1.
—— πάντων, præ omnibus, Synt. § 189. obs. 2.

διὰ cum nomine interdum Adv. vim habet, Synt. § 189. obs. 3.
—— seq. Acc. pro Gen. Synt. § 189. (b.) obs.

διάδοχος, seq. Dat. Synt. § 136. (b.) obs.

διανοέομαι, p. 51. § 43. obs. 14.

διάφορος, διαφερόντως, seq. Gen. differentiæ, Synt. § 132. (b.) obs. ; Dat. Synt. § 136. (b.) obs.

Digamma, p. 2. obs. 2.

διδάκκη, Dor. pro διδάσκει, p. 42. § 42. obs. 2.

διδάξω, a διδάσκω, p. 112.

διδασκήσω, F. Poët. a διδάσκω, p. 105 ; 112.

διδάσκω, retinet redupl. p. 59. § 47. not.; F. διδασκήσω, p. 105 ; F. διδάξω, p. 112.

διδοῖς, Ion. pro δίδως, p. 90. § 72. obs. 2.

διδόμεν, -όμεναι, Ep. pro διδόναι, p. 91. obs. 13.

δίδοσκον, Ion. pro ἐδίδων, p. 90. obs. 5.

διδοῦναι, Poët. pro διδόναι, p. 91. obs. 14.

διδράσκω, a *δράω, cum redupl. p. 59. § 47. not. ; A. 2. ἔδραν, p. 100. (a.)

διδῴην, idem quod διδοίην, p. 90. obs. 10.

διδώω, Ion. et Poët. pro διδῶ, p. 90. obs. 9.

δίζημαι, longam vocalem retinet, p. 93. obs. 6 ; p. 96. § 76. obs.

διήτησα, vel ἐδιήτησα, a διαιτάω, p. 73. § 54. obs. 3.

διηκόνουν, et ἐδιηκόνουν, a διακονέω, p. 73. § 54. obs. 3.

δικαιεῦσι, Ion. contrahitur e δικαιόουσι, p. 57. § 44. obs. 4.

δίκαιός εἰμι, cum personâ constr. Synt. § 126.

Διὸς, G. a Ζεὺς, p. 16. obs. 6.

διπλάσιος, duplo major, p. 31. (b.) obs.

διπλόος, διπλοῦς, per omnes casus contrahitur, p. 22. § 30. (a.) obs. 2 ; duplex, § 31. (b.) obs.

δὶς, bis, p. 31. (b.) obs.

δίφροι et -α, p. 12. § 18. obs. 3.

διψάω, contrahit αε et αει in η, p. 56. § 44. obs. 2.

διώξομαι, et διώξω, p. 76. § 56.

ἐβρώθην, ἔβρων, A. 1. P. et A. 2. A.
a βιβρώσκω, p. 111.

ἔβωσα, contractum ex ἐβόησα, p. 57.
§ 44. obs. 6 ; p. 137.

ἔβυσα, -σθην, a βυνέω, p. 112.

ἐγγυαλίζω, -ξω, p. 59. § 47. (c.) 1.

ἐγγὺς, -ύτερον, -υτέρω, -ύτατον, -υτά-
τω, ἔγγῖον, -ιστα, p. 121. § 97. obs. 2.

ἐγεινάμην, A. 1. M. a γίγνομαι, p. 112.

ἐγείρω, ἐγήγερκα, p. 78. obs. 3 ; ἠγρόμην, p. 103.

ἐγενήθην, a γίγνομαι, p. 112.

ἐγενόμην, γενήσομαι, p. 109. not. ;
p. 112.

ἔγεντο, A. 2. Poët. a γίγνομαι, p. 102.

ἐγήγερκα, ab ἐγείρω, cum Att. redupl.
p. 78. obs. 3.

ἔγημα, A. 1. a γαμέω, p. 112.

ἐγήρᾱν, A. 2. a γηράω, -άσκω, p. 100 ;
ἐγήρασα, p. 112.

ἔγνων, A. 2. a γνόω, γιγνώσκω, p.
100 ; 112.

ἔγνωσμαι, ἔγνωκα, a *γνόω, γιγνώσκω,
p. 80. § 61. obs. 4 ; 112.

ἔγχελυς, Pl. N. ἐγχέλεις, p. 20. obs. 3.

ἐγρήγορα, P.M. ab ἐγείρω, p. 83. obs. 2.

ἔγωγα, Dor. pro ἔγωγε, p. 136.

ἐγῷδα, per Crasin ex ἐγὼ οἶδα, p. 144.
Cap. VII.

ἐγὼν, Æol. Ep. pro ἐγώ, p. 32. obs.
Dial.

ἐδάην, A. 2. P. a δαίω, p. 112.

ἔδακον, A. 2. a δάκνω, p. 112.

ἐδάμην, A. 2. P. a δαμάω, p. 112.

ἐδάρην, A. 2. P. a δέρω, p. 82. § 66.
obs. 2.

ἔδαρθον, δαρθήσομαι, p. 109. not. ; A.
2. a δαρθάνω, p. 112.

ἐδασάμην, A. 1. M. a δαίω, p. 116.

ἐδατεάμην, A. 1. M. formatum a Præs.
δατέομαι, p. 76. obs. 2.

ἐδέγμην, a δέχομαι, p. 81. § 62. obs.

ἐδέθην, a δέω, p. 61. obs. 3 ; p. 80. obs. 4.

ἐδεικνύατο, Ion. pro ἐδείκνυντο, p. 93.
obs. 2.

ἐδέσω, F. ab *ἐδέω, edo, p. 60. (e.) 3.

ἐδενήσα, a δέω, ap. Hom. p. 112.

ἐδήδεσμαι, ab ἐδέω, p. 77. obs. 1 ; sub
ἐσθίω, p. 102.

ἐδήδοκα, P. A. ab *ἔδω, *ἐδέω, p. 77.

obs. 1 ; cum Att. redupl. p. 78. §
59. obs. 3 ; sub ἐσθίω, p. 102.

ἐδήδομαι, P.P. Ep., ἐδηδὼς, P. Part.
Ep. sub ἐσθίω, p. 102.

ἐδήχθην, A. 1. P. a δάκνω, p. 112.

ἐδιαίτησα et ἐδιήτησα, vel διῄτησα, a
διαιτάω, p. 73. obs. 3.

ἔδιδον, Ep. pro ἐδίδοσαν, p. 90. obs. 7.

ἐδιηκόνουν et διηκόνουν, a διακονέω, p.
73. obs. 3.

ἔδμεναι, Inf. Ep. ab ἐσθίω, p. 102.

ἐδμήθην, A. 1. P. a δαμάζω, δαμάω,
p. 104.

ἐδόθην, A. 1. P. a δίδωμι, p. 97. §
79. 3.

ἐδόκησα, ἔδοξα, a δοκέω, p. 113.

ἐδολιοῦσαν, pro ἐδολίουν, p. 42. obs 1.

ἔδομαι, F. Verbi ἐσθίω, p. 74. (c.)
obs. 4 ; p. 102.

ἔδον, Ep. pro ἔδοσαν, p. 90. obs. 7.

ἔδραθον, A. 2. Poët. pro ἔδαρθον, a
δαρθάνω, p. 104 ; 107 ; 112.

ἔδρακον, A. 2. Poët. pro ἔδαρκον, a
δέρκομαι, p. 104.

ἔδραμον, δεδράμηκα, p. 109. not. ; sub
τρέχω, p. 103.

ἔδρᾱν, A. 2. a *δράω, διδράσκω, p. 100 ;
et A. 1. -σα, p. 113.

ἐδύθην, A. 1. P. a δύνω (δύω), p. 113.

ἔδυν, A. 2. a δύω, p. 101. (a.) ; a δύνω,
p. 113.

ἐδυνάσθην, a δύναμαι, p. 60. (e.) 1.

ἐδυνέατο, Ion. pro ἐδύναντο, p. 50.
obs. 4.

ἐδύσετο, A. M. Ep. a δύνω, p. 113.

ἐδυστύχουν, a δυστυχέω, p. 73. obs. 4.

ἐὲ, Ep. pro ἓ ; ἑεῖο pro οὗ, p. 32.

ἔελμαι, P. P. ab ἕλω, ap. Hom. p. 113.

ἐζόμην, Aor. sine Augmento, p. 72.
obs. 9.

ἔζωσμαι, p. 80. § 62. obs. 4.

ἔη, ἔης, ἔητον, p. 98.

ἔην, ἔησθα, p. 97.

ἑήνδανον, ab ἀνδάνω, cum duplici
Augm. ap. Hom. p. 72. obs. 8 ; p.
110.

ἔητον, Ion. pro ἦτον, p. 98.

ἔθανον, A. 2. a θνήσκω, p. 114.

ἐθελήσω, -σα, ab ἐθέλω (-έω), p. 113.

ἐθελοντὴς, -οῦ, ὁ, p. 27. § 32. obs. 1.

ἐθέλω, -έω, p. 113.

ἔθεν, Ep. pro ἔθεσαν, p. 90. obs. 7.

ἔθεν, Ep. pro οὗ, p. 32.

ἔθην, A. 1. P. ab ἵημι, p. 97. 3.

ἔθιγον, A. 2. a θιγγάνω, p. 114.

ἔθορον, A. 2. a θρώσκω, p. 114.

ἔθρεξα, A. 1. a τρέχω, p. 103.

εἰ, εἰ γὰρ, εἴθε, interdum optantis sunt, quando cum Indic. et Opt. constr. Synt. § 176. obs. 3.

εἴαον, Imperf. ab ἐάω, p. 71. obs. 2.

εἴατο, Ep. pro ἦσαν, p. 97.

εἰδείην, εἰδέναι, Opt. et Inf. ab οἶδα, p. 50. obs. 5 ; sub γιγνώσκω, p. 102.

εἴδετε pro εἰδῆτε, εἴδομεν pro εἰδῶμεν, p. 42. obs. 8.

εἶδον, A. 2. ab ὁράω, p. 102.

εἰδῶ, εἰδὼς, Subj. et Part. ab οἶδα, p. 50. obs. 5 ; sub γιγνώσκω, p. 102.

εἴη, Ep. pro ᾖ ; εἴησαν pro εἶεν, p. 98.

εἴθην, ἔθην, A. P. ab *ἕω, p. 81. § 64. obs. 2.

εἴθιζον, Imperf. ab ἐθίζω, p. 71. obs. 2.

εἶκα, P. M. εἰκὼς, Part. Att. rar. p. 83. § 68. obs. 2.

εἰκόνος, et -οῦς, ab εἰκὼν, p. 20. § 28. obs.

εἴκτην, p. 50. § 43. obs. 5.

εἴκτο, p. 50. § 43. obs. 5.

εἴκτον, pro ἐοίκατον, p. 50. § 43. obs. 5 ; p. 103. § 83.

εἴκω, ἐΐσκω, p. 106. seq. Gen. Synt. § 132. (c.) obs.

ἄλεγμαι et λέλεγμαι, a λέγω, p. 78. obs. 2 ; p. 77. obs. 1.

εἰλέω, εἰλέω, -ήσω, -μαι, p. 113.

εἴληγμαι, P. P. a λαγχάνω, p. 115.

εἰλήλουθα, P. Ep. ab ἔρχομαι, p. 102.

εἰλήλουθμεν pro εἰληλούθαμεν, ib. ; p. 139.

εἴλημμαι et λέλημμαι, εἴληφα, a *λήβω, λαμβάνω, p. 78. obs. 2. ; p. 115.

εἴληχα, P. a *λήχω, λαγχάνω, p. 78. obs. 2 ; p. 115.

εἴλισσον, Imperf. ab ἐλίσσω, p. 71. obs. 2.

εἴλιχα et ἐλήλιχα, P. ab ἐλίσσω, p. 78. obs. 3.

εἴλκον et εἴλκυον, Imperf. ab ἕλκω, ἑλκύω, p. 71. § 53. (b.) obs. 2.

εἴλλω, εἴλλω, p. 113.

εἷλον, A. 2. ab αἱρέω, p. 102.

εἴλοχα, P. a λέγω, p. 77. obs. 1 ; tantum in compositis, p. 78. obs. 2.

εἰλύω, A. 1. εἴλυσα, p. 61. obs. 7. A. 1. P. εἰλύσθην, ib.

εἴλω, εἴλλω, εἰλέω, p. 113.

εἷμαι, P. P. ab *ἕω, p. 71. obs. 2.

εἵμαρμαι, εἵμαρται, P. P. a *μείρω, p. 77. obs. 2 ; p. 78. obs. 2.

εἰμὲν, εἶμεν, εἰμὲς, εἶμες, ab εἰμὶ, p. 97.

εἶναι, Genit. asciscens, omissâ Præp. ἐκ vel ἀπό, Synt. § 130. (a.) obs.

εἶο, Ep. pro οὗ, p. 32.

εἶπα, A. 1. ab *ἔπω, p. 76. § 57. obs. 2 ; sub φημὶ, p. 103.

εἰπόμην, Imperf. ab ἕπομαι, p. 71. obs. 2.

εἶπον, A. 2. ab *ἔπω, *εἴπω, p. 70. § 53. obs. ; p. 71. obs 2 ; sub φημὶ, p. 103.

εἰργαζόμην, Imperf. ab ἐργάζομαι, p. 71. obs. 2.

εἴργνυμι, ab *εἴργω, p. 86. § 71. obs.

εἴργω, seq. Gen. Synt. § 132. (g.) obs. 1.

εἴρηκα pro ἔρρηκα, a *ῥέω, p. 78. obs. 2 ; sub φημὶ, p. 103.

εἴρημαι, εἰρήσομαι, sub φημὶ, p. 103.

εἰρήσομαι, Ion. pro ἐρήσομαι, ab ἔρομαι, p. 113.

εἴρομαι, Ion. pro ἔρομαι, p. 113.

εἷρπον, εἴρπυζον, Imperf. ab ἕρπω, ἑρπύζω, p. 71. obs. 2.

εἴρω, Ep. sub φημὶ, p. 103.

εἴρυμαι, P. P. et εἰρύμην, Pl. Perf. ab ἐρύω, p. 61. obs. 7.

εἰρώτεον, εἰρώτευν, Ion. pro εἰρώταον, -ων, p. 56. obs. 2.

εἰς, cum Nomine Adv. vim habet, Synt. § 188. obs. 1.

εἰς, cum Gen. subaudito οἶκον, Synt. § 188. obs. 2.

εἷς, Ion. pro εἶ, ab εἰμὶ, ac εἶμι, p. 97 ; 99.

εἶσα, A. 1. ab ἕω, p. 71. obs. 2.

εἰσάμην, εἴσομαι, A. et F. M. ab εἶμι, ap. Hom. p. 99. obs.

ἔϊσκω, vel ἴσκω, p. 106.

εἱστήκειν, vel ἑστήκειν, p. 71. obs. 2.

εἱστίων, Imperf. ab ἑστιάω, ibid.

εἶτε, εἴτην, pro εἴητε, εἰήτην, ab εἰμὶ, p. 98.

εἶχον, Imperf. ab ἔχω, p. 71. *obs.* 2.

εἴωθα, P. M. ab *ἔθω, p. 71. *obs.* 2 ; p. 72. *obs.* 7 ; p. 83. *obs.* 2.

εἴων, εἴαον, Imperf. ab ἐάω, p. 71. *obs.* 2.

ἐκ cum Nomine adverbii vim habet, *Synt.* § 183. *obs.* 1 :—interdum abundat, *ib. obs.* 2.

ἐκαθεζόμην, ἐκάθευδον, ἐκαθήμην, ἐκάθιζον, a καθέζομαι, καθεύδω, κάθημαι, καθίζω, p. 73. *obs.* 2.

ἔκαμον, A. 2. a κάμνω, p. 114.

ἐκὰς, -τέρω, -τάτω, p. 121. § 97.

ἐλοῦμαι, F. M. ab αἱρέω, p. 102. § 82.

ἐνδῦμεν pro ἐκδυίημεν, ab ἔκδυμι, p. 91. *obs.* 10.

ἐκέατο, Ion. pro ἔκειντο, p. 50. *obs.* 4.

ἐκείμην, a κεῖμαι, p. 80. *obs.* 6. (*b.*)

ἐκεκλόμην, A. 2. a κέλομαι, p. 82. § 66. *obs.* 3 ; pro ἐκεκελόμην, p. 103. § 83 ; p. 114.

ἐκελησάμην, A. 1. a κέλομαι, p. 114.

ἐκελόμην, per Sync. ἐκλόμην, p. 114.

ἔκηα, Aor. Ep. a καίω, p. 76. *obs.* 2.

ἐκίχην, -ον, sub κιχάνω, p. 115.

ἐκλάπην, A. 2. a κλέπτω, p. 83. *obs.* 2.

ἔκλαυσα, A. 1. a κλαίω, p. 115.

ἐκλήθην, A. 1. P. a καλέω, p. 104.

ἐκλείσθην, A. 1. P. a κλείω, p. 80. *obs.* 4.

ἐκλόμην, A. 2. M. a κέλομαι, p. 109. *not.*; per Sync. pro ἐκελόμην, p. 114.

ἐκπεφευγοίην pro -οιμι, p. 42. *obs.* 10.

ἐκράθην, A. 1. P. a κεράννυμι, p. 104.

ἔκρηνα, A. 1. pro ἔκρᾱνα, a κραίνω, p. 76. § 57. *obs.* 1.

ἐκρήηνα, Epice a κραιαίνω, p. 76. § 57. *obs.* 1.

ἐκρίθην, Poët. ἐκρίνθην, p. 77. *obs.* 3. (*b.*)

ἐκρούσθην, A. 1. P. a κρούω, p. 80. *obs.* 4.

ἔκρυφεν, Poët. pro ἐκρύφθησαν, p. 50. *obs.* 9.

ἔκτακα, P. A. a κτείνω, p. 77. *obs.* 2.

ἐκτάμην, ἔκτᾱν, A. 2. M. et A. a *κτάω, κτείνω, p. 100.

ἔκτημαι, Ion. pro κέκτημαι, p. 78. *obs.* 1.

ἔκτονα, ἔκτανον, P. M. et A. 2. a κτείνω, p. 83. *obs.* 2.

ἐκτὸς, -έος, et σχετὸς, -έος, sub ἔχω, p. 102 ; 114.

ἔκτυπον, A. 2. a κτυπέω, p. 115.

ἔκυρον, -σα, et -ησα, A. 2. et 1. a κυρέω, p. 115.

ἔκυσα, A. 1. a κυνέω, p. 114.

ἔλαβον, A. 2. a λαμβάνω, p. 115.

ἔλακον, A. 2. a λάσκω, F. λακήσω, p. 109. *not.*; A. 1. -ησω, p. 115.

ἔλαθον, A. 2. a λανθάνω, p. 115.

ἐλατὸς, Verb. Adj. ab ἐλαύνω, p. 113.

ἐλάμφθην, A. 1 P. Ion. a λαμβάνω, p. 115.

ἐλάσσων, ab ἐλαχὺς, p. 29. *obs.* 2.

ἐλάσω, F. ab *ἐλάω, ἐλαύνω, p. 60. (e.) 1 ; p. 113.

ἐλαττόομαι, seq. Gen. *Synt.* § 132. (*c.*) *obs.*

ἔλαχον, A. 2. a *λέχω, λαγχάνω, p. 85. *obs.* 3 ; p. 115.

ἐλαχὺς, -ιστος, p. 29. *obs.* 2.

ἔλδομαι, seq. Gen. apud Poët. *Synt* § 132. (*e.*) *obs.*

ἐλέγμην, a λέγομαι, p. 81. § 62. *obs.*

ἐλέγχω, P. ἐλήλεγχα, p. 78. *obs.* 3.

ἐλελίζω, -ξω, p. 59. (*c.*) 1.

ἐλεύθερος, seq. Gen. *Synt.* § 132. (*g.*) *obs.* 1.

ἐλεύσομαι, F. ab ἔρχομαι, p. 102.

ἐλήλακα, P. ab *ἐλάω, ἐλαύνω, p. 78. *obs.* 3 ; P. P. ἐλήλαμαι, p. 80. § 61. *obs.* 4 ; et non-Att. ἐλήλασμαι, p. 113.

ἐλήλεγχα, P. ab ἐλέγχω, p. 78. *obs.* 3.

ἐλήλιχα, et εἴλιχα, P. ab ἐλίσσω, ib.

ἐλήλυθα, P. ab *ἐλεύθω, ἔρχομαι, p. 83. § 68. *obs.* 3 ; p. 102.

ἐλήφθην, A. 1. P. a λαμβάνω, p. 115.

ἔλιπον, A. 2. a λείπω, sine A. 2. P. p. 82. *obs.* 1.

ἐλίσσω, P. εἴλιχα et ἐλήλιχα, p. 78. *obs.* 3.

ἕλκω, F. Hom. ἑλκήσω, p. 113.

ἕλκω, et -ύω, p. 62. *obs.* 2.

ἔλλαβον, Ep. pro ἔλαβον, p. 70. *obs.* 1.

Ἑλληνισταὶ, Alexandrinâ dial. scripserunt, p. 5. *obs.* 2.

ἕλμινς, retinet ν ante σ, p. 135. § 5. *obs.*

ἔλσα, A. 1. Hom. ab εἴλω, p. 113.

ἐλύθην, A. 1. P. a λύω, omissâ σ, p. 80. *obs.* 4.

ἐλύμην, A. 2. M. a λύω, p. 101. (*a.*)

ἐλύσθην, A. 1. P. ab ἐλύω, p. 61. § 47. (*e.*) 7.

ἔμαθον, A. 2. a μανθάνω, F. μαθήσομαι, p. 109. *not.*; p. 115.

ἔμακον, A. 2. a μηκάομαι, p. 116.

ἐμασάμην, A. 1. a μαίομαι, p. 115.

ἐμέθεν, ἐμεῖο, Ep. pro ἐμοῦ, p. 32. *obs. Dial.*

ἐμέθυσα, A. 1. a μεθύσκω, p. 116.

ἐμέλλησα, a μέλλω, nunquam ἠμέλλησα, p. 70. *obs.* 2.

ἐμέμηκον a μηκάομαι, p. 82. § 66. *obs.* 3.

-έμεν, -έμεναι, Poët. pro -ειν vel -εῖν, p. 42. *obs.* 12.

ἐμὲν, Poët. pro ἐσμὲν, p. 97.

ἔμεν, ἔμεναι, Ion. pro εἶναι, p. 98.

ἐμέο, ἐμεῦ, Ep. ἐμεῦς, Æol. pro ἐμοῦ, p. 32. *obs. Dial.*

ἐμέω, F. ἐμοῦμαι, p. 60. (*e.*) 3 ; P. ἐμήμεκα, p. 78. *obs.* 3.

ἐμῖν, Dor. pro ἐμοὶ, p. 32. *obs. Dial.*

ἔμμα, Æol. pro εἶμα, p. 136. § 2.

ἔμμεν, ἔμμεναι, Poët. pro εἶναι, p. 98.

ἐμμὶ, Dor. pro εἰμὶ, p. 97.

ἔμμορα, P. M. a μείρομαι, p. 83. *obs.* 2.

ἔμμορον, A. 2. Poët. a μείρω, p. 70. *obs.* 1.

ἔμνησα, A. 1. a μιμνήσκω, p. 116.

ἐμνήσθην, A. 1. P. a *μνάω, μιμνήσκω, p. 81. § 64. *obs.* 1; p. 116.

ἐμπάζομαι, seq. Gen. apud Poët. *Synt.* § 132. (*e.*) *obs.*

ἔμολον, A. 2. a βλώσκω, p. 111.

ἐμοῦμαι, F. ab ἐμέω, p. 60. (*e.*) 3.

ἐμοῦς, Dor. pro ἐμοῦ, p. 32. *obs. Dial.*

ἔμπαλιν, seq. Gen. differentiæ, *Synt.* § 132. (*b.*) *obs.*

ἔμπειρος, seq. Gen. *Synt.* § 132. (*f.*) *obs.*

ἔμυκον, A. 2. a μυκάομαι, p. 115.

ἐν cum nomine adverbii vim habet, *Synt.* § 185. *obs.* 2.

ἐν ἑαυτῷ, (vel ἑαυτοῦ) γίγνεσθαι, *sui compotem esse, Synt.* § 185. *obs.* 1.

ἐναντίος, seq. Gen. differentiæ, *Synt.* § 132. (*b.*) *obs.*

ἐναρίζω, -ξω, p. 59. (*c.*) 1.

ἔνασα, ἔνασσα, ἐνασσάμην, -σθην, A. 1. A. M. et P. a ναίω, p. 116.

ἐνδεὴς, seq. Gen. *Synt.* § 132. (*g.*) *obs.* 1.

ἐννενῶκα, Ion. pro ἐννενόηκα, p. 137.

ἔννεον, Ep. pro ἔνεον, a νέω, p. 70. *obs.* 1.

ἐνεχθήσομαι, F. P. a φέρω, p. 103.

ἐνήνεγμαι, P. P. ab *ἐνέκω, p. 77. *obs.* 1; sub φέρω, p. 103.

ἐνήνοχα, P. ab *ἐνέκω, p. 77. *obs.* 1; p. 78. *obs.* 3. ; sub φέρω, p. 103.

ἔνθεο, Ion. pro ἔνθεσο, p. 93. *obs.* 3.

ἐνθυμέομαι, seq. Gen. *Synt.* § 132. (*f.*) *obs.*

ἔννυμι, ab *ἕω, p. 86. *obs.*

ἔνσπονδος, retinet ν ante σ, p. 135. § 5. *obs.*

ἐντὶ, ἔντι, Dor. pro ἐστὶ, εἰσὶ, p. 97.

ἐντρέπομαι, seq. Gen. *Synt.* § 132. (*g.*) *obs.*

ἔνωσα, contract. ex ἐνόησα, p. 57. § 44. *obs.* 6 ; p. 137.

ἑξάκις, *sexies,* p. 31. (*b.*) *obs.*

ἐξήραμμαι, P. P. a ξηραίνω, p. 79. § 61. *obs.* 2. (*b.*)

ἐξὸν, absol. posit. in Acc. *Synt.* § 163. *obs.*

ἐξυράμην, -ημαι, A. 1. M. et P. P. a ξυρέω, p. 116.

ἔξυσμαι, P. P. a ξύω, p. 80. § 62. *obs.* 4.

ἔξω, F. ab ἔχω, p. 102; 114.

ἕο, ἑοῖ, Ep. pro οὗ, οἷ, p. 32. *obs. Dial.*

ἐοίγμεν, pro ἐοίκαμεν, p. 103. § 83.

ἔοικα, P. ab *εἴκω, p. 71. *obs.* 3; p. 72. *obs.* 7 ; p. 83. § 68. *obs.* 2 ; p. 119. § 94. (*d.*)

ἔοιμι, ἔοις, ἔοι, Ion. Optat. pro εἴην, εἴης, εἴη ; ἔοισα, Dor. pro οὖσα, p. 98.

ἔολπα, P. M. ab ἔλπομαι, p. 72. *obs.* 7 ; p. 83. *obs.* 2.

ἐὸν, Ion. pro ὂν, p. 98.

ἔον, Ep. pro ἦν, p. 97.

ἔοντι, Dor. pro εἰσὶ, ib.

ἐόντων, Ion. pro ἔστωσαν, p. 98.

ἔοργα, P. et ἐώργειν, Plusq. P. ab

*ἔργω, p. 71, obs. 3 ; p. 72. obs. 7 ;
p. 83. obs. 2 ; sub ῥέζω, p. 104.
ἐούρουν, Imperf. et ἐούρηκα, P. ab
οὐρέω, p. 72. obs. 7.
ἐοῦς, Æol. Dor. pro οὗ, p. 32. obs.
Dial.
ἐοῦσα, pro οὖσα ab εἰμὶ, p. 98.
ἔπαθον, A. 2. a *πένθω, p. 83. obs. 2 ;
a *πέθω, p. 85. obs. 3 ; sub πάσχω,
p. 117.
ἐπαινέσομαι et -έσω, ab ἐπαινέω, p.
76. § 56.
ἐπάλμην a πάλλω, p. 81. § 62. obs.
ἐπαρῴουν, Imperf. a παροινέω, p. 73.
obs. 3.
ἐπασάμην, A. 1. a πατέομαι, p. 117.
ἐπαύθην, et -σθην, a παύω, p. 81. §
64. obs. 1.
ἐπαυράω, seq. Gen. Synt. § 132. (g.)
obs. 1.
ἐπαυρίσκομαι, p. 51. § 43. obs. 14.
ἐπαυρήσομαι, ab -ίσκομαι, ἐπηυρόμην,
p. 113 ; p. 109. not.
ἐπείγομαι, seq. Gen. Synt. § 132. (e.)
obs.
ἐπέπιθμεν, pro -θειμεν, ab ἐπιπείθομαι,
p. 103.
ἔπεσον, A. 2. a πίπτω, Dor. ἔπετον,
p. 82. obs. 5.
ἔπεφνον, pro ἐπέφενον, A. 2. a *φένω,
p. 103.
ἐπήλυς, -υδος, ὁ et ἡ, p. 27. § 32.
obs. 1.
ἐπηυρόμην, ἐπηῦρον, A. 2. ab ἐπαυρίσκομαι, p. 113 ; p. 109. not.
ἐπὶ cum nomine adv. vim habet, Synt.
§ 195. (c.) obs.
ἐπιβάλλομαι, seq. Gen. Synt. § 132.
(e.) obs.
ἐπιδεικνύμην, pro -οίμην, p. 93. obs. 4.
ἐπιδεικτικὸς, -ὴ, ὸν, p. 25. § 31. (a.)
obs. 1.
ἐπιδεύομαι, seq. Gen. Synt. § 132. (c.)
obs.
ἔπιθον, A. 2. a πείθω, p. 109. not.
ἐπιμελέομαι, seq. Gen. Synt. § 132.
(e.) obs.
ἐπιμὶξ, mistim, p. 131. § 112. obs.
ἔπιον, A. 2. a πίνω, p. 117.
ἐπίπλεω, τὸ, pro -ων, p. 13. obs. 3.

ἔπισα, A. 1. a πιπίσκω, p. 117.
ἐπίστᾳ, Poët. pro ἐπίστασαι, p. 93.
obs. 1.
ἐπίσταμαι, Verb. Dep. p. 51. § 43.
obs. 14 ; 97. obs. ; cum part. et inf.
quomodo differant. Synt. § 164.
obs.
ἐπιστατέω, seq. Gen. Synt. § 132. (c.)
obs.
ἐπίστεαι, Ion. pro ἐπίστασαι, p. 93.
obs. 1.
ἐπιστεφὴς, seq. Gen. Synt. § 132.
(g.) obs. 1.
ἐπιστήμων, seq. Gen. Synt. § 132. (f.)
obs.
ἐπιστέφομαι, seq. Gen. Synt. § 132.
(e.) obs.
ἐπιτροπεύω, seq. Gen. Synt. § 132. (c.)
obs.
ἐπλάθην, A. 1. Poët. a πελάζω, p. 104.
ἐπλήγην, in Compos. ἐπλάγην, a
πλήσσω, p. 85. (a.) obs. 1.
ἐπλήμην, A. 2. M. a *πλάω, πελάζω,
p. 100 ; 104.
ἐπλύθην, A. 1. P. a πλύνω, Poët.
ἐπλύνθην, p. 77. obs. 3. (b.)
ἔπλων, A. 2. a πλώω, πλέω, p. 100.
ἐπνεύσθην, A. 1. P. a πνέω, p. 81. §
64. obs. 1.
ἐπόθην, A. 1. P. a πίνω, p. 117.
ἕπομαι, P. 51. § 43. obs. 14.
ἕπομαι, seq. Dat. Synt. § 136. (b.) obs.
ἔπραθον, pro ἔπαρθον, p. 4. obs. ; A. 2.
a πέρθω, p. 83. obs. 2. ; p. 104.
ἐπράθην, A. 1. P. a πιπράσκω, p. 104.
ἐπριάμην, A. 2. sub ὠνέομαι, p. 103.
ἔπταισμαι, P. P. a πταίω, p. 80. § 61.
obs. 4.
ἐπτάμην, A. 2. M. a *πτάω, πέτομαι,
p. 100 ; 103 ; 117.
ἐπτέτις, ἡ, ab ἑπτέτης, p. 25. § 31.
(b.) obs. 2.
ἔπτην, A. 2. a *πτάω, πέτομαι, p. 100 ;
117.
ἔπτικα, P. a πτίσσω, p. 59. (b.)
ἐπτόμην, A. 2. pro ἐπετόμην, a πέτομαι, p. 103.
ἐπυθόμην, A. 2. a πυνθάνομαι, p. 117.
ἔραμαι, Verb. Dep. p. 97. obs.; seq.
Gen. Synt. ; § 132. (e.) obs.

ἐράω, A. 1. P. ἠράσθην, p. 60. (e.) 1.
ἐργάζομαι, p. 51. § 43. obs. 14.
ἔργω, ἔρδω, ἔοργα, sub ῥέζω, p. 104.
ἐρείδω, ἐρήρεικα, p. 78. obs. 3.
ἔρειο, ap. Hom. pro ἔρεο, p. 50. obs. 2.
ἐρείπω, ἐρείψω, Trans. ; ἐρήριπα,
ἤριπον, Intrans. p. 119. (a.)
ἐρέπτομαι, p. 51. § 43. obs. 14.
ἐρέσσω, F. ἐρέσω, p. 59. (b.)
ἐρέω, ἐρῶ, F. sub φημὶ, p. 103.
ἐρεύγομαι,-ξομαι, sub ἐρυγγάνω, p. 113.
ἔρημος, seq. Gen. Synt. § 132. (g.) obs. 1.
ἐρήρισμαι, P. P. ab ἐρίζω, p. 78.
ἐρήρεικα, P. ab ἐρείδω, p. 78. obs. 3.
ἐρήριπα, P. Intrans. ab ἐρείπω, Trans.,
p. 119. (a.)
ἐρήσομαι, F. ab ἔρομαι, p. 109. not.
ἐρητύω, seq. Gen. Synt. § 132. (g.) obs. 1.
ἐρίζω, seq. Dat. Synt. § 136. (b.) obs.
Ἐρινννὺς, ὦ, pro -νὺ, p. 17. § 23. (c.) obs. 1.
ἐριδαίνω, F. ἐριδήσω, A. 1. M. Inf.
ἐριδήσασθαι, p. 113.
ἔρις, A. -ιδα, et -ιν, p. 16. § 22. obs. 1.
Ἑρμᾶ, ὦ, et Ἑρμῆ, p. 10. § 15. obs. 1.
ἔρξω, F. ab ἔργω, sub ῥέζω, p. 104.
ἔρομαι, ἠρόμην, ἐρήσομαι, p. 51. § 43.
obs. 14 ; 109. not. 113.
ἐῤῥάγην, A. 1. P. a *ῥήγω, p. 85. (a.)
obs. 1.
ἔῤῥαισμαι a ῥαίω, p. 80. §. 61. obs. 4.
ἔῤῥασμαι, P. P. a ῥαίνω, p. 79. § 61.
obs. 2. (a.)
ἐῤῥέθην, A. 1. P. a *ῥέω, εἴρημαι, p.
81. § 64. obs. 2.
ἔῤῥευσα, A. 1. a ῥέω, p. 117.
ἐῤῥήθην, A. 1. P. a *ῥέω, sub φημὶ,
p. 103.
ἐῤῥήσω, F. ab ἔρρω, p. 113.
ἔῤῥιγα, P. M. a ῥιγέω, p. 117.
ἔῤῥιγων, pro ἐροίγουν, a ῥιγόω, p. 57.
57. obs. 5.
ἐῤῥύηκα, P. sub *ῥυέω, a ῥέω, p. 117.
ἐῤῥύην, ῥυήσομαι, a ῥέω, p. 109. not. ;
A. 2. Att. p. 117.
ἔῤῥω, F. ἐῤῥήσω, p. 113.
ἔῤῥωγα, Anomal. P. M. a *ῥήγω, p.
83. obs. 2 ; p. 85. obs. 1.
ἐῤῥωμένος, -έστερος, p. 28. obs. 4.
ἐῤῥώσθην, A. 1. P. a ῥωννύω, ἔῤῥωμαι,
p. 81. § 64. obs. 1.

ἐρυγγάνω, A. 2. ἤρυγον, p. 114.
ἐρυκακέειν, ab ἐρύκω, p. 82. § 66. obs. 3.
ἐρύω, -ύσω, p. 61. 7 ; F. Poët. pro
-ύσω, p. 74. obs. 3.
ἔρχομαι, F. ἐλεύσομαι, p. 51. § 43. obs.
14 ; 102.
ἐρωτοίη, pro ἐρωτάη, p. 56. obs. 2.
ἐρώτυλος, ab ἔρως, p. 124. § 101.
ἔσαν, Ion. ab ἦσαν, p. 97.
ἔσβην, A. 2. a σβέννυμι, p. 87. obs.
1 ; a *σβέω, p. 100.
ἔσεαι, Dor. pro ἔσῃ, ἔσεται, Ion. pro
ἔσται, p. 97.
ἐσθίω, Poët. ἔσθω, p. 62. obs. 2 ; Ep.
ἔδω, p. 102.
ἔσκε, Ep. et Ion. pro ἦν, p. 97.
ἐσκευάδαται, Ion. pro ἐσκευασμένοι
εἰσὶ, p. 50. obs. 8.
ἔσκληκα, P. a σκέλλω, p. 104.
ἔσκλην, A. 2. a *σκλάω, σκέλλω, p.
100 ; 104.
ἔσκον, Ep. pro ἦν, p. 97.
ἔσο, Ep. pro ἴσθι, p. 98.
ἐσοῦμαι, Dor. pro ἔσομαι, p. 97.
ἐσπάρην, A. 2. P. a σπείρω, p. 82.
obs. 2.
ἔσπαρμαι, P. P. a σπείρω, p. 77. obs. 2.
ἔσπορα, P. M. a σπείρω, p. 83. obs. 2.
ἔσσαν, Poët. pro ἦσαν, p. 97.
ἔσσευα, A. 1. a σεύω, p. 76. § 57. obs. 2.
ἔσσευον, a σεύω, p. 70. § 53. (a.) obs. 1.
ἐσσὶ, Dor. pro εἶ, p. 97.
ἐσσύθην, ἔσσυμαι, a σεύω, p. 80. obs. 4. 6.
ἔσσυμαι, seq. Gen. apud Poët. Synt.
§ 132. (e.) obs.
ἐσσύμην, A. 2. M. a σεύω, p. 101. (a.)
ἔσταθι, ab ἵστημι, p. 101. (b.)
ἐσταίην, ἐστάναι, ἑστᾶσι, ἕστατον,
ἑσταὼς, ἑστεὼς, p. 101. (b.)
ἐστάλην, A. 2. P. a στέλλω, p. 83.
obs. 2.
ἔσταλκα, P. a στέλλω, p. 77. obs. 2.
ἔσταμαι, ἐστάθην, p. 97. obs. 3.
ἔσταν, corrept. ex ἔστησαν, p. 90.
obs. 7.
ἔστασαν, ἔστασαν, pro ἔστησαν, εἱ-
στήκεισαν, p. 90. obs. 7.
ἐστήξομαι, et -ξω ab ἐστήκω, p. 76. § 56.
ἔστοργα, P. M. a στέργω, p. 83. § 62.
obs. 2.

ἤειδειν, Ep. pro ᾔδειν, noram, p.50.obs.

ᾔειν, usurpat. pro Imperf. Verbi ἔρχομαι, p. 102.

ᾔεισθα pro ᾔεις, ab εἶμι, p. 90. obs. 1.

ἠέλιος, Ion. pro ἥλιος, p. 6. § 5. obs. 2.

ἦεν et ἤην, Ep. pro ἦν, ab εἰμὶ, p. 97.

ἠθὰς, seq. Gen. Synt. § 132. (f.) obs.

ἠθέληκα, -σα, P. et A. 1. ab ἐθέλω, p. 105.

ἤϊε, ἤϊες, ἤϊον, ἤϊσαν, pro ᾔει, ᾔεις, ᾔειν, ᾔεσαν, ab εἶμι, p. 99.

ἤϊκτο, Plup. M. ab *εἴκω, p. 50. § 43. obs. 5.

ἤκαζον, pro εἴκαζον, ab εἰκάζω, p. 72. obs. 5.

ἤκαχον, A. 2. ab ἀκαχίζω, F. -ήσω, p. 109. not.; et ἠκάχησα, sub ἀχέω, p. 111. § 92.

ἤκιστος, ab [ἠκὺς], p. 29. § 34. obs. 2.

ἤκουκα, ἠκούσθην, ἤκουσμαι, ab ἀκούω, p. 79. § 61. obs. 3.

ἤκω, Præteriti vim habet, p. 119. (c.); seq. Gen. et Adv. Synt. § 133.

ἠλάθην, Ion. ἠλάσθην, ab *ἐλάω, ἐλαύνω, p. 80. obs. 4 ; p. 113.

ἤλαλκον, A. 2. Poët. ab ἀλέξω, p. 109.

ἤλασα, A. 1. ab ἐλαύνω, p. 113.

ἠλεάμην, A. 1. ab ἀλέομαι, p. 76. § 57. obs. 2.

ἠλεξάμην, A. 1. M. ab ἀλέξω, p. 109.

ἦλθον, et ἤλυθον, A. 2. ab ἔρχομαι, p. 102 ; 103.

ἡλίκος, cujus ætatis, p. 35. obs. 2.

ἧλιξ, ὁ et ἡ, p. 27. § 32. obs. 1.

ἤλιτον, A. 2. ab ἀλιταίνω, F. -ήσω, p. 109. not.; p. 110.

ἤλκησα, A.1. ab ἕλκω, ap. Hom. p.113.

ἤλοιφα, et ἀλήλιφα, ab ἀλείφω, p. 78. § 59. obs. 3.

ἤλυξα, A. 1. ab ἀλύσκω, p. 110.

ἤλφον, A. 2. ab ἀλφάνω, p. 110.

ἤλωκα et ἑάλωκα, P. ab ἁλίσκομαι, p. 110.

ἤλων, A. 2. ab *ἁλόω, ἁλίσκομαι, p. 100 ; 110.

ἦμαι, ἦσαι, ἦσται, etc. p. 50. § 43. obs. 7 ; 51. obs. 14; cum vi Præsentis, p. 80. obs. 7. (a.)

ἥμαρτον, A. 2. ab ἁμαρτάνω, F. -ήσομαι, P. -ηκα, p. 109. not.; p. 110.

ἤμβλωκα, P. ab ἀμβλίσκω, p. 110.

ἤμβροτον, A. 2. Ep. ab ἁμαρτάνω, p. 110.

ἡμέες, ἡμέων, ἡμείων, ἡμέας, Ep. et Ion. pro ἡμεῖς, ἡμῶν, ἡμᾶς, p. 33. (a.)

ἤμελλον, rariùs pro ἔμελλον, p. 70. obs. 2.

ἦμεν, ἥμεναι, pro εἶναι, p. 98.

ἥμενος, Part. ab ἧμαι, p. 80. obs. 7. (a.)

ἧμες, Dor. pro ἦμεν, p. 97.

ἤμην, Pluperf. ab ἧμαι, p. 80.obs.6.(a.)

ἤμην, Att. pro ἦν, p. 97.

ἠμπεσχόμην, A. 2. M. ab ἀμπέχω, p. 73. obs. 3.

ἤμπλακον, A. 2. ab ἀμπλακίσκω, F. -ήσω, p. 109. not. ; 110.

ἠμφεγνόουν et ἠμφιγνόουν, Impf. ab ἀμφιγνοέω, p. 73. obs. 2, 3.

ἠμφίεσα, A. 1. ab ἀμφιέννυμι, p. 73. obs. 1, 2.

ἠμφισβήτουν et ἠμφεσβήτουν, Imp. ab ἀμφισβητέω, p. 73. obs. 3.

ἠνάλωσα et ἀνήλωσα, A.1. ab ἀναλόω, ibid.

ἤνδανον et ἐήνδανον, Imp. ab ἁνδάνω, p. 72. obs. 3 ; p. 110.

ἤνεγκα, A. 1. ab *ἐνέγκω, p. 76. obs. 2 ; A. 2. ἤνεγκον, sub φέρω, p. 103.

ἠνέθην, A. 1. P. ab αἰνέω, p. 80. obs. 4 ; p. 81. § 64. obs. 2.

ἠνειχόμην, Imp. M. ab ἀνέχω, p. 73. obs. 3.

ἤνεικα, P. ab αἰνέω, p. 80. obs. 4.

ἠνέχθην, A. 1. P. ab *ἐνέκω, p. 77. obs. 1 ; sub φέρω, p. 103.

ἤνθομες, Dor. pro -μεν, p. 42. obs. 1.

ἦνθον, A. 2. Dor. ab ἔρχομαι, p. 102.

ἠνίπαπον, ab ἐνίπτω, p. 82. § 66. obs. 3.

ἡνίκα, quo ipso tempore, p. 35.

ἤνοιξα, A. 1. pro ἀνέῳξα, ab ἀνοίγω, p. 72. obs. 8 ; p. 73. obs. 2.

ἠντεβόλησα, A. 1. ab ἀντιβολέω, p. 73. obs. 3.

ἠνώρθουν, Imp. ab ἀνορθόω, p. 73. obs. 3.

ἠνώχλουν, Imp. ab ἐνοχλέω, ibid.

ἤομεν, pro ᾔειμεν, p. 99.

ἧπαρ, -ατος, p. 15. obs. 2.

ἤπαφον, A. 2. ab ἀπαφίσκω, F. -φήσω, p. 109. not. p. 110.

ἥπλακον vel ἤμπλακον, A. 2. ab ἀμπλακίσκω, p. 110.
Ἡρακλέης, -λῆς, -έους, p. 18. obs. 1.
ἤραρον, A. 2. ab *ἄρω, ἀραρίσκω, p.
82. obs. 4; p. 110.
ἠράσθην, A.1. P. ab ἐράω, p. 60. (e.) 1.
ᾔρέθην, A. 1. P. ab αἱρέω, p. 81. § 64.
obs. 2.
ἤρεκα, P. ab ἐρέσσω, p. 59. (b.)
ἤρεσα, -σμαι, A. 1. et P.P. ab ἀρέσκω,
p. 111.
ἤριπον, A. 2. Intrans., a Transit.
ἐρείπω, p. 119. (a.)
ἠρόθην, A. 1. P. ab ἀρόω, p. 80. obs. 4.
ἠρόμην, A. 2. ab ἔρομαι, F. ἐρήσομαι,
p. 109. not.; p. 113.
ἤρρησα, A. 1. ab ἔρρω, p. 113.
ἤρσα, A. 1. ab ἀραρίσκω, p. 110.
ἤρυγον, A. 2. ab ἐρυγγάνω, p. 114.
ἠρύκακον, ab ἐρύκω, p. 82. § 66. obs. 3.
ἤρω, pro ἤρωα, p. 16. § 22. obs. 2.
ἦς, apud rec. Att. pro ἦσθα, et Dor.
pro ἦν, p. 97.
ἦσαι, ab ἧμαι, p. 80. obs. 6. (a.)
ἦσαν, pro ᾔδεσαν, p. 50. § 43. obs. 5.
ἦσαν, pro ᾔεσαν, p. 99. § 80.
ἦσθα, Dor. et Att. pro ἦς, p. 90. obs.1.
ἦσθαι, Inf. ab ἧμαι, p. 80. obs. 7. (a.)
ᾐσθόμην, F. αἰσθήσομαι, ab αἰσθάνομαι,
p. 109. not.; p. 110.
ἦσμεν, ἦστε, ἦσαν, Pluperf. ab *εἴδω
p. 50. obs. 5.
ἦσο, Pluperf. ab ἧμαι, p. 80. obs.6. (a.)
ἡσσάομαι, p. 51. § 43. obs. 14.
ἥσσων, ab [ἡκὺς] p. 29. obs. 2.
ἦσται, ἦστο, ab ἧμαι, p. 50. § 43. obs. 7.
ἡσυχαῖος, -αίτερος, p. 28. obs. 3.
ᾔσχυμμαι, P.P. ab αἰσχύνω, p. 79. §
61. obs. 2. (b.)
ἡττάομαι, seq. Gen. Synt. § 132. (c.) obs.
ἤτω, Att. pro ἔστω, p. 98.
ηὐδοκίμουν, Imp. ab εὐδοκιμέω, p. 73.
obs. 4.
ἤῦτε, Ep. pro εὖτε, p. 138. § 5.
ηὔξησα, -κα, A. 1. et P. ab αὐξάνω, p.
111.
ηὐχόμην, Imp. ab εὔχομαι, p. 72. obs. 5.
ἤφιεν, in Nov. Test., ab ἀφίω, -ίημι,
p. 87. obs. 4.
ἠφίουν, Imp. ab ἀφίημι, p. 73. obs. 2.

ἤφυσα, A. 1. ab ἀφύσσω, p. 59. (b.)
ἠχθόμην, A. 2. ab ἀπεχθάνομαι, F.
-ήσομαι, p. 109. not.

Θ.

Θαῒς, V. ὦ Θαΐ, p. 17. § 23. (b.)
θανοῦμαι, F. M. a θνήσκω, p. 75. obs.
4. p. 110.
θάσσων, a ταχὺς, p. 29. obs. 2.
θαυμάζω, seq. Gen. Synt. § 132.(e.) obs.
θαυμάσομαι, F. M. a θαυμάζω, p. 75.
obs. 4.
θεάομαι, F. -άσομαι, p. 51. § 43. obs.
14; 60. (e.) 1. seq. Gen. Synt. §
132. (f.) obs.
θείω, Poët. pro θῶ, p. 90. obs. 9.
θέμεν, θέμεναι, Ep. pro θεῖναι, p. 91.
obs. 13.
Θέμις, -ιος, -ιστος, p. 16. § 21. obs. 4.
θεὸς, ὤ, p. 12. obs. 1; τὸς—pro τοὺς
θεοὺς, Dor. p. 136. § 1.
θεόφιν, a θεὸς, p. 21. obs. Gener. 1.
θέρομαι, p. 51. § 43. obs. 14.
θεσμοὶ et -ά, p. 12. obs. 3.
Θέτις, -ιος, D. Θέτῖ, p. 16. § 21. obs. 4.
θεύσομαι, F. a θέω, p. 61. 4; F. M.
p. 75. obs. 4.
θέω et θείω, Poët. pro θῶ, p. 90. obs. 9.
θήης, -ῃ, Hom. pro θῇς, θῇ, p. 90.
obs. 9.
θῆλυς, ὁ et ἡ, p. 24. obs. 3.
θημετέρου, per Crasin ex τοῦ ἡμετέρου,
p. 144. Cap. VII.
θημέρᾳ, per Crasin ex τῇ ἡμέρᾳ, p.144.
Cap. VII.
θίξομαι, et -ξω, F. a *θίγω, p. 76. §
56; p. 114.
θλάω, F. θλάσω, p. 60. (e.) 1.
θνήσκω, P. M. τέθναμεν, p. 101. (b.);
A. 2. ἔθανον, p. 114.
θορούμαι, F.M. a *θόρω, p. 75. obs. 4;
sub θρώσκω, p. 114.
θοΰδατος, θοΰδωρ, per Crasin ex τοῦ
ὕδατος, τὸ ὕδωρ, p. 144. Cap. VII.
θράσσω et ταράττω, p. 62. obs. 2.
θραύω, P.P. τέθραυσμαι, p. 80. obs. 4.
θρέξομαι, F. a τρέχω, p. 62. obs. 1;
p. 103.
θρέψω, F. a τρέφω, p. 62. obs. 1.
θρὶξ, τριχὸς, p. 15. § 21. (b.); p. 134.
§ 2.

θρυλίζω et θρυλίσσω, p. 62. obs. 2.
θρώσκω, θοροῦμαι, p. 114.
θυγάτηρ, θυγατρὸς, p. 16. § 21. obs. 3.
θυμιάω, -άσω, p. 60. (e.) 1.
θύρασι, foris, p. 131. § 113.
θυσσανόεις, σ geminatâ, p. 139.
θύψω, F. a τύφω, p. 62. obs. 1.
θύω, θύσω, τέθυκα, p. 61. 7 ; P. P.
    τέθυμαι, p. 80. obs. 3 ; A. 1. P.
    ἐτύθην, p. 81. § 64. obs. 4.
θώυμα, Ion. pro θαῦμα, p. 137.

I.

ἰάομαι, F. ἰάσομαι, p. 51. § 43. obs. 14 ;
    60. (e.) 1.
Ἰαπετιονίδης, ab Ἰάπετος, p. 122. §
    100. (a.) obs. 3.
ἴγμαι, P.P. ab ἰκνέομαι, p. 114.
ἴδμεν, ἴδμεναι, Inf. Ep. et ἴδμεν, 1. pers.
    plur. Ep. ab οἶδα, sub ὁράω, p. 102 ;
    p. 50. obs. 5.
ἴδον, A. 2. Ep. ab ὁράω, p. 102.
ἴδρις, Ion. -ιος, Att. -εως, p. 26. (c.)
    obs. 2.
ἰδρόω, ἰδρῴην, pro ἰδροίην, p. 57. obs. 5.
ἰδρὼς, -ῶτος, ῶτι et -ῷ, ῶτα et -ῶ,
    p. 13. § 19. obs. 2.
ἰδρώω, Ep. pro ἰδρόω, p. 57. obs. 4.
ἴε, ἴες, pro ἤει, ἤεις, ab εἶμι, p. 99.
ἴειν, Ion. et Att. pro ἴην ab ἴημι; ἴειν,
    Imperf. ab εἶμι, p. 90. obs. 4.
ἴζω, F.M. καθιζήσομαι, p. 114.
ἴημι, ab *ἕω, p. 86.
ἴην, Ion. et Att. ἴειν, p. 90. obs. 4.
Ἰησοῦς, Voc. Ἰησοῦ, p. 12. obs. 2.
ἴθι, Imperat. ab εἶμι, p. 90. obs. 8.
ἰθὺ, ἰθὺς, de loco et tempore dicuntur,
    p. 120. § 96. obs. 2.
ἰκμάζω et -αίνω, p. 62. obs. 2.
ἰκνέομαι, ἰκόμην, ἴκτο, ἴκμενος, p. 51.
    § 43. obs. 14 ; 114.
ἴλαθι, Imperat. Dor. ab ἰλάσκομαι,
    p. 114.
ἰλάσκομαι, -αμαι, -ασάμην, p. 51. § 43.
    obs. 14 ; 114.
ἰλάσομαι, ab ἰλάομαι, p. 60. (e.) 1.
ἴλεως, Att. pro ἴλαος, p. 13. § 19.
    obs. 1.
ἴληθι, Poët. pro ἴλᾶθι, p. 91. obs. 14 ;
    sub ἰλάσκομαι, p. 114.
ἱμάσσω, -άσω, p. 59. (b.)

ἴμεν, ἴμεναι, Ep. pro ἰέναι, ab εἶμι,
    p. 99.
ἲν, Dor. pro ἓ, p. 32. obs. Dial.
ἵνα, cum temp. præterit. Indic. Synt.
    § 175. obs. 2.
ἵξομαι, F. ab ἱκνέομαι, p. 114.
ἰοίην, Att. pro ἴοιμι, ab εἶμι, p. 99.
ἴον, pro ἤειν, ibid.
ἴουν vel ἴην, Att. et Ion. ἴειν, p. 90.
    obs. 4.
ἵπταμαι, Verb. Dep. p. 97. obs.
ἴσαν, Poët. pro ἤεσαν, ab εἶμι, p. 99.
ἴσασι, 3 Plur. ab οἶδα, p. 50. obs. 5.
ἴσθι, Imperat. ab εἰμί, p. 90. obs. 8 ;
    Imperat. ab οἶδα, sub γιγνώσκω,
    p. 102.
ἴσκω vel εἴσκω, p. 106.
ἴσμεν, 1 Plur. ab οἶδα, p. 50. obs. 5.
ἴσος, -αίτερος, p. 28. obs. 4.
ἱστάμεν, ἱστάμεναι, pro ἱστάναι, apud
    Ep. p. 91. obs. 13.
ἴσταντι, ἴστατι, Dor. pro ἴστανται,
    ἴστησι, p. 90. § 72. obs. 3.
ἱστάω, Verb. Ion. ab ἴστημι, p. 87.
    obs. 4.
ἴστε, 2 Plur. ab οἶδα, p. 50. obs. 5.
ἱστέαται, Ion. pro ἴστανται, p. 93.
    obs. 2.
ἱστέω, Ion. pro ἱστῶ, p. 90. obs. 9.
ἴστημι, P.M. *ἔσταα, p. 101. (b.)
ἴστον, 2 et 3 Dual. ab οἶδα, p. 50. obs. 5.
ἰσχναίνω, A. 1. ἴσχνᾶνα, p. 76. § 57.
    obs. 1.
ἰσχὺς, Acc. -ὺν, p. 16. § 22. obs. 1.
ἴτην, Ep. pro ἤτην ; ἴτων, Att. pro
    ἰόντων, ab εἶμι, p. 99.
ἰύζω, -ξω, p. 59. (c.) 1.
ἰχθὺς, Acc. -ὺν, Poët. -ύα, p. 16. § 22.
    obs. 1.
ἰχθῦς, contract. ex ἰχθύες et -ύας,
    p. 20. obs. 3.
ἴω, Verb. Ion. ab ἴημι, p. 87. obs. 4.
Ἰωνικὰ, τὰ, γράμματα, p. 2. obs. 1.

K.

*κάζω, *κάδω, P.P. κέκαδμαι, p. 79.
    § 61. obs. 2.
καθαίρω, A. 1. ἐκάθηρα et -άρα, p. 76.
    § 57. obs. 1.
καθεδοῦμαι, F. a καθέζομαι, p. 75. obs. 2.
καθέζομαι, p. 51. § 43. obs. 14.

καθεζόμην, καθήμην, καθῆῢδον, καθῖζον, et ἐκαθεζόμην, ἐκάθευδον, ἐκαθήμην, ἐκάθιζον, p. 73. *obs.* 2.

καθίζω, F. -ιῶ, p. 114.

κάθου, καθοίμην, p. 80. § 61. *obs.* 7. (*a.*)

κάθωμαι, Subj. a κάθημαι, sub ἦμαι, p. 80. *obs.* 7. (*a.*)

καίνυμαι, *excello*, p. 97. *obs.*

καίω, F. καύσω, p. 60. (*e.*) 2.

καλέω, P. κέκληκα, p. 104.

καλλιστεύω, seq. Gen. *Synt.* § 132. (*c.*) *obs.*

κάλλιστος, -ίων, a καλὸς, p. 29. *obs.* 2.

καλυπτὸς, *tegens*, p. 128. § 108. *obs.*

κάλως, ὁ, Att. pro ὁ κάλος, p. 13. *obs.*1.

κάμνω, A. 2. κέκαμον, p. 82. *obs.* 3 ; Part. P.M. κεκμηὼς, p. 101. (*b.*); P. κέκμηκα, p. 104 ; F. καμοῦμαι, p. 114.

καμοῦμαι, F.M. a *κάμω, p. 75. *obs.* 4; sub κάμνω, p. 114.

κάρα, (Ed. κάρη, -ητος, -ῆατος), Dat. κάρᾳ, p. 16. *obs.* 6.

κάρτιστος, et κράτιστος, a [κράτος], p. 29. *obs.* 2.

κατὰ, cum nomine Adv. vim habet, *Synt.* § 190. (*b.*) *obs.*

——, sæpe subaudit. *ibid.*

κατὰ σύνεσιν concordantia Adj. et Pronom. *Synt.* § 123.

κᾆτα, per Crasin ex καὶ εἶτα, p. 144. Cap. VII.

καταιβάτης, Ep. pro καταβάτης, p.138.

*καταπροῖκομαι vel -ίζομαι, p. 51. § 43. *obs.* 14.

καταφρονέω, seq. Gen. *Synt.* § 132. (*e.*) *obs.*

κατέδξω, F. a κατάγνυμι, p. 74. § 55. *obs.* 6.

καύσω, F. a καίω, p. 60. (*e.*) 2.

καυχάομαι, p. 51. § 43. *obs.* 14.

καυχᾶσαι, in Nov. Test., pro καυχᾷ, p. 56. *obs.* 2.

κέαται, Ion. pro κεῖνται, p. 50. *obs.* 4.

κεῖμαι, κείμενος, κεῖσθαι, p. 51. § 43. *obs.* 14 ; 80. *obs.* 7. (*b.*)

κεῖσο et κείσομαι, p. 80. § 61. *obs.* 7. (*b.*)

κείω, Fut. Ep. p. 74. *obs.* 4.

κέκαδον, A. 2. a *κάζω, p. 82. § 66. *obs.* 3.

κέκαμον, A. 2. Ep. a κάμνω, p. 82. *obs.* 3.

κεκέλευσμαι, P. P. a κελεύω, p. 80. *obs.* 4.

κέκλαυμαι et -σμαι, P. P. a κλαίω, κλάω, p. 80. *obs.* 4 ; p. 115.

κέκλειμαι et -σμαι, P. P. a κλείω, p. 80. *obs.* 4.

κεκλήγω, a κλάζω, κέκληγα, p. 130. § 111.

κέκληκα, -μαι, P. A. et P. a καλέω, p. 104.

κεκλήμην, -ῃο, -ῃτο, Opt. P. P. a καλέω, p. 51. *obs.* 12.

κεκλήσομαι, F. a κέλομαι, A. 2 ; ἐκλόμην, p. 109. *not.*

κέκλοφα, P. a κλέπτω, p. 77. *obs.* 1.

κέκλυθι, Imperat. A. 2. a κλύω, p. 82. *obs.* 3.

κέκμηκα, P. a κάμνω, p. 104 ; 114.

κεκμηὼς, -ότος et ῶτος, p. 101. (*b.*); p. 114.

κέκναισμαι, P. P. a κναίω, -άω, p. 80. *obs.* 4.

κεκόλουμαι et -σμαι, P. P. a κολούω, p. 80. *obs.* 3.

κεκόρεσμαι, P. P. a *κορέω, p. 60, 3.

κεκορηὼς, p. 101. § 81. (*b.*)

κεκοσμέαται, Ion. pro κεκόσμηνται, p. 50. *obs.* 8.

κεκοτηὼς, Perf. Part. *Ep.* a κοτέω, p. 101.

κέκραμαι, P.P. a κεράννυμι, p. 104.

κέκραχθι, p. 101. § 81. (*b.*)

κέκρικα, κέκριμαι, P. A. et P. a κρίνω p. 77. *obs.* 3. (*b.*)

κέκρουμαι et -σμαι, P. P. a κρούω, p. 80. *obs.* 4.

κέκτημαι, P. a κτάομαι, p. 78. *obs.* 1 ; cum vi Præsentis, p. 119. (*d.*)

κεκτήμην, κεκτῶμαι, Opt. et Subj. P. P. a κτάομαι, p. 51. *obs.* 12.

κεκύλισμαι, P.P. a κυλίω, p. 80. *obs.* 4.

κέκυθον, A. 2. a κεύθω, p. 82. § 66. *obs.* 3.

κέλευθοι et -α, p. 12. *obs.* 3.

κελεύω, P.P. κεκέλευσμαι, p. 80. *obs.*4.

κέλομαι, A. 2. ἐκεκλόμην, p. 51. § 43. *obs.* 14 ; 82. *obs.* 3 ; p. 103. § 83 ; F. κεκλήσομαι, p. 109. *not.*; p. 114.

κέλσω, F. a κέλλω, p. 60. (*d.*)

κενὸς, -ότερος, p. 27. § 33. *obs.* 1.

κεοίμην, Opt. a κεῖμαι, p.80. obs. 7.(b.)
κέρᾰ, Poët. pro κέρατα, p. 21. obs. 1.
κεράννυμι, a *κεράω, p. 86. obs.; P.P.
κέκραμαι, p. 104.
κεράσω, F. a *κεράω, p. 60. (e.) 1.
κερδαίνω, A. 1. ἐκέρδᾱνα, p. 76. obs. 1.;
F. Ion. κερδήσομαι, p. 114; 113.
κερδίων, -στος, a [κέρδος], p. 29. obs. 2.
κέρεος, Ion. pro -αος, p. 21. obs. 2.
κέχανδα, P. a *χάνδω, χανδάνω, p.
117. not.; p. 118.
κεχάρηκα, P. a *χαίρω, A. 2. ἐχάρην,
p. 109. not.; p. 118.
κεχαρήσω, κεχαρμένος, κεχαρόμην, a
χαίρω, p. 118.
κέχρησμαι, κέχρισμαι, P. P. a χράω,
χρίω, p. 80. obs. 4.
κέχυκα, P. a χέω, p. 61. 4; P. P.
κέχυμαι, p. 80. obs. 3.
κέχωσμαι, P.P. a χόω, p. 80. obs. 4.
κέωμαι, Subj. a κεῖμαι, p.80. obs. 7.(b.)
κήδομαι, p. 51. § 43. obs. 14; seq.
Gen. Synt. § 132. (e.) obs.
κήδω, F. -ήσω, p. 105. § 85.
κιθὼν, Ion. pro χιτὼν, p. 137. § 3.
κίνυμαι, incedo, p. 97. obs.
κὶς, Acc. κὶν, p. 16. § 22. obs. 1.
κιχάνω, -ήσομαι, p. 115.
κιχείην, κιχεὶς, κιχείω, Ep. Formæ, a
κιχάνω, p. 115.
κίχημαι, vocal. longam retinet, p. 96.
§ 76. obs.
κιχῆναι, retinet η, p. 91. obs. 12; Ep.
Inf. a κιχάνω, p. 115.
κλάζω, -γξω, p. 60. (c.) 3.
κλαίω, F. κλαύσομαι, interdum κλαιήσω, p. 60. (e.) 2; F. M. p. 75.
obs. 4; P. P. κέκλαυμαι et -σμαι,
p. 80. obs. 4; 115.
κλαυσοῦμαι, Dor. et Att. pro -σομαι,
p. 75. obs. 1.
κλαυστὸς, κλαυτὸς, Verb. Adj. a
κλάω, p. 115; 129. obs. 1.
κλάω, F. κλάσω, p. 60. (e.) 1.
κλάω, Att. pro κλαίω, p. 60. (e.) 2;
p. 115.
κλεὶς, Acc. κλεῖδα et κλεῖν, p. 16.
§ 22. ob. 1.
κλείω, P. P. κέκλειμαι et -σμαι, p. 80.
obs. 3.

κλέπτης, -ίστερος, p. 28. (c.) obs.
κλέπτω, P. κέκλοφα, p. 77. obs. 1;
A. 2. P. ἐκλάπην, p. 83. obs. 2.
κληῒς, κλῆς, G. κληῒδος, -ῇδος, p. 16.
obs. 4.
κληρονομέω, seq. Gen. Synt. § 132.
(g.) Obs. 1.
κλίνω, P. κέκλικα, p. 77. obs. 3. (b.)
κλῦθι, Imper. A. 2. a κλύω, p. 101
(a.)
κνάω, κνῆς, etc. p. 56. obs. 2; vel
κναίω, P. P. κέκναισμαι, p. 80.
obs. 4.
κνέφας, -αος, -ους, p. 21. obs. 1.
κοΐζω, -ξω, p. 59. (c.) 1.
κοιλαίνω, A. 1. ἐκοίληνα et -ᾱνα, p. 76.
obs. 1.
κοιρανέω, seq. Gen. Synt. § 132. (c.)obs.
κολάσομαι, et -άσω, p. 76. § 56.
κολούω, P. P. κεκόλουμαι et -σμαι,
p. 80. obs. 3.
κομιῶ, Att. F. pro κομίσω, p. 74.
obs. 3.
κονίζω et κονίω, p.62. obs. 2.
κοπιάω, F. -άσω, p. 60. (e.) 1.
Κόππα, p. 2. Obs. 2.
κοράσιον, a κόρη, p. 124. § 101.
κορέννυμι, a *κορέω, p. 86. obs.
κορέσω, -ῶ, Att. a *κορέω, p. 61. 3.
κόρυς, Acc. -υθα et -υν, p. 16. § 22.
obs. 1.
κορύσσω, -ξω, A. 1. M. ἐκορυσάμην,
p.59. § 47. (b.); a *κορύθω, P.P.
κεκόρυθμαι, p. 79. § 62. obs. 2.
κοτυλίσκιον, a κοτυλίσκη, p. 124.
§ 101.
κραδίη, Ep. pro καρδία, p. 4. obs.
κράζω, -ξω, p. 59. (c.) 1.
κραίνω, κραταίνω, κρατέω, seq. Gen.
et Acc. apud Poët. Synt. § 132.
(c.) obs.
κρατὶ, -τὸς, a κάρα, p. 16. obs. 6.
κρατιστεύω, seq. Gen. Synt. § 132.
(c.) obs.
κράτιστος, a [κρατὺς], p. 29. § 34.
obs. 2.
κρέας, Gen. -άτος, -άος, -ως, p. 21.
§ 29. obs. 1.
κρείσσων, κρέσσων, a [κράτος], p. 29.
§ 34. obs. 2.

μέμαρπον, A. 2. a μάρπτω, p. 82.
§ 66. obs. 3.

μέμβλεται, P.P. Ep. a μέλω, p. 116.

μέμβλωκα, P. a βλώσκω, p. 111.

μεμένηκα, P. a μένω, p. 77. (c.); p.105.

μέμηκα, P. a μηκάομαι, p. 116.

μέμηλα, P. M. a μέλω, p. 83. obs. 1;
p. 116.

μεμίασμαι, P. P. a μιαίνω, p. 79. § 61.
obs. 2. (a.)

μεμνεώμην, Ion. pro μεμνώμην, p. 51.
obs. 11.

μέμνημαι, P. P. a μνάομαι, μιμνήσκω,
p. 78. obs. 1.; p. 116.

μεμνήμην, vel μεμνώμην, Opt. P. P.
a *μνάω, p. 51. obs. 12.

μεμνήστευμαι, P. P. a μνηστεύω, p. 78.
obs. 1.

μεμνῶμαι, Subj. P.P. a *μνάω, p. 51.
obs. 12.

μεμόλυγκα, P. a μολύνω, p. 77. (a.)

μεμόλυσμαι, P. P. a μολύνω, p. 79.
§ 61. (a.)

μέμυκα, P. a μυκάομαι, p. 116.

μέμφομαι, p. 51. § 43. obs. 14.

Μενέλεως, propter accentum, p. 140.
obs.

μενοινάᾳ, Ep. pro μενοινᾷ, p. 56. obs. 2.

μεντᾶν, per Crasin ex μέντοι ἄν,
p. 144. Cap. VII.

μένω, P. μεμένηκα, p. 77. (c.); et
μίμνω, p. 62. obs. 2.; p. 116.

μερμηρίζω, -ξω, p. 59. (c.) 1.

μεσαίτερος, -ατος, a μέσος, p. 28.
obs. 4.

μεσαμβρίη, Ion. pro μεσημβρία, p. 137.

μεστὸς, seq. Gen. Synt. 132. (g.) obs.1.

μετὰ cum nomine Adv. vim habet,
Synt. § 192. (a.) obs.

μετὰ, rarius signif. ad, Synt. § 192.
(b.) obs. 1.

—— cum Dat. constr., Synt. § 192.
(b.) obs. 2.

μεταδίδωμι, μετέλω, seq. Gen. partitionis, Synt. § 132. (a.) obs. 1.

μετατρέπομαι, seq. Gen. Synt. § 132.
(e.) obs.

μεῦ, Ep. pro μοῦ, p. 32.

μὴ (vetantis) constructio, Synt. §168.
obs. 1.

μὴ redundare solet, ib. obs. 2.

—— οὐ, quin, quominus, ib. (b.) obs. 3.

μηκάομαι, A. 2. ἔμακον, p. 51. § 43.
obs. 14; 116.

μήκιστος a μακρὸς, p. 29. obs. 2.

μήνυτρον, a μηνυτὴρ, p. 125. obs. 2.

μήτηρ, -τρὸς, p. 16. § 21. obs. 3.

μήτρως, -ωος, et -ω, p. 13. obs. 2.

μιαίνω, A. 1. ἐμίηνα et -ᾱνα, p. 76.
obs. 1.; P.P. μεμίασμαι, p. 79. § 61.
obs. 3. (a.)

μίγνυμι, a *μίγω, p. 86. obs.; et μίσγω,
p. 62. obs. 2.

μιμνήσκω, a *μνάω, p. 59. not.; F.
μνήσω, p. 116.

μίμνω et μένω, p. 62. obs. 2.

μὶν, Ion. pro ἓ, p. 32. obs. Dial.

Μίνως, -ωος et -ω, p. 13. obs. 2.

μνᾶ, μνᾶς, p. 11. § 16. Exc.

μνάομαι, p. 51. § 43. obs. 14.

μνημονεύω, seq. Gen. Synt. § 132.
(f.) obs.

μνήσω, F. a μιμνήσκω, p. 116.

μνηστεύω, P. P. μεμνήστευμαι, p. 78.
obs. 1.

μοῖσα, Dor. pro μοῦσα, p. 136.

μολοῦμαι, F.M. a *μόλω, p. 75.
obs. 4; sub βλώσκω, p. 111.

μολύνω, P. μεμόλυγκα, p. 77. (a.);
P. P. μεμόλυσμαι, p. 79. § 61.
obs. 3. (a.)

μονόδους, μονόδον, -όδοντος, p. 26.
(f.) obs. 2.

μουσᾶν, τᾶν, Dor. pro τῶν μουσῶν, p.
136.

μύζω, (-ξω), p. 59. (c.) 1; -ήσω, p. 116.

μυθέαι, Ion. pro -θέεαι, p. 56. obs. 3.

μυκάομαι, A. 2. ἔμυκον, p. 51. § 43.
obs. 14; 116.

μῦς, Acc. μῦν, p. 16. § 22. obs. 1.

μύω, P. μέμῦκα, A. 1. ἔμῦσα, p. 61. 7.

N.

ν παραγωγικὸν, sive ἐφελκυστικὸν, p.
8. § 11.

ναὶ, Dor. pro νηῖ, a ναῦς, p. 14. obs. 1.

ναιετάασκον, Imperf. Ep. a ναιετάω, p.
56. § 44. obs. 2.

ναίοισι, Dor. pro ναίουσι, p. 42. obs. 1.

ναίω, A. 1. ἔνᾱσα, p. 116.; Trans. et
Intrans. p. 119. (b.)

οἰμώξομαι, ab οἰμώζω, p. 59. (c.) 1 ;
F. M. p. 75. obs. 4.
οἰνίζω, non augetur, p. 72. obs. 4.
οἴνωμαι et ᾤνωμαι, P. P. ab οἰνόομαι,
p. 72. obs. 4.
οἴομαι, οἶμαι, p. 51. § 43. obs. 14.
δΐομαι, Ep. pro οἴομαι, p. 116.
οἶος, qualis, p. 35. obs. 2.
ὄϊς, ovis, Pl. ὄϊες, contr. ὄϊς et οἶς, p.
20. § 26. obs. 3.
—οισα, Dor. pro —ουσα, p. 42. obs. 13.
οἶσε, Imp. Ep. ab *οἴω, p. 103. § 82.
οἶσθα, pro οἴδασθα, p. 90. obs. 1 ; rar.
οἶδας, p. 50. obs. 5.
οἰσθήσομαι, et ἐνεχθήσομαι, F. P. a
φέρω, p. 103.
οἰστρέω, non augetur, p. 72. obs. 4.
οἰστὸς, -έος, Verb. Adj. a φέρω, p. 103.
οἴσω, F. a φέρω, p. 103.
οἴχωκα, P. Ep. et Att. ab οἴχομαι, p.
116; 83. § 68. obs. 3.
δΐω, Ep. pro οἴομαι, p. 116.
οἴχομαι, -ήσομαι, p. 116 : cum vi Præteriti, p. 119. (c.)
ὄκωχα, per Metath. ὄχωκα, P. Ep. ab
ἔχω, p. 114.
ὀλίγιστος, ab ὀλίγος, p. 29. § 34. obs. 2.
ὀλιγωρέω, seq. Gen. Synt. § 132. (e.) obs.
ὀλισθαίνω, A. 2. ὤλισθον, F. ὀλισθήσω, p. 109. not. ; p. 116.
ὄλλυμι, ab *ὄλω, p. 86. § 71. obs. ; p. 116.
ὀλολύζω, -ξομαι, p. 59. (c.) 1.
ὀλοῦμαι, F. M. ab ὄλλυμι, p. 116.
ὀλῶ, F. ab *ὀλέω, ὄλλυμι, p. 60. § 47.
(e.) 3 ; p. 116.
ὄλωλα, P. M. ab *ὄλω, ὄλλυμι, p. 83.
obs. 3 ; p. 116.
ὀλώλεκα, P. ab *ὀλέω, ὄλλυμι, p. 78.
§ 59. obs. 3 ; p. 116.
ὁμαρτέω, seq. Dat. Synt. § 136. (b.) obs.
ὄμνυμι, ab *ὀμόω, p. 86. § 71. obs.
ὄμνυμι et -ύω, p. 62. obs. 2.
ὅμοιος, seq. Dat. et Gen. Synt. § 136.
(a.) obs. 2.
ὀμόργνυμι, ab *ὀμόργω, p. 86. § 71. obs.
ὀμοῦμαι, (-όσομαι), p. 61. obs. 6. F. M.
ab ὄμνυμι, p. 75. obs. 4.
ὀμώμοκα, P. ab *ὀμόω, p. 78. obs. 3.
ὀμώμοσμαι, ὀμώμοται, P. P. ab *ὀμόω,
p. 81. § 64. obs. 2.

ὀνομάζω et -αίνω, p. 62. obs. 2.
ὄνομαι, -όσομαι, p. 61. 6.
ὀξέα, -έης, Poët. ; ὀξείης, Ion. p. 24.
obs. 1.
ὀπηδέω, seq. Dat. Synt. § 136. (b.) obs.
ὁπλότερος, ab [ὅπλος], p. 29. obs. 2.
ὁποῖος, ὁπόσος, ὁπότερος, obliquè interrogant, p. 34. (d.) obs.
ὁπόσος, ὅπου, pro ὅσος, οὗ, p. 35.
obs. 2.
ὕππατα, Æol. pro ὄμματα, p. 136. § 2.
ὅππως, Ep. pro ὅπως, p. 139. Cap. III.
ὀπτάζω et -αίνω, p. 62. obs. 2.
ὄπωπα, P. M. ab *ὄπτω, p. 83. obs. 3;
Ion. et Poët. sub ὁράω, p. 102.
ὀπώπη, Dor. pro ὄπωπε, p. 42. obs. 2.
ὅπως, cum temp. præterit. indic. Synt.
p. 190. § 175. obs. 2 ;—et ὅπως μὴ
cum Fut. indic. § 176. obs. 3.
ὁράᾳς, Ep. pro ὁρᾷς, p. 56. obs. 2.
ὁράω, Verb. Defect. p. 102.
ὀργαίνω, A. 1. ὤργᾶνα, p. 76. obs. 1.
ὕρεσφι, ab ὄρος, p. 21. obs. Gener. 1.
ὁρέω, Ion. pro ὁράω, p. 102.
ὁρῆν, Dor. pro ὁρᾶν, p. 56. obs. 2.
ὁρμάομαι, seq. Gen. Synt. § 132. (e.) obs.
ὀρνιθοθήρας, ab ὄρνις et θηράω, p. 125.
obs. 1.
ὄρνις, -ιθος, p. 20. obs. 3.
ὄρνυμι, ab *ὄρω, p. 86. obs.
ὁρόω, Ep. pro ὁρῶ, p. 56. obs. 2.
ὄρσω, F. ab *ὄρω, p. 60. (d.)
ὀρύττω, P. ὀρώρυχα, p. 78. obs. 3. Pluperf. ὀρωρύχειν et ὠρωρύχειν, p. 79.
§ 60. obs. 2.
ὄρωρα, P. M. ab *ὄρα, p. 83. obs. 3.
ὃς, ὥστε, qui, p. 35. obs. 2.
ὅσος, quantus, ib.
ὅστις, ἥτις, ὅτι, quicunque, p. 34. (b.)
obs.
ὀσφραίνομαι, A. 2. ὠσφρόμην, F. ὀσφρήσομαι, p. 51. § 43. obs. 14 : 109.
Not. ; 117 ; seq. Gen. Synt. § 132.
(f.) obs.
ὀρφανὸς, seq. Gen. Synt. § 132. (g.) obs. 1.
ὅτε, quùm, p. 35. obs. 2.
ὅτις, Ep. pro ὅστις, p. 34. § 38. (b.) obs.
ὀτοτύζω, p. 59. (c.) 1.
ὅτου, ὅτῳ, ὅτων, ὅτοις, G. D. ab ὅστις,
p. 34. (b.) obs. ; (d.) obs.

ὅττι, Ep. pro ὅτι, *quodcunque*, p. 139.
Cap. III.
οὐ πάνυ, *non omnino*, *Synt.* § 168. (*b.*)
obs. 4.
οὔ φημι, οὐ θέλω, οὐκ ἐάω, idem ac *nego*, *nolo*, *prohibeo*, *Synt.* § 168. (*b.*) *obs.* 4.
οὗ, *ubi*, p. 35. *obs.* 2.
οὖας, -ατος, p. 21. *obs.* 1.
οὕατος, Ion. pro ὠτὸς, ab οὖς, p. 16. *obs.* 6.
οὖδας, -εος, p. 21. *obs.* 2.
οὐρανόθεν, ab οὐρανὸς, p. 21. *obs.* Ge-*ner.* 2.
οὖς, ὠτὸς, Ion. οὕατος, p. 16. *obs.* 6.
οὐτάω, A. 2. οὖταν, Infin. οὐτάμεναι, Part. οὐτάμενος, p. 100.
οὐτάω et -άζω, p. 62. *obs.* 2.
οὕτως et -ω, p. 120. § 96 ; p. 131. § 112.
ὀφειλήσω, F. ab ὀφείλω, A. 2. ὤφελον, p. 109. *not.*
ὀφείλω, A. 1. ὠφείλησα, p. 117.
ὀφθήσομαι, F. P. ab ὁράω, p. 102.
ὀφλισκάνω, A. 2. ὦφλον, F. ὀφλήσω, p. 109. *not.* ; p. 117.
ὄχωκα, P. ab ἔχω, p. 83. *obs.* 3 ; p. 114.
ὄψει, nunquam ὄψῃ, p. 49. *obs.* 1.
ὀψείω, seq. Gen. apud Poët. *Synt.* § 132. (*e.*) *obs.*
ὄψομαι, F. ab ὁράω, p. 102.
ὀψοφάγος, -ίστερος, p. 28. *obs.* 4.

Π.

παθητὸς, Verb. Adj. a πάσχω, p. 117.
παιδολέτωρ, ὁ, ἡ, et ἡ -έτειρα, p. 27. § 32. *obs.* 2.
παίζω, P. P. πέπαισμαι et -γμαι, p. 59. (*c.*) 2.
παιήσω, F. Att. a παίω, p. 117.
παίξομαι, παιξοῦμαι, F. M. a παίζω, p. 75. *obs.* 1. 4.
παίω, P. P. πέπαισμαι, p. 80. *obs.* 4 ; F. Att. -ήσω, p. 117.
παλαίτερος, -αίτατος, a παλαιὸς, p. 28. *obs.* 4.
παλαίω, P. P. πεπάλαισμαι, p. 80. *obs.* 4 ; seq. Dat. *Synt.* § 136. (*b.*) *obs.*
Παλλαντίδης, pro -ιάδης, p. 122. *obs.* 1.
παμμήτωρ, ὁ, ἡ, et ἡ -τειρα, p. 27. § 32. *obs.* 2.

πανταχόθεν, p. 134. § 2. *obs.* 1.
παρὰ, apud Poët. signif. interdum *apud*, *Synt.* § 196. (*a.*) *obs.*
παραβέβαμαι, P. P. a παραβαίνω, p. 111.
παραινέσομαι, et -έσω, a -έω, p. 76. § 56.
παραμελέω, seq. Gen. *Synt.* § 132. (*e.*) *obs.*
παραφθαίησι, Ion. Opt. pro -φθαίη, p. 91. *obs.* 11.
παρεβάθην, A. 1. a παραβαίνω, p. 111.
παρὸν, absol. posit. in acc. *Synt.* § 163. *obs.*
Participia neutr. præfixo artic. partes agunt substant. *Synt.* § 124.
παρῴχημαι, P. P. a παροίχομαι, sub οἴχομαι, p. 105 et 116.
πάσσω, F. πάσω, p. 59. (*b.*)
πάσσων, a παχὺς, p. 29. *obs.* 2.
πάσχω, pro πάθσκω, A. 2. ἔπαθον, p. 117.
πατέομαι, A. 1. ἐπασάμην, p. 51. § 43. *obs.* 14 ; 117.
πατὴρ, πατρὸς, p. 16. *obs.* 3.
πάτρως, -ωος et ω, p. 13. *obs.* 2.
παυστέος, Verbale, a παύω, πέπαυται, p. 129. § 108. *obs.* 1.
παύω, A. 1. P. ἐπαύσθην, p. 81. § 64. *obs.* 1. seq. Gen. *Synt.* § 132. (*g.*) *obs.* 1.
παχύνω, P. P. πεπάχυσμαι, p. 79. § 61. *obs.* 3. (*a.*)
παχὺς, πάσσων, p. 29. *obs.* 2.
πεδὰ, Æol. pro μετὰ, p. 136.
πείθομαι, seq. Gen. *Synt.* § 132. (*c.*) *obs.*
πείθω, A. 2. ἔπιθον, P. πιθήσω, p. 109. *not.*
πεινᾶμες, πεινᾶντι, Æol. pro πεινῶμεν, πεινῶσι, p. 56. *obs.* 2.
πεινάω, F. -ήσω et -άσω, p. 60. (*e.*) 1.
πείρω, P. P. πέπαρμαι, p. 77. *obs.* 2.
πείσομαι, F. a * πένθω, (πάσχω), p. 60. (*c.*) 4 ; F. M. p. 75. *obs.* 4 ; sub πάσχω, p. 117.
πέκτω, vel -έω, F. πέξω, p. 57. § 45. *obs.* 1.
πελάζω, A. 2. M. ἐπλήμην, p. 100 ; a * πελω, per Metath. πλάω, p. 104.
πελεμίζω, -ξω, p. 59. (*c.*) 1.
Πέλοψ, Æol. ac Dor. pro Πέλοψ, p. 4. *obs.* 2.
πέμπω, P. M. πέπομπα, p. 83. *obs.* 2 ; P. P. πέπεμμαι, p. 77. *obs.* 1.
πένομαι, p. 51. § 43. *obs.* 14.

πεπαθὼς, Part. P. M. Hom. a πάσχω, p. 117.

πεπαίνω, A. 1. ἐπέπᾱνα, p. 76. obs. 1.

πέπαισμαι, P. P. a παίω, p. 80. obs. 4.

πέπακα, P. a πάσσω, p. 59. (b.)

πεπάλαισμαι, P. P. a παλαίω, p. 80. obs. 4.

πέπᾱμαι, P. P. a πάομαι, p. 60. (e.) 1.

πέπαρμαι, P. P. a πείρω, p. 77. obs. 2.

πεπαρώνηκα, P. a παροινέω, p. 73. obs. 3.

πέπασμαι, P. P. a πατέομαι, p. 117.

πεπάχυσμαι, P. P. a παχύνω, p. 79. § 61. obs. 2. (a.)

πέπεισθι, a πείθω, p. 101.

πεπείθαται, Ion. 3. Pl. P. P. a πείθω, p. 50. obs. 8.

πεπέρασμαι, P. P. a περαίνω, p. 79. § 61. obs. 2. (a.)

πεπέτασμαι et πέπταμαι, P. P. a *πετάω, p. 80. § 61. obs. 4.

πέπιθον, A. 2. Ep. pro ἔπιθον, a πείθω, p. 82. § 66. obs. 3.

πέπλακα, P. a πλάσσω, p. 59. (b.)

πέπλευσμαι, P. P. a πλέω, p. 80. obs. 4.

πέπληγον, A. 1. a πλήσσω, p. 82. § 66. obs. 3.

πέπλημαι, P. P. Ep. a πελάζω, -άω, p. 104.

πέπλυκα, πέπλυμαι, P. A. et P. a πλύνω, p. 77. obs. 3. (b.)

πέπνῡμαι, P. P. a πνέω, p. 81. 64. obs. 1.

πέπομαι, P. P. a *πόω, p. 80. obs. 5; sub πίνω, p. 117.

πέπομφα, P. a πέμπω, p. 77. obs. 1.

πέπονθα, P. M. a *πένθω, p. 83. obs. 2; p. 85. obs. 3; sub πάσχω, p. 117.

πεπόνθης, Dor. pro πέπονθας, p. 42. obs. 2.

πέπορθα, P. M. a πέρθω, p. 83. obs. 2.

πέποσθε, Hom. pro πεπόνθατε, p. 117.

πεπότημαι, P. a ποτάομαι, sub πέτομαι, p. 117.

πέπρακα, -μαι, sub πιπράσκω, p. 117.

πέπρισμαι, P. P. a πρίω, p. 80. obs. 4.

πέπρωμαι, P. P. a *πόρω, p. 104.

πέπταμαι, P. P. a *πετάω, p. 80. obs. 4.

πέπταται, P. P. a *πετάννυμι, p. 103.

πεπτέαται, Ion. pro πέπτανται, 50. obs. 4.

πεπτηὼς, p. 101. § 81. (b.)

πέπτω, et πέσσω, p. 62. obs. 2.

πέπτωκα, P. a *πτόω, p. 78. obs. 1; sub πίπτω, p. 104.

πεπτὼς, et πεπτεὼς, Part. P. M. a *πτόω, πίπτω, p. 101. (b.); p. 104.

πέπυσμαι, a πεύθομαι, p. 80. obs. 6.

πέπωκα, P. a *πόω, p. 80. obs. 5; sub πίνω, p. 117.

πέπων, πεπαίτερος, p. 28. (d.) obs.

περαίνω, P. P. πεπέρασμαι, p. 79. § 61. obs. 3. (a.)

περάω, F. -άσω, p. 60. (e.) 1.

πέρθω, P. M. πέπορθα, p. 83. obs. 2; A. 2. Poët. ἔπραθον, p. 104.

περὶ, cum acc. præced. Art. inservit periphrasi, Synt. § 194. (c.) obs.

περὶ πάντων, præ omnibus, Synt. § 194. (a.) obs.

—— πολλοῦ, ib.

—— φόβῳ præ metu, ib. (b.) obs.

περιγίγνομαι, περίειμι, seq. Gen. Synt. § 132. (c.) obs.

Περικλέης, Περικλῆς, p. 18. obs. 1.

περιπνέοισι, Dor. pro -πνέουσι, p. 42. obs. 1.

πεσοῦμαι, F. M. a *πέτω, πίπτω, p. 75. obs. 1. 4.

πετάννυμι, a *πετάω, p. 86. § 71. obs.; P. P. πέπταται, p. 103.

πετάσω, a *πετάω, p. 60. (e.) 1.

πέτομαι et -αμαι, A. 2. ἔπτην, p. 51. § 43. obs. 14; 100: F. πτήσομαι, p. 103; 117.

πεύθομαι, P. P. πέπυσμαι, p. 51. § 43. obs. 14; 80. obs. 6.

πευσοῦμαι et πεύσομαι, F. a *πεύθομαι, πυνθάνομαι, p. 75. obs. 1; p. 117.

πέφαγκα, P. a φαίνω, p. 77. obs. 3. (a.)

πέφανσαι, (-ται, πέφασμαι), P. P. a φαίνω, p. 79. § 61. obs. 2. (a.); pro πέφασαι, p. 135. § 5. obs.

πέφηνα, P. M. a φαίνω, p. 83. obs. 1.

πεφιδέσθαι, πεφιδοίμην, Inf. et Opt. A. 2. a φείδομαι, p. 82. obs. 3.

πεφίλημι, Æol. pro φιλέω, p. 87. obs. 3.

πέφραδον, A. 2. a φράζω, p. 82. obs. 3.

πέφυγμαι, P. P. a φεύγω, p. 80. obs. 6.

πέφυγον, p. 130. § 111. (c.)

πέφῡκα, p. 130. § 111. (c.)

πῇ, quâ? et πὴ aliquo, p. 35. obs. 2.

I

ποτὸς, Verb. Adj. a πίνω, p. 117.

ποῦ, ποὺ, ubi, alicubi, p. 35. obs. 2.

πουλὺς, Ion. pro πολὺς, p. 25. §30. obs.

ποὺς, G. ποδὸς, p. 16. obs. 6.

ποῦστιν, per Crasin ex ποῦ ἔστιν, p. 144. Cap. VII.

πρεσβεύω, seq. Gen. Synt. § 132. (c.) obs.

*πρίαμαι, Verb. Dep. p. 97. obs.

πρὶν, quando cum Opt. et Subj. constr. Synt. § 176. obs. 2.

πρίω, P. P. πέπρισμαι, p. 80. obs. 4.

πρόβα, pro πρόβηθι, p. 90. obs. 8.

προέχω, seq. Gen. Synt. § 132. (c.) obs.

προοίμην, pro -είμην, p. 93. obs. 4.

πρὸς, præced. Art. cum omnib. cas. constr. inservit periphrasi, Synt. § 197. (c.) obs. 1 ; cum acc. interdum Adv. vim habet, ibid. obs. 2.

προσαυδήτην, pro -δάτην, p. 56. obs. 2.

προσῆκον, absol. posit. in Acc. Synt. 163. obs.

προσθέοιτο, Ion. pro -θεῖτο, p. 93. obs. 5.

προσκυνέω, A. 1. -εκύνησα, et -έκυσα, p. 114. §91.

προύβαλλον, Imperf. a προβάλλω, p. 73. obs. 1.

προφέρω, seq. Gen. Synt. § 132. (c.) obs.

πρωτεύω, seq. Gen. ibid.

πταίω, P.P. ἔπταισμαι, p. 80. obs. 4.

πτὰς, πτάμενος, πτάσθαι, πτῆναι, Formæ A. 2. A. et M. a πέτομαι, p. 100.

πτήσομαι, pro πετήσομαι, a πέτομαι, p. 103 ; 117.

πτίσσω, F. πτίσω, p. 59. (b.)

πτῦω, F. πτύσω, p. 61. 7.

πτωχὸς, -ίστερος, p. 28. obs. 4.

πυνθάνομαι, p. 51. § 43. obs. 13. seq. Gen. Synt. § 132. (f.) obs. ; interdum Gen. personæ, et acc. rei, ibid.

πὺξ, pugno, p. 131. § 112. obs.

πῶς, πὼς, quomodo, aliquo modo, p. 35. obs. 2 ; πῶς ἂν, utinam, Synt. § 167. obs. 2.

P.

ῥαίνω, P.P. ἔρρασμαι, p. 79. §61. obs. 3. (a.)

ῥᾴων, -στος, a ῥᾴδιος, p. 29. obs. 2.

ῥέζω, F. -ξω, p. 59. (c.) 1 ; p. 104. not.

ῥεύσομαι, F. a ῥέω, p. 61. 4 ; F. M. p. 75. obs. 4 ; Att. ῥυήσομαι, p. 117.

ῥέω, Att. F. ῥυήσομαι, p. 109. not. ; 117 ; ῥεύσομαι, p. 61. 4.

ῥήγνυμι, et ῥήσσω, p. 62. obs. 2 ; a *ῥήγω, p. 86. obs.

ῥηθήσομαι, F.P. a φημί, p. 103.

ῥητὸς, -έος, Verb. Adj. a φημί, p. 103.

ῥιγέω, P.M. ἔρρῖγα, p. 117.

ῥιγῶν, pro ῥιγοῦν, p. 57. obs. 5.

ῥὶν et ῥὶς, p. 14. § 20. obs.

ῥιπτέω, et ῥίπτω, p. 62. obs. 2.

ῥοφήσομαι, F.M. a ῥοφάω, p. 75. obs. 4.

ῥυήσομαι, Att. F. a ῥέω, p. 109. not.

ῥύομαι, A. 1. Hom. ῥῦσάμην, Att. ἐρρῡσάμην, p. 51. § 43. obs. 14. p. 61. § 47. obs. 7.

ῥύποι et -α, p. 12. obs. 3.

ῥυστάζω, -ξω, p. 59. (c.) 1.

ῥώννυμι, a *ῥόω, p. 86. obs.

ῥωννύω, A. 1. P. ἐρρώσθην, p. 81. § 64. obs. 1.

ῥώομαι, p. 51. § 43. obs. 14.

Σ.

σάββας et σάββατον, D. Pl. σάββασι, p. 12. obs. 2.

σαίνω, A. 1. ἔσηνα, et -ᾱνα, p. 76. § 57. obs. 1.

Σαλαμὶς, ᾶ, pro -μὶ, p. 17. § 23. (c.) obs. 1.

σαλπίζω, -γξω, p. 60. (c.) 3.

Σαμπῖ, p. 2. obs. 2.

σβείην, σβεὶς, Opt. et Part. A. 2. a σβέννυμι, p. 87. obs. 1 ; p. 100.

σβέννυμι, a *σβέω, p. 86. obs. ; A. 2. ἔσβην, p. 100.

σβέννυμι et -ύω, p. 62. obs. 2.

σβέσω, F. et σβήσομαι, a *σβέω, p. 61. 3.

σβῆθι, σβῆναι, -σβῶ, Imperat. Inf. et Subj. A. 2. a σβέννυμι, p. 87. obs. 1 ; p. 100.

σέβομαι, p. 51. § 43. obs. 14.

σέθεν, Poët. σεῖο, Ep. pro σοῦ, p. 23.

σέο, σεῦ, Ep. Ion. pro σοῦ, p. 32.

σέσεισμαι, P.P. a σείω, p. 80. obs. 4.

σέσωσμαι, et σέσωμαι, P.P. a σώζω, σώω, p. 81. § 64. obs. 1.

σφᾶς αὐτοὺς, pro ἑαυτοὺς, p.33.(b.) obs.

σφὲ, Dor. Att. et Poët. pro ἓ; p. 32; pro σφᾶς, σφέα, p. 33.

σφέας, σφειῶν, σφεῶν pro σφᾶς, σφῶν, p. 33. (a.) obs. Dial.

σφέτερος, pro ὑμέτερος, p. 34. obs. 2.

σφὶ, σφὶν, Poët. pro σφίσι, p. 33. (a.) obs. Dial.

σφίσιν αὐτοῖς, pro ἑαυτοῖς, p. 33. (b.) obs.

σφὸς, pro ὑμέτερος, p. 34. § 38. obs. 2.

σφύζω, F. -ξω, p. 59. (c.) 1.

σφῶϊ, σφῶϊν, Ep. pro σφὼ, σφῶν, p. 33.

σφωΐτερος, a Dual. derivat. ap. Hom. p. 34. obs. 1.

σφῶν αὐτῶν, pro ἑαυτῶν, p. 33. (b.) obs.

σχὲς, Imper. A. 2. a *σχω, ἔχω, p.100.

σχετὸς, -έος, et ἑκτὸς, -έος, ab ἔχω, p. 102; 105; 114.

σχήσω, F. ab ἔσχον, a *σχω, ἔχω, p. 102; 109. not.

σχολῖ, Opt. A. 2. a *σχω, ἔχω, p. 100.

σχολαίτερος, -αίτατος, a σχολαῖος, p. 28. obs. 3.

σχῶ, Subj. A. 2. a *σχω, ἔχω, p.100.

σώζω, P.P. σέσωσμαι, A. 1. P. ἐσώθην, p. 81. § 64. obs. 1; et σώω, p. 62. obs. 2.

Σωκράτης, Acc. -η et -ην, p. 18. obs. 2.

σῶτερ, ῶ, a σωτὴρ, -ῆρος, p. 17. § 23. (c.) obs. 2.

σώω et σώζω, p. 62. obs. 2; P.P. σέσωμαι, p. 81. § 64. obs. 1.

T.

ται, Ep. Dor. pro αἱ, p. 9. § 13. obs. 2.

τὰ μάλιστα, τὰ νῦν, art. abund. Synt. § 169. obs.

τάμνω, Ion. pro τέμνω, p. 118⊤

τανύω, F. pro τανύσω, p. 74. obs. 3.

ταράσσω et θράττω, p. 62. obs. 2.

Τάρταρα, τὰ, ab ὁ (ἡ) Τάρταρος, p. 12. § 18. obs. 3.

ταρφὺς, fœminin. p.24. § 30. (c.) obs.3.

τᾷτιον, per Crasin ex τὸ αἴτιον, p. 144. Cap. VII.

ταὐτὸ, per Crasin pro τὸ αὐτὸ ; Att. ταὐτὸν, p. 35; p. 144. Cap. VII.

ταχὺς, θάσσων, τάχιστος, p. 29. § 34. obs. 2.

τὲ, Dor. Ep. pro σὲ, p. 32. obs. Dial.

τεθέαται, Ion. proτέθεινται, p.50.obs.8.

τέθηπα, P.M. a *θάφω, p. 85. obs. 2.

τέθναθι, τεθναίην, τέθναμεν, τεθνάναι, τεθνεὼς, -ηὼς, et εἰὼς, Formæ P.M. a *θνάω, θνήσκω, p. 101. (b.)

τέθνηκα, P. a θνήσκω, p. 104; 114.

τεθνήκω, morior, derivat. a P. θνήσκω, p. 130; F. -ξω et τεθνήξομαι, p. 76. § 56.

τέθορα, P.M. a θρώσκω, p. 114.

τέθραμμαι, P.P. a τρέφω, p. 62. obs. 1; p. 77. § 58. obs. 1 ; p. 79. § 61. obs. 1.

τέθραυσμαι, P.P. a θραύω, p. 80. obs. 4.

τέθυμμαι, P.P. a τύφω, p. 62. obs. 1.

τεῖν, Æol. Ep. pro σοὶ, p. 32. obs. Dial.

τείνω, P. τέτακα, p. 77. obs. 2 ; 3. (b.)

τελεῖ, nunquam τελῇ, p. 49. obs. 1.

τελείει, Ion. pro τελέει, p. 56. obs. 3.

τελέω, F. τελέσω, p. 60. (e.) 3 ; F. Ion. -έω, Att. -ῶ, p. 74. obs. 2.

τέμνω, A. 2. ἔτεμον et ἔταμον, p. 83. obs. 2 ; P. τέτμηκα, p. 118.

τέξομαι et -ξω, a *τέκω, p. 76. § 56.

τεοῖο, Ep., τεοῦς, Dor. pro σου, p. 32. obs. Dial.

τέοισι, Ion.Dat. proτισι,p.34.§38.(c.)

τεὸς, Poët. pro σὸς, p. 34. § 38. (a.)

τέρας, -αος, et -ατος, Pl. τέρα, p. 21. obs. 1.

τέρην, εινα, τέρεν, p. 26. (d.) obs.

τέρπω,A.2.M.τεταρπόμην,p.82.obs.3.

τέσσερες, Ion. pro τέσσαρες, p. 137.

τέτακα, P. a τείνω, p. 77. obs. 2.

τέταλμαι, P.P. a τέλλω, p. 79. § 61. obs. 1.

τεταρπόμην, A. 2. M. a τέρπω, p. 82. obs. 3.

τεταρταῖος, quarto die, p. 31. (b.) obs.

τέταφα, a θάπτω, p. 62. obs. 1.

τέτικα, -σμαι, a τίνω, p. 118.

τέτλαθι, τετλαίην, τετλάναι, τετλατον, τετληὼς, Formæ P. M. a *τλάω, p. 101. (b.)

τέτληκα, P. a *ταλάω, p. 104.

τέτμηκα, -μαι, a τέμνω, p. 118.

τετμηὼς, p. 101. § 81. (b.)

τετμῶμαι, Subj. P.P. a *τμάω, τέμνω, p. 51. obs. 12.

τέτοκα, P.M. a *τέκω, p. 83. § 68. obs. 2.

χείσομαι, a *χάδω, χανδάνω, p. 60.
(c.)4; p. 117. not.; p. 118.
χέω, F. χέω, P. κέχυκα, p. 61. 4; p.
74. obs. 4; A. 1. ἔχεα, Ep. ἔχευα,
p. 76. obs. 2; P.P. κέχυμαι, p. 80.
obs. 4; A. 2. M. ἐχύμην, p. 101. (a.)
χήρατο, A. 1. M. Ep. a χαίρω, p. 118.
χόος, χοῦς, cumulus, p. 14. § 20. obs. 2.
χόος, χοῦς, congius, ibid.
χόω et χώννυμι, p. 62. obs. 2.
χόω, P.P. κέχωσμαι, p. 80. obs. 4.
χράομαι, A. 1. P. ἐχρήσθην, p. 51. §
43. obs. 14; 81. § 64. obs. 1.
χραισμέω, p. 108. § 92.
χράω, χρῆς, etc. p. 56. obs. 2; F.
χρήσω, M. -σομαι, p. 60. (e.) 1;
P.P. κέχρησμαι, p. 80. obs. 4.
χρέεται, χρέωνται, Ion. pro χρῆται,
χρῶνται, p. 56. obs. 2.
χρὴ, seq. Gen. rei et Acc. personæ
apud Hom. Synt. § 132. (g.) obs. 3.
χρῆν, Imperf. pro ἐχρῆν, a χρὴ, p. 72.
obs. 9.
χρηστὸς, a χράομαι, κέχρηται, p. 129.
obs. 1.
χρίω, P.P. κέχρισμαι, p. 80. obs. 4.
χρύσεος, -οῦς, -ῆ, -οῦν, p. 22. obs. 2.
χρώζω, χρωννύω, et -νμι, p. 62. obs. 2.
χρώννυμι, a *χρόω, p. 86. obs.
χύμενος, Part. A. 2. M. a χέω, p.
101. (a.)
χώομαι, p. 51. § 43. obs. 14.
χωρήσομαι, F.M. a χωρέω, p. 75. obs. 4.
χωρίζω, seq. Gen. Synt. § 132. (g.)
obs. 1.
χὤτι, per Crasin ex καὶ ὅτι, p. 144.

Ψ.

ψαύω, P.P. ἔψαυσμαι, p. 80. obs. 4.
ψάω, ψῆς, etc. p. 56. obs. 2; P. P.
ἔψημαι et -σμαι, p. 80. obs. 3.
ψὲ, Dor. pro σφᾶς, σφέα, p. 33. (a.)
ψευδὴς, -ίστερος, p. 28. (c.) obs.
ψεύδομαι, seq. Gen. Synt. § 132. (g.)
obs. 1.

ψὶν, Dor. pro σφίσι, p. 33. (a.)
ψύχω, A. 2. P. fortasse ἐψύγην et
-χην, p. 85. obs. 4.

Ω.

ᾠδήκαντι, tumuerunt, Dor. p. 42. obs. 1.
ὤζησα, A. 1. ab ὄζω, p. 116.
ᾠήθην, A. 1. P. ab οἴομαι p. 116.
ὠθέω, F. -ήσω, et ὤσω, p. 118.
ὠϊσάμην, ὠΐσθην, A. 1. Ep. ab οἴσομαι,
p. 116.
ὤλεσα, A. 1; ὠλόμην, A. 2. M. ab
ὄλλυμι, p. 116.
ὠλίσθηκα, P. ab ὀλισθαίνω, p. 116.
ὤλισθον, A. 2. ab ὀλισθαίνω, F. -ήσω,
p. 109. not.; p. 116.
ὤμμαι, P. P. ab ὁράω, p. 102.
ὠμοβρὼς, ὁ et ἡ, G. τοῦ, τῆς, τοῦ
ὠμοβρῶτος, p. 29. (h.) obs.
ὠμόθην, A. 1. P. ab *ὁμόω, p. 81. §
64. obs. 2.
ὦναξ, per Crasin ab ὦ ἄναξ, p. 17. §
23. (c.) obs. 3.
ὠνέομαι, F. ὠνήσομαι, A. 2. ἐπριάμην,
p. 51. § 43. obs. 14; 103.
ᾤνωμαι, et οἴνωμαι, P.P. ab οἰνόομαι,
p. 72. obs. 4.
ὠρωρύχειν, et ὀρωρύχειν, p. 79. § 60.
obs. 2.
ὦς, Dor. pro οὖς, G. ὠτὸς, p. 16. obs. 6.
ὡς, altera forma pro εἰς, Synt. § 188.
obs. 3.
ὡς, quomodo, p. 35. obs. 2; ut cum temp.
præterit. indic. Synt. § 175. obs. 2.
ὠσφράμην, A. 1. Ion. ab ὀσφραίνομαι,
p. 117.
ὠσφρόμην, A. 2. ab ὀσφραίνομαι, F.
-ήσομαι, p. 109. not.; p. 117.
ὠφείλησα, A. 1. ab ὀφείλω, p. 117.
ὤφελον, A. 5. ab ὀφείλω, F. -ήσω,
p. 109. not.; p. 117.
ὤφθην, A. 1. P. ab ὁράω, p. 102.
ὤφληκα, P. ab ὀφλισκάνω, p. 117.
ὦφλον, A. 2. ab ὀφλισκάνω, F. ὀ-
φλήσω, p. 109. not.; p. 117.